写给女人的投资启蒙书

韩 桥◎编著

中国纺织出版社

内　容　提　要

女人的独立要靠财力支撑，会赚钱的女人，才能按照自己的意愿自由生活。本书有针对性地以女人的性别优势、交际方式、思维特点、做事习惯等为基础，详细分析具备哪10种素质的女人最能赚钱，在对成功女性的事例加以深入浅出地精辟分析的同时，将她们身上的成功因素、性格特点、思维方式等全方位地展现在您的面前，让女人在汲取经验、拓展思路的同时，冷静地剖析自己，找出最适合自己的赚钱之道，从而提升自己的幸福指数。

图书在版编目（CIP）数据

写给女人的投资启蒙书 / 韩桥编著.--北京：中国纺织出版社，2018.5
ISBN 978-7-5180-4837-3

Ⅰ.①写… Ⅱ.①韩… Ⅲ.①女性—私人投资—通俗读物 Ⅳ.①F830.59-49

中国版本图书馆CIP数据核字（2018）第055787号

责任编辑：闫　星　　特约编辑：李　杨　　责任印制：储志伟

中国纺织出版社出版发行
地址：北京市朝阳区百子湾东里A407号楼　邮政编码：100124
销售电话：010—67004422　传真：010—87155801
http：//www.c-textilep.com
E-mail：faxing@c-textilep.com
中国纺织出版社天猫旗舰店
官方微博http：//weibo.com/2119887771
北京通天印刷有限责任公司印刷　各地新华书店经销
2018年5月第1版第1次印刷
开本：710×1000　1/16　印张：13
字数：184千字　定价：36.80元

序 言

PREFACE

不论何时何地，金钱总是女人绕不开的话题。不论是做事、休假、恋爱结婚、养家糊口，离了钱都是寸步难行。这不是因为金钱本身的价值，而是因为它是实现价值最有效的工具。换句话说，如果想生活幸福，钱是不可缺少的东西。

当然，在这个世界上，穷人和富人都无可避免地要受到压力的困扰，面对不同层次的竞争。但是女人应该看到，那些还没有建立起自己的金钱保障体系的人，每天除了要面对纷繁的人事纠葛外，同时还要承担衣食住行的压力，生活对于她们将更漫长、更无奈。

在中国现实的社会条件下，赚钱的首选依然是拥有自己的事业，一家公司、一个店铺或是任何一个由自己主理的机构。但事实是，大多数女性依然是服务于某一个固定组织的上班族，所以我们要讲的主题，不是让你的步子从一边一下子就跨到另一边，而是逐渐更新观念，培养赚钱的智慧，不让机会从你的身边溜走。

在现代社会，是否有赚钱的能力考验的是一个人的财智。与男性相比，女性在胆识、魄力、理性的思维上有明显的不足，但她们依然拥有自己独特的优势，坚韧、细心、直觉和天然的交际能力都是女人赚钱的法宝。命运是由自己创造的，正确的方向加上切实的努力，最终你就会有资格享受生活中一切美好的东西。

女人赚钱，不要抱怨没有机会，你没有抓住机会是因为你没有留意生活中的琐碎小事。做一个独具慧眼的聪明女人，充分发挥自身的优势，用新的理念和新的眼光细心地去观察、去寻觅，你就会欣然地发现商机就在你的身边。把握机会，积极行动，你就可能在这个世界上为自己争取来更好的位置和更多的财富。

女人要赚钱，单打独斗是行不通的。当你的力量还很弱小的时候，要想达到目标就需要与人合作。没有别人的帮助，你能取得成就的程度就很有限。一个人在成功的道路上走得越远，就越要懂得借力。

人脉就是钱脉！女人要赚钱，就一定要营造一个成功的人脉关系网。一个好的人脉关系网，可以让你财富的触觉延伸到社会的每个角落，成功和财富，都通过这个网向你汇集。

追求财富不只是男人的目标和权利，在今天，女性以前所未有的信心、智慧和魅力活跃在各个发财致富的领域。

那些从白手起家到以亿万身价登上财富排行榜的女性，那些从默默无闻到星光熠熠、万人瞩目的女性，在旁观者眼里，总被认为有老天的眷顾，有特别的财运。

那么，那些被视为“财女”的人，是否真的拥有致富的独门武器呢？

幸运之外，她们总会有一些特别的素质是与众不同的，命运之神，只会关照那些值得关照的、能够扶得起来的女人。

具体说来，女性具备 10 种赚钱的素质可以招来成功和财富的青睐，后来者可以在观念、财识、创新、人脉、胆识、雄心等方面逐一打造自己，向那些成功的女性看齐。

本书是一本充满启发和魔力的智慧读物，它虽然不会使你的生活发生立竿见影的改变，但是你可以在与那些“财女”们的对比中，发现自己的不足，矫正自己行动，一步一步接近财富之门。

编著者

2017 年 10 月

目录

第1章 修炼财智，有明智观念的女人更会赚钱

第2章 增补财识，有睿智眼光的女人更有财智

第3章 思考致富，有创新思维的女人更有财缘

第4章 留心观察，能看透商机的女人更有财富

第5章 精于算计，有机巧心思的女人更会赚钱

第6章 借力行事，有人脉关系的女人更容易聚财

目录

第7章 有胆有识，敢于冒险的女人更受金钱青睐

第8章 乐观自信，有积极心态的女人更有财气

第9章 精于规划，懂投资理财的女人更有财运

第10章 不甘平庸，有雄心闯劲的女人更有出息

第1章

修炼财智，
有明智观念的女人更会赚钱

每个女人都应该懂得：人生最为重要的内容是生活，人的第一要务即是她对生命的责任。金钱则是人类实现社会价值与自我价值的媒介之一，虽然不是万能的、唯一的，却是女人用来善待生命的重要物质保证。财富在当今社会已经不仅仅是奢华生活的代名词，它同时意味着事业的成功与生活品质的改变。作为一个美丽聪明的女人，一定要培养自己赚钱和理财的能力，关爱自己，为自己未来的人生做好打算，如此才能够活得轻松、自在、无忧。

女人有钱，才能称心如意地生活

金钱不仅能给女人带来物质生活的享受，而且使女人对生活品质和环境有更大的选择空间。因此，树立正确的金钱观，是女人提高财商、改变人生的第一步，也是女人赚钱的必修课。

现代社会从某一方面来说是一个经济社会，计量经济价值的东西可以被转化成金钱关系。一句话，如果你没有钱，享受生活便无从谈起，只要你有钱，你就可以换取你所需要的许许多多的东西，可以无忧无虑地去尽情享受生活赐给你的幸福。但这样讲，并不是说财富、金钱万能，因为真正的爱情、友情是无法用金钱来换取的。但金钱又的确是多能的，有时爱情、友情，在现代社会中同样需要金钱所代表的经济基础来做支撑，否则未必真正能够给你带来长久的幸福。

传统意义上，女人以清纯、善良为美。一些早早就把高薪的工作、会赚钱的老公、豪宅名车定为自己最高追求目标的女子，常会遭到大家的鄙视。但是，随着时光的流逝，你会发现她们的选择可能是现实的。一个年轻的女孩每天来去匆匆，为衣食奔忙，还不会有太多额外的感触，但如果到四五十岁的时候，已经有了皱纹和白发，却依然无法过上安定的生活，就只能独自吞咽生活苦涩的果子了。这并不是说，女性只有变得世俗才能过上优雅的生活，而是说，如果能抛弃对金钱和现实的“洁癖”，就不至于在年老之后还要为了金钱而过着“疲于奔命”的生活。

女人常常被比喻成花朵，那么金钱就好像是她生命里的一束阳光。

史晓燕，北京伊利诺伊投资有限公司董事长，曾经被评为北京十大最具影响力经济人物。

这么一个呼风唤雨的女强人，当年只是北京协和医院一个普通的护士。史晓燕认为，自己不怕吃苦，但是眼前的生活却和自己的理想不符。于是，在“跳槽”一词还没被很多人接受的80年代，史晓燕勇敢地选择了改变。就职于美国宝来电脑公司是她走出的第一步，之后史晓燕又赴美国惠灵顿学院学习室内装饰设计专业。2000年，史晓燕投资创建了北京伊利诺伊投资有限公司，并出任董事长。

在为事业打拼的同时，史晓燕的生活品质非但没有降低，反而又上升到了一个新的层次。在她的家里，每一处都是按自己的心意设计的。有专门的锻炼空间，连衬衣、毛衣、裤子、睡衣都分别放置。史晓燕喜欢植物，家里栽插了很多花木竹子，被朋友称为“像热带雨林似的”。

有了金钱的支撑，女人就有了自主选择生活的资本。钱除了满足物质上的享受以外，还有精神上的愉悦。一个成功的女性说过：“因为拥有金钱，你可以获得别人的认可，你能进入到一个精英阶层，周围很优秀的人乐于把你当作朋友和工作伙伴，进行高智商的交流，碰撞出智慧的火花。这种交往的过程充满了乐趣。”

我们可以想象，如果一个女人每天睁开眼睛，面对的就是一家人的吃喝拉撒、柴米油盐，每一分钱都要算计着如何花，她自然也就没有心思来保养自己。与同龄的女人比，她将显得非常苍老和憔悴。那么，她哪还会有心力来追逐自己的梦想，更谈不上用实力来构建自己的精神世界了。

女人有钱就可以不同了，她们完全可以按照自己的想法生活。她们有足够的财力去实现自己童年的某个梦想或青年时代的某一追求，或壮年时的某种抱负，甚至是老年时产生的某样心愿。她们会用金钱去培养美丽和风情。请最好的美容师、用最好的化妆品，收藏钟爱的艺术品，以及支付芭蕾舞课和MBA的学费。用钱去提升见识和品位；用钱滋养兴趣、丰盈内心；用钱节省时间和体力，获得更多方便；用钱随时为失败付学费，因此得到更多的经验和阅历。女人有钱可以摆脱经济利益的束缚，毫无功利地投入到“美好理想”的建造中。

拥有金钱是女人的资本之一，对富裕生活的向往是人的自然反应，每个人都有权利去获得财富。正视自己对财富的需要，制订一个获得金钱的目标，有助于你尽早积聚财富。

因此，树立正确的金钱观，是女人提高财商、改变人生的第一步，也是女人赚钱的第一堂课。即使只是为了让自己的人生更绚烂，让自己活得更精彩，女人也应该从今天开始就以积极的心态靠自己的智慧和能力去赚钱。

女人会赚钱，自立才近在眼前

女人要在经济上不依赖任何人，完全可以负担得起自己的未来。只要你能做到这一点，那么就没有人能对你的行为指手画脚。

如今有些人对财富的观念、对有钱人的认识正在悄悄地发生着改变，他们默认了靠正当手段成为有钱的人就是成功的人，那些人就可以堂堂正正地在社会上占有一席之地。

财富在今天的社会已经不仅仅是奢华生活的代名词，它同时意味着生活品质的改变。女人拥有足够的金钱，就拥有了选择权与支配权。女人要在经济上不依赖任何人，完全可以负担得起自己的未来。只要你能做到这一点，那么就没有人能对你的行为指手画脚。

女人往往会以为自己在社会上是无足轻重的小人物，必须要找棵大树乘凉，在庇护中才能顺利成长。女人往往感兴趣的是成功男士。但是在现代社会，一个男人爱一个女人不仅是因为她可爱，如果女人只做他的芭比娃娃，则不会有持久的吸引力。其实，优秀男人希望拥有的是一个坚强的女人，一个他尊重的伴侣，一个值得追求的女人。

当男人不得不在经济上支配一个女人时，他会对这个女人产生怎样的感觉呢？他会渐渐感觉她是一项额外的负担，而不是附加的资产。所以，你可以花男人的钱，但必须要让他知道：即使离开他，你也一样可以生活得很好。如果你有随时可以转身去“走自己的路”的潇洒，他则会尊重你所有的权利。因此，女人一定要有钱，并不是完全出于追求享乐，而是因为尊严。

要做到这一点其实也不难——那就是不管你的家庭是否需要你赚钱，你都不要轻易放弃自己的事业。如果说女人拥有什么样的感情生活尚有一些运气的成分，那么工作中个人努力的印记却是显而易见的。虽然每个职业女性都会有职业的烦恼，但工作依然是值得我们付出的事情。一份小小的事业可以是女人信心的基础，它可以让你更自然、更平等地与这个世界对话，为你增添一抹从容与洒脱，焕发出无穷的个性魅力。

如果你希望在家庭关系中保全自己的权益，那么有一个方面不容忽视：经济自立。如果一个女人放弃独立生活的能力，在经济上依靠男人，那么她在生活中的选择就会减少，甚至将不得不听命于他人，受他人的摆布。

自立是人生的宝贵财富，只有自立的人才能赢得他人的尊重，也才能赢得财富。自助者天助，女人更应发扬自立精神，大胆地追求自己的幸福生活。

无论一个女人多么美丽，单纯的外表无法换取一个男人永远的尊重。外表可以吸引他靠近，但能够使他保持持久兴趣的，只有你的独立和尊严。这样你才能得到男人的青睐，同时在这个世界上找到自己的位置。

有财力，才能活出自己的精彩

女人要让自己生活得更好，就要关心钱，就像关心自己的容颜一样，让自己在财富领域也流光溢彩。女人有钱的快乐，不在于钱本身，而在于她通过赚钱证明了自己的能力，实现了自我的价值，享受了自己的生活。

女人除美丽之外，在其一生中还会有许多大大小小的心愿、理想，当然包括拥有较多的财富。

《红楼梦》里，在贾宝玉看来，男人个个都追名逐利、俗不可耐，女人则超脱于这些世俗之外，灵性四溢，清纯可爱。这种观点出自生于富贵之家、备受宠爱、锦衣玉食的贾宝玉，是可以理解的。但在现代社会男女的社会角色差别越来越小、女人的生活来源实际上越来越依靠自己，“还认为女人与钱财无关”，那是否太过天真了。

女人要让自己生活得更好，就要关心钱，就像关心自己的容颜一样，让自己在财富领域也流光溢彩。女人有钱的快乐，不在于钱本身，而在于她通过赚钱证明了自己的能力，实现了自我的价值，享受了自己的生活。

在很多男人看来，女人生性是柔弱的，像鲜花一样，需要阳光雨露的呵护。所以，很多男人希望辛苦和操劳永远不要和自己的女人沾一点儿边。但是，愿望终归是愿望，如果是心智成熟的女人，即使男人能养得起她，她也不甘心让自己的才智荒废。

女作家林燕妮，涉足传媒、广告、影视多种行业，一生以事业为重，其个人生活也丰富多彩。她是一位浸润着巴黎、北京、香港等现代大都会魅力的、色、香、味俱全的现代都市女性，靠自己的才情，通过写作，将她的女性经验、幻梦、雅致、奇巧等都留给读者做一份遐想。作为一个时尚中人，她不光美，而且艳，其风情和魅力足可以与林青霞、张曼玉、梅艳芳等一流女星媲美。这样一个神秘、香艳四射的名女人，在香港深入人心的程度，几乎在许多著名影星之上。她的时尚头衔令人目眩。她是时尚中人，更是时尚的界定者。

时下有些女孩子曾说“干得好不如嫁得好”。听起来好像也很有道理，但需辩证地去看待这个问题。如果真是嫁得好，只能说明生活的起点高，但更主要的是女人要自己做得好。比如，聪明的女人可以用现有的优越条件，做一项自己喜欢的事业，并且把它做好，达到经济上的独立，从而也更能体现自己的人生价值。而不聪明的女人，会因为嫁得好，表面看起来挺潇洒，但事实上她们的快乐并非从此就有了足够的保障。

即使婚姻幸福的女人，也可能会单独面对现实人生。因为女性普遍比男性长寿 8 ~ 10 岁，终有一天要独自面对一段人生路的几率极大。女性在职场，普遍比男性处于劣势。女性的收入普遍低于男性，即使同工也不同酬。女性换工作的频率也比男性高，公司裁员多半先裁掉女性。

年轻的时候，女人觉得哪一天永远不会来临，总是很乐观地认为“船到桥头自然直”，等到问题发生了已太晚。其实，女人如果尽早地认识现实，为将来的日子做好准备，命运完全可以掌握在自己手中。

中国政法大学夏吟兰教授告诫女性：在回归家庭的问题上一定要冷静、理智。她说：“工作是女性与社会保持联系的重要途径。对于绝大多数女性而言，失去经济上的独立，就会失去在社会和家庭中的平等地位。”

居家女人既要料理家务，又要相夫教子，从事的是辛苦又难以价值化的隐性劳动，若把家庭当作自己的“全部事业”，长此以往难免会对自己的存在价值产生怀疑。家庭是女人心灵的港湾，可没有了工作，没有了经济上的独立，再平静的港湾可能也会掀起波澜。

当我们成年之后，对自己的人生就应该有一个规划，要清楚自己在某一个阶段的主要目的是什么。当一个人对社会的认识还不甚明了的时候，常会以为自己有着取之不尽、用之不竭的资源，所以在各个地方、各种方面都不知道爱惜自己生命的储能。人活着，追求快乐的生活本也无可厚非，可如果为此抛却了一生的目标，就不是理智的行为了。

女人的形象也与财运关联

女人的形象和财运，从来都是相辅相成的。你的外表无时无刻不在向人展示着你的经济环境、人生态度。

许多女人都有一个潜在的心愿：期望自己有钱，同时也期望自己拥有美丽。有时也会为两者孰轻孰重、孰先孰后这个问题产生疑惑。殊不知女人的形象与财运是相辅相成的，金钱所带来的优裕与安定的生活，对女人的容颜也是一种滋养。

“先敬罗衣后敬人”从道德上说是不公正的，但面对现实的社会观念，我们尚无法改变。因为要对方了解你的内在美，尚需一段时间，而体现一个人个性的着装却一目了然，给人留下一个美好的印象。

女人优雅的仪表可以决定别人对你的看法。从理论上看来，我们应当看重一个人的内在而不是外表，但请你也不要太天真，多数情况大家都是以你的外表衣着来打量你，因为你的仪表会成为别人打量你的第一印象，而且这印象会持续下去，在许多方面影响别人随后对你的看法。甚至可以说女人优雅的仪表有时会带来财运。

丽丽下岗后，为了生计的考虑决定开一家理发店，于是经过一番苦学，终于把理发的手艺学会了，而且给亲朋好友理的头发也得到了大家的一致认可。丽丽对自己的手艺充满了信心，便选址开业，可是生意并不像想得那么好，甚至有点冷清，再看看旁边的理发店，手艺还不如自己，却人来人往，生意很好，丽丽也觉得很奇怪。

有一天，昔日的好朋友来到店里，丽丽就把自己的困惑说给了好朋友，好朋友立即指出了丽丽的问题：丽丽身为一个理发师，而自己的头发却一点造型也没有，脸上还像做工人时一样，不擦口红、不化妆，身上还穿着原来在工厂工作时发的工作服，穿着一双平跟皮鞋……一副工厂工作的装束。

丽丽听从了好朋友的意见，整个人改头换面，头发变成了棕红色大波浪，本来就白皙的脸，经过仔细地化妆，更加靓丽，一身合体的衣服配着一双高跟皮鞋，给人的感觉高雅、稳重。随着丽丽面貌的改变，她的生意也随之逐渐地好了起来。刚开店时丽丽一个人，而现在丽丽已经雇了两个服务员，生意很红火。

个人形象对于事业而言之所以如此重要，是因为它体现着一个人的精神风貌与工作态度。如果说个人形象就是商界人士自我宣传的广告，恐怕一点也不过分。是的，一个人的衣着好像会说话一样。衣冠楚楚者的仪表能告诉大家：“这里站着一个精明能干、很有前途而且能担当大任的人。”他让人觉得值得被器重与信任。由于他很尊重自己，因此别人也会尊重他。而对于女人，你的外表无时无刻不在向人展示着你的经济环境、人生态度。

美女的意义，在于以美丽约束自己，永远不走下坡路。这样的女人，年轻时靓丽，年老时优雅，永远可以微笑着面对命运的波折起伏。

一个女人如果任皮肤发黄、龟裂，任头发乱成一团糟，任服装永远过时，任大腹便便，甚至任嗓子粗哑、举止粗俗、精神荒芜……这种心灵的皱纹比脸上的皱纹更令人痛心，好像随着青春的逝去，她的性别也随之抹去了。她的形象给人穷困潦倒的感觉，因为她完全接受命运的安排，失去了女人味，这是可悲的。

而那些在自己的领域里取得了非凡成就的女人，不见得是天生丽质的美女，但她们首先是能自律、有上进心的女人。

曾经，美国《财富》杂志评出的 500 强企业中，没有一家是由女性领导的。那时，在各个行业都有一块透明的、限制女性上升的天花板。雅芳的前任 CEO 吉姆看着钟彬娴说：我完全相信，在未来 10 年里，一定会有一位女性来领导雅芳。钟彬娴根本没有想到，这个打破了玻璃天花板的女人就是她。

再看看钟彬娴，自信开朗、谈吐高雅、衣着亮丽得体、气质高贵，这无一不表现她的聪明才智，以及她的独立执着和十足的女人味。

生活中，不是每个女人都能达到钟彬娴的高度，但我们可以以她为标尺，关心自己的外在形象，做一个衣着得体、容颜干净漂亮的女人，对自己的人生有长远的规划。女人打造自己的美丽，并不仅仅是做给别人看。对自己用心的人，自然会更了解自己，知道自己的长处，从而获得自信。

女人有足够的经济能力，才容易走出既定的小格局

一个女人只有具备了足够的经济能力，才能走出既定的小格局，才能举重若轻地承担起人生的责任，才能享受到成功的满足感，这无论是对自己还是对身边的人，都是一种福气。

女人要冷静地面对金钱，控制你的金钱，在你的人生各个阶段制订好用钱计划是非常必要的和重要的；另外就是进行投资，用钱来赚钱，等你的财富资产积累到一定程度后，你的资产将会为你带来源源不断的财富，你便会实现财务上的自由。既然是金钱的主人，那就能理所当然地让金钱为你服务，你也可以用金钱去帮助别人，从事公益事业、教育事业等一切有益于大众、有益于他人和社会的事。

成功的人士知道，只有懂得珍惜和完善自己，才真正懂得和真正有能力去帮助别人。因此他们不遗余力地从知识、能力、财富等方面增强自身，同时，他们也非常在意自己的身体健康，对饮食、休息、休闲娱乐都很注重。以己为先并不意味着就是一个不关心别人的冷血人，恰恰相反，我们只有做好自己，才有能力帮助别人。

周晓光生于西施故里——浙江诸暨一个贫穷的小山村里，作为大姐的她还有五个妹妹和一个幼小的弟弟，全家十口人，几乎全靠母亲一人的操持来维持生计。接济家庭，养活弟妹，成了这个17岁花季女孩的责任。

从小就聪明胆大的周晓光，并没有和家人死守在一起，用自己的辛苦去维持最基本的生活。她凭自己的勇气和自信，让母亲借了几十元当本钱，做起了“跑码头”生意。那时，她肩挑两个大包，每个包里都装了六百多个花衬子，手里还要提个木箱。就这样，晓光拿着一本中国地图，沿着公路、铁路走南闯北，6年之间，竟跑遍了大半个中国，而她的心里只有一个念头：发财致富，让家里人过上好生活。

6年闯世界的结果，周晓光赚了2万元。依照当时的标准，已经算是一个小康人家。但是她的脚步，并没有就此停滞不前。

20世纪90年代初期，周晓光在去香港考察的过程中，香港的“店铺式经营”给了她灵感。她敏锐地感觉到，有了店铺，生意会越做越大，经营的商品也会越来越多。于是回到家乡之后，周晓光成了第一个吃螃蟹的人，她开出了义乌第一个饰品店面，并做了许多新产品的代理商。

如果说，此前的周晓光还只是一个解决了家庭生计问题的“小老板”的话，那么，1995年之后，因为有了一份对事业的信念和坚持，她成了一个名副其实的“企业家”。

一些同情心过于丰富，对自己的命运缺乏主观认识的女人要知道，只有自己先上了岸，才会有救助他人的可能，否则大家一起在波涛里沉浮，终归也于事无补。在两难的困境之中，女人最明智的选择应该是努力提高自己，充实自己，然后以你的经济能力，扭转命运的残局。

其实在经济能力的问题上，女人更需要为自己考虑。认清了这一点，我们就应该活得自信，不要活得怯懦；不要因为曾经没有帮助别人而感到惶惶不安，要力求心态的平衡。其实，把原本送给别人的金钱投资在自己身上，终将给自己和周围的人带来加倍的回报，这对彼此都是一件好事。而你的生命究竟有多大的活力、多大的发挥空间，终将取决于你的经济力量。

已经登上了一个新的台阶、具备了一定经济实力的女人，才会走出既定的小格局，举重若轻地承担起人生的责任。她们才能享受到成功的满足感，这无论是对自己还是对身边的人，都是一种福气，这种满足感能让她们的生命也因此而拥有了崭新的内容。

依赖男人的经济，女人永远没有独立的可能

女人有一份工作可忙，既可填补生活的空白，又能在工作中不断充实自己，提高自己。工作让女人感受到自己的价值，而且能跟上时代的潮流，更具有知性魅力，因为外面的环境与事物会让女人更聪明！

有很多结婚之前人品、才学都很出色的女性，却被看起来十分美满的家庭生活钝化了，安心地做起了“全职太太”。在放弃了自己的职位、自己的爱好和朋友圈子之后，她们变成了不再有自我主见的平凡女子，与丈夫之间的差距越来越大。男人们在一开始或许享受家里随时有热汤、热水恭候的生活，感激太太做出的牺牲。但时间一久，男人也有烦的时候，也有累的时候，这时他就会完全忘记了妻子是为了什么，并可能会以外面风风火火的女同事为标尺抱怨自己

的爱人:“我并不需要一个只会撒娇、等待报偿的女人,我真正需要的是一个助手、一位伙伴。”

从另一方面讲,如果一个女人没有事业或者职业,对于自身各方面的发展是有局限性的。若把“全职太太”也当作一种职业看待,那这个职业可能是一个高风险的职业。

选择做一名全职太太,就必须要承担婚姻风险、经济风险、再就业风险和个人成就感风险。持久稳定的经济状况也是全职太太的保障,如果先生的事业遭遇不测,婚姻也很容易受到冲击。同时,女性在选择做全职太太之前,还必须考虑再就业的风险。

靳羽西是一个很聪明、很成功的“名女人”,谈到女人的魅力,靳羽西认为,除了健康和美丽,女人最重要的是经济独立。她说:“我现在最大的自由是:我可以从自己的口袋里掏钱买书、买我喜欢的衣服……这是女人最大的自由。现在许多年轻的女孩子需要什么东西的时候就对她的男朋友或爱人说我喜欢这个、我喜欢那个,她们是不自由的。我以前曾经嫁过一个很有钱的男人,可是他没有给过我一毛钱。”

依附于男人经济的女人永远没有独立的可能,只有在经济上独立了,女人在购物的时候,才可以自信地掏自己的腰包,不必在支配金钱的时候小心翼翼地去争取男方的意见,也不必在给他买礼物的时候还得向他要钱。只有花自己劳动换来的金钱,才能理直气壮,才能心安理得。

因此,女人一定要有自己的事业,这样才能在精神上真正和男人平等。这个事业不一定是轰轰烈烈的大事业,通俗地讲,应该是有一份稳定的工作,这是自己生存的保障,是不受到伤害的保障。女人可以不需要赚很多钱,但是一定不能失去赚钱的能力,不能选择寄生虫般的生活。

在一次接受记者采访时,鞠萍说:“女人一定要有自己的事业,千万别失去独立性!”是的,一个善于运用知识,发挥自身特长,并孜孜不倦地去实现梦想与事业的女人，比那些依赖丈夫生活的女人更让男人着迷。因为女人不应仅仅属于家庭，她首先要属于自己，然后才是家庭，这样的女人才是真正有智慧的。

一份称心如意的工作能够协调女人的情绪，保持女人的身心健康，从而促进家庭的和谐幸福。一份能发挥女人特长的工作，才能让女人全情投入，并享受其中。这样的女人无疑会在脸上洋溢出快乐的光彩！

金钱“带来”幸福而不是“等于”幸福

对财富的追求是女性实现自我价值的一种体现，更是一种修炼，既追求财富又不迷失自我，既能享受财富带来的幸福，又能享受追求财富的过程中所带来的快乐。

钱财不是一个女人终其一生的唯一追求，但却是一生不可或缺的东西。钱财可以让女人过上更优雅、精致的生活。女人追求财富恰恰是顺应了社会的发展，因此，女人不应该熄灭自己追求财富和金钱的热情。

女人运用自己的努力与智慧获取钱财，是值得称赞的事情。拥有了钱财，女人可以更有序地安排自己的生活，不必为无钱应急而发愁，不必为没有钱给父母治病而痛苦，更不必为没有能力供孩子去更好的地方读书而内疚。

现代女子，如果愿意，尽可以用自己的钱买喜欢的任何东西，而不必看任何人脸色。女人要真正告别弱者的形象，实现人格上的独立，就必须先在事业上体现自己的价值。

出生在北京的章子怡，11 岁那年，考入北京舞蹈学院附中，学了 6 年民间舞。正是在这个阶段，她赚到了个人的第一笔钱——“正是在舞蹈学校的时候，

14 岁，拍了一个电视广告，好像是护肤品广告吧，不过我不是主角。第一次赚到钱，我好开心！”

1996 年，章子怡从北京舞蹈学院附中毕业，并顺利考入中央戏剧学院表演系。她进的这个班就是大名鼎鼎的“中戏明星班”，班里的 8 个女生都多才多艺（比如梅婷、袁泉），每逢校内演出，大出风头的总少不了她们几个。

1998 年，章子怡迎来了人生中的转折点——她接拍张艺谋导演的《我的父亲母亲》，并一举红遍大江南北。随后其在《卧虎藏龙》中的表演给了她一个进军国际市场的绝佳机会。她那骨感美与出色的表演立即引起了世界的关注。成龙的《尖峰时刻 2》立即找上门来，一个大反派的角色为她带来了高达 100 万美元的片酬！

章子怡的票房号召力让韩国电影界也向她伸来了橄榄枝，《武士》随即邀请她做一回明朝的芙蓉公主。虽然韩国的片酬无法和好莱坞的大片相提并论，但《武士》还是为章子怡开出了 1 亿韩元的身价。这个数字虽较同期进军韩国市场的张柏芝略低但章子怡的附带条件稍多一些，比如她要求《武士》需在 4 个月内拍完她的戏份，否则剩下的工作日，每日加收附加费 100 万韩元（约 6000 元人民币）。

从此，章子怡步入了“巨星”的行列！2004 年开始她便进入了福布斯中国内地明星排行榜。

对财富的追求是女性实现自我价值的一种体现，更是一种修炼，既追求财富又不迷失自我，既能享受财富带来的幸福，又能享受追求财富的过程中所带来的快乐。

虽然钱能让女人过上梦寐以求的生活，但是并不是每个有钱的女人都会生活。有些女人只是单纯地享受物质生活的乐趣，而忘了自己精神境界的提高，这也使得人们往往把金钱和庸俗联系在一起。事实上，金钱本身并没有错误，它能使很多梦想变为现实，使女性对生活品质和环境有更大的选择自由。从这个意义上说，财富能给女人带来幸福。

说金钱“带来”幸福而不是“等于”幸福，因为还有一个根本性的怎样使用金钱的问题。也就是说，你要做金钱的主人而不是奴隶。

日本有位名叫木下纪子的妇女，她曾经经营过两家室内装潢公司，正当公司生意兴隆之际，不幸的事却降临到了她的头上。由于过度劳累，她竟然中风病倒了。从此，木下纪子吃饭穿衣都难以自理。她非常绝望，不停地问自己："这辈子难道就这样完了？难道我就这样躺在病床上了此残生吗？"

这时，她想到了世上还有许多像她这样手不能穿衣、脚不能走路的残疾人，他们的日子是怎么过的？通过对大多数残疾人命运的关注，木下纪子有了灵感。她想："难道不能设计一套专供残疾人在日常生活中容易穿脱的衣服？"她看准了这是一条致富的路子，便认真地展开行动。

她开设了第一家专门为残疾人设计、制作服装的公司。木下纪子创办这家名叫“独立”的公司，不仅向社会宣告：木下纪子虽身体残疾，但是我要走出一条“独立”生活的道路；同时，她也向残疾人发出号召：为了生存，必须走出一条自我“独立”的道路。

“独立”公司自开办以后，生意十分兴隆，销售高峰时，一季可以有五万多美元的产品成交。木下纪子的成功，就是从自己的痛苦开始到关注世上所有和自己命运相同的人。她为了帮助这些人摆脱生活中的苦恼，积极地开拓了自己的产品，创造了属于自己的财富。

君子爱财，取之有道。通过自己的劳动，包括体力劳动和脑力劳动而获得财富，数目越大说明你本事越大，你就可能越会受到社会的承认和别人的尊重。

金钱和事业是一个平台，女人可以用自己的努力证明：女人也可以为自己创造美好的生活！会赚钱的女人更值得尊重。

财富的意义不仅仅在于财富本身，对于有些富人，生命的意义就在于创造财富。创造财富本身也是一种智慧和快乐。

因此，对于赚钱，就必须树立正确的金钱观。女人要赚钱也不一定非要置身于风口浪尖上，强迫自己一定要成为中流砥柱。只要找到适合自己的位置，能赚钱养活自己，又能活得快乐舒坦，就是一种成功。

第2章

增补财识，有睿智眼光的女人更受财迷

女人要想拥有财富，就要有赚钱的意识，也就是有财识、有眼光。而财识和眼光是可以靠自己的努力来培养的。一个想经济独立的女人一旦有了自己的想法后，就会自觉地去学习许多东西，留心许多事情，这就已经是在寻找机会了。也许你会比一些普通的女人在工作生活中付出更多的心力，但是你也会因之获得更多的回报。

培养财识，知本致富好出路

丰富的知识，灵活的思考，敏捷的思维，敏锐的直觉——这些都是通向成功之路的法宝，每一个追求“财务自由”的女人，都应当集中精力磨炼头脑和感觉。女人要想拥有财富，就必须树立正确的金钱观，培养你的财识。

很多女人，对科学知识充满敬畏，对文艺才能无比向往，却唯独没有认识到财识的重要性。其实，能否拥有财富、掌控财富，将决定女人的一生是幸福安宁还是奔波劳苦，而且物质的充裕是精神自由的坚定基础，财识将为你的一切理想和兴趣提供必需的养分。

挣钱多少并不重要，关键是要具备挣钱的长远目光。要培养这种意识，眼前的利益必须放在长远的规划中来看待。穷人的穷不仅仅是因为他们没有钱，而是他们根本就缺乏一个赚钱的意识；有钱人的富有不仅仅是因为他们现在手里拥有大量的财富，而是他们有赚取财富的意识。因此，女人要想拥有财富，就必须树立正确的金钱观，培养你的财识。

1985 年 7 月，赵依春从南方某大学国画系毕业分配到北京某杂志社任美术编辑。作为南方小城的人，摇身一变成了首都的一名公民，这使她很有满足感。但是赵依春是个不安分的人，工作 3 年后，觉得一眼望穿的人生不过瘾，于是 1988 年，随着出国潮，她下决心倾囊而出完成“理想”，放弃了那份令不少人羡慕的职业，向多方筹借一大笔学费留学到了美国。

这一次她的行程并不顺利，于是她挣钱还清学费后，回国休养生息。但是那个出去创业的梦想并未停止。

1992 年年底，赵依春通过媒体了解到，战乱后的柬埔寨在国际社会的关注与支持中，将医治战争创伤，重建家园，那里的机会很多，同时那里创业的起点较低，所以她决定去柬埔寨找机会。

在柬埔寨，赵依春送过报纸，做过室内设计，站稳脚跟之后，她发现随着柬埔寨形势的稳定和开放，中文和英文一样重要。许多商家、内地的国有企业及私人老板在聘请员工时，都优先录取兼懂柬文、英文与中文的应征者。由于这些外资公司的薪水比当地厂家高出三五倍，所以，求职者趋之若鹜，中文的经济价值骤然提升。在这种大环境中，赵依春的“依春中文学校”应运而生。

1999 年年底，从赵依春的中文学校培训出去的学员已达 2500 人，他们初步掌握了华语，中文成为他们谋生的工具。从这里，赵依春也掘得她的第一桶金。她的目标是让更多的柬埔寨人懂得中文，把中文当成一个产业来经营。

理财知识在未来的“知识经济”的社会里是非常重要的，每一个想摆脱经济困境、成就自己财富梦想的人都应该完善自己理财的知识结构。当然，我们不会因为拥有这些知识就可以坐等财富的到来，但是这些知识却是你事业的基础之一，要在不断进行投资理财的过程中去明白怎样运用这些知识来给自己创造财富。

如果我们在这个过程中积累起丰富的经验，那么我们将会花越来越少的时间和金钱去做越来越大的投资，从而创造更多的财富。

依靠苦干的时代已经过去了，在现代经济社会中，需要的是头脑和感觉。丰富的知识，灵活的思考，敏捷的思维，敏锐的直觉——这些都是通向成功之路的法宝，所以每一个追求“财务自由”的女人，都应当集中精力磨炼头脑和培养感觉。就像追求美丽的女人很容易从人群中脱颖而出一般，注意培养自己财识的女人也终会得到财富的青睐。越年轻，开始充实这方面的常识就越有利，学习规划自己的人生，为未来做准备。

阿芬下岗了，她不甘心在家让丈夫养着，先后找了几份工作都因不太理想而辞职了。最后，她去一家糕点店认真地做了起来。阿芬从和面、制作到销售，每一个步骤都认真地去学习,并把有些自己认为有用的细节记在本子上,回家以后认真琢磨,并买来各种配料在家做给家人品尝,还常常送给亲朋好友。慢慢地,她的手艺得到了家人和亲朋好友的认可。这时阿芬辞去了糕点店的工作,找了一个客流量较多的地方,自己也开了一家糕点店,后来,阿芬的生意特别好。

女人要想独立,就要有赚钱的意识,也就是有财识、有眼光。而财识和眼光是可以靠自己的努力来培养的。一个想经济独立的女人一旦有了想法后,就会自觉地去学习许多东西,留心许多事情,开始寻找机会。

人无远虑,必有近忧。人的一生就像一局棋,不能走一步看一步,应该走一步看五六步。我们必须靠自己的办法过日子,去保障自己的未来,因此,女人应尽早树立起赚钱意识。女人如果懂得理财、懂得独立,人生就是你的。女人无法在厨房中要求独立,有财识、有眼光才可以实现自己的幸福生活。

女人要用财识去武装自己的头脑,如果你现在正在为别人工作,不要只是为钱而工作。其实,薪水只是工作的一种补偿方式,而你在工作中获得的技能和经验却是你终身受益的东西。更有价值的是,若干年后,你的付出会得到加倍的回报。今天的劳动,就是为了你明天的收获。一旦有了明确目标,学会驾驭心中深藏着的巨大能量,并能充分组织你已拥有的知识、经验和技能,你就会发现你的创造力是如此惊人。

感性的女人，跟着自己的直觉发现财富

女人似乎有先天赋予的特性，她们对某些事、某个人常常不用逻辑推理，单凭直觉就能准确看透，因此，她们能以自己特有的直觉捕捉到发财的信息和致富的机遇，也最能寻找到打开财富之门的钥匙。

想要赚钱，当然需要分析经济动向、熟悉统计，另外还需要一定程度的直觉判断。也许会有人说："这种想法是错误的。生意必须依照经营理论或经营心理学才算科学，合理的经营方法对生意是绝对有必要的"。以目前的社会来说，没有计量性的经营根本就无法生存。不过，一种事业能不能赚钱，却是无法用计量算出来的。决定这些问题必须靠个人的直觉。当然也要参考一些资料。

芭芭拉原是一个很能干的"打工妹"，在一家人事顾问公司当行政部经理，深得老板的赏识，年薪 5 万美元，属于标准的"白领阶层"。从薪金收入来说，也是很不错的了。但是，因为老板的器重，芭芭拉的工作越来越辛苦、忙碌了，根本没多少时间来陪伴她正上幼儿园的小女儿。作为一个母亲，她常感内心不安。她常常想：我为什么就不能独立呢？为什么非要为老板创造利润呢？什么时候，有一家自己的公司就好了。

她的心肝宝贝生日那一天，她于百忙中抽空到百货公司选购了一只玩具熊，把它寄到幼儿园，希望给女儿一个惊喜。

芭芭拉说："出乎意料，其他家长、老师及孩子们看到从天而降的玩具熊时，都感到很兴奋。我灵机一动，相信这是一个自己创业的好机会。"

此时的芭芭拉，突然面临着一个选择：是继续待在原来那待遇优厚、被老板重用的职位上，过着舒适、富足的平静生活，还是辞去工作，迎接新的前途未知

的挑战。尽管她碰上了机遇，并获得创意，但这毕竟不等于成功，前面还有风险。

芭芭拉没有犹豫，她勇敢地选择了后者，自己当起了老板。

既然人们对突然而至的玩具熊那么兴奋，她便采用邮购的方式将玩具熊寄到客户家中，首创了美国第一家玩具熊速递服务公司。结果在一年内，她的公司便做了 500 万美元的生意，她也成为商场上人们津津乐道的女强人。

从某种意义上来说，以赚钱为目的的商业活动，也带有一定程度的风险，而这考验的就是人们的判断能力。除了理智的分析和广博的学识之外，在紧要关头，直觉往往能够帮助你化险为夷，取得财富。许多取得了成功经验的大富豪，都坚信直觉的力量。石油大亨保罗·盖帝在直觉方面就拥有超越常人的敏感力，有人形容："他拥有无比强大的个人能力，有惊人的远见，更有巨大的心灵力量。"正是在这种超常直觉的指引下，他在中东地区嗅到了财富的气息。在地下一滴油也没有挖出来，其他投资人相继撤出的情况下，保罗依然坚信这个地方有石油，发现它们只是一个时间问题。他的坚定得到了回报——1953 年，他在中东地区发现了大量石油。

肖琳非常喜欢读书，对于图书她向来怀有极大的热情，也正是这个原因，她一直都想在出版行业谋求一份自己喜欢的工作。

可是因为缺少这方面的工作经验，几次面试都没成功。"我们需要熟悉编辑和印制业务流程的员工，你现在还不太符合我们的条件，以后有机会我们再合作吧……"她得到的总是诸如此类的回答。

是的，她的确没有什么经验，只是出于一种爱好。她怀着极大的兴趣，倾听那些富有经验的书籍制作者介绍封面的设计和选题的创意。

一位五十多岁的出版人正在和前来订货的批发商侃侃而谈。他的脸上溢着激动和热情的光彩，讲述起那些书的制作过程，就像一位慈祥而伟大的母亲在谈论自己骄傲的孩子。肖琳忽然心中有一种感觉：可能自己马上会有一份自己喜欢的工作，她要继续在这里听下去。

肖琳无法挤到那些批发商的前面，只好在一旁专注地踮着脚倾听，书商们陆陆续续地走了，“你好，请问你是……”突然，老人对肖琳说道，“我注意到了，你一直都在旁边听！”“是的，您讲得太精彩了！”肖琳欣喜地说。

“看得出来你对书也很感兴趣，而且你很执着。”当老人了解到肖琳的基本情况后，他热情地说：“我需要的就是你这样的人！到我的公司来做事吧！”就这样肖琳凭着自己的直觉和极大的兴趣，有了一份自己喜爱的工作。

女人在创造财富的过程中，要相信自己的直觉。胆量的有无建立在对直觉判断力是否自信的基础上，而判断的做出并不是件容易的事情。因此，当赚钱的机会来临时，你的态度仍是犹豫不决，那么你还不具备发财的资格。这是因为你还没有培养起敏感的直觉和胆量。这时候你最需要的，是摆脱优柔寡断的状态，向着自己的梦想前进。

在灵感闪光之处挖掘财富

每个人都有过灵光一现的时候，但有的人把握住了，能将其转化为财富，而有的人却毫无所得。其实，赚钱也需要灵感。然而要想获得这种灵感，最好的办法就是，让你的头脑经常想着怎样合理合法地赚钱！

在竞争力极强的现代社会里，每宗生意的成败得失，往往取决于能否抓住自己的感觉。每个人都有过灵光一现的时候，但有的人把握住了，能将其转化为财富，而有的人却毫无所得。其实，赚钱也需要灵感。然而要想获得这种灵感，最好的办法就是，让你的头脑经常想着怎样合理合法赚钱！

但是光有灵感还不够，因为灵感只占解决问题整个过程的10%，只有将灵感落实，才能将财富最大限度地挖掘出来。

日本东京有一家专卖小手帕的老商店，店主人叫小野村夫。这家店原来信誉很高，生意一直不错。可是随着商业的繁荣，超级市场的手帕品种多、花色新，村夫的小店竞争不过，生意日趋清淡，眼看只能关门大吉了。村夫急得如坐针毡。一天，村夫坐在小店里茫然地注视着过往行人，面对着那些穿梭似的旅游者，忽然灵感涌来，他不禁忘乎所以地叫出声来。老伴还以为他出了什么事，只听他念念有词地说："导游图、印导游图！""改行？"妻子惊讶地问。"不，不，手帕上可以印花、印鸟、印山、印水，为什么不能印导游图呢？一物二用经济实惠，一定会有很多买主的。"老伴听了，也连连称是，于是他们向厂家定制一批印有当地交通图及有风景区导游图的手帕，并且广为宣传。这一招果然灵验，手帕销路大开，生意顿时十分兴隆。

人都有一种习惯，就是害怕自己的环境改变和思想变化，喜欢做大家经常做的事情，不喜欢做需要自己改变的事情。所以，很多时候，我们没有抓住机会，并不是因为我们没有能力，也不是因为我们不愿意抓住机会，而是因为我们恐惧改变就放弃了自己稍纵即逝的灵感。人一旦形成了思维定式，就会习惯地顺着定式思维思考问题，不愿也不会转个方向、换个角度想问题，这是很多人的一种愚顽的"难治之症"。

美国有位叫米曼的女士。她发现，她穿的长筒丝袜老是往下掉，如果是逛公园或去公司上班，丝袜掉下来是多么尴尬的事，就算偷偷地拉上去也很不雅。她想：这种困扰，其他女性也一定会遇到。于是她灵机一动，开了一间袜子店，专门出售不易滑落的袜子用品。袜子店不大，每位顾客平均可在 1 分半钟内完成现金交易。目前米曼经营的袜子连锁店在美、英、法三国多达 120 家，这个小小的灵感为米曼带来了巨大的财富。

遇到袜子往下掉的女士何止千千万万，但能够触发灵感要开一间袜子店，解决这一尴尬的人却寥寥无几。由此可见，灵感来源于生活，女人要发挥细心的优点，要像米曼一样在生活中做个有心人，这将会受益无穷。

中国有句古话说“先下手为强”，在追求财富上更是如此，走在最前沿的人常常成为最容易获得成功的探索者。美国的福特、洛克菲勒、比尔·盖茨……这些世界级的富豪都是早动手的典范，他们相信自己的判断，对自己充满了极大的信心，他们没有犹豫、没有迟疑，因而获得了巨大的成功。所以，如果你想成为百万富翁，就要做最早的起航者。一个人在社会中是非常渺小的，在灵感出现的时候要努力去把握，这样才会为人生赚取更多的财富，从而实现自己的人生价值。

小燕大学毕业后，就在一家私营企业做文秘工作。每到周六、周日，她发现所住的小区的许多年龄小一点的孩子，尤其是双薪家庭的孩子没人照看。稍大一点的孩子也会在小区里乱跑，因为有不少双薪的夫妇由于工作的需要，不得不放弃周六、周日的休息，没有太多的时间去照顾孩子。小燕突然萌发了要开一个托儿所的愿望。于是她走访了小区里的一些家庭，她的想法得到了不少家长的认可，可是小燕却舍不得放弃她的工作，于是就把自己的设想暂时放在了一边。

不久，小区真的开了一家托儿所，而且，渐渐地，托儿所的孩子也越来越多。这时的小燕非常后悔，白白失去了这么好的一个赚钱机会。

拖拖拉拉、犹豫不决是很多人难成大事的症结之一。他们总是瞻前顾后，前怕狼、后怕虎，结果当他们还在权衡利弊得失的时候，别人已占据了先机。这是一种可怕的习惯，它让许多成功的灵感与你擦肩而过，对人生的成败与否有着重要的影响。

作为一个女人，更应该从自己的灵感中挖掘财富。当然，光有灵感还不够，还要有一定的判断，要不失时机地将灵感化作行动。一般而言，一个果断的人，比优柔寡断的人更容易获取财富。大脑是灵感产生的源泉，只有你充分利用它，灵感才会不断地涌现，你的生活将会因此而大不相同。

在平常的生活里，寻找不平常的机遇

生活中处处充满机遇，关键是你有没有发现商机的慧眼，愿不愿意开动脑筋去思考，把潜在的商机挖掘出来，将其变成看得见的财富。

很多女人都埋怨命运不公，觉得自己的机会很少，其实是因为她们不善于发现机会并且没有抓住机会。

有些人很想有所成就，很想获得财富，但是还没有动手就感到非常为难，因为他们搞不清楚自己想要做什么。由于思想上没有一个明确的目标，所以觉得很难决定下一步要做什么。于是，他们就坐在那里等待奇迹，然而，奇迹并不是光凭等待就会来的。

生活并不缺少机遇，而是缺少发现机遇、抓住机遇的素质。如果有了很高的素质，即使生活没有机遇，你也能创造机遇。

“机不可失，时不再来。”人人都会说这句话，但有很多人只有等到机会从身边溜走之后，才恍然大悟、如梦初醒。其实，机遇对任何人都是公平的，关键要看你是否是一个有心人。

有个北方的女子，在上海高新开发区工作，年薪 10 万元。中午趴在办公桌上休息的时候，她发现了一个商机：一些白领阶层最缺乏的就是忙里偷闲地多休息一会儿，舒缓身心疲惫、养精蓄锐。但公司一般不可能放几张床让你休息，于是她就想开个小旅馆满足这一部分人的需求，给那些身心疲惫的人提供暂时休息的场所。

于是，她辞掉了年薪 10 万元的工作，专心地做这件事情。最早她只开了 8 个房间，每间房每小时 5 元，起名字叫“睡吧”。然而，最初的生意并不好，没钱的时候，父母给了她很大的支持，所以她坚持了下来。经过不断的琢磨，她把“睡吧”改造成了家庭卧室般的模式：有素雅的窗帘，有温暖的壁灯，床头柜上摆着各种休闲杂志，还可以戴上耳麦欣赏音乐等。

她的生意突然就好了起来，“睡吧”的预订电话被打爆了。因为床位供不应求，她又借钱扩展了200多平方米，并按配套设施分出高中低档，不同档次有不同的收费标准。之后，她的“睡吧”又拓展了“催眠”等业务。再后来，有人出资找她合作，如今的她每年可获得100万元的收入。

机会偏爱有心人，只垂青那些懂得追求它的人，只喜欢有理想的实干家。倘若饱食终日、无所用心，或一处逆境就悲观失望、灰心丧气，那么，机会是不会主动来拜访的。

女人大都敏感心细，关键看你有没有发现商机的慧眼，愿不愿意开动脑筋去思考，把潜在的商机挖掘出来，将其变成看得见的财富。不要拿自己学历不够、见识不广当借口，你哪怕只是一个普通的家庭主妇，每天从做菜的材料中也能发现不少赚钱的商机。

打鼾是人们晚上听惯了的“节奏”，哪一天，这声音消失了，身旁的人还会觉得不踏实。但鼾声如雷，还是会给周围人带来烦恼。

澳大利亚的荣地查兰在长期遭受丈夫的鼾声之苦后，引发了要制作“夜安枕”的念头。她很仔细地观察丈夫睡觉时头部和颈部的位置，并认真将其描下来与平常人进行对照。经过较长时间和较仔细的研究，她发现打鼾者均与其睡觉时头、颈、肩部的角度有关。在此基础上，荣地查兰设计出了“夜安枕”。这个枕头目的在于让使用者不论侧睡还是仰卧均能保持气管呼吸的顺畅。经过试用和改进之后，便正式投产并推向市场，目前“夜安枕”在我国香港地区、日本、美国都受到人们的欢迎。

要拥有财富，就必须具有独特的眼光、敏锐的观察力和准确的预见能力，想别人所不敢想，为别人所不敢为，大胆创新，去寻找一片新的天空，开拓一片新的领域。出色的经营需要有别具一格的创意，需要独辟蹊径，需要在被别人忽略的地方开创出一条崭新的道路。

在人的一生中，一次偶然的机会，引发了伟大而深刻的发现，使科学家功成名就；一个悄然而至的机会，使有的人大展才华，干出一番惊天动地的事业，从而名垂青史……这样的事例举不胜举。

但是，抓住机会却不是任何人都可以做到的。能不能预见机遇的到来，能否在它来临之际抓住它，都取决于你是否具备了一种能力，取决于你是否具备了敏锐的感觉和先见之明。

女人拼体力，不如靠知识赚钱

这是一个知识资本的时代，知识成就未来。知识可以撬动财富的杠杆，用知识作为动力支点获取财富成为很多女人的成功秘诀。

在现代社会，靠知识赚钱已经是各界人士的共识。也许有的人可以靠投机得利、靠运气赚钱，但只能得一时之利，向财富迈进是一场长远的马拉松比赛，实力不够的人，很快就会被淘汰。我们最终还是要靠素质取胜，即使是"在商言商"的商人们，追求的也还是以智慧创造价值。

知识重要，将知识转化成财富的能力更重要，这种能力是一种获得财富的习惯，是一种利用资源的本领，是一份发现的灵感，是需要长久打造的一种气质。

实际上，对于致富起关键作用的专门知识，相当一部分是要在"社会大学"里才能学到的。没有读过大学的人，并不等同于没有知识。况且，在中国这样一个大国，市场巨大，对于那些在意识和经验上有准备的人，机会也一样存在。

在知识经济时代，只要女人们认真地掌握知识，有效地利用知识，就能走上致富之路。

杨振华小时候是个"病秧子"，遍尝苦药，因而从小就立下志向要开发出一种好吃的药。

经过数年的摸索，1985 年 1 月，身为福建农学院遗传学教师的杨振华，在实验室里采用生物工程方法对普通的黄豆进行了独特的深加工，开发出含有 20 种人体必需的生命氨基酸的营养液，这一实践耗费了她数年的心血和努力，终于得到喜人的成果。她不愿忘记这一时刻，便将营养液取名为"851"。

刚开发出来的"851"营养虽好，味道却极其难闻，杨振华不甘心，却又无可奈何。她暗地里悄悄地把"851"夹在糖里、饼子里送给同事们吃，看他们的反应，结果人人都感到"精神倍增，状态甚好"。

1987 年，杨振华毅然辞职下海，自己开发"851"营养液。可是一个文弱女书生，何曾上过市场、搞过经营？虽勇气可敬，经验却近乎等于零，因而久久打不开市场销路。杨振华每天夜里不知偷偷流过多少辛酸的眼泪，可她也知道，生意场是强人的世界，市场不相信眼泪，除了做个强而又强的女强人，她别无出路。

1989 年，"851"卖到了东南亚，泰国正大集团财务长官偶然吃到了，久治不愈的肝病竟然因之神奇地痊愈了，这位财务长官喜出望外，迅速找到杨振华，要求与她联合开发、经营。

1990 年 10 月，正大振华"851"生物工程有限公司宣告成立了，气派的公司大楼在福州温泉之路上拔地而起。

1992 年，"851"已经跨洋过海出口到欧洲、南美洲、南部非洲以及东南亚的十多个国家和地区，当年创汇 600 万美元。杨振华的名字因此广为人知，成为中国内地少有的亿万女富豪。

只有掌握了知识，特别是掌握了大量业务知识，在经商中才不会走弯路，才会先于别人到达目的地，也才能更快、更多地赚钱。

世界上最富有的犹太人认为没有知识的商人不算真正的商人。他们中绝大部分学识渊博、头脑灵敏。在他们眼里，知识和金钱是成正比的，知识是创造财富的理论根据。

一次，美国福特汽车公司的一台大型电机发生故障，公司的技术人员都束手无策。于是公司请来德国电机专家斯坦门茨，他经过检查分析，用粉笔在电机上画了一条线，并说："在画线处把线圈减去 16 圈。"公司照此维修，电机果然恢复了正常。在谈到报酬时，斯坦门茨索价 1 万美元。一根线竟然价值 1 万美元！很多人表示不解。斯坦门茨则不以为然："画一条线只值 1 美元，然而，知道在哪里画线值 9999 美元。"

这就是知识的价值。

真正有才能、能发财的人，是那些有专门知识的人，他们能把自己的智慧发挥得淋漓尽致，在追求中将普通知识升华为专门知识，从而达到成功的目标，实现自我价值。所以说，谁具有过硬的专门知识，谁就可能成为财富的拥有者。

一边是大量的工人下岗找不到工作，一边却是高级人才的薪资越来越高。显然，知识与才能已开始把握我们的命运，决定我们的财富。现代社会的人际竞争，很大程度上已归结为知识的竞争。有知识者有财富，将成为普遍的规律。

知识经济时代，科学技术的发展日新月异，女人必须要顺应时代潮流，不断学习新的本领，才能灵活地运用知识赚取财富。对于要赚钱、要创业的女人，从整合知识、传播知识、借助外力发掘出自己知识的价值入手更为切实可行，以知识赚钱的计划，绝不能过于虚无缥缈了。

直觉是女人赚钱的秘密武器

女人的直觉能力比男人准确。而男性在这方面则望尘莫及，这就为女性在生意场中及时捕捉机遇提供了有利条件。

人能在关键性时刻做出或想到关键性的事情。我们常把灵机一动而做出的决定看做是凑巧、命运或是第六感的结果。我们都有过对某件事的发生早有预感的经验。其实这不过是一种常被忽视了的天赋智力在作用而已，这种智力就是直觉。

女人的直觉比男人准确。女人似乎有先天赋予的特性，她们对某些事、某个人常常不用逻辑推理，单凭直觉就能准确看透，而男性在这方面则望尘莫及，这也就为女性在生意场中及时捕捉机遇提供了有利条件。

可以这样说：女性凭直觉判断事物和分析事物，有时可达到十分精确的地步。当一桩事情纷纭复杂地呈现在人们面前而众说不一的时候，女性却往往能从人们通常所不注意的角度入手，去展开自己的思路，进行着自己的判断与分析。女性这种说不出多少道理、独特的思维方式，有时却能独辟蹊径，收到意想不到的效果。女性在处理事情时，总是在自觉不自觉中运用着直觉心理。所以对坚信的事物，不必再心存疑虑，要知道很多令人羡慕的成功女性，都是在直觉的召唤下走出自己事业的第一步的。别害怕失败，在不断的尝试中取得的经验，会逐渐修补你在理性认识上的不足。

美国 MATTEL 公司自推出芭比娃娃玩具的近五十来，芭比娃娃一直畅销不衰，全球共有 150 个国家出售芭比娃娃，每秒钟就有 2 ~ 3 个芭比娃娃售出。

面对芭比娃娃占据全球玩具娃娃业不可动摇的泰斗地位的现状，许多玩具娃娃企业在它的市场领地“知趣”地退出，或放弃或转移，避开与之竞争，另找门路。然而知名化妆品企业家靳羽西，却于2002年在美国推出了以她本人为原型的11.5英寸高的塑料羽西玩具娃娃，在美国QV有线电视购物网上1个小时之内就售出了价值35万美元的羽西玩具娃娃。随后一年羽西娃娃在美国的销售额达到了150万美元。

不同地域的孩子一般更喜欢本地本民族特色的玩具娃娃。芭比娃娃所代言的民族不可能面面俱到，毕竟她诞生于美国，且吸收了德国布娃娃的特点，以欧美芭比娃娃产品为其强项，虽然也推出了不少具有吸引力的亚洲民族特色的芭比娃娃，但这相对来说还是弱项产品。羽西娃娃正是以亚洲民族特色和靳羽西本人的亚洲人气质形象作为优势，以其纯正的民族特色吸引亚洲孩子的目光，与芭比娃娃对比起来，他们自然会觉得羽西娃娃更让人满意。据调查，在美国5~14岁之间的亚裔女孩就有86万，收养亚裔儿童的美国家庭一年就有9000户。靳羽西就是瞄准了这个目标，从而成功地打入了美国市场。

羽西正是凭着自己的直觉，还有深入的市场分析和调查，才获得了令人欣喜的财富。一个女人如果具有强烈的好奇心与求知欲，具有强烈的独立性和自主精神，具有怀疑和冒险的精神，兴趣广泛，知识面广，眼光敏锐，思维活跃，她便能以自己特有的直觉捕捉到发财的信息和致富的机遇，也最能寻找到打开财富之门的钥匙。

我们由于常常依赖理智，因而忽略了“感情的判断力”，也就是说我们废弃了人人都有的一种认识能力——直觉，而这种能力却可能是判断该怎样做或对事物有新认识的有用工具。我们要将直觉和理性思考有效地结合起来，相信利用直觉来果断决策是一种能力，而且是一种创造财富最为有效的能力。

1905年，一个叫欧内斯·哈姆伊的移民在世界博览会上展销他制作的波丝威化，但很不顺利，根本没有人愿意买他的威化，而每天有成千上万的参观者去买他附近的雪糕。

一个炎热的下午，雪糕畅销到连盛雪糕的盘子也用完了，雪糕店的老板向欧内斯借盘子。但是欧内斯只有威化，他突然有了主意，建议把威化卷成筒状，装上雪糕！威化和雪糕的天作之合成了1905年世界博览会的宠物。现在我们还在吃雪糕甜筒，想象一下他们赚了多少钱？

作为女人，也许你想的事情或做的事情有时候看起来会不可思议，但是如果你觉得它们不错，就不要放弃。你要相信你本能的直觉。你的本能知道自己的运动能力和承受能力。只要是有利可图的事业，如果你能比他人先察觉到，并敢于先下手，便有可能做成大生意。如果你认为某项生意在短时间内能赚钱，那么就马上采取行动，好好地大干一场。

细心、敏锐的女人能发现隐藏的财富

世界上发财的途径很多，有热门，也有冷门，只要善于去发掘、开发，就会有所作为。一些人之所以成功，不是因为他们得到了幸运的机会，而是因为他们有一双慧眼，善于捕捉幸运。

世上无难事，只怕有心人。在市场经济中，有心人有占不尽的市场，发不完的财，只要我们把视线从市场的表层延伸到市场需求的方方面面，深入到消费市场，用新的理念和新的眼光细心地去观察、去寻觅、去挖掘，就会欣然地发现，市场依然存在着无尽的商机。

其实，人们追求美和追求财富的欲望是相同的，很多人苦苦追求最终还是两手空空，就是因为他们不善于发现身边的财富。可以说，生活中不缺少财富，而是缺少智慧的双眼。如果你拥有敏感的触角，就能发现机会，加上自己的才智，很快就会得到财富。

美国著名的犹太实业家，同时又被誉为政治家和哲人的伯纳德·巴鲁克在30岁之前已经由经营实业而成为百万富翁。巴鲁克28岁那年的7月3日晚上，他正和父母一起待在家里，忽然，广播里传来消息：西班牙舰队在圣地亚哥被美国海军消灭。这意味着美西战争即将结束。

这天正好是星期天，第二天是星期一，按照常例，美国的证券交易所在星期一都是关门的，但伦敦的交易所则照常营业。巴鲁克立刻意识到，如果他能在黎明前赶到自己的办公室，那么就能发一笔大财。

当时是1898年，小汽车尚未问世，而火车在夜间又停止运行。在这种旁人束手无策的情况下，巴鲁克却急中生智，想出了一个绝妙的主意：他赶到火车站，租了一列专车。星光下，火车风驰电掣而去，巴鲁克成功地在黎明前赶到了自己的办公室，在其他投资者尚未“醒”来之前，做成了几笔大交易，他成功了。

巴鲁克所利用的机会具有转瞬即逝的特点，因此抓住这种机会，需要有更敏锐的眼光和更迅速的行动。巴鲁克的成功看似偶然，却是任何一个不善于抓住并利用机会的人绝对做不到的。

生活中，商机无处不在。许多白手起家的创业者，往往就是因为抓住了一个稍纵即逝的时机，从此顺利地开始了自己的“掘金”生涯。四周观望的人，会羡慕他们的运气好，却不知他们为了这次冲刺已经做好了充足的准备。一个人如果从来没有发财致富的念头，即使财富就在他跟前打转，他也会视而不见；而时刻都在寻找机会的人，远远地就能感受到金钱的气息。能赚钱的女人，头脑里必然有一种执着的商业意识，若将这种意识时时贯穿于行动当中，它就能成为生命的本能。财商教育的一个重要的目标，便是要养成和导引这种本能。

在充满迷雾的市场上，商机随时可能出现，但不是每一个公司经营者都能捕捉到商机，创造出奇迹。这正如一位专家所说：一些人之所以成功，不是因为他们得到了幸运的机会，而是因为他们有一双慧眼，善于捕捉幸运。

曾丹是湖南长沙人，当年她南下海南时恰好赶上“圈地热潮”，最风光时她名下的房地产价值近两个亿，但在随后的泡沫破灭后，一切都化为乌有。2000年2月，她依托以前的朋友到了美国纽约。

如果想谋求一份安稳的工作，在纽约应该不难，但曾丹已经对自己再去打工很不习惯了，甚至感到无比痛苦。于是，她每天想做的就是去寻找和抓住那些“快速赚钱的商机”。

在一个偶然的机会，曾丹光顾了美国穷人买便宜小商品的“9毛9”小店，在这里她发现那些物美价廉的日用品无一例外都是“中国制造”。

“中国制造的小商品原来在美国已卖得铺天盖地，难道我作为一个从中国来、了解中国的人，还不能从中找到发财的机会?”曾丹感到眼前亮起了明灯。

曾丹找到一个华裔日杂品批发商，并和他一起注册了一个小公司。然后她在浙江的小商品集散地组织货源，把中国的小商品卖到了美国。

一年不到，曾丹的公司即从“点对点”模式发展为“点对面”模式：她在美国的固定合伙批发商从原先的一个发展为多个。到现在，美国的固定合伙批发商发展到十多个，日本和韩国的批发商也开始向她频频示好。2002年，像她这样与在家工作的“SOHO”没什么两样的蚂蚁公司，居然已突破1000万元人民币的销量额。

不要抱怨命运不公，缺少拥有财富的机会，是你自己缺少敏锐的眼光，财富才从你身边悄悄溜走。其实，财富就在你的脚下。每一个欲拥有财富的人必须对财富有着敏锐的触角，对财富敏感的最大表现便是具有洞察财富的能力，能快速感知外界的变化，尤其善于捕捉每一丝商机。

我们身边的事物每时每刻都在发生着变化，每一天都会有新的机遇产生，有的人目光敏锐，一下子就找到了自己的位置，投身到创造财富的事业中去；有的人却来去匆匆，机会来到面前也熟视无睹。发现机遇最紧要的是头脑的训练和素质的提升，如果你一时还无从入手，也不要着急，复制他人的成功模式，也是一个可行的办法。这样虽然在这个世界上你不是第一个吃螃蟹的人，但是，在一个有限的范围内你又是第一人，因为世界无限大，而你只需要在一定的范围内成功就可以了。

世界上发财的途径很多，有热门的，也有冷门的，只要善于去发掘，就会有所作为。赚钱如下棋，高明的棋手，能以敏锐的眼光统观全局棋势，能看出以后许多步棋的步法。不论你选的是哪一行，都要能带动风潮，要能预测社会上的需要。

第3章

思考致富，有创新思维的女人更有财缘

财富已经成为这个时代的音符，而女人要创造财富、把握财富，靠的正是创新的智慧。要创新就要接纳新思想，突破传统理念的束缚，并且在局势发生变化的时候，及时调整自己的思路。当一个人穷思竭虑地要找出富有创意的方法来解决问题时，最好的机会也将随之而来。女人们只有以渊博的知识、智慧的头脑去应对市场多变的需求，才能赢得成功胜局。

创新思维是女人获取致富的爆炸点

创新的意识来自于生活，它并非是很神秘的，相反，是人人都可以做到的。你要做的就是充分发挥思考的能力，激活创新的意识。努力去做，你一定会成功。

不管你从事的是哪一个行业，幸运之神都偏爱有创新精神的人。创新能使你的事业再上一个台阶，与众不同的创新个性能使你成为众人的灵魂。因此，女人如果从现在起培养你敢于创新的习惯，从思想、观念、行动的点点滴滴开始培养，那么你的远大目标便会实现得自然而然、水到渠成。记住，敢于创新的习惯会助你成功。

松下幸之助曾经说过："今日的世界，并不是武力统治而是创新支配。"勇于打破常规的精神，再加上自己独特的创新意识，那便是一把成功的魔杖。著名的洛克菲勒家族，曾利用自己的魔杖建立了"托拉斯帝国"。洛克菲勒打破过去的垄断方式，使自己的实力范围扩展到了全美。

并非只有出类拔萃的人才有创新的意识，才能把握成功，其实普通人也一样能通过创造来获得成功和财富。每个人都有自己的创新意识，有的时候只是处于隐蔽状态，未曾开发出来而已。因此普通人只要敢于突破常规、敢想敢干，一样能够突破自我。

一位农夫在佛罗里达州买下一片农场。随后，他却觉得非常颓丧。那块地坏得既不能种水果，也不能养猪，能生长的只有白杨树及响尾蛇。然而，农夫却想到了一个好主意，要把他所拥有的变做一种资产——他要利用那些响尾蛇。

农夫的做法使每一个人都很吃惊，因为他开始做响尾蛇肉罐头。每年来参观他的响尾蛇农场的游客差不多有两万人。他的生意做得非常大。从他养的响尾蛇中所取出来的蛇毒，被运送到各大药厂去做蛇毒的血清；响尾蛇皮以很高的价钱卖出去用于制作鞋子和皮包；装着响尾蛇肉的罐头被送到全世界各地的顾客手里。

为了纪念这位先生把“有毒的柠檬”做成了“甜美的柠檬水”，这个村子现在已改名为佛罗里达州响尾蛇村。

事实证明，人的可贵之处，就是在于拥有创新思维。要有创新，千万不可墨守成规。假如你的思维或产品一成不变，一点都没有新鲜之处，那么它们就会像一个患了贫血症的病人一样，苍白无力。即使暂时能勉强生存一个阶段，但很快就会被社会的大潮所淘汰。

因此你必须学会用创新思维，改变我们既有的思维方式，极大地开阔我们的视野，只有创新才有出路，才能给我们的事业和生活带来生机。

克鲁姆是位美国印第安人，他是炸马铃薯片的发明者。1853 年，克鲁姆在萨拉托加市的高级餐馆中担任厨师。一天晚上，来了位法国人，他吹毛求疵，总挑剔克鲁姆的菜不够味，特别是油炸食品太厚，无法下咽，令人恶心。克鲁姆气愤之余，随手拿起一个马铃薯，切成极薄的片，扔进了沸油锅中。他自己品尝了几片，发现味道香酥可口。不久，这种金黄色的、具有特殊风味的油炸土豆片，就成了美国特有的风味小吃而进入了总统府，至今仍是美国国宴中的重要食品之一。

创新的意识来自于生活，它并非是很神秘的，相反，是人人都可以做到的。一切成就与财富都来自于创新的意识。你要做的就是充分发挥思考的能力，激活创新的意识。努力去做，你一定会成功。

一个人如果一直跟在别人的后面，那他只能吃别人的剩饭；只有努力创新，时刻给自己的生活注入一些新鲜的活力，才能走在别人的前面，才能吃到最香的饭菜。

一位德国工人在生产一批纸时不小心弄错了配方，生产出大量不能书写的废纸。为此，这个工人不但被扣工资、罚奖金，还遭到解雇的厄运。

这名工人灰心丧气，他向朋友诉说自己的烦恼。这位朋友有意无意对他说："你把问题倒过来看看，看能否从错误中找出有用的东西来？"

说者无意，听者有心。这个工人把注意力重新集中到那一批废纸上。他发现这些废纸的吸水性相当好，能迅速吸干家具上的水，是理想的清洁用品。于是他将那些废纸切成小块，取名"吸水纸"，拿到市场上出售，结果相当抢手。

这个错误的配方只有这位工人知道，他后来申请了专利。靠着这个错误，靠自己的创造性思维，这个工人从废品里掘到自己人生的第一桶金，发了大财，从此走上致富路，成了大富翁。

人一旦走出了思维定式，也许就可以看到许多别样的人生风景，甚至可以创造新的奇迹。因此，人们可以从飞鸟联想到制造飞机，从蝙蝠联想到电波，从苹果落地悟出万有引力……换个位置、换个角度、换个思路，展现在我们面前的将是一番新的天地。

作为一个聪慧的女人，也许你目前的工作岗位毫无发展前景，但只要心存积极生活的信念及对未来执著的追求，并将创新意识发扬光大，你就会源源不断地为自己提供创造性的解决之道，你的各种创造性潜能才会渐渐苏醒，发挥出巨大的力量。

脑袋不生锈，商机天天有

当你站在一条已经有无数人走过的路上，遥望着难以企及的成功目标时，你应该早点觉悟，转变注意力去寻找另一条更近、更省力的新路，而不要倔强固执地在这条困难重重的老路上浪费时间。

思维是一切竞争的核心，因为它不仅会催生出创意，指导实施，更会在根本上决定成功。它意味着改变外界事物的原动力，如果你希望改变自己的状况，获得进步,那么首先要从改变思维开始。

有一家电台请了一位商界奇才做嘉宾主持,希望他能谈谈成功之道,以对在座的观众创业发展有所帮助。他给在座的观众出了一道这样的题:“某地发现了一处金矿,于是人们一窝蜂地拥去开采。然而,一条大河挡住了必经之道,如果是你,你会怎么办?”“绕道走,就是费点时间。”有人说,“干脆游过去。”但是他却含笑不语,等人们议论声过后,他开口了:“为什么非得去淘金?为什么不可以买一条船开展营运?”全场愕然。他却说:“那样的情况下,你就是宰得渡客只剩下一条短裤,他们也会心甘情愿呀!因为前面有金矿啊!”

是的,只有拥有灵活的头脑,才能获得商机,赢得财富。女人要想在社会中,在事业上要取得一定成就、做出一定的贡献,光靠一些老方法、老套路是很难成功的。当你站在一条已经有无数人走过的路上,遥望着难以企及的成功目标时,你应该早点觉悟,转变注意力去寻找另一条更近、更省力的新路,而不要倔强固执地在这条困难重重的老路上浪费时间。

琼瑶的小说唯美浪漫、文辞优美,二十世纪五六十年代便已经风靡台湾了。每个心中有梦的女孩,几乎都看过琼瑶的爱情小说。后来,琼瑶将作品搬上银幕,拍成电影,再次把自己推向人群,于是读者更成倍数地增长,从而奠定了琼瑶在文坛的不败地位。

随着观众口味的转变,琼瑶虽然曾经沉寂了一段时间,但是,拥有精准嗅觉的她,转而把自己的作品带往电视上发展,果真又一次掀起了一阵“琼瑶旋风”,从前的著作也跟着再度热卖起来,她的声势更因此得以二十多年久盛不衰。随着琼瑶一波波的造势活动,她的作品本本畅销,也为皇冠公司赚进了大把大把的银子。

点子是人们解决问题时想出来的办法,一个金点子,花费不多,却拥有点石成金的力量。“人只有能看到别人看不到的,才能做别人做不到的事。”敏锐的思维方式为我们提供了这种本领,只要深入地洞察每一个对象,就能在有限的空间、有限的资金条件下，成就斐然的业绩。

要想获取财富，就要看清各种利弊，就要学会变化角度，冷静地审视问题，然后选择最有利于自己的地方开始突破，这样才能从中最大限度地获益。

艾伦·莱恩在年轻时就继承了伯父的事业，出任了出版社的董事。但在当时，出版社的处境已是举步维艰，莱恩绞尽脑汁，试图另辟蹊径，使出版社“柳暗花明”。

终于有一天，当莱恩在一个候车室旁的书摊上漫无目的地扫视时，他突然发现，书摊上除了高价新版书、庸俗读物外，几乎没什么可看之书，而且这些书大部分都是价格昂贵的精装书。

这个发现触动了莱恩的灵感：“要想赚大钱，出版价格低廉的平装书是个好办法。”他坚信这个办法能够成功，因为精装本价格很贵，一般老百姓根本买不起。

第一套平装系列丛书共 10 本，规格也比精装本缩小了。这不仅节省了封面制作的成本，也节省了纸张，再加上莱恩决定以购买再版图书重印权的方式出版这 10 本书，因而大大降低了成本费。莱恩把每本书的价钱压到 6 便士，这样，人们只要少吸 6 支香烟就可买到一本书。

这套书的封面很引人注目，这是因为莱恩在上面设计了一个逗人喜爱的丛书标志物——一只翘首站立的小企鹅。因此，莱思把这套丛书起名为《企鹅丛书》。莱恩还用颜色表示图书的类别：紫色为剧本，浅蓝色为传记，橘红色为小说，灰色为时事政治读物，绿色为侦探类作品，黄色为其他类别读物。这一系列的改革使这套书不仅在外观上鲜艳明快、让人耳目一新，而且在装订上显得简单朴实，印刷上更是字迹工整。

1935 年 7 月，第一批 10 卷本《企鹅丛书》正式问世，在不到半年时间里，这套书就销售了 10 万册，莱恩成功了。

在竞争异常激烈的现代社会，如果缺乏这种审时度势、随机应变的能力，甚至养成因循守旧、故步自封的坏习惯，那么，你很快就会因为赶不上时代而被淘汰，这一点被大多数富人时刻谨记在心。

当然，通向成功的大道，绝不止变通思维这一种方式，但是突破常规的变通思维能力，却是每一个渴望成功的人所必须具备的。只有拥有了灵活变通的思维能力，并将之与具体行动相结合，才能快捷便利地实现自己理想的远大目标。

女性的心理特点，有助于财富创意的发挥

如今，越来越多的女性成功地打开了创业之门。女人并不是生活的弱者，她们常常有先天的特性，这些特性让她们凸显出比男性更多的优势。因此，女人也可以拥有属于自己的事业，甚至可以比男人做得更好。

女性在听觉、色彩、声音等方面的敏感度比男性高 40% 左右，在竞争激烈、信息多变的生意场上，女性运作起来更加从容。女性的发散思维能力优于男性，她们对某件事进行思维决断时，常常会设想出多种结果。而男性则惯于沿着一种思路想下去。发散思维能力，恰恰是新产品开发、企业形象设计等方面所要求的。因而，女人比男人有着更多的优势，这一点已经被社会心理学家确认。

如今，越来越多的女性成功地打开了创业之门。女人并不是生活的弱者，她们拥有先天的特性，这些特性让她们凸显出比男性更多的优势。因此，女人也可以拥有属于自己的事业，甚至可以比男人做得更好。

在长春市一条并不起眼的深巷里，有家名叫“想好再分手”的餐厅生意格外红火。每天总是顾客爆满，还得事先预定位置。

餐厅老板程莉是一位有过离异创伤的下岗女工。27 岁时，孤身一人的她拿

着小额的失业补偿金和四处借来的 5 万元钱，盘下了一间小吃店，取名为“分手餐吧”。

当人们满怀好奇想进去时，又被一则广告毫不客气地拒之门外：“情感发生障碍与即将分手的夫妻准入，其他食客免进。”这种欲擒故纵的营销把戏，很快引起了客人与生俱来的猎奇心理，这家餐吧的生意快速蹿红。

一年后，程莉又盘下一个 125 平方米的餐饮铺面，取了一个意味深长的店名：“想好再分手”。客户群锁定在那些情感产生裂痕，或即将分手的情侣或夫妻身上。她想通过人性化设计，挽回顾客爱情。

为使餐厅更具有亲和力与温馨感，程莉专门聘请了心理学、建筑学与家政学方面的专家设计 15 间包房。

为情感发生暂时裂变的情侣，开设了“老地方”“勿忘我”“情未了”等包间；为即将分道扬镳的夫妻，开设了“今生缘”“手牵手”“连理枝”等包间。夫妻包间的设计很朴素、温馨，墙上的镜框镶嵌着三口之家的全家福照片。包房的四周还陈列着婴儿的摇篮和模拟的老情书。

她还聘请了一位心理咨询师，专门给进餐的那些情感产生裂痕或即将分手的情侣、夫妻解开心结，餐厅也因此赢得不少回头客。

这家创意独特的餐厅，三年就给程莉带来了近 150 万元收益。她计划一年内在全省开办 5 家连锁店，两年后在全国开办 20 家连锁店。

“人无我有，人有我新”，这话在生意场上永远不会过时。在今天，几乎每一个行业都几近饱和，大家都要生存，这里面必定就有人做得好，有人做得差。对女性的创业者来说，以自己独特的亲和力和个性化的服务吸引顾客，常常会取得显著的效果。

创新就是改变，只有敢于向传统挑战，才能不断超越，最终攀上财富的巅峰。在商场上，经验固然值得遵循，但也不能死守经验，因为事情总是在不断地变化，经验也要随着时代的变化而变化。只有以渊博的知识、智慧的头脑去应对市场多变的需求，才能赢得成功胜局。

艾米现在是一家国际4A公司的创意副总监。大学毕业之后，她就想应聘广告创意员职位。当时她没有行业经验，却对那些小广告公司不感兴趣，当她表示非世界500强的4A公司不进时，所有的朋友都认为她是痴人说梦。但以后的事实表明，她做到了！

在投递求职信的过程中，她没有像常人一样借助于普通的信封，而是用了一个包裹。她向所有她中意的企业都投递了这样一个包裹，并且直达公司总经理处。

试想一下，一个包裹在一堆千篇一律的信件中必定是鹤立鸡群，一下就能抓住收件人好奇的眼光。而当对方打开包裹时，里面的东西更会让人跌破眼镜——只有一张薄薄的纸尿片，正面写着："在这个行业里，我只是个婴儿。"背面留了她的联系方式。

几乎所有收到这张纸尿片的广告公司老总都在第一时间给她打去了邀请面试的电话。无一例外，他们问她的第一个问题就是："为什么你要选择一张纸尿片？"

她的回答同样让人眼前一亮，她说："我知道自己不符合要求，因为我没有任何经验，但我就像这纸尿片一样，愿意去学习，而且吸收性能特别强；另外，没有经验并不代表我是白纸一张，我希望你们能通过这个细节看到我在创意之外的能力。"

女性天生的直觉、理解力、柔性、协调性决定其在管理层具有男性无法比拟的优势与特长，从这个意义上说，女人更适合创业，自己当老板。女人应利用自己细腻敏锐的商机意识在创业中获得独特优势，正所谓"不想当将军的士兵不是好士兵。"只要先人一筹抓住机遇，就能获得旺盛财气。

财富已经成为这个时代的音符，而女人要创造财富、把握财富，靠的正是创新的智慧。要创新就要接纳新思想，突破传统理念的束缚，并且在局势发生变化的时候，及时调整自己的思路，迎接新的挑战。

打破头脑里的框框，“小女人”也要做大

每个女人都可以进行创新性的活动，生活、工作的各个方面都可以迸发出创造的火花。创新是永无止境的，女人们想在激烈的商战中立足，就要学会创新。

提到创新，有些女人总是觉得神秘，似乎它只有极少数的人才能办到。其实，创新有大有小，内容和形式可以各不相同。创新活动已经不仅是科学家、发明家的事，它已经深入到普通女人的生活中。

创新就是不局限于眼前的成就，对自己有一个更高层次的要求；或者是在自己一无所有的情况之下，创造出新的东西，从而使自己的人生变得丰满充实。

创新就是更新思想。在思想的竞争中，贫富机会是完全均等的。发掘能赚钱的创意，这是大多数人创造财富的通路。每个人的心里都包含着潜在的巨大能量。创意思考的目的，就是要唤醒你内心酣睡的巨人。

纽约是冒险家的乐园，也是名人荟萃的地方。在这里，首饰行业之间的竞争十分激烈。罗伯特是个善于动脑筋的人，他很清楚，要想在高手如林的市场上站稳脚跟并要后来者居上，除了要有精湛的手艺和高明的经营手段之外，独特的创意也相当重要。

一天，一位大富翁慕名而来，他拿着一颗名贵的蓝宝石，要求罗伯特为他镶出一枚与众不同的戒指，他将送给一位著名女影星作为生日礼物。罗伯特知道，再在图案上下工夫是不会有惊人之举了，唯有在蓝宝石上打主意。

传统镶戒指的方法，是用戒指把面料包起来。这样处理后会有近一半的面积被遮盖起来，也就是说一块料做成首饰后至少“小”了1/3。但是不这样做不

行，万一安装不牢固，贵重的宝石就可能掉下来丢失，因此一直没人认为这种传统工艺有什么不对。罗伯特早就觉察出这种传统镶法的弊病，但一直没有机会尝试改变这种陈旧的方法。

经过一个多星期的研究实验，他终于发明了一种新颖的连接方法——内锁法。用这种方法制造出的首饰，可让宝石的90%暴露在外，只有在底部像果实芥蒂那样与金属连接。

著名女影星生日那天举行了盛大的晚会，宾客如云、高朋满座。当女影星出现时，人们的目光都被她手指上那颗璀璨夺目的蓝宝石戒指吸引住了。罗伯特由此而名声大振。

创意是白手起家最有效的捷径。如何在生产设计上创新？如何在市场上运用新策略？这不是全靠金钱能解决的它需要人的思想去创新。

现代生活已为不同层次的人们开拓了多种方式的创业可能与创业前景。但是在多变的社会里，真正的危险不在于生活经验的缺乏，而在于认识不到变化，从而缺少创新思维。

1998年，在深圳打工的文莺以4000元的转让费，承接了别人因生意冷清而转手的名片店。

一次，一位文具店的业务员来推销名片纸，随身的挎包里还插着一大包钢笔、圆珠笔及其他文具。文莺看到这些东西喜上眉梢，她想：自己可以一边印名片，一边卖文具。她在名片店的内墙一侧，做了个精致的文具售货架。开始时，文莺只是在这名业务员手中购进一些文具，零星搭配着卖，谁知到月终一结账，她竟然发现，自己零零碎碎卖文具赚的钱，已经超过了每日辛辛苦苦做名片赚的钱。

文莺立即意识到文具这个小行当里蕴藏着巨大的利润空间。

她将身上仅有的7000元钱全部都拿出来批发一些新潮、实用的文具用品。此时，制作名片已退至副业，卖文具一跃成了主业。只不过二十几天，文莺所进文具就销售一空，赚的钱也是以前的好几倍。于是，她开始周而复始地进货、销货，逐渐地熟悉了文具这个行业，也积累了一些经商经验。到了第四个月，手中已有了 20000 元存款的文莺将名片店隔壁一间 10 多平方米的发廊租了下来，改为文化用品专卖店。

经过一年多的风风雨雨，文莺的事业有了长足的进展：1999 年，她一口气开了 5 家连锁分店，并获得了韩国、日本等 7 家文化用品公司的代理权。

文莺注册成立了“都都文化用品公司”，到 2002 年 8 月，“都都文具”已在深圳开了 33 家连锁店。销售产品从价值几角钱的铅笔、橡皮，到价值数千万元的投影屏幕、投影机及整套的办公自动化设备，公司的总资产已过亿元，一步一个转折点，由点做成了线。

要赚钱，头脑里就不能有过多的条条框框。遇到问题，不应该先考虑“我是做什么的”，而是要想“现在我要怎么做”，根据市场行情，拿出自己的对策。你唯一应该坚持的大原则就是获得财务自由，保持精神独立，至于具体的行事方法，则可以视情况而定。如果你只是要坚持自己最初的选择，抱残守缺，竭心尽力，那么反而会丢掉了最大的目标。

出奇制胜，小创意创造大财富

人人身上都有创意，创意不是科学，它的起源常常是有心人的灵机一动，不需要经过严谨的学术训练和复杂的理论论证。对于创意，任何一个女人都可以与之亲密接触，只要勤于观察、善于思考、大胆创新，就有可能出奇制胜，获得可观的效益。

在商业化的社会，每个人都希望能够发财致富，让事情按照自己的意愿实现，但是如果按照大多数人都能够想到的方法或者思路去做，则很难取得成功。

与众不同的创意，够让我们抢占先机，使我们走在时代的前沿，取得事半功倍的收益。

人人身上都有创意，创意不是科学，它的起源常常是有心人的灵机一动，不需要经过严谨的学术训练和复杂的理论论证。对于创意，任何一个女人都可以与之亲密接触，只要勤于观察、善于思考、大胆创新，就有可能出奇制胜，获得可观的效益。

创意不需要你凭空设计一种全新的东西，它可以只是在原来基础上的一点点改进，别轻视这一点点，只要运用巧妙，完全可以点石成金。如若打算改变原有产品的结构和功能，可以增添附加值，或把两种产品巧妙地结合起来，便能使产品由一用变多用。产品的功能越多，越容易引起购买。

我们周围的一切，都有可能成为我们创新思维的对象，只要善于开动脑筋，无论从事何种工作都可以通过创新获得成功。

在20世纪40年代，市场供应的白方糖是使用具有防湿性的纸张包装的，但不管密封纸多厚，有多少层，时间一久，里面的方糖还是会潮湿，经营者为此一筹莫展。一位名叫科鲁索的制糖工人，觉得这个问题不解决，就会影响方糖的销售。他反复进行包装试验，最后在包装纸上开个小口，让方糖有点透气。结果，这种包装法使方糖不会变潮了。

科鲁索的小“创新”使制糖老板财源广进。而他本人亦因此“专利”获得老板的100万美元报酬。一位穷工人一夜间成为大富翁了。

创意本身无法标价，它实施后所创造的价值却是切切实实的。我们在实力不足时，如果能用好创意，常常会达到事半功倍的效果。在困境中的人，如果有心要撬动财富的世界，改变自己的人生历程，创意就是你手中最有力的一根杠杆。

商家要想在激烈的竞争中站稳脚跟，让自己的商品永葆魅力，就要有自己独特的经营方式，设计一点小特色，做一点别人没有的小服务……这些都会取得令人瞩目的财富。

位于东京下北泽的音乐屋 MEMORY 是一家充满年轻人笑声的酒吧。

店内占地 15 平方米，35 个座位经常坐满了年轻顾客，每月平均营业额可达 200 万日元。开业后的第二年，就在涉谷开设了一家分店。虽然酒吧名称为音乐屋，但却只有钢琴与吉他两种乐器。在这附近地区，能够以如此毫不稀奇的乐器创出如此惊人的营业成绩的，恐怕也只此一家。

这家音乐屋的女老板增田周子，毕业于玉川大学，钢琴弹得很棒，歌又唱得好，性格亦极为爽朗、随和。

客人刚到店里坐定时，除了问明所需饮料之外，也会取出歌本问他想不想演唱。如果顾客选不出所预备演唱的歌曲，可以自由上台表演。

在这个开放的时代里，几乎每个人都可以在大众面前毫无拘束地歌唱，不管是民谣，或是乡村歌曲，大约有 70% 的人都可以唱得出口。客人们大都觉得不唱颇有错过良机的感觉。因此，只要是在此演唱过一次的客人，大多会再度光临这家音乐屋。

酒吧中央有一架钢琴，吉他也可以在此演奏，采用集中式灯光照射，使全场的注意力完全转移到此处。

这位女老板对于餐饮可以说是完全外行，或许由于她缺少那种职业性的俗气，所以反而更具有不凡的吸引力。心血来潮时，她也会上台高歌一曲，在营业时间内，总是以轻松的心情和顾客谈天，而且时常转换位置，很少有静下来的时刻。增田小姐以她别具一格的创意得到了丰厚的回报。

有人说：“一个人拥有一座头脑里的金矿，远远胜过拥有一座真正的金矿。”的确，真正的金矿总会有挖空的那一天，而头脑里的金矿，永远也挖不尽、挖不空。

创意也可以不仅仅是一个具体的产品，而只是一种脑筋急转弯似的思路。一个人如果用好自己的创意，常常会达到事半功倍的效果。即使你还不具备落实的条件，也可以把它当成自己的一项重要资本出售给需要它的人。

学会转弯，致富不能一条道跑到天黑

女人在选定了既定目标后，一定要坚持不懈，努力拼搏，最终去实现它。但也不能太强硬，如果行不通的话，不妨改变一下习惯性的思维方式，考虑一下另一种思路，你也许就会发现自己的财富机遇，开始迈出通向属于自己的财富王国的关键性一步。

事物总是不断发展变化的，如果一成不变地凭老经验办事，不注意发现新情况，就免不了会吃大亏。

女人在面对未来新世纪的挑战时，首先要改变自己的思想观念，与时俱进。不能故步自封、抱残守缺，更不能一成不变、裹足不前。你必须以新思想、新观念、新视野去迎接新世纪的来临。

人生是一条漫长而艰辛的道路，人的最大痛苦莫过于选错了方向。当你不小心走进人生的死胡同时，一定要懂得反省，及时调整，寻找另一条更适合自己的道路。当你找到了最合适的位置时，你将领悟到，为寻找这个位置，你所做出的改变、付出的牺牲与代价，都是非常值得的。

西班牙歌手胡利奥，是誉满全球、广受欢迎的歌手。但你知道吗？他曾经最大的愿望是做一名足球运动员。然而，一场不幸的交通事故，使他不得不放弃自己钟情的足球事业，而转向歌坛方向发展。

女演员奥黛丽·赫本曾立志做一名芭蕾舞演员，但老师认为她不具备这方面的才能，于是她果断地放弃。日后，她成了一名深受世界各国人们喜爱的电影演员。

日本获得文化勋章的作家井伏鳟二，从少年时代起便爱好绘画，毕业实习后就迫不及待地叩响了日本画家之门，却被断然拒之门外。后来，他考入早稻田大学，如今是一名成功的作家。

再如，日本作家家田庄子曾经想做一名演员。她参加过许多演出，但毫无出色之处。有一天她向出版社兜售凹板相片，这时有人劝她写写书。没想到这竟然成了她成为作家的契机。

这些取得成功的人，他们原本的志向并不是歌唱家、演员或者作家，但是，他们各自都因为不同的情况而不得不放弃最初的梦想。可贵的是，他们在放弃的时候，重新向前望去，打开了另一扇新门，并全力拼搏，从而成为各个领域的佼佼者。

在人生中，当一些事物已经发生改变的时候，切记不要再按照原来的规则做事，否则一定会因为忽视游戏规则的变化而使自己的财富白白流失，甚至丧失获得更多财富的机会。

海南房地产热的时候，有许多人借此机会发了大财。但是，当海南房地产热接近尾声，经济泡沫开始破灭的时候，却有大量的投资者进入这个规则早已变化的市场，盲目投资，结果致使投资付诸东流，甚至背上了巨额的债务包袱。

固守原则不仅束缚了自己的手脚，导致事业上的失败，而且它有可能阻碍人的创新和尝试，衍化成一种妨碍进步的力量。有时候，社会需要一些非原则的、反原则的行为，才能推动社会的完善和进步，如哥白尼“地动学说”、牛顿的“万有引力”都是反原则的结果。

作为一个聪慧的女人，无论何时，都不要以一成不变的眼光看待一个问题，当走到了末路之时，就要改变原有的思维，让思想拐弯，学会换角度思考，寻找其他的路。如果你能改变思考方式，就会发现将自己逼入死胡同的危机或挫折，也可能是激发一个人潜能的绝佳动力。拥有逆境思维的人会把危机变为机遇，并且获得比以前任何时期都巨大的成功。

在商场中，找到一个合适的经营项目，就同在职场找到一份理想的工作一样，具有激发自己最大潜力的作用。作为一个商人，如果你以相当的精力长期从事一个项目，但仍旧看不到一点进步、一点成功的希望，那么你就应该反思一下：以自己的条件来说，自己究竟是否走错了路？如果走错了路，就应该及早掉头，去寻找适合自己、更有希望的项目。

诺贝尔奖得主莱纳斯·波林说："一个好的研究者知道哪些构想应该发挥，而哪些构想应该丢弃，否则会浪费很多时间在无谓的构想上。"有些事情，即使是你做了很大的努力，并为之坚持不懈，苦苦劳作，但你最终会发现你走入的是一条死胡同。这时，就需要你能够退出来，重新研究，寻找对策。如果你发现自己无论怎样努力，都不能达到目标时，就应该及时回头，去开发别的项目，寻找新的成功机会。

所以撞了南墙一定要回头。条条大路通罗马，一条不行，还有第二条、第三条……不要一成不变，过于死板。不回头，那是指信念与精神的执着，若你做事撞了南墙，撞得一塌糊涂，不回头就不可救药了。

用思维定式去考察事物，那往往会使你一条道走到黑。有时，让我们的思维拐个弯，再做一次尝试，"烫山芋"就不再烫人。因此，做事要学会变通，撞了南墙要回头。人生的危机与转机，往往只是一线之间，撞了南墙之后，只要愿意静下心来，重新找到自己奋斗的方向，在心境转变的同时，人生的成功机会就可能出现在身边。

女人要赚钱，头脑里就不能有过多的条条框框。在选定了既定目标时，一定要坚持不懈，努力拼搏，最终去实现它。但也不能太强硬，如果行不通的话，不妨改变一下习惯性的思维方式，考虑一下另一种思路。

女人勤于思考，赚钱就不会那么难

女人要赚钱，就要勤于思考，思考是人智慧的最高境界，它必须在知识被理解、掌握且融会贯通、举一反三的基础上才可能达到，另外还必须辅以敏锐的直觉能力、开阔的视野和胸怀。

世界著名的成功学大师拿破仑·希尔曾著过《思考致富》一书。为什么是“思考”致富，而不是“努力工作”致富？最成功的人士强调，“最努力工作的人最终不一定就会富有”。如果你想变富，你就需要“思考”，要独立思考而不是盲从他人。富人最大的一项资产就是他们与众不同的思考方式。

当你进行思考、做出决定并依照某一想法采取行动的时候，你就已经远远胜过了那些满腹学问但只会纸上谈兵的人。你的头脑就是你最有用的财富。成功者从不墨守成规、坚守现状，而是在积极思考，千方百计创新突破。

冠有“塑胶花大王”之称的李嘉诚，早在开发塑胶花之前，就预见到塑胶花只是迎合社会发展的快节奏，只不过能风行一段时间而已，人们崇尚自然，而塑胶花无论如何也不能取代有生命的植物花。

执全港塑胶业 10 年的李嘉诚，常常会思考这样一个问题，塑胶花的大好年景还会持续多长时间？要到什么时候结束呢？塑胶厂遍地开花，塑胶花泛滥成灾。塑胶花业之所以兴旺，除了自身所具备的优点外，更主要是迎合人们追时髦的心理。如果两方面比较，后者才是最为主要的因素。塑胶花，无论怎么变最终还是塑胶花，是绝对不会完全替代有生命的植物花的。

李嘉诚一叶知秋，见微知著，未雨绸缪，因此他把全部精力投注到了缔造以地产为龙头的商业帝国。后来他在地产业的成功，使他戴上了“超人”的桂冠。

成功人士之所以有自己独特的成事之道，在很大程度上依赖于他们与众不同的思维方式，依赖于他们非常人般的思维角度。他们从不因循守旧，敢于突破常规。事实上，富人之所以能跻身于致富之林，首先就在于他们在思考模式上突破了传统思想的框框，不因循守旧，不墨守成规。只有这样，他们的思维才会特别活跃，他们的才智才得到了充分发挥，他们才发现了许多赚钱的机会。

事实证明，许多富人的成功，就在于积极的思考。积极思考与成功的关系是相辅相成的。只要你积极思考，就没有解绝不了的难题，就没有做不成的事情。

英涵辞掉医院的工作以后，到一家医药连锁公司任副总经理一职。每年的年薪和股份分红，让她的生活超越了一般意义上的白领阶层。毕竟那是一家在当地小有名气的医药公司，年销售额在几千万元以上。

在医药圈子里待久了，英涵的头脑也受了不少商人朋友的熏陶，她开始思考自己创业。她用手里现有的几十万元，作为药品的代理费用和保证金，和朋友的药厂签订了3种药品的地区代理权，然后，凭借着现有的人脉圈子，招聘了两个业务员，将药品打进了几家知名医院的相应科室。

第一年下来，粗略计算了一下，药品代理费和保证金共约30万元。第一次需要现款拿货，大约需要5万元。第二次就可以直接拿货，等第三次拿货再付第二次拿货的钱。其实，第三次拿货的时候，第二次和第一次的货差不多都卖出去了，钱基本上都可以收回了，这样，货和款就可以及时周转开了。

从在药厂拿货的价格和医院买进的价格中，英涵大致算出了自己销售一盒能赚取的利润。如果一种药品每年销售几万盒的话，就可以粗略计算出一种药品每年可以赚的钱。如果代理3种或者更多药品的话，每年的收入是很可观的。

其中，给业务员的提成和工资，每年大概有5万元左右，扣除成本，如果做得好的话，每年就可以赚到近百万元的收入。这样经过一年的打拼，英涵赚得了人生的第一桶金。

缜密的思考和规划为英涵带来可观的财富了。致富的捷径是：拥有积极的思考和积极的心，相信自己能，你就做得到！不论你是谁，不管年龄大小、教育程度高低，都能够招徕财富。一次深思熟虑，胜过百次草率行动；一天思考周到，胜过百天徒劳。爱因斯坦说得好："要善于思考、思考、再思考，我就是靠这个学习方法成为科学家的。"

女人赚钱，也要多动脑筋，积极思考。诸如逛街时观察行人的举止形态，必然会有许多不可思议的收获。要知道，独特的创意并不完全依赖思考，它与"留意"和"寻找"也是密不可分的。平时对社会上所发生的变化多加留意、精心思考，对获取财富是大有必要的。因为寂静的时刻，是涌现灵感的时刻。思考，是人所建造一切的基础。在思考时，别忘了用笔和纸记下你的思考所得。切记！女人要想赚钱就不能低估思考的价值。

在当前的经济体制改革中，许多人由于不适应企业的转型而下岗了；许多应届高校毕业生走出象牙塔，要开创自己的事业，积累自己的财富。只有积极地思考，积极地转变观念，才能适应社会的需求，要看准自己的市场，并发现自己的金脉，思考是我们唯一的选择。

第4章

留心观察，能看透商机的女人更有财商

只要你是有心人，很容易就能找到适合自己的赚钱门路。女人想要让自己获取更大的成功，就应当意识到在激烈的竞争中，单纯依靠意志、体力去拼搏是难以成为胜者的。一个成功的创业者依靠的是灵活敏锐的头脑和科学的、丰富的经营感觉。所以，每一个对赚钱充满热望的女人，必须不断地掌握新知识，用心观察生活的细节，然后从中整合出自己的致富方案。

商机就在女人的身边

只要我们开动脑筋，认真观察生活的点点滴滴，越是小的东西越蕴藏着巨大的商机，一步一步走下去，赚钱也就是情理之中的事了。

如今，信息经济时代已经到来，人们的生活变得丰富多彩。随着高科技的不断更新换代，人们对生活质量的要求也不断提高。只要你留意身边的点点滴滴，就会发现好多发财的机会。

女人大都不缺乏细心和耐心，只要开动脑筋，认真观察生活的点点滴滴，越是小的东西越蕴藏着巨大的商机，一步一步走下去，赚钱也就是情理之中的事了。

商机存在于市场之中，但它不会主动进入人们的视野，也不会主动变为财富，而是需要人们用慧眼去发现和捕捉。目前，在市场中缺少的不是商机，而是对商机的正确认识和把握，即缺少一种捕捉商机的慧眼。

日本东京有家面积仅有 43 平方米的、小得不能再小的不动产公司。有一次，老板渡边，在山间的路上发现一块几百万平方米的山间土地。这是一块无人感兴趣的土地，因为那块地人迹罕至，无任何公共设施，不动产价值被认为等于零。然而，渡边却认为，城市现在已是人挤人了，回归大自然将是不可遏止的潮流。因此，他毫不犹豫拿出全部财产，又借债将地买了下来，并将其细分为农园用地和别墅用地；而后再做广告，其广告醒目、动人，充分抓住当地山青水绿特色，应和了都市人向往大自然的心理。结果不到一年，土地就卖出了五分之四，净赚了 50 亿日元。渡边的成功正是因为他抓住了别人不屑做的“边角”生意。这也正如他所说的：“别人认为千万做不得的生意或是不屑做的生意往往隐藏着极大的机会。因为没有人跟你竞争，所以做起来就稳如泰山，钞票就会滚滚而来，重要的是要捕捉住机会。”

生活中处处有商机，就看你能不能发现，而发现商机则是一门学问，一门技巧。一个毫无头脑的人是不可能成为一名出色的商人的。聪明的头脑不是一朝一夕练就的，需要天赋，也需要积累，更需要不断地思考。穷则思变，变则通，通则久。

因为好多东西需要去完善、去改进，好多东西需要生产出来填补空白。生活是一个大舞台，它可以给你机会，给你空间，就看你是否留心，是否愿意去展现你的才华。所以，一定要留意那些看似没有潜力的机会，因为这可能就是一个很好的商机，在留意到机会后，就一定要抓住，而且抓住一次就足够了。

郎力士原是美国佛罗里达州的一个中学化学教师，家境贫寒，为了维持生计，他不得不在暑假去海滨浴场做救生员。然而，他一直在琢磨如何才能改变自己的生活和处境。作为化学教师兼救生员，他十分清楚市面上流行的由化学物质合成的防晒霜并不理想。有一年的暑假，他又来到海滨浴场做救生员，百无聊赖的他懒洋洋地在瞭望塔上看着那些白晃晃、油光光的皮肤，不知怎地，他忽然灵机一动：何不搞一种天然的防晒霜呢？这一定大有市场。

郎力士决定着手研究了，他克服资金不足的困难，向他父亲借了500美元，买来瓶子、罐子和油剂及其他试验必需品，投入到自己事业的开创之中。他没有辞职，而是利用休息日和晚上孜孜不倦地研究。经过两年的艰苦钻研，他获得了成功，纯天然椰子防晒霜诞生了。他又马上投入到艰难的推销活动中。尽管他的新产品是人们所需求的最理想的产品，可是他无钱做广告。于是他就请一些救生员试用，使用过的人都说效果好。满怀信心的郎力士又游说零售商经销他的产品。渐渐地，这种产品得到了人们的青睐，“大显身手夏威夷热浪防晒霜”的名字也就知名于世了。

此后，郎力士辞去教师的工作，告别了那可爱的海滨浴场，全力以赴地经营防晒霜的业务，他创建的夏威夷防晒霜公司的规模迅速扩大，由原来的只有 3 个小伙计的寒酸小店一跃成为拥有 2000 多名职员的跨国公司，营业额高达 1.5 亿美元。郎力士购买了一幢价值 300 万美元的海滨别墅，过起了舒适的生活。

几乎人人都想赚到大钱，但真正赚到大钱的人毕竟是少数。没有赚到钱并不是因为他们没有能力，也不是缺少机会，而是缺少发现机会的眼睛。一个人只有经常睁大眼睛去观察周围事物，他才能深切地了解到一个行业所具备的真正潜力，或者了解到了整个行业的经营趋向，从而开掘出新的、属于他自己的创业机会。而且，一个人的潜力是无限的，只有把全部的精力和热忱放在他所从事的事业上，既要多想，又要多做，他才有超越自身的成就与可能，才能成为被命运之神垂青的行业宠儿。

女人要赚钱，就要留心生活的方方面面，不要每天漫无目的地上班、下班，过着相同步调的生活，更不要抱怨没有机会，那是因为你没有留意生活中的琐碎小事。机会只会给那些有准备的人，而且，唯有准备充分的人，才能识别它。做一个独具慧眼的聪明女人，充分发挥自身的优势，用新的理念和新的眼光细心地去观察、去寻觅，你就会欣然发现商机就在你的身边。一旦你把握住了有利的商机，并将它转化为致富的行动，就能在激烈的市场竞争中拥有一席之地，并获得无尽的财富。

做个有心人，从不被人注意的地方找机会

机会偏爱有心人，它只眷顾那些有准备的人，只垂青那些懂得追求它的人，只喜欢有理想的实干家。倘若饱食终日，无所用心，或一处于逆境就悲观失望、灰心丧气，那么，机会是不会主动来拜访的。

在人生路上，机会不可能无缘无故地从天而降；机会也不可能像路标一样，在前面静静地等待着你。机会具有隐蔽性和选择性，它等待着你去开发，它只垂青于那些勇于追求、敢于捕捉它的人。

就环境而论，当机会出现时，大家都身处相同的环境里，都有可能掌握机会。但是机会只为有心人服务。谁具备掌握机会的条件，机会就会来到谁身旁，听候他的吩咐。面对相同的环境，能否捕捉千载难逢的机会，就看你是否是个有心人了。

有一位老教授曾做了这样一个有趣的试验。他拿出一只装满了沙子的大纸盒，一边展示给学生们看，一边说："这些沙子里掺杂着铁屑，请问你们能不能用眼睛和手指把铁屑从中间挑出来？"大家都摇了摇头。"我们无法用眼睛和手指从一堆沙子中间找到铁屑，然而，有一种工具能帮助我们迅速地从沙子中间找到铁屑。大家可能都想到了，这种工具就是磁铁。"教授从包里掏出一块磁铁，把它放在沙子里搅动着，在磁铁的周围很快地聚集了箭镞似的铁屑。教授把那一团铁屑举给同学们看，说道："这就是磁铁的魔力，我们用手和眼睛无法做到的事，它却能够轻而易举地做得很好。"

同学们都瞪大了眼睛，注视着教授手中司空见惯的奇迹。教授继续说："如果说这一盒沙子就像我们面对的生活，那么，这块磁铁就是一个有心人，心在哪

里，你的财富就在哪里。”

只要我们在生活中做一个有心人，全身心地投入到生活中去，你就总是能够发现，每一天都有收获，每一天都有积累，每一天都有值得高兴的事情，专注总能带给我们意外的收获。

获取财富在很多时候和作家写作一样，素材总是来自于生活。同样的生活，有的人留意到了自己的机会，人生便开始有了转机。女人要想赚钱，就必须开动脑筋，做个有心人，遇事善于用“市场眼”扫描一番，这样一来，也许赚钱的机遇就降临到你头上了。

机会偏爱有心人，它只眷顾那些有准备的人，只垂青那些懂得追求它的人，只喜欢有理想的实干家。倘若饱食终日，无所用心，或一处于逆境就悲观失望、灰心丧气，那么，机会是不会主动来拜访的。

事实上，这个世界从来就不缺少机遇。只要你认真做好每一件事、每一个细节，你就会发现机遇就在你的身边。

即使在极其平凡的职业中、极其低微的位置上，也往往藏着极大的机会。只要我们能做一个有心人，把自己的工作做得比别人更专注、更迅速、更正确、更完美；只要调动自己全部的智力，从小事中找出新方法来，便能引起别人的注意，从而使自己有发挥本领的机会。无论做什么工作，只要沉下心来，脚踏实地地去做，都能得到收获。一个人把时间花在什么地方，就会在哪里看到成绩，只要你的努力是持之以恒的。

美国的基姆·瑞德先生原先从事过沉船寻宝工作，在遭遇那只高尔夫球之前，他的生活过得很平凡。

一天，他偶然看到一只因为打球者失误而掉进湖水中的高尔夫球，霎时，他仿佛看到一个机会。他穿戴好潜水工具，跳进了朗伍德高尔夫球场的水障湖中。在湖底，他惊讶地看到白茫茫的一片，足足散落堆积了成千上万只高尔夫球。这些球大部分都跟新的没什么差别。球场经理知道后，答应以 10 美分一只的价格收购。他这一天捞了1000多只，得到的钱相当于他一周的薪水。后来，他每天把球捞出湖面，带回家让雇工洗净，重新喷漆，然后包装，按新球价格的一半出售。

后来，其他的潜水员闻风而动，从事这项工作的潜水员多了起来，瑞德干脆从他们手中收购这些旧球，每只8美分。每天都有80万只这样的旧高尔夫球送到他设在奥兰多的公司。现在，他的总收入已达800多万美元。

找寻创业的机会，一般应先从自己工作的环境着手，缜密地做个计划，估测将来发展的前景，看是否在自己的能力范围之内，这样才有成功的希望。

要抓住财富机遇，首先必须发现财富机遇。生活中处处充满财富机遇。社会上的每一项活动、报刊上的每一篇文章、人际中的每一次交往、生活中的每一次转折、工作上的每一次得失等，全都可能是一次选择、一次机遇、一次引导你走向成功的契机，都可能给你带来新的感受、新的信息、新的朋友，问题在于你是否能发现每一次机遇。不要以为机遇难寻，其实机遇就在我们的身边，甚至就在我们的手上。

强者把握机遇，智者创造机遇，弱者等待机遇。所以，要想获得成功，不仅需要发现机遇、抓住机遇，还须全力以赴，从而改变自己的人生命运。

机会对于每个女人都一样多

机会对每个人都是平等的，如果女人能做好准备，把握机遇并好好地加以利用，看准时机，果断行事，取得成功就比较容易；否则，将给失机者留下无穷的懊悔。

大多数中国人都相信“生死由命，富贵在天”，其实，我们完全可以设计自己的命运。成功是需要很多条件的，比如，健全的体魄、聪明的头脑、雄厚的资金和广泛的社会关系等，但这些条件并不是每个人都能具备的。成功者之所以能成功，首先就在于他从不苛求条件，而是竭力创造条件。

我们不应该每天渴求一个大的机会摆在面前，这样的概率太小；概率较大的反而是为我们所忽略的无数小机会。机会不论大小，都是为有备而来的人们准备着，如果你不用心积极地把握，到头来还是一无所有。

机遇靠我们在行动中创造。在这个世界上，天上掉馅饼的事毕竟少之又少。坐等机会，财富绝不会不请自来。明知山有虎，偏向虎山行。这是创造致富机会的最佳写照。想创造机会，却不想冒任何风险，那是不可能的。

有一位美国女孩，叫西尔维亚，父亲是波士顿有名的整形外科医生，母亲是一所著名大学的教授。家庭对她有很大的帮助和支持，她完全有机会实现自己的理想。

从念大学的时候起，她就梦寐以求地想当电视节目主持人。她觉得自己具有这方面的才干，因为每当她和别人相处时，即便是陌生人也都愿意亲近她并和她长谈；她知道怎样从人家嘴里“掏出心里话”；朋友们称她是他们“亲密的随身精神医生”；她自己常说：“只要有人给我一次上电视的机会，我相信一定能成功。”

可是，她为实现这个理想而做了些什么呢？其实什么也没做！她在等待奇迹出现，希望一下子就当上电视节目的主持人。她就这样不切实际地期待着，结果什么奇迹也没出现。

另一位叫辛迪的女孩，也有与西尔维亚同样的理想，最后她真的成了著名的电视节目主持人。

辛迪的成功是自己找来的。她不像西尔维亚那样有可靠的经济来源，所以白天必须去打工，晚上到大学的舞台艺术系去上夜校。毕业之后，她开始到处谋职，跑遍了洛杉矶每一家广播电台和电视台。但是，每个地方的经理对她的答复差不多都是“我们不会雇用没有几年工作经验的人”。

在洛杉矶哪里会有几年这方面的工作经验呢？她不愿意退缩，也没有等待机会，而是到洛杉矶之外去寻找机会。

几个月后，她看到一则招聘广告：北达科他州有一家很小的电视台招聘一名播报天气预报的女孩子。

辛迪是美国加州人，不习惯北方的生活和气候，可是，有没有阳光，是不是下雪，都没关系，她希望找到一份和电视有关的职业，干什么都行！她马上动身到北达科他州。

辛迪在那里工作了两年，回到了洛杉矶在电视台找到了一个工作。又过了五年，她终于得到提升，成为她梦想已久的节目主持人。

面对机会的来临，人有不同的选择方式。有些人或单纯地接受，或保持怀疑的态度，站在一旁观望，要么固执地不肯接受任何新的改变。而有的人则能运用自己的智慧，灵活变通，正确选择适合自己的机会，开辟财富道路。许多成功的契机，在起初未必能让每个人都看得到它的雄厚潜力，然而你抉择得正确与否，往往是成功与失败的关键。

机遇对任何人都是平等、公正的。大的机遇不可能天天有，但小的机遇却常常出现在我们的身边。这些机遇既没有太大的风险，又能为展示你的才能提供机会，所以千万不要错过这些看似小的机遇。因为一个人尽管很有才能，也需要一个展示其才华的舞台。“是金子总要发光”，这话固然不错，但是，如果你不去主动寻找“发光”的机遇，可能就要错过出人头地的时机。在人生中，你能获得特殊机会的可能性还不到百万分之一，然而，机会却常常出现在你面前，你可以把握住机会，将它变为有利的条件。

一家软件公司派两个女孩去参加一个电子产品展销会，临行前两人用心准备了名片。展销会上，两人极力推销产品的同时，不停地发名片、收名片。结果，两人发出的不少，收到的却不多，因为卖方太多而买方很挑剔，不愿主动发名片。

两人的不同在于，其中一个女孩获得了许多买方的姓名和电话。原来，她在给人发名片的同时，将自制的空白名片递上："请您留下联系方式，好吗？"看到她诚恳的微笑，很少有人拒绝她的请求。

展销会结束后，一个女孩等待她发出的名片能够带来喜讯，可是她失望了；而另一个女孩按空白名片上的地址、电话主动出击，有了很多客户。

在女人的一生中，总是有那么两三次的机会，能够在她掌握之中。看准时机，果断行事，取得成功就比较容易；否则，将令失机者留下无穷的懊悔。

女人要赚钱也是一样的道理要有勇气和挑战心，这样才能跻身富翁之列。采取行动吧！否则钞票只会从你身边溜过。不论是谁，没有一个人生来就有钱，即使是欧纳西斯、洛克菲勒和日本的松下幸之助也是一样。他们成为大富翁的原因是：一有赚钱的念头，马上脚踏实地去做。这些举世闻名的亿万富翁所拥有的条件和你我一样，每个人变成富翁的机会都是均等的。在立足点一样的条件下，决定你能否成功的关键即在于是否有赚大钱的决心，以及有没有挑战的魄力。

一个好机会，会成为女人命运的转折点

机会是处处存在的，但能否让机会变成女人成功的阶梯，不取决于所谓的"命"，而在于女人自己。每个人都是自己命运的设计师。人一生的命运就是由一连串的机遇连接而成的。女人的一生是否精彩，关键在于你能否抓住机遇，或者说机会、机缘、时机。

在特定的时间里，各方面因素达到有力的结合，就会产生有利的条件；谁能够以最快的速度把这些有利条件抓住，运用手上的资源进行投资，谁就能取得

事业上的成功，财源也就滚滚而来。这里所谓的有利条件便是机会，一个高明的商人懂得抓住这些得到财富的机会。

机会是处处存在的，但能否让机会变成女人成功的阶梯，不取决于所谓的“命”，而在于女人自己。每个人都是自己命运的设计师。人一生的命运就是由一连串的机遇连接而成的。女人的一生是否精彩，关键在于你能否抓住机遇，或者说机会、机缘、时机。

每当面临一个新的机会时，惊喜和恐惧会同时在你内心悄然出现。惊喜的是一个良好的机会让你看到了成功的希望，而恐惧则是怀疑自己的能力，担心在这个机遇面前再一次成为一个失败者。这种心理往往会阻碍你制胜的决心，让你左右摇摆，举棋不定。这虽然是大部分人都有的正常心理，但是有志于改变自己生活状态的女人，一定要学会克服这种犹疑心态，不管在什么时候，都保持最佳状态，大胆地接受机会的挑战，你才有可能打开一个全新的局面。

随着《哈里·波特》的风靡全球，它的作者和编剧罗琳成了英国最富有的女人，但她也曾有一段穷困落魄的历史。

第一段短暂婚姻结束后，罗琳带着 3 个月大的女儿杰西卡，栖身于爱丁堡一间没有暖气的小公寓里。找不到工作的她，只好靠着微薄的失业救济金养活自己和女儿。

24 岁那年，罗琳在曼彻斯特前往伦敦的旅途中，一个瘦弱、戴着眼镜的黑发人一直在车窗外对着她微笑。他一下子闯进了她的生命，使她萌生了创作哈利·波特的念头。虽然当时她的手边没有纸和笔，但她开始天马行空地想象。于是，哈利·波特诞生了——一个 10 岁小男孩，瘦小的个子，黑色乱蓬蓬的头发，明亮的绿色眼睛，戴着圆形眼镜，前额上有一道细长、闪电状的伤疤……哈利·波特成为风靡全球的童话人物。

而罗琳也以年收入 4800 万英镑位居 2002 年英国年度收入排行榜榜首，其收入是英国女王莎白二世年收入的 6 倍还多。

机遇来了，许多人都能发现，但并不是每个人都能抓住。有的事情，一旦你错过之后，就永远找不回来了。机会不是每天都会光顾我们，所以要好好珍视并把握你身边的每一个来之不易的机会，因为它可能就是你命运的转折点。

希尔顿 32 岁时到得克萨斯州准备干最热门的职业，但他的资金只有 37000 美元，用于采油显然不够。他带着失望和疲惫进入一家旅店，发现旅客爆满，而老板却不愿意继续经营。

希尔顿仅仅在与老板谈了几句话，喝了一杯酒后，就断然决定用 10 万美元买下这家旅店，开始了庞大的希尔顿集团的创业史。就这样一次偶然的机会，成为了希尔顿命运的转折点。

靠着这次偶然的机会，希尔顿改变了自己的命运。但是如果希尔顿不去得克萨斯州或者在旅店老板出卖旅店时，希尔顿设想：生意这么好，老板为什么要卖掉它呢？从而担心 37000 美元投入“无底洞”的话，希尔顿就不会成为后来的希尔顿了。

一旦抓住机会，就会不遗余力地发动攻击，直到全面胜出为止，这是很多富人的一个优点。

当机会出现的时候，也许你还没有准备好，但是一定要占有机会。因为机遇可遇不可求，碰到就要抓住，错过了时机可能就会丧失先机。正所谓“机不可失，时不再来”，当已经意识到机会来临时，不要犹豫不前，而应该勇于决断，把握住难得的机会。

而优柔寡断的人，遇事不敢做决定，他们拿不准决定的结果是好还是坏，是凶还是吉。有些人的本领不差，人品也好，但就是因为寡断，往往错过了许多好机会，一生也未能成功。而决断的人，即使会犯些小错误，也不会给自己的事业带来致命的打击，因为他们对事业的推动，总比那些胆小狐疑的人有力得多。

站在河边呆立不动的人，永远也不可能渡过河去。

犹太人曾说过：人一生中，有三种东西不能使用过多，做面包的酵母、盐、犹豫。酵母放多了面包会酸，盐放多了菜会苦，犹豫过多则会丧失赚钱和扬名的机会。因为机遇来得突然，走得迅速，可以说是稍纵即逝。因此，在瞬息万变的形势中，看准了机遇就要牢牢把握，不能有任何的犹豫，任何的迟疑。

什么时候起步都不晚，别拿错过时机当借口

那些总是被机遇青睐的人并非天生幸运，而是对成功的渴望更强烈、更热切。面对生活中出现的种种契机，你应该努力往前站，这小小的一步，“是你人生的一大步”。

在价值观有欠妥当。谦恭退让是他们最基本的生存法则。但值得注意的是，这种“好性格”也有其不好的一面，那就是他们在机遇面前表现得不够积极主动，该抓住的机遇抓不着，一次次地与成功失之交臂。

失败的女人喜欢说，自己之所以失败是因为天时不时，地利不利，人和不和，因此好机会就只好让别人捷足先登，轮不到她竞争。而有意志的女人绝不会找这样的借口，她们不是在等待机会，而是靠自己努力创造机会。一旦有了机会，她们绝不放弃。正是一次次抓紧了机会，她们才一步步走向成功。

美国但威尔地方百货业巨子约翰·甘布士认为机遇无处不在，有时也许只存在万分之一的可能，但是毕竟它存在着。只要有锲而不舍的精神去争取，就一定会有所收获。

他的座右铭是：“不放弃任何一个哪怕只有万分之一可能的机会。”甘布士

这种充满进取心的性格，使他在日常生活中也表现得极为突出。

有一次，甘布士要乘火车到纽约去商谈一笔生意，由于事起匆忙，没有预先订票。因此甘布士夫人就打电话到车站询问是否还可以买到当日的车票。

由于当时正值圣诞前夕，去纽约度假的人很多，车票早早地就被抢购一空。所以车站的答复显然是没有车票了。但是车站最后强调了一点，说如果有急事一定要走的话，可以到车站来碰碰运气，看看是否有人临时退票，不过这个可能性很小，因为在过节，一般很少有人临时退票。

甘布士夫人沮丧地放下电话，向甘布士转述了车站的答复，她认为今天肯定不能走了，只有等第二天的火车。

谁知甘布士依然不慌不忙地收拾好行李，然后提着皮箱向门口走去。甘布士夫人连忙拦住他问："约翰，现在不是买不到票吗？你还去车站干什么？"

甘布士回答道："不是还有退票的可能吗？"

"可是这种可能性很小，只有万分之一啊。"

"我就是想去抓住这万分之一的机会，祝我好运吧。"说完，甘布士戴上帽子，顶着风雪朝车站走去。

甘布士到了车站，站在月台上，等了很久，仍是没有一个退票的人，但是他并没有着急，而且耐心地等着，同时还利用这个时间仔细考虑即将谈判的那笔生意的各个细节。

大约离开车还有 5 分钟的时候，一个女人急匆匆地跑来，因为她家里有突发事件，所以她不得不将票退掉，而改坐第二班的车。

于是，甘布士掏钱买下了那张车票，及时地赶到了纽约。在纽约的酒店中，他打电话给他的妻子："亲爱的，现在我已经躺在纽约酒店舒适的床上。我抓住了你所认为的只有万分之一的机会。"

当代最伟大的篮球巨星迈克尔·乔丹说过一句话："我不相信被动会有收获，凡事一定要主动出击。"可是，有 85% 以上的人都是被动的，如果一个人能采取主动，他就能掌握整个局面。因为只有进攻，才会有成功的机会，如果你躲在家里不出门的话，你的机会一定会减少。

我们可以肯定地说，所谓“错过机会”，责任主要还在自己身上。你可以这样问自己：对于机遇，我是否具有强烈的愿望并且为之付出了应有的努力？

电影《笨的和更笨的》中有一个情节，劳埃德和他的朋友哈里，都竭尽全力地寻找真正的爱情。有一天他们待在一条荒凉的道路边上，沮丧且束手无策。这时，一个身着比基尼的女孩驾驶汽车停在他们身边。三个美得令人窒息女孩走下来，面带羞涩地问他们：“嗨，你们知道哪里可以找到两个小伙子，和我们一起涂满防晒油旅行几个月，以证实我们的防晒油的效果吗？”

一个笨人迅速地回答：“当然知道！在沿着道路走 3 英里的小镇上就可以找到。”那些女孩见这俩傻瓜没领会她们的暗示，感到很是失望，转身呼啸着把车开走了。劳埃德看着消失在灰尘中的车，转向他的伙伴说：“你知道，哈里，一些家伙总是有好运气。我真心希望并且祈祷有一天相同的好运会降临到我们头上。”

对于机遇，对于成功，人们总有各种各样的说法。然而，不能否认的是，有些时候，机遇在一些人面前确实是平等的。只是当机遇突然出现在面前时，有人却迟疑了、犹豫了，结果与之擦肩而过；而有的人却能主动上前，大胆追求，于是便赢得了机遇的倾心。你可以说这是偶然，但你又怎能说这不是必然呢？千万别轻视那小小的一步，它可能会改变你的一生。

那年，她受聘于一家地产公司。培训结业的那天，公司老总也来了。

进行了一番热情洋溢的讲话后，老总转身从公文包里拿出一沓文件问：“有谁愿意帮我整理一下这些资料？”

其实，她是很想试一试的，但看看四周大家都是沉默的，她不禁又有些犹豫，最终没敢站出来。

老总停了停，见无人敢应答，于是笑了笑，用手指向窗外那高楼林立的开发区道："二十年前这里曾是一片蛮荒，在管委会的一次会议上主任就曾这般问过'在国家没有一分钱投入的情况下，有谁有勇气站出来开发那片荒地？'有一个年轻人犹豫了很久，终于勇敢地站了起来。经过一番努力，十年后的今天，这里变成了现在这般繁荣的景象。"

虽然老总始终没说那个年轻人是谁，但她潜意识里明白那年轻人就是老总自己。

假如错过了这次机会，自己很可能将碌碌无为地度过一生。想到这儿她猛地站起来说："我愿意！"

老总什么也没说，只是笑着点了点头。在以后的日子里，她发现每次上司总是给自己比别人多很多的工作，其中不乏一些重要的公司机密。

不久，她得到了提升，薪水也涨了一大截。

机会不会自动找到你，你必须不断又醒目地亮出你自己的优势，别人只有发现了你，进而才能赏识和信任你，因此，你必须勇于尝试，一次次地去叩响机会的大门，总有一扇会为你打开。

在大多数情况下，有些女人不思行动不仅仅是因为优柔寡断，而是因为畏惧。但是每次当你做完令你畏惧的事情后，你的自信心就会有所提高。因为每次你勇敢地克服了畏惧后，你都会感到自己是一个成功者。你可以切实地体验到成功的感觉，这种感觉令人陶醉。

在信息时代，靠信息致富

在这个信息就是财富的年代，不能坐等信息从天而降，而要时时留意，处处留心，认真捕捉每一个有价值的信息，并认真筛选、整合，有时一个小小的信息，就能给你带来巨大的财富，改变你的一生。

“信息”一词在如今这个新陈代谢加快的时代可谓是最为时髦、使用频率最高的一个名词。尤其是在商战中，能否及时准确地把握信息、利用信息，往往成为商战成败的决定因素。

赚钱的机会，其实就隐藏在你的身边。每天睁开眼睛，各种信息、各种见闻就会扑面而来，我们在头脑中对它们整理消化之后，就能找出对自己有价值的东西来。为了生活，许多女人不吝于付出她们的劳动，却偏偏忽视了对大脑的开发，失去的是靠头脑改变人生的机会。

有一次，我国的一位高级领导人在一次讲话中曾以指甲钳业为例，要求国家轻工企业努力提高产品质量，开发新产品。就是这么一个在一般人眼中毫不起眼的信息却被一个敏锐的小商人捕捉到了，他就是后来投资创办“圣雅伦”的梁伯强。他发现了市场，并敏锐地嗅到了其中的商机。他从质量和价格两方面入手，精心打造了“圣雅伦”这个属于中国人自己的品牌，让其在进入市场后销量一举超过了韩国同类产品。

市场信息，对于经营者来讲是成功的基础。作为经营者应该善于捕捉各种信息，及时了解市场变化，一旦获得有价值的信息，应当马上进行决策，及时抓住机遇，一举取得胜利。其实，掌握了信息就掌握了财富，这就是这个时代的特点。

1991 年 9 月，金娜娇代表新街服装集团公司在上海举办了隆重的新闻发布会，在返回南昌的列车上，与同车乘客的闲聊使金娜娇得知，民国时期一位夫人有一身衣裙，分别用白色和天蓝色真丝缝制，白色衣服上绣了 100 条大小不同、形态各异的金龙，长裙上则绣了 100 只色彩绚烂、展翅欲飞的凤凰，被称为“龙衣凤裙”。而那位夫人依然健在，那套龙衣凤裙仍珍藏着。虚心请教一番后，金娜娇得到了她的住址。

金娜娇得到这条信息后，她马上改变返程的主意，立刻找到那位近百岁的老夫人。作为时装专家，当金娜娇看到那套色泽艳丽、精工绣制的龙衣凤裙时，她也惊呆了，她敏锐地感觉到这种款式的服装大有潜力可挖。

于是，金娜娇毫不犹豫地以 5 万元的高价买下了这套稀世罕见的衣裙。

回到厂里，她立即选取上等丝绸面料，聘请苏绣、湘绣工人，在那套龙衣凤裙的款式上融入现代时装的风韵。功夫不负有心人，历时一年，他们终于设计试制出了当代的龙衣凤裙。

在广交会的时装展览会上，“龙衣凤裙”一炮打响，国内外客商潮水般涌来订货，订货额高达 1 亿元。

利用信息致富，需要你能抓住成功的机会。富人的成功之处在于，他们是永不停止的人，他们的大脑时刻在捕捉财富信息，感受生活气息。新闻消息，各种会议，朋友谈话，甚至于休闲娱乐，他们都能从中敏锐地发现机会。这样，当致富机会来临时，才不会白白溜掉。

信息是富人制胜的法宝，信息就意味着财富。分析信息的能力则是挖掘财富宝藏的工具。富人相信，纷繁复杂的信息一定蕴涵着黄金。而捕捉信息也并不是一件神秘的事情，无数事实证明成功者不但要善于广泛收集信息，还要有敏锐的洞察力，能对收集到的信息，进行有选择地利用。

机遇总是眷顾细心之人。细心正是女人的一大优势，在这个信息就是财富的年代，我们不能坐等信息从天而降，而要时时留意，处处留心，认真捕捉每一个有价值的信息，并认真筛选、整合，有时一个小小的信息，也许就能给你带来巨大的财富，改变你的一生。

王瑛是一位成功者（自由炒股人），30 岁就已身价百万。取得这么好的成绩，用她的话说这是善于广泛收集信息并有选择利用的结果。

2000 年，她经近两个月的努力，通过各种途径收集到了许多有关股票的信息。可一看如此多的信息，真假难辨，即使全部有用，也没那样的实力全部尝试一番。何况，朋友们吃假信息的苦也不止一次，有的甚至元气大伤，从此一蹶不振。

于是她又花大量时间，对这些信息一一排查，经过细致地调查、研究，最后只选择了其中两三条加以利用，结果王瑛获得了成功，一跃进了大户室。

王瑛利用信息赚钱的经验值得大家去学习，广泛收集信息并有选择地加以利用的能力，在一个人的事业中显得非常重要。

在现实社会的今天，能具备明察秋毫的能力，并善于广泛收集信息并有选择地利用的人，必将在日益激烈的商战中快人一步地抢占制胜的先机，必将是未来十年里的成功者。

一个成功的创业者依靠的是灵活敏锐的头脑和科学的、丰富的经验所以每一个对赚钱充满热情的女人，必须要不断地掌握新知识，用心观察生活的细节，然后从中整合出自己的致富方案。

第5章

精于算计，有机巧心思的女人更会赚钱

我们所说的“算计”，并不是那种殚精竭虑的精打细算，而是从大处着眼，对自己事业进行规划与运筹。虽然说察识大趋势、制订长远规划不是女性所长，但人生本是一个学习的过程，想赚钱的女人有必要增加自己的见识。女人赚钱眼睛不要总盯着别人，要从自身的实际情况出发，结合周边的环境，开动脑筋、发挥智慧，做财富的主人。

赚钱方向明确，金钱汇聚更多

女人赚钱要怀有梦想，且梦想最好是个大目标。梦想越大，驱动你前行的力量就会越强烈。梦想能够提升我们的眼界，给我们以希望，激励我们尝试各种可能，鼓舞我们比现在做得更好。

要摄取财富，首先就要使自己拥有强烈的、持续的致富欲望。如果只是偶尔地想想，没有强烈的致富欲望，那你就没有巨大的致富动力。只有时刻想着赚钱的人，才能激发出更多赚钱的灵感。

今天是商业社会、市场经济，贫穷不再是一件多么光彩的事情。

曾有一个农民，19 岁学会一门可以糊口的手艺，22 岁结婚。婚后他打算做工、种田，老老实实当木匠兼农民。他还因此写过一副对联，上联是“做一本生意图薄利”，下联是“种二亩土地贪安逸”，横批是“得过且过”。

可是后来发生了一件事让他觉得这种想法不对，自己的命运必须要改变。那是一个黄昏，他扛着锄头从地里回家，老远看见一群孩子围着一个卖冰棒的妇人。那妇人只把冰棒往有钱人家的孩子手里递，却根本不把他的孩子看在眼里——因为她知道他们家里穷。这一幕深深刺激了他。他明白自己不能再这样混下去了。

从此，他开始发奋创业。他卖了两头猪，又向人借了一千多元，办了一家油漆店。接着他又办了一家家具厂。正当他的事业蒸蒸日上的时候，倒霉的事却接连发生，先是他的家具厂失火，后是他跑业务遭到抢劫，弄得他不仅倾家荡产，而且还欠下 10 万元的债。好在他并没有趴下，而是立志从头再来。他只身跑到武汉找事做，后来与别人合伙做生意。现在，他已是一家拥有数百万资产的公司的总经理了。

如果我们明白金钱对于人生的意义,我们就应该规划自己的人生,确立自己的人生目标。目标对于一个人来说是至关重要的,可以说,有什么样的目标,就会有什么样的人生。没有目标,人生通常也就失去了意义,有着清晰且长期的目标,并且一直在为之努力,你就会有一个成功的人生。

成功意味着与许多美妙的、积极的事物结伴而行;成功意味着个人财富的增长,你会有豪宅、假期、旅行、稳定收入以及会给子女最好的教育;成功意味着你将受到你的社交圈和事业圈内人士的尊敬等。

女人有了明确的奋斗目标,就有了前进的动力。因而目标不仅是奋斗的方向,更是对自己的一种鞭策。有了目标,就有了热情,有了积极性,有了使命感和成就感。相反,如果你只是无头绪地忙碌,只想用忙碌来证明自己在为目标而奋斗,却从来不知道先设计一下达到目标的路线和步骤,那么你充其量,只是一个光会不断做事情,却不会思考的"机器人"而已。

女人赚钱要怀有梦想,你的梦想最好是个大目标。梦想越大,驱动你前行的力量就会越强烈。梦想能够提升我们的眼界给我们以希望,激励我们尝试各种可能,鼓舞我们比现在做得更好。

女人会“算计”，前途有希望

女人要想赚钱，就要认真地去规划。花一些时间，认真地想一想，自己想做什么，怎么去做，有了思路和方向，精心计算，并不断地探索和发展自身潜能，好运自然也就会降临了，赚钱也就不是难事了。

女人与男人相比较，总是更容易相信“一切自由天定”的说法。所以，遇到困境她们不是想办法去解决，而是宁愿把决定权交给命运，认为自己的“运数”好坏与否都是早已被上天安排好了的，多做也无用！

成功的女人就真的完全是凭借好运气吗？当然不是。她们所得到的一切，都是她们精心算计、努力拼搏得到的！

本来，察识大趋势、制订长远规划不是女人所长，但人生本是一个学习的过程，想赚钱的女人有必要增加自己的见识。

2005 年夏霏大学毕业后，进入了上海一家外企工作。她酷爱逛街购物，一次次疯狂地刷卡，购物的快感令她欲罢不能。后来迫于经济压力，她不得不把不实用的名牌货，摆进网上小铺打折销售。

2008 年“五一”，夏霏作为公司的优秀员工畅游香港。她兴奋地把这个消息告诉了好友，大家都告诉夏霏香港的品牌化妆品、服饰和电子数码等商品很便宜，机会难得，希望夏霏能为她们每人捎点好东西，并且列上了一份长长的名牌购买清单。

香港不愧是购物天堂，价格极为诱人，同一种品牌的东西，在香港要比在内地购买便宜 1/3。夏霏赴港时仅背一个双肩包，回上海时却多出两只大拉杆箱，从香奈儿服装到日本数码产品，从德国的水龙到印尼的鱼翅燕窝……种类繁多到令人眼花缭乱。

令夏霏感到意外的是，几位同乡和朋友出于感激，竟不约而同地塞给她几百元辛苦费。还有人表示要请夏霏吃大餐。这次香港游，只不过顺道帮人捎带了一些品牌商品，没想到居然赚了不少跑腿费。夏霏脑子里忽然迸发出一个大胆的念头：既然仅在自己的朋友圈里，就有那么多人有代购的需求，这定是一个赚钱的良机呀！要知道，名牌货在两地的差价很大，即使她按照行规收10%的手续费，买家付出的价格也远远低于内地市场价。夏霏为自己的这个想法激动不已。

于是夏霏利用各种渠道很快掌握了国外名牌产品的各种信息。比如，圣诞节、感恩节等节日，为了促销，名牌产品都会进行大减价；还有欧洲国家商品夏季打折从6月底开始，一直持续到8月；澳大利亚常年反季节促销；原产地的商品价格更便宜一些等。她就在各大购物论坛和QQ群以及自己的网上代购小铺里发布了欧洲夏季打折商品信息，图文并茂地介绍诱人的折扣价，很快引起了时尚达人的关注。

每次接到订单，夏霏都非常认真，挑货色，谈价格，哪怕只是代购一包咖啡或一盒雪茄，她都不敢有丝毫马虎，因为要给客户交上满意的“答卷”。经过长时间的打拼，夏霏掌握了一定的经验，也使得她的成本降低，得到了较大的利润空间。

2009年初，夏霏建立了自己的代购网站，并在世界各地招募了一些华人留学生做她的兼职代购员，如今这张网已经覆盖了28个国家和地区。夏霏调侃说，她拥有一个“小联合国一样的代购团队”。

夏霏把自己的特别爱好变成了赚钱的优势，更满足了自己的爱好。一个人一生走过的路可能绕地球几百、几千周，但是最重要的却不过是那么几步。女人要想赚钱，就要认真地去规划。只要花一些时间，认真地想一想，自己想做什么，怎么去做，有了思路和方向，精心计算，并不断探索和发展自身潜能，好运自然也就会降临了，赚钱也就不是难事了。

想赚钱就要学会算计，算计不是斤斤计较，而是正确地规划一份蓝图。这就等于为自己在十字路口上设置了一个方向标，提前在迷雾中的人生路上点燃一盏明灯。好比要盖一座房子，首先要弄明白都需要哪些材料，这些材料从哪卖，多少钱等，只有把这些都计算好了，才能盖上自己所需要的房子。

蓉蓉开了一家服饰专卖店，生意很好，由于是统一售价，只要有两个服务员就可以打理生意了。蓉蓉平时负责进货，也很清闲，于是她就琢磨着再做点什么。她发现海鲜生意很好，就去批发海鲜，生意还真的不错。有一次蓉蓉去饭店吃饭，要了一条自己店里也有的一种鱼，发现价格竟然有天壤之别，看看别的海鲜菜也是这样，之后蓉蓉又去了几家饭店，情况也是一样的，蓉蓉又动了开饭店的念头。她盘算着自己要是开饭店的话，成本相对来说应该是最低的，而且又能保证质量，价格还可以再优惠一些。蓉蓉找了一个客流量较大的地方，厨师是从广东请的，手艺好，饭菜既便宜又实惠，生意出奇好。朋友都说蓉蓉有财运，可蓉蓉说："财运是精心算计的结果。"

是啊，人们常说"吃不穷，喝不穷，算计不到就受穷。"看来这话是有道理的。要想赚钱，就要有打算。女人赚钱不要把眼睛总是盯着别人，要运用自己细心敏感的优势，从自身的实际情况出发，结合周边的环境，开动脑筋，发挥智慧，从而发现商机，把握机遇，成为财富的主人。

聪明女人在自己熟悉的领域里找钱

女人要想赚钱，就要与你的职业、兴趣、爱好、家庭环境、社会环境相适应，与之相关联的生意容易起步，也容易成功。一技之长可能是你改变命运的一大财富。因此，在选择事业时，应该选择最能使你的长处得到充分发展的事业。

一个人精通一件事，哪怕是一项微不足道的技艺，只要你做得比所有人都好，那么也能获得丰厚的奖赏。如果你集中精神，坚韧不拔，将这门微不足道的技艺运用得异常精湛，你也将因此而获得成功。

如果你是个厨师，可以向饮食业发展；如果你是个医生，你可以出来开个诊所、医院；如果你是搞科研的，你可以开发出一个有市场的新产品；如果你继承了一栋房屋，你可以把它租出去，这样就可以不费心地拥有固定的收入，以后也可涉足房地产生意。

总之，女人要想赚钱，就要与你的职业、兴趣、爱好、家庭环境、社会环境相适应，与之相关联的生意容易起步，也容易成功。一技之长可能是你改变命运的一大财富。因此，在选择事业时，应该选择最能使你的长处得到充分发展的事业。

1996 年，从香港某地产公司回来的陈小玲，以高超的英文水平和杰出的口才，成为美国 ADECCO 公司在中国仅招的两名员工之一。ADECCO 公司是在纽约和瑞士同时上市的全球最大的猎头公司，每年营业额高达几十亿美元。该公司 1996 年初进入中国，在广州设立了中国区总部。但由于中国人才市场很不规范，对“猎头服务”也很陌生，而且非法职介十分猖獗，这些使得运作水平很高的 ADECOO 公司竟然在中国起步十分艰难，出现严重的“水土不服”现象，到 1999 年的 3 年间就换了 8 位中国区总经理。在那段时间，陈小玲一直任劳任怨地负责广州地区的市场拓展工作，并取得了一定的成绩。

陈小玲做业务与众不同，她会找到自己的“猎物”，与之谈心交友，而不会单刀直入地问对方“想不想跳槽”。她说：“成为‘猎物’的人才都是出类拔萃的精英，他们有的是大把机会，大多并不想跳槽，你只有与之成为好友，才能真正明白他的长处与短处，明白他的发展潜力所在。”要想成为别人的好友，就要学会倾听，要善解人意，要学会赞美对方的长处，并委婉地提醒他注意一些不足之处。

在 ADECOO 公司，陈小玲如鱼得水，她为公司创造的营业额竟然占到了公司总营业额的 2/3。美国老板对此惊奇不已，称她为“东方女财神”。然而，ADECOO 公司正想提拔陈小玲做中国区总裁时，她却说：“谢谢，我不是不珍惜这么崇高的荣誉，我只是不明白到底是我靠公司强大的后盾，还是靠自己的能力才有这样好的业绩，所以我决定离开公司去创业。”

在 ADECOO 公司工作的经历，使陈小玲发现了一个巨大的商机：中国人才市场的混乱不会长久，外国公司对中国人才的文化背景理解不深，这就使得既懂国际运作，又深谙中国人才心态的本土公司具备了强大的竞争力。所以陈小玲雄心勃勃地办起了符合国情的猎头公司：圣剑桥人才服务公司。

可见，选择自己熟悉的行业，对于自己原企业的很多“好东西”，包括老板的智慧，都可以实施“拿来主义”，并在此基础上实现青出于蓝而胜于蓝。陈小玲的创业，就是这方面一个很成功的例子。

人生的诀窍就是经营自己的长处。在人生的坐标系里如果站错了位置——用短处而不是长处来谋生的话，那是非常可怕的，他可能会在永久的卑微和失意中沉沦。因此，对一技之长保持兴趣，相当重要。即使它不怎么高雅入流，也可能是你改变命运的一大财富。在选择职业时同样也是这个道理，你无须考虑这个职业能给你带来多少钱以及能不能使你成名，你应该选择最能使你全力以赴的职业，应该选择最能使你的品格和长处得到充分发展的职业。

从不名一文的农家子弟到身家亿万的比亚迪事业公司总裁；从26岁的国家级高级工程师、副教授到誉满全球的“电池大王”；从上马锂电池项目摧垮包括东芝、松下、索尼等巨头在内的电池业“日本军团”，到选择香港H股上市乃至力排众议入主秦川汽车实现“电动汽车之梦”，王传福在自己熟悉的领域可谓是大展拳脚，表现了独到眼光和执着精神。

在镍镉电池领域站稳脚跟后，不甘寂寞的王传福又开始了镍氢电池的研发，并从1997年开始大批量生产镍氢电池。新项目立竿见影，这一年，比亚迪公司镍氢电池销售量达到1900万块，一举进入世界前7名。

2000年，王传福不顾非议，毅然投入巨资开始了锂电池的研发，很快拥有了自己的核心技术，并于该年成为摩托罗拉的第一个中国锂电池供应商。2002年，比亚迪高歌猛进，销售收入达到25亿元，利润6.58亿元。王传福则晋身当年《福布斯》中国内地富豪榜第41位，其苦心孤诣构建的“电池王国”雏形。

不要把精力浪费在自己不擅长的领域中，其实，这个伟大的秘密一直摆在人的眼前，只是我们一直在忽略这个伟大的真理！女人做事业也一样，不要轻易去尝试你一无所知的或者无法施展能力的行业。在自己熟悉的领域里从事自己有充分把握的行业，对想要成功的女人来说是极为有利的。

生意不怕小，要干出自己的特色来

有些女人总是希望一竿子下去，立即打下红彤彤的枣来，在通往财富的道路上，她们所缺乏的不是资金，而是态度。穷人之所以是穷人，很重要的一个原因就是他们眼高手低，好高骛远，对那些小生意不屑一顾。

在有些女人眼里，大贸易与小生意却不属于同一个门类，她们往往把厉害得捧得更厉害，渺小的看得更渺小，完全忘记了大事业也是从小生意做起来的。

虽然不是所有的小生意都能做大，但大多数成功人士都有着亲手掘出第一桶金的艰辛。

穷人之所以是穷人，很重要的一个原因就是他们眼高手低，好高骛远，对那些小钱不屑一顾。殊不知小钱是大钱的基础。做赚小钱的生意，你收获到的不仅仅是那点钱，更重要的是生意经验的积累。

在一份在京的外地农民生活调查中表明，从做早餐起家的人数占到了他们总人数的30%以上。但是做早点，对外地进城的农民来说，大多只是一个过渡。他们更多花心思盘算着从事其他更能赚钱的行当，而绝不是一心一意地只做早点。

因此大多数人心思不定，心猿意马，一般也就做不好早点。一个叫陈世初的农民，在众多的早点摊子中脱颖而出。

为了蒸好包子，他常去别家的包子铺品尝，琢磨人家的配料。蒸包子时，他要盯着火候，是火大还是火小，什么时间起锅最佳，什么牌子的面粉最适合蒸包子等。几年下来，他对包子的用心到了无以复加的地步。

方圆五里内，陈世初的包子相当有名，每天都是供不应求。跟他前后脚来的几个农民，到头来，竟没有一个比他富的。只几年，陈世初的街头包子摊儿变成了百十平方米的包子铺，不仅只卖早点，还有中餐和晚餐。在无数的外地人中，陈世初竟成了最成功的一个。

有些女人总是希望一竿子下去，立即打下红彤彤的枣来。其实，在通往财富的道路上，她们所缺乏的不是资金，而是态度。

信息时代，各式各样的财富故事足以让人们眼花缭乱。比如说，1999 年 6 月，世界著名的思科公司以 47 亿美元并购了传媒译码公司，使传媒译码的创办人李广益的身价一下子翻了 16 倍，一举成为享誉硅谷的新华人富翁。在短短的 15 个月中，公司的 66 名员工，平均每人获得 700 万美元的身价回报。

金灿灿的信息让人热血沸腾，知道了外面的山有多高，那些仨瓜俩枣的小生意便显得枯燥无味。

于是这个世界上就永远有人在等，也有人在做，他们之间的距离也就越拉越远了。

我国浙江是鱼米之乡，但人多地少，所以浙江人闯世界的很多。浙江人靠本事来养活自己，走南闯北做生意，修钟表、补皮鞋、裁衣服，只要能够糊口的职业，几乎都可以见到浙江人。

生意不怕小，只怕做不出自己的特色来，小生意上了轨道之后，完全可以与社会各阶层的人一较高低。

现代都市，是公司白领们的天下，他们之中做得好的，在自己的部门里运筹帷幄，也算是精英人物了。但是替别人打工，留给个人的舞台毕竟有限，能在密密麻麻的人丛中露个脸儿就不错了。哪怕同样管着十来个人、七八条枪，公司白领只是个小排长，即使干得好，也要等四年提一个衔，而且时时还有被清理出队的危机；而最小的老板也是老板，在自己的小山头他就是司令，若粮草充足，就可以自行招兵买马。资金流的不同，造成了打工者和老板不同的财富增加模式。虽然当大公司的白领已有资格坐在沙发上喝红酒的时候，那些小老板们可能正在做着微不足道的小本生意。但是起点高的，增长不一定就快，因为个人的能力提高的空间是有限的，而小生意做得好，就会像滚雪球般越滚越大。

白领有白领的风光，小商人有小商人的实惠，鱼和熊掌不可兼得，要衡量一下哪一样离自己更近一些，也就是说，看明白自身的长短再入行。

小生意是女人致富的一辆公交车，虽然速度不一定很快，但是门槛低，行驶平稳，有志于此的女性，不必再犹豫了。

储蓄是女性向财富靠拢的第一步

"不积跬步，无以至千里"，所有女人要想赚钱，实现财务自由，就要先存下一笔钱，作为投资的本钱，接下来才能谈到"滚雪球"似的资产累积。

对于一个想要成功的人来说，储蓄的习惯是非常重要的。如果平日大手大脚，花钱没有节制，到了真正需要现款来把握投资机会时，就会束手无策，眼睁睁看着机会让有存款的人抓走。洛克菲勒若不是有长期储蓄的现款做后盾，就无法同竞争对手比价，从而买下炼油厂。如果没有炼油厂，亿万富翁的洛克菲勒也就很难出现。

如果你想在未来拥有属于自己的一笔理财基金，储蓄当然是最保险的手段。可以用固定的一部分家庭收入来进行这种资本的投入。假设这部分资本金的固定额度是家庭总收入的10%，那么应该如何累计这部分家庭资本呢？首先，需要开设一个存储账户，每个月初，将家庭收入的10%存入这个账户。其次，要把持住自己，任何时候都不要轻易动用这个账户里的钱。假如你一直渴望在经济方面获得自主权，也克服了贫穷感，并养成了储蓄的习惯，那么积累起一大笔财富也不是什么困难的事。最后找到适当的机会，用这个账户里的钱进行投资。我们可以相信：当这个账户里的金额越来越多时，你将得到的生活乐趣和安全感也越来越多。

美国的女富豪尤拉·莱蒂里跟随父亲，从16岁开始闯荡商界，是世界闻名的女强人。她成功的基础，就是她16岁时开始养成的存款习惯。

尤拉·莱蒂里最开始工作时，也只是在一家大公司当秘书。虽然尤拉·莱蒂里当时收入不多，月薪只有50美元，可她仍然把大部分钱积攒起来，为日后的投资做准备。两年后，尤拉·莱蒂里小有积蓄，便开始做粮食和副食品的投机生意，成了一个小有资本的年轻女商人，这时她仍然保持着储蓄的习惯，她还要积攒更多的资本，为今后的大投资做准备。

后来，在钢铁业掀起热潮时，尤拉·莱蒂里认为机会来了。她凭借长期积蓄的财力，在一家老式钢铁厂拍卖时，不惜重金，每次叫价都比对手高，最终获得了这家钢铁厂的产权。这就是尤拉·莱蒂里赖以起家，登上商界顶峰的起点。十年后，尤拉·莱蒂里成了美国名人榜上屈指可数的女富豪。

养成储蓄的习惯并不会限制你赚钱的才能。恰恰相反，它不仅会使你赚的钱都很好地存起来，而且会给你提供更广泛的机会，你的观察力、自信心、想象力也会因此而大增。

在你还没有成为大富豪之前，你自己就是提款机，额度就是你赚的钱。支出少于收入，听起来好像没有什么了不起，但是可以确定的是，储蓄确实让人感到快乐，也是一件很有意义的事。

“不积跬步，无以至千里”，所有女人要想赚钱，实现财务自由，就要先存一笔钱，作为投资的本钱，接下来才能谈到“滚雪球”似的资产累积。只要将每个月收入的固定一部分（可能是10%或者15%）存入自己的账户，就可以利用这笔钱达到致富的目标。这样做以后，你将会发现，是用收入的全部还是90%或

85%来支付生活所需的费用，对一个家庭而言其实相差不大，但后者让你还拥有了10%或15%的储蓄。

随着社会技术的进步和市场经济的逐步成熟，人们的投资理念和理财渠道正在潜移默化地发生变化，攒钱正在从储蓄型为主转向投资型为主，例如，购买债券、股票、基金以及具有增值潜力的收藏品，增加保险投入等。

细心的女人一定会想到这些小方法的真正意义：虽然是几个小钱，但是它可以使你形成一个把未来与金钱统一成整体的观念，使你养成积蓄的习惯，刺激你获取财富的欲望，激发你对美好未来的追求。从一个方面来看，当你的投资进入最后阶段时，一块钱往往能起到决定性的作用。

也许，靠这样存钱不可能发财，但是你可以用来为发财做准备。比如，你可以利用储蓄去买股票、债券、基金和不动产。只要女人肯动脑筋，利用现有的理财工具，让钱为我们工作，我们就会赚取更多的钱，我们的生活也会更美好。

在小钱上精明才能培养做富女的素质

许多人不屑一顾随手扔掉的零钱和其他一些不当回事的支出，往往是人生中的财富和独立人格的基础。当你的条件只是“普通”，又没有良好的家庭背景时，那么“先做小事，先赚小钱”绝对没错。

“不做无把握的投资，节约一点一滴，让每一分钱都发挥出应有的效力。”这条定律既适用于白手起家的年轻人，也同样适用于已经拥有巨额财富的人，因为很多巨富都是按照这条定律走过来的。

最会赚钱的犹太人出门买东西，不管花费多少，不管东西便宜与否，都一定要有账单。所以许多犹太人到一些地方,看到一般餐厅中只报账而没有账单的情况,就会觉得有些不可思议。许多民族对待金钱的态度要比犹太人马虎得多。据说有一位希腊人经常光顾某家餐厅,每次吃大致相同的饭菜,但每次结账,价钱都互不相同。他的犹太朋友听到这件事,十分惊讶,要追究所以然。希腊人说:"这么一点小钱,何必认真?"犹太人一边摇头,一边口呼上帝,仿佛犯了什么大罪过。

犹太人很吝啬吗?其实并不是如此,他们只是不付没有道理的钱。犹太人认为这是他们自己最大的优点,是重视金钱的表现。

富豪保罗·盖蒂被人称为"野人",他也是一位精于计算、让每一分钱都发挥百分之百效力的人。

在伦敦,保罗住在里兹饭店最小、最便宜的一间套间里。当自己不在饭店居住时,就指示门房将邮件改写地址,而不是装入新信封寄出,因为这样可以节省邮资。即便在蜚声国际之后,保罗还是经常抱怨人们总是要他为聚餐埋单,尽管他很少这样做。有次,随笔专栏作家马克斯·韦尔交给保罗一张账单,安排他为召集来的一群国际大人物支付饭钱。保罗却十分吝啬地仅仅留下了自己的那一份饭钱便扬长而去,任凭马克斯·韦尔在那里目瞪口呆。

保罗曾经所在的萨顿庄园里装有一部投币电话,这部电话装在一个公共场所的墙壁上。庄园里的各个部门,总共仅有几部普通电话,这些电话还装上了锁,只有某些内部人员才有钥匙。

保罗这样解释电话上锁的原因:"第一,萨顿庄园不是我私人的,而是属于保罗石油公司下面的一家子公司。因此,萨顿庄园实际上是属于保罗石油公司的股票持有人。第二,萨顿庄园买下来后不久,进进出出的人很多,有些是来拜访的商界人士,有些是来改装的工匠和工人,还有一些是送商品来的店员。第三,萨顿庄园里的电话费突然增高了许多。原因很简单,屋子里的所有电话都可以和外面联络,各种人都利用这种机会。他们有的利用萨顿庄园的电话,打给日内瓦或佐治亚的女朋友……他们闲聊的电话费用，自然是记在萨顿庄园的电话账单上。”

这就是富人们对待金钱的态度，在扩张公司的投资上或者在慈善事业中，他们绝不吝惜金钱的投入，因为这种钱花得有价值。而在生活中他们则看重每一分钱，这种态度反映了富人们严谨的价值观念——当一个人真正把钱当成一回事的时候，金钱才愿意与你为伍。

实际上，很多富人并不是一步入社会就能取得如此业绩，很多大富豪就是从伙计做起，很多政治家就是从小职员当起，很多将军就是从小兵当起，很少有人一走上社会就真正“做大事，赚大钱”！所以，当你只有普通条件，又没有良好的家庭背景时，那么“先做小事，先赚小钱”绝对没错。你绝不能拿“机遇”赌，因为“机遇”是看不到抓不到而又难以预测的。

“先做小事，先赚小钱”最大的好处是可以在低风险的情况之下积累工作经验，同时也可以借此了解自己的能力。当你做小事得心应手时，就可以尝试做大一点的事。赚小钱如果没问题，那么赚大钱也不会太难。而且小钱赚久了，也可累积成大钱。

此外，“先做小事，先赚小钱”还可培养自己踏实的做事态度和金钱观念，这对日后“做大事，赚大钱”以及一生都有莫大的助益。

千万别自大地认为自己是个“做大事，赚大钱”的人，而不屑去做小事、赚小钱。要知道，连小事都做不好、连小钱也不愿意赚或赚不来的人，别人是不相信他能成大事、赚大钱的。

第6章

借力行事，有人脉关系的女人更容易聚财

一个人能竭尽自己的能力去做生意赚钱，这是难能可贵的，而且人也确实需要那样的奋斗精神。但是，作为一个女人，仅靠自己的力量往往是不够的，尤其是在当今竞争日趋激烈的情况下，即使你能够掌握很多的经商策略和赚钱手段，但毕竟个人所能掌控的资源是极有限的，所以必须依赖合作者的帮助。只要善于把握、打理、培植你的人脉，就能聚集人气，进而铸造人脉，有了这样的帮助，资金、技术、渠道还不是唾手可得，又何愁大事不成?

懂得借力的女人更能胜利

女人要赚钱，就不要单打独斗，当你的力量还很弱的时候，要想达到目标就需要与人合作。没有别人的帮助，你能取得成就的程度就很有限。要知道，一个人在成功的道路上前进得越远，就越要懂得借力，越会交际。

人常说："众人拾柴火焰高。"也就是说，一个人的力量总是有限的，有了大家的帮助，个人才能有更大的发展。观察我们身边那些成功人士，有几个是自己孤军奋战取得胜利的？

相信别人，真诚合作，是成大事者的做人之道。的确，成功者的道路虽有千千万万条，但总有一些共同之处。团结协作是许多成功人士的共同特性。这是所谓借力之妙！

任何人要获得成功，没有他人的帮助是难以实现的。一个人，无论多么有才华，都根本无法与一个配合默契的球队相比。如果没有前卫提供机会，那么会有多少前锋能成为全美的球星呢？一个也没有。要想成为富翁也完全如此。从来没有一个富翁是完全靠自己而获得成功的。多数人都要依靠他们的配偶、重要的雇员、良师益友及其他人的帮助。没有一个人是孤立的。无论是搞体育、做生意，还是置产兴业，没有他人的帮助，任何人都无法达到最高的顶点。

秋天，仰望天空，我们经常看到排成一字形或人字形的雁阵在蓝天飞行，不知你是否想到这样一个问题：大雁为什么要整齐地列阵远翔呢？莫非，它们是在展示自己的飞行技能？

雁并非是在表演它们的飞行技巧，它们采用的人字阵或一字斜线形的飞行阵式，是它们在长期适应中所形成的最省力的群体飞翔形式。当雁群以上述阵式飞行时，后一只大雁的一翼，能够借助于前一只大雁鼓翼时所产生的空气动力，使自己的飞行省力。当飞行一段时间、一段距离后，大雁们便左右交换位置，使另一侧羽翼也能借助空气动力以减缓疲劳。

由于大雁既具有惊人的个体飞翔能力，又富有令人叹服的合作精神，它们的两翼似乎有了灵性，使它们能够以轻松自如的风姿成为长空的主人。

大雁给我们的启示是：走合作的道路，相互借力，就没有到不了的地方，就没有达不到的目标。

香港富豪李嘉诚说："每天我要处理的事情太多了，我又不是孙悟空，有三头六臂，我只是一个平凡人，所以，如果没有多人替我办事，我是无论如何不会取得今天这样的成就的。所以，成就事业最关键的是要有人能够帮助你，乐意跟你工作，这就是我做生意成功的秘诀。"

在当今竞争日趋激烈的情况下，即使你能够掌握很多的经商策略和赚钱手段，但毕竟个人所能掌控的资源是极有限的，在某些具体环节上，哪怕是最杰出的人物或团体，亦不可能独自完成，必须依赖合作者的帮助。与你合作的人越多，你的运势就越旺。

在合作的过程中，真诚地对待对方，坚持互惠互利的原则，合作才能持久，事业才能发达。

小青刚下岗时，手里只有几千元钱。因为没有什么特长，找了很多的工作都不尽如人意，最后她看好了餐饮业。没有技术，她就去参加培训班学习。功夫不负有心人，当她掌握了一定的餐饮知识后，终于找到了一份从事餐饮的工作，可是收入却不高。她的丈夫也是一名工人，挣钱也不多，而家庭负担过重，年迈的双亲以及上学的孩子，都需要他们夫妻二人来照应。尽管夫妻俩很勤劳，但家庭生活仍较为艰难。然而，机会总会降临到勤劳的人的头上。刚巧有位外地的老朋友找到小青，请她帮助在本市买一个门市房。当朋友了解到她的生活状况时，愿借钱给她合作经营餐饮业。她们的合作方式是各出资一半，小青的资金由那位朋友先借给她，朋友提供房子，小青出技术。这样，小青获得了施展自己手艺的机会，经过几年的努力经营，现在她们已经拥有了三家连锁餐厅，而且生意特别好，小青也因合作赚了很多的钱。

取长补短，优势互补是一个简单的道理，把这个概念用到财富领域，对我们很有启发。有的人有资金，但是没有找到理想的投资方法和途径；而有的人有赚钱的智慧头脑以及可行的方案，但是没有资金，显然，二者的合作互补可以使前者的现金变成资本，使后者的智慧及其方案变成不断的财源。

女人要赚钱，就不要单打独斗，当你的力量还很弱的时候，要想达到目标就需要与人合作。没有别人的帮助，你能取得成就的程度就很有限。要知道，一个人在成功的道路上前进得越远，就越要懂得借力，越要会交际。

古人云："在家靠父母，出门靠朋友。"而在现代社会，分工细化，竞争残酷，单凭一个人的力量是根本无法取得事业上的任何成就的。无数事实证明：你的专业本领往往只能给你带来一种机会，而交际本领则可以给你带来百种千种机会你要主动绽放你的微笑，伸出你的双手，献出你的真诚，人与人之间的相互交往、相互合作往往是从一次愉快的谈话开始的。交际本领可使你利用外界的无限能量。认识到与人合作的重要性，主动争取与强势力量合作的机会，是女人走向成功的一条捷径。

路要往前走，朋友要往上交

多与成功人士交往，对你的长远发展有相当大的帮助。因为这些成功人士永远站在潮流的前沿，对事情的考虑也具有发展的眼光，和他们交往，能学到平时学不到的知识，接触到平时接触不到的东西。

广泛结交朋友，是一条十分有效的获得长远发展的途径。借众人的力量思考，这样，你就能够在思考中始终处于一种领先的地位，然后再取得事业上的成功。

女人交往的对象，在一定意义上，会决定事业的成败。经常跟一些有价值的人保持来往，有助于我们把自己的人生和事业推向一个新的起点。相反，如果我们把每天的时间，都花费在那些没有任何价值的人际关系上，将会对我们的人生和事业产生消极作用和负面影响，最终，导致我们一事无成。

在生活中，人们为什么喜欢与比自己差的人交往呢？主要是因为他们怕与强者在一起会相形见绌，从而严重伤害了自己的信心。这是人性的弱点，不论东方西方、男女老幼，多多少少都存在这方面的心理。

女性的自尊是脆弱的，因为担心自己在新的环境、在陌生人中间受到冲击和伤害，所以不愿意与太闪光的人物站在一起。有些女子在生活中只与有限的几个老同学、旧同事来往，这些朋友彼此可以平视，交往起来既不伤人自尊，又不妨人自信，感觉很是轻松安全。闲来无事聚一聚，谈起私房话也无须避讳什么。谁有了困难，大家可以伸手帮一把，最低限度也可以说几句暖心的话解解烦忧。这种交往可以满足沟通的需要，也可以满足互助的需要，关于朋友的最基本的内容似乎尽在于此了。但是，如果你想有所发展，这个小圈子就显得有点儿狭窄了。女人要赚钱，当自己的生意发展到了一个阶段之后，就要懂得，并非每一个人都值得花时间和精力去结交，在尽量不得罪人的情况之下，要花心思去培养那些对自己的事业有举足轻重影响的人脉。

朋友是社会关系的重新组合，朋友的层次就是你的层次。朋友的思维和言论对你的事业和工作的影响是不言而喻的，如果你周围的人只是为一次小小的加薪或超市的便宜货而欣喜，你自己的目光也难说能看多远了。如此算来算去，日子还没过完，心态却已经老了，你的锋芒和锐气，就会在不知不觉之中消磨殆尽。

多与成功人士交往，对于长远发展有相当大的帮助。因为这些成功人士永远站在潮流的前沿，对事情的考虑也具有发展的眼光，和他们交往，能学到平时学不到的知识。那些成功人士即使在聊天时，谈论的内容也离不开事业、财富等话题。学习他们的思维方式，对我们的提高将是一种质的飞跃。

美国著名的财商教育家罗伯特·清崎多次强调和理财成功的富人做朋友的重要性，他认为：一个人和什么样的人交往可以决定他会成为什么样的人，你交往的人会影响你的命运和你积累财富的方式，所以要想办法进入成功人士的交友系统，同这些人的交往会改变你的习惯、思考问题的角度、方法和你的观念，同时你也会从他们身上学到许多经验和教训，从而不断地完善自己的投资理念。甚至，别人也会通过你周围的人来判断你的人格，以此来决定是否要和你合作。如果你的朋友是高尚重信义的人，别人会因对你朋友的信赖而愿意与你合作、投资你的企业和项目。反之，如果你与一些令人不齿的人交往，别人便很难认同你本人，更谈不上与你合作了。

所谓"一流人才最注重人缘"，也可以说："最注重人缘的人，才能成为一流人才。"一个人的朋友圈子里，不能没有几个重量级的人物。与更优秀的人物结交，可以使女人们开阔眼界、提升素质，缩短走向成功的距离。

所以，女人赚钱，创造自己的财富，就要善于选择自己理财方面的良师益友，就必须多跟理财成功的人打交道，要知道他们的语言、行为、思维方式等都会对你产生重大有益的影响。要经商的话，就要和优秀的成功商人在一起，这样就会从他们的言行中学到经商之道、决策之窍，就会得到打开宝藏大门的钥匙，更重要的是会得到一些可能令你转变命运的商机。

能说会道的女人，赚钱有门道

俗话说："一句好话三冬暖。"同样，一句好话买卖成。在现代商战中，你要学会以适当的语言打动对方，让对方心甘情愿地与你合作。一个能说会道的女人，做事成功率更高。

商场如战场。在生意场上，作为经营者的一方，时刻都要面临着客户对自己能力和经验的考验。那些久经商场的大企业家、大商人之所以能够成功，除了有睿智的头脑之外，还有一套伶牙俐齿。

一个人的谈吐可以充分体现其魅力、才气及修养。谈话也是一门艺术，我国清代走通官商两道的红顶商人胡雪岩有这样一句话："说到理财，到处都是财源。一句话，你要人荷包里的钱，就要把人伺候得舒服，人家才心甘情愿掏荷包。"或者你会觉得这话有点儿俗，但道理却是实打实的道理。当然，在生意场上做到让人人满意并不是一件简单的事，你要切实了解不同阶层、不同年龄段的人的价值取向、心思喜恶，即"到什么山唱什么歌"。

俗话说："一句好话三冬暖。"同样，一句好话买卖成。你要学会如何以适当的语言打动对方，让对方心甘情愿地与你合作。一个能说会道的女人，做事成功率更大。

虽说秦岚凭借琼瑶剧在当时已经颇有名气，但导演陆川却邀请她参演

《南京！南京！》，让她和范伟扮演代表战争中的小人物的唐氏夫妻，其中她扮演的“唐太太”只有三句台词、五场戏。秦岚认真研读剧本，又进一步研究那段历史，心中萌生了一个想法：越是在宏大的战争背景下，小人物的设置越应该精彩。而且她知道陆导是一个非常注重小人物、也擅长运用小人物讲述大道理的人。

秦岚大胆地把自己的建议，通过电子邮件和陆川沟通，征得了陆川的同意，就这样，秦岚增加了一些戏份，有了更多的发挥空间。

秦岚和范伟还尝试给角色做了一些设计，比如，唐太太在打扫卫生时头戴花布帽，唐先生说话时有点大舌头，既吻合角色本身的塑造要求，又增添了许多生活情趣，演绎起来，效果非常好，完全超出导演事先的标准和要求。陆川非常认可他们的表演，不断给他们加戏。凭借出众的二次创作，拍摄结束时，秦岚的戏份已经不亚于主角。

可是当样片初剪完成后，秦岚兴致勃勃地观摩时，不禁惊呆了。她和范伟精心演绎的唐家人戏仅剩寥寥几场。她和范伟找到陆川，秦岚没有据理力争，而是亲切地对陆川说：“导演，为了感谢您，我和范老师决定请你吃饭。”陆川欣然赴宴。

酒过三巡，范伟突然提出要回当初的拍摄素材，陆川很纳闷，秦岚半真半假地对陆川说：“范老师和我准备亲自动手将唐家戏份重新剪辑成短片《唐家人在上海》，然后拿到戛纳参展。”陆川顿时明白自己是赴了“鸿门宴”，哈哈大笑。回去后，陆川召集剧组主创人员又重新看了样带，发现初剪时确实有些地方下手太狠，于是适当地增加了唐家戏份。

试想如果当初秦岚硬找导演说理，导演没准会反感，反而可能坚持己见。秦岚依靠自己独特的说话技巧，为一个小配角争取到更多的戏份，完成了一次完美跃升。

同样，在商业经营、推销中，如何打动顾客是一门艺术。打动人心的最佳方式，是跟他谈论他最感兴趣的、最珍爱的事物，即投其所好。如若这样做了，成功就会离你越来越近。一个会用言语打动顾客，让顾客心悦诚服地接受你的推销的人，才是一个真正能赚钱的女人。

“说别人喜欢听的话，双方都会有收获”，这正是经营者的成功法则之一。投其所好，是一种艺术、一种智慧，实际上是一种沟通。它在寻求不同职位、不同行业、不同经历的买卖双方的利益共同点。

小菊开了一家老年人服饰店，一天，有位农村老太太去商店买上衣，小菊迎上去打招呼：“大妈，您要买上衣吗？您看这衣服的料子多结实，颜色又好。”不料，那位老太太听了并不高兴，反而嘀咕起来：“要这么结实的上衣有啥用，穿不坏就该进火葬场了。”对老太太这番话，小菊不能随声附和，但不吭声又等于默认了。略一思索，小菊便乐呵呵地说：“大妈，看您说到哪儿去了。您身子骨这么结实，再穿几百件也没问题。”一句话说得老太太心头发热，不但高高兴兴买了衣服，还直夸小菊心眼好，会说话。

对于老年顾客，要投其所好，就要捡老年人爱听的说。这时你要多称赞老年顾客的当年勇，多提一些他们子孙的成就，尽量说些他们引以为自豪的话题，这样可使顾客兴奋起来，积极起来，从而营造一个好的推销气氛。

对待老年顾客有两点禁忌：一是不要夸夸其谈，老年人会觉得你很轻浮，不可靠，也就不会信任你；二是不要当面拒绝或否定他们，即使你是正确时也这样，因为他们人老心不老，总觉得自己还年青，还像当年一样，所以不要直接指出他们的错，这样可能会激怒他们，引起不必要的争吵。这样他们与你的交易就泡汤了。

中年顾客都有固定的职业，有一定的阅历，对待这样的顾客不要夸夸其谈，不要显示自己的专业能力，而要认真地亲切地与他们交谈，对于他们的家庭说一些羡慕的话，对于他们的事业、工作能力说一些佩服的话，只要你说得实在，态度真诚再加上销的商品质量好，交易的达成是毫无疑问的。

总之,能说会道不仅是女人赚钱的一种“嘴上功夫”,更是女人赚钱的一种潜在能力。商场中的伶牙俐齿,不是天生的,而是后天培养的。女人要赚钱,不仅要会干,也要会说,良好的说话技巧,能够为你赢得更好的人缘和更多赚钱的机会。

有人缘的女人,到处都是财源

一个没有良好的人际关系的女人,即使再有知识,再有技能,也得不到施展的空间。只要你不断学习社交知识,掌握过硬的社交本领,并在社会里开创自己的一片社交天地,就有希望成为受人瞩目的女强人。

当今社会,即使绝顶聪明之人,如果独往独来,也将一事无成。人不是神,个人能力是有限的,良好的人际关系能使你如虎添翼。成功的人际关系,意味着在给他人提供需要的同时,也能得到他人善意的回报。

当今社会,人人都离不开交际,交际靠的是交际能力。有些人不善交际,所以处处感到别扭,仿佛到处都是路障:有些人则不同,他们善于观察,巧妙自如地在社交圈里纵横驰骋。其实,社交场是磨炼人的战场,有些人跑断了腿却无济于事,有些人却利用社交,磨炼出了人生智慧,打了一个又一个胜仗。

女性朋友如果想让自己真正拥有“财缘”,绝对不能忽视了你的“人缘”。在现实生活中,生意人所谓谈生意,大多数时候都是在聊天,谈谈时局天气,增进彼此之间的了解。虽然赚钱是大家心头所想,但在操作过程中,可以先把你的主题放一放,找个引子拉近你们的感情。

一条街上有三家水果店。

一天,有位老太太来到第一家店里,问:“有枣子卖吗?”

店主见有生意，马上迎上前说："老太太，买枣子啊？您看我这枣子又大又甜，还是刚进回来的货，新鲜得很呢！"

没想到老太太一听，竟扭头走了。

店主纳闷着："哎，奇怪啊，我哪里得罪老太太了？"

老太太接着来到第二家水果店，同样问："有枣子卖吗？"

第二位店主马上迎上前，说："老太太，您要买枣子啊？"

"啊。"老太太应道。

"我这里枣子有酸的，也有甜的，那您是想买酸的还是想买甜的？"

"我想买一斤酸枣子。"

于是老太太买了一斤酸枣子就回去了。

第二天，老太太来到第三家水果店，同样问："有枣子卖吗？"

第三位店主同样马上迎上前，说："老太太，您要买枣子啊？"

"啊。"老太太应道。

"我这里枣子有酸的，也有甜的，那您是想买酸的还是想买甜的？"

"我想买一斤酸枣子。"

与前一天在第二家店里发生的一模一样，但第三位店主在边给老太太称酸枣子时，边聊道："在我这买枣子的人一般都喜欢甜的，可您为什么要买酸的呢？"

"哦，最近我儿媳妇怀上孩子啦，特别喜欢吃酸枣子。"

"哎呀！那要特别恭喜您老人家快要抱孙子了！有您这样会照顾人的婆婆，可真是您儿媳妇天大的福气啊！"

"哪里哪里，怀孕期间最要紧的当然是吃好，胃口好，营养好啊！"

"是啊，怀孕期间的营养是非常关键的，不仅要多补充些高蛋白的食物，听说多吃些维生素丰富的水果，生下的宝宝会更聪明些！"

"是啊！那哪种水果含的维生素更丰富些呢？"

"很多书上说猕猴桃含维生素最丰富！"

“那你这有猕猴桃卖吗？”

“当然有，您看我这进口的猕猴桃个大，汁多，含维生素多，您要不先买一斤回去给您儿媳妇尝尝！”

这样，老太太不仅买了一斤枣子，还买了一斤进口的猕猴桃，而且以后几乎每隔一两天就要来这家店里买各种水果。

做人离不开交际，有些人喜欢在人群中打转转儿，总想谋到一个最好的突破口，以便以点带面，收获更多。其实，这样做往往顾此失彼；真正的社交高手，他们善于全面观察，主次兼顾，多点开花，广交天下可用之人。

因此，如果能暗中察知别人的心理需求，人们自然会因你的善解人意而心情愉快，并更进一步地对你产生好感。总之，能够确切地把握人们内心这种期待表扬的心态，即是掌握了一种不同于奉承阿谀的人际关系技巧。

人际关系亦即人缘，这种东西是要自己去创造的，并不会从天上掉下来。如果太客气、太害羞、太内向，将会失去许多和人接触的机会。许多人就是由于欠缺这种能力，所以困难重重，事事不顺。而有些女人天生就会做人，每个与之交往的人都如沐春风，把她当成能给自己带来快乐的、最好的朋友。这样的人一生的路应该会非常好走，如果有特殊才华会成就一番事业，即使没有成就事业，她们在平凡的生活中也会生活得很好。

做财女，妙手织就你的人脉网络

人脉就是钱脉！女人要赚钱，就一定要营造一个利于成功的人脉关系网。一个好的人脉关系网，可以让你的个人职业生涯和生活更顺利，可以给你带来更多财富。所以说积累丰富有效的人脉资源是我们到达成功彼岸的有效捷径，是一笔看不见的无形财富！

也许你没有富爸爸，没有可以少奋斗二十年的终身伴侣，但懂得人脉学，一样可以得贵人襄助、多方援助。人脉资源可以让你比别人更快速地获取有用的信息，进而转换成工作上升迁的机会，也可以在危急或关键时刻，发挥转危为安，或临门一脚的作用。

人脉资源是一种潜在的无形资产，是一种潜在的财富。表面上看来，它不是直接的财富，可没有它，就很难聚敛财富，不是吗？即使你拥有很扎实的专业知识，而且是个举止优雅的女人还具有雄辩的口才，也不一定能够成功地促成一次商谈。但如果有一位关键人物协助你，为你开开金口，相信你的出击一定会完美无缺，百发百中！这就是人脉的伟大力量。

世界上最高大的植物当属美国加州的红杉，最高的达 90 米，相当于 30 层楼的高度。令人惊异的是，红杉属于浅根型植物。有人提出疑问，长得这么高大的植物，怎么会有这么浅的根呢？

原来，红杉是需要大范围种植的，单独生长的红杉并没有那么高。大片的红杉长成一片森林，它们的根在地底下紧密相连，形成根网，这大片的根网正是它们成长的支撑，也是红杉长得如此高大的基础。因为不必扎太深的根，所以红杉能将扎根的能量用来向上生长。而且，浅根也方便它们快速、大量地吸收养分。这相互牵连的根，如果不是可以掀起整块地皮的狂风，是无法让任何一棵红杉倒下的。

从红杉的生长特性可以看出，正是树间的互相帮助，才让它们屹立于风雨中成为参天大树。这和我们在社交中互相帮助有着异曲同工之处。一个人如果能多交朋友，广结善缘，互通有无，快速而大量地吸收各种信息、养分，不仅在遇到狂风暴雨时有支撑的力量，也能花更少的心血，长得更高、更壮。

美国人有句名言说：二十岁靠体力，三十岁靠脑力，四十岁以后则靠交情。由此可见，人脉资源在你的一生中扮演着多么重要的角色。

在中国，人脉资源尤为重要，如果你想获得事业的成功，尽早建立自己的人脉资源网吧。这样当你有喜乐尊荣时，有人为你摇旗呐喊，鼓掌喝彩；当你有事需要帮忙时，有人为你铺石开路，两肋插刀，你就能感到人脉的力量！

一个女人的交际范围广阔，成功机会便会相应增加。如果你希望早日获得商业上的成功，就必须拥有良好的人脉。实际上，所谓的“好运”多半是由良好的人际关系网获得的。能认同你的做法、想法与才华的人，一定会在将来的某一天为你带来好运。

女人的人脉资源越丰富，赚钱的门路也就越多；人脉档次越高，钱就来得越快、赚得越多。只要善于把握、打理、培植你的人脉，就能聚集人气，进而铸造人脉，有了这样的襄助，资金、技术、渠道还不是唾手可得，何愁大事不成？

在这个信息经济时代，拥有无限发达的信息，就拥有无限发展的可能性。信息来自你的情报站，情报站就是你的人脉网，人脉有多广，情报就有多广，这是你事业无限发展的平台，可以为你带来滚滚财富。

假如你有 12 位客户，也许这 12 位客户中的每一个客户都有 12 个朋友，假如这 12 位客户都愿意为你做介绍的话，那么你就会有 144 位客户。服务好这 144 位客户之后，假如这些客户都愿意再为你转做介绍的话，那么你将拥有 1728 位客户……

每个追求成功的女人，都应当尽早建立起自己的"朋友档案"。

在档案簿上记下的不一定只有最相熟的朋友，因为相熟的朋友都会时时见面，那些只有一面或几面之缘的人才是记录的主要对象，即那些在应酬场合认识，只交换名片、谈不上交情的"朋友"。这种"朋友"各种行业各种阶层都会有。你不可把这些名片丢掉，应该在名片上尽量记下这些人的特征，以备再见面时能"一眼认出"。而且，要将名片带回家，且依姓氏或专长、行业分类保存下来。你不必刻意去结交他们，但可以在电话里借机向他们请教一两个专业问题，话里自然要提一下你们碰面的场合，以唤起他对你的印象。有过"请教"的交流，他对你的印象也会深刻些。

人脉就是钱脉！女人要赚钱，就一定要营造一个利于成功的人脉关系网。一个好的人脉关系网，可以让你的个人职业生涯和生活更顺利，为你带来更多财富。所以说积累丰富有效的人脉资源是我们到达成功彼岸的有效捷径，是一笔看不见的无形财富！

无论做什么生意，先做好"个人品牌"

高尚的品格，是人性最高形式的体现，同时也是最好的投资本钱，它能最大限度地展现人的价值。财富由美誉度、人脉、金钱三个重要部分组成，一个女人一旦拥有了良好的"美誉度"，同时又有了良好的人际关系之后，不想成功都难。

很多场合人们都在讲，要做事先做人，我们都生活在社会中，财富创造更是一种社会行为。一个人离开了与他人的良好沟通与合作，在遇到困难时会显得孤立无助，还会丧失很多宝贵的商机，更无法进行现代意义上的财富创造，所以一定要重视人际关系。它是你拥有商业机遇、信息渠道和业务往来的重要途径。

极高的商业信誉对商人事业发展所带来的好处，也是显而易见的，毕竟守信是最有远见的“理性算计”。犹太钻石商海曼·马索巴曾经说过：“要经营钻石，至少要制订百年大计，没有三代人是完成不了的。而且，经营钻石的人须是受人尊敬的人，钻石生意的基础是取得人们的信赖。”也就是说，一定要建立起过硬的商业品牌信誉才行。

其实无论做什么生意，“钻石级”的信誉都是必不可少的。

在世界女性富豪榜上的大多数人，都是以继承遗产或者是夫妻共同创业的方式出现在榜单上的，而张茵则不同，她是全世界最富有的白手起家、独立创业的女性。

张茵 20 世纪 50 年代出生在一个军人家庭，在八个兄弟姐妹中排行老大，她不仅要帮助母亲操持家务，还要照顾弟弟妹妹，从而养成了坚毅、要强、大度的个性。

1982 年，张茵家被平反，经济条件改善，张茵终于有机会攻读她喜爱的财会专业，为她日后的成功奠定了良好的基础。随后，她先后担任深圳信托下属的一个合资企业的财务部部长、贸易部部长。她真诚直率，与香港金融界建立了良好的关系。随后又在一家贸易公司做包装纸的业务。

1985 年，张茵来到香港，在一家中外合资贸易公司担任会计。一年以后，这家公司倒闭了。此时张茵面前有三种选择：回广东，或者接受一份年薪6.41万美元的工作，或者创业。

最后，张茵选择了创业——怀揣着 3 万元，她做起了废纸回收的生意。创业之初张茵只能从低端做起，慢慢建立废纸回收网络，在资金方面，她通过香港银行贷款，一步一步地发展自己的事业。当时，废纸回收贸易已经在香港火爆起来，但该行业中的很多企业大多是通过往纸浆里掺水以获取更高利润。张茵从一开始就带头抵制这种做法。因为触犯了同行的利益，张茵曾接到黑社会的恐吓电话，就连合伙人也欺骗她，偷偷往纸浆里注水，但她没有退缩，也没有害怕。最终，一个女子的正义坚持感动了众多收废纸的商贩，大家都主动跟她做起了生意。

张茵在香港做生意的6年，正赶上香港的经济繁荣时期，她个人也完成了财富积累。

志高老总李兴浩非常崇尚“财富是美誉度和人脉”的财富逻辑。李兴浩曾受邀为大学生做了主题为《财富·未来》的演讲，他讲道：“财富是由美誉度、人脉、金钱三个重要部分组成。一个人一旦拥有了好的个人形象‘美誉度’，同时又有了良好的人际关系‘人脉’之后，不想成功都难。”

胡小姐，这位清丽的女孩是从1996年开始加入房地产界最大的“红唇一族”——售楼小姐这一行的。胡小姐感慨地说：“我的工作比较轻松，因为像我这样坐等客户上门的方式，只有靠不断地投放广告而引导客户进行选择，因为不用像跑外的小姐们那样亲自去联系客户，所以也没有她们那么辛苦。我在这里的主要工作，就是随时带着上门的客户去工地或是样板房看看。所以若想售出一套房并不是那么简单，要努力才行。”

胡小姐干售楼这一行已有几年时间了，可现在业绩仍然一般。用她的话说，她还没有像样地成交过几套住房，却有了一次当被告的经历。

1997年夏天，一位客户来到她那儿准备买套商品房。“我当时是迫切地想售出这套25万元的商品房，因为我至少可以得到6500元的代理费，所以就将这位客户拉进了进来。”她说，“我当时的行为真是太幼稚了。我只带这位客户看了一次样板房，便将老板讲解给我的那一大堆房子的优点天花乱坠地讲给他听。当时我并没有意识到自己犯了一个致命的错误——这个错误把我推上了被告席。”原来，客户交齐了房款，待竣工后搬进去居住时，才发现下水道堵塞、墙皮碱蚀等许多质量问题。客户便找她反映情况，因为她在售楼协议书上签了名,而且协议中言明她对工程质量负有如实介绍的责任。对那次难忘的经历,胡小姐说:“我有生以来第一次走进法庭,孤零零地站在被告席中,感到了一种极度地无助……最后,我的代理费成了损失赔款。”

那一次,胡小姐炒了那家房地产公司的鱿鱼。去了另一家公司工作。现在的胡小姐可比以前成熟多了。她说:“我现在明白,我不是求客户买我的房子,而是在帮他们做这方面的事。总之,我现在是不卑不亢地和客户谈,让他们感到我是值得信任的。工作时要有自己的准则才行。”

高尚的品德不但能够获得他人的好感,还是扩大事业的重要条件。事实证明,如果你能够以良好的道德标准去处理每一件事,甚至对于那些举止过分的人也能以德报怨,那么你必定能够赢得人们的理解和支持。

女人做生意不应该只是为了赚钱来供自己享受,还要想到要为他人、为社会做些有益的事,这样,才能赢得顾客,公司的形象也才更容易得到社会认可。只为自己打算而奋斗得来的成就是很容易失去的,而且,没有坚实的信誉基础,你的事业也很难取得进展,很难成功。

金钱是商人经济的担保,而品德是信誉的担保。说到经商成功,人们最先想起的常常是智慧、勤奋、机遇等,但你更应当相信,有时是品德在不经意之间决定了一切。

第7章

有胆有识，敢于冒险的女人更受金钱青睐

成功常常属于那些敢于抓住时机、适度冒险的人。有些人很聪明，对不测因素和风险看得太清楚了，不敢冒一点险，结果聪明反被聪明误，永远只能“糊口”而已。女人要赚钱，如果能看到别人看不到的机会，做别人不敢做的生意，就很可能从此打开一种全新的局面。真正的冒险不是头脑发热后的产物，而是有着超前预见的、谨慎的人进行的大胆尝试。

爱冒险的女人最能赚钱

财富偏爱有冒险精神的女人。只有你的想法超出别人，你才有可能获得胜利，如果你的想法与别人的一样，你可能就不会成功。冒险就是你要在别人不敢做某事时，放开胆子去做。当别人还不知道希望在什么地方的时候，你却已经发现了财运。

俗话说："风险无处不在。"那么，究竟什么是风险呢？风险首先是一种不确定性。这种不确定性表现在它可能给面临风险的人造成损失，也有可能不带来损失。它常被视为损失的不确定性。既然它有可能造成损失，那为什么还要崇尚拥抱风险、大胆冒险呢？因为在这种不确定性的表面特性后面，还隐藏着获得利益的可能性。

爱冒险的女性喜欢尝试、反应灵敏，她们通常都有独特的眼光，而且敏于行动，有极大的勇气和韧性。就是因为敢于冒险，她们才抓住了转瞬的机遇，赢得了财富。而犹豫畏缩，不敢迈步的话，你只能在追逐财富的道路上原地踏步。

财富偏爱有冒险精神的女人。只有你的想法超出别人，你才有可能获得胜利，如果你总是走在别人后面，你就不会成功。冒险就是你要在别人不敢做某事时，放开胆子去做。当别人还不知道希望在什么地方的时候，你却已经发现了财运。

工作不到两年，莉虹感觉她在电力单位工作得越来越受限，心里也越来越空虚。她知道，对许多人来说，她的工作是别人所羡慕的，但她还是觉得哪里不对劲，反正是不愉快。

她一直都很喜欢画画，但从来没想过要发展这个兴趣，毕竟上学时她在理科方面表现得非常出色。

有一天，一时冲动，她参加了美术学院的培训。过了不久，大家听到了她离职的消息。现在，她是一个商业插画家，最近她还出了一本销量不错的绘画书。因为从事着自己喜欢的工作，她比过去更光芒四射。以前她说话总是很严肃、认真，而现在她变得爱说、爱笑。

"在森林中有两条分叉的路，我选择了我内心最渴望的那一条路，而一切都因此改变了。"这是她说的。当别人问她当初离职时有没有考虑到风险时，她说："当你进入一个未知的境界，用新的方式思考，用新的方式做事时，这实际就是一种冒险。离开一个令你感到舒适、熟悉和安全的世界是需要勇气的。"

任何一件事都有成功和失败两种可能，当失败的可能性更大时，你还偏要去做，那自然就成了冒险。一般情况下，许多事很难估量成败可能性的大小，那么这时候就需要冒险。商战的法则是冒险越大，赚钱越多。有些人不敢冒险，所以他们发不了财，永远是平庸之人。而有钱人大多敢于冒险，并常能抓住机会。

其实很多事在未真正完成之前，都是具有风险性的，常常会有一波未平、一波又起的时候，也常常会有看似平静，但内部汹涌澎湃隐藏危机的时候。赚钱更是如此。但是一旦你勇于去开始，敢于去克服那些困难，那么在最后你将会有意想不到的收获。在那些看似难以捉摸的风险背后，往往是隐藏着巨大财富！

戴尔·卡耐基曾干过许多工作，但都没有出色的表现。他到汽车公司推销汽车，工作依然没有调动起他的激情。他在推销时，只是像背书一般地把汽车的性能、价格、优点等说一遍。一天，一位老人来看车，卡耐基又把他常背的"汽车推销经"背了一遍，老人听完后说："孩子，你这样推销，怎么能吸引顾客呢？"

老人的话让卡耐基受到了震动，他和老人攀谈起来，卡耐基告诉老人："我也有自己的梦想，我想做一名作家，因为我有这方面的才能，但怎么也下不了决心。”

老人说：“为什么不去做呢？写作也是可以赚钱的。”老人一口气说出了好几位作家的名字，并列举了几本销量超过 100 万册的图书。

“可是，老先生，我不敢放弃我的工作，虽然我干得很不出色，但这样的工作可以让我稳当地赚钱和生活。”卡耐基解释道。

“为什么你要让你的才能迁就平淡的生活呢？你应该从事能让你发挥才能的事业，虽然有风险，但如果你确实有这方面的能力，你又何愁不成功呢？至少你应该试试，否则你会抱憾终生的。”老人说。

老人的话让卡耐基茅塞顿开：是的，虽然辞了工作去开创新的事业会有风险，但如果自己确有某方面的才能，那一定会比从事那些并不喜欢的工作要更成功。于是，卡耐基辞去了当时的工作，走上另外一条完全不同的路。后来，他以独特的见解、开放的教学方式授课，改革了成人教育方法，越来越多的人来听他的课，买他的书，卡耐基的才能得到了充分发挥。

我们不少人总会有因为才能没有得到发挥而平淡一生的感叹，其实这正是因为我们缺乏卡耐基那样的胆识。我们总喜欢过简单、没有风险的生活，而这往往是扼杀人们才能的一把利刃。独立开创一份事业肯定会有风险，但让自己的才能迁就平淡的生活也许才是最大的风险。

风险的魅力在于风险报酬的存在。人们迎向风险，并不是喜欢看到自己的损失，而是希望看到成功之后的风险报酬。风险报酬与风险程度是同向递增关系，即你所冒的风险越大，你可能获得的风险报酬就越高。这就是为什么要发扬冒险精神的意义。

女人要赚钱，就必须具备坚强的毅力，以及“拼着失败也要试试看”的勇气和胆略。

很多时候，女人是在自己吓唬自己

女人决定做一件事之前，首先要考虑可能发生的最坏的结果。这种思维方式会导致沉稳有余而魄力不足。更有甚者，干脆会被自己臆想中的最坏结果吓住了，总是战战兢兢地不敢行动。

有种说法叫作“撑死胆大的，饿死胆小的”，话糙理不糙，它传递了这样一个信息：敢于往外飞的鸟儿有虫吃。观望者最大的风险，就是可能永远没有成功的希望。

美国加州有位大学刚毕业的年轻人，在2003年冬季征兵中被依法选中，即将到最艰苦也最危险的海军陆战队服役。

年轻人自从获悉自己被海军陆战队选中的消息后，便显得忧心忡忡。在加州大学任教的祖父见到孙子一副魂不守舍的样子，便开导他说：“孩子啊，这没什么好担心的，到了海军陆战队，你将有两个机会，一个是留在内勤部门，一个是分到外勤部门。如果你留在了内勤部门，就完全用不着去担惊受怕了。”

“那要是我被分配到外勤部门呢？”年轻人问祖父。

“那同样会有两个机会，一个是留在美国本土，另一个是分配到国外的军事基地。如果你被分配到美国本土，那又有什么好担心的？”

“那么，要是被分配到国外的基地呢？”

“那也有两个机会，一个是被分配到和平而友善的国家，另一个是分配到海湾地区，如果把你分配到和平友善的国家，那也是值得庆幸的事啊！”

“祖父，那要是我不幸被分配到海湾地区呢？”

“你同样会有两种机会，一个是留在总部，另一个被派到前线作战。如果你被分配到总部,那又有什么需要担心的呢?”

“那我若不幸被派往前线作战呢?”

“那同样还有两个机会,一个是安全归来,一个是不幸负伤。如果你能够安全归来,那担心岂不是多余的?”

“那要是不幸负伤了呢?”

“也有两个机会,一个是只负了点轻伤,没有任何生命危险。另一个是身受重伤,危及生命安全。如果只是负了点轻伤,那又何必过分担心呢?”

“那要是不幸身负重伤呢?”

“你同样拥有两个机会,一个是依然能够保全性命,另一个是完全救治无效。如果尚能保全性命,还担心什么呢?”

“那要完全救治无效怎么办?”年轻人最后问。

“那你人都死了,还有什么可担心的呢?”祖父说完哈哈大笑。

有时候,我们怕的不是既定的事实,而是那些没来由的推测。面对那些未知的抉择,我们患得患失,常常会因为无法预料结果而感到恐惧,会不自觉地、先入为主地用消极悲观的心态去面对未来的一切。在这种情况下,我们应该努力学习这样的自我调整:

魏女士离开在北京一家公司很好的职位,到通州经营自己的小生意时,她进行了一连串地自问:“我如果开始我自己的生意,那样可能发生的最坏的事情是什么呢?我可能失败,可能倾家荡产。如果我倾家荡产,可能发生的最坏的事情是什么呢?我将必须去做任何我能得到的工作。那样可能发生的最坏的事情是什么呢?我又会厌恶这种工作,因为我不喜欢受雇于人。于是,我会再找一条路子去经营我自己的生意。然后呢?也许第二次或第三次,我将会获得成功,因为我会逐渐学会如何避免失败。”

即使在最坏的情况下,事情依然会存在着转机,所以摸着石头过河并不可怕,只要大水不能把你冲倒,咬紧牙关,总有冲过去的时候。底线就是这么深,以积极的态度看问题时，就会明白事先的忧心的确有点儿多余。成功者的标准作风，是拿得起放得下，看准了就行动。当年王永庆将日本的PVC塑料生产技术引进我国台湾的时候，曾面临严峻的挑战，台塑首期产的PVC产量是一年100吨，而当时台湾的年需求量只有20吨，出现了严重的供过于求的销售问题。王永庆经过深入的分析调查，认为产品销不出去的根本原因并不是生产得太多，而是由于价格太贵。所以为了降价销售，必须扩大生产，增加产量，实行薄利多销，而不是像人们说的那样减少生产只有这样，才能扭转当时的不利局面。因此他又得出一个惊人论断，即使生产过剩，也要大幅度增加产量。事实证明了王永庆的想法和做法都是无误的，王永庆终于以他超人的胆略和魄力战胜了这只令人害怕的“拦路虎”。

我们可以肯定，支持王永庆作出这种决断的思想基础，是他对市场的深刻了解和对自己判断力的充分自信。如果当时王永庆首先想到的是产品积压、资金周转困难、公司倒闭乃至自身信用破产和牢狱之灾，那么他的选择肯定就是另一种了，这样一来台塑的成长可能要推后很多年或者世上可能根本就没有台湾“经营大王”王永庆了。

富人之所以能成功，不是赢在方法，而是赢在胆识。是的，任何一项新的行动都是有风险的。付出了，你有可能赚得盆满钵溢，也可能颗粒无收。但可以肯定的是，如果前怕狼后怕虎，你可能永远出不了头。所以，认真比较一下，还是马上行动有前景光明的可能。

年轻女人拼劲十足

女人要赚钱，就要有敢于拼搏的精神。在竞争激烈的市场中，首先应当拥有强烈的创富欲望。只有饱含创富的欲望，一个人才会竭尽全力地完善自我，寻找一切机会发展自己的事业，而也只有全身心投入的人才能获得成功。

缩手缩脚、患得患失、瞻前顾后大概是我们大多数人的通病。也许我们没有资本，没有经验，没有太多的代价可以支付，所以尽管我们很想很想做个富人，很想很想赚大钱，可是我们不知道如何去操作，我们害怕失败，害怕挫折，害怕失去现有的东西，放不开也不敢放开，缩手缩脚，前怕狼后怕虎。这般患得患失的结果是：一无是处，一无所获。

女人要赚钱，就要有敢于拼搏的精神。在竞争激烈的市场中，首先应当拥有强烈的创富欲望。只有饱含创富的欲望，一个人才会竭尽全力地完善自我，寻找一切机会发展自己的事业，而也只有全身心投入的人才能获得成功。

只要你有坚定的决心、顽强的意志你就会走向成功。只要你有决心，任何人都会相信你，会对你给以全部的信任，因为一个有意志的人，处处会得到别人的帮助；你如果三心二意，没有干劲和毅力，就没有谁愿意信任你，支持你，因为大家都觉得你做事不可靠，随时会面临失败。

崔涛在 30 岁的时候，就已经成功创立了自己的文化公司，事业红红火火。崔涛喜欢大声说笑，她不像其他一些有钱的女人那样，坐下来细细地描眉画眼修指甲，她的东西也不会摆放得整整齐齐。玩起来时，她会像小青年一样投入地蹦迪。崔涛很骄傲自己有一个男孩子的性格，她说女人的性格像男人一些容易成事。女人做生意，最大的弱点就是心眼窄，遇事容易犹疑不定。崔涛不一样，做起事来比男人还要爽快。

在公司里，大家都佩服崔涛的魄力。美国好莱坞一家公司要投资 2000 万美元在中国搞一个影视后期制作中心，崔涛知道后，马上想能不能与其合作，朋友和公司的人都不看好。崔涛偏不信这个邪，立马站起来换衣服，一阵风似地冲了出去。结果美国商人对由崔涛这样一个年轻人主事的民营公司很热情，对合作的事非常看好。“什么事不去试，怎么知道行与不行？爱拼才会赢！”崔涛用自己的行动，再次验证了自己的观点。

每个成功人士都有着不同的奋斗历程，但在这些历程中有一点是相同的，那就是他们始终保持着一颗进取之心，不满足现状，勇于拼搏，这才赢得了财富，拥有了成功。而患得患失，拈轻怕重，就会失去成长的机会，受苦是成功与快乐的必经历程。

女人要赚钱，就不要抱怨命运没有给自己机会，而应该检讨自己是否付出了可以让命运垂青的努力。你想成功，但没有行动一切都是空谈。在一个可以触到底的浅水池里是无法学会游泳的，而在一个很深的水域里，人就会学得更快、更好。依赖性强、好逸恶劳是人的惰性，只有“迫不得已”的形势才能激发出我们身上最大的潜力。如果你决定依靠自己，独立自主，你就会变得日益坚强。

许多事情，对于成功与否不必太在乎，敢拼才会赢。伸展拳脚，抛开患得患失的顾虑，放手一搏，愁苦才能变成欢乐。所以对任何事更要拿得起，放得下，甩得开，进退有道，运筹帷幄！

中国“澳的利”集团的老总陈松富，出生在一个十分贫穷的农村家庭。

刚满 8 岁的时候，他把平时积攒下来的零花钱买了一对长毛兔，放学之后就去割草喂它们。等兔毛长长，就剪下来，送到城里的收购站去卖。一年下来，他的“小金库”慢慢地鼓了起来，它再也不用向父母要零用钱了。那年年末，他做了一件让全村人惊讶的事——买了全村第一只钻石牌手表。

就是从那时起，年轻的陈松富为了实现创造财富、改变祖辈贫穷状况的儿时梦想，在困难面前从未退缩和畏惧，总是全身心地投入，用整个生命去为理想打拼。20 世纪 80 年代初，他费尽心血创办了一家运输公司。因为运输业的发展并不顺利，1990 年，他又办起了当地第一家川菜馆。1994 年，当川菜馆渐渐多起来的时候，他就卖掉了川菜馆，投资建起了塑料饮料瓶厂。

然而命运却常会捉弄人。1997 年年底，迎接他的是仓库里堆积如山的饮料瓶子。陈松富彻夜难眠，但他靠经商致富的信念却始终没有垮掉。在困境之中，只有继续拼搏。于是，他决定自己做饮料。5 年后，他从无到有，硬生生地在饮料市场上杀出一条血路来，他的饮料在国产品牌节节败退的窘境中挺立起来，5 年之间，他奇迹般地成就了一个 10 亿元资产的企业。

每一个人都有致富的梦想，可不是每个人都会变成富人。财富是打拼出来的，是创造出来的。同样的市场，同样的机遇，为什么有的人开辟了一片广阔的天地，而有的人却一无所获呢？关键在于是否具有拼搏的精神。许多人会成功，并不一定是因为比你“会做”，更重要的是他比你“敢做”。在很多情况下，强者之所以成为强者，就是因为他们敢于“火中取栗”，敢为别人所不敢为。

我们每一分钟都处在创富的门槛上，女人要赚钱就不要坐等机会。历史上有多少好榜样，激励着我们去拼去做。对于懒惰者来说，再好的创富机会也一文不值；对于勤奋者来说，再普通的创富机会也仿佛千载难逢。一个成功者的一生，必定是与风险和艰难拼搏的一生。只要你活在希望之中，拿出勇气去做你想做的事，完成不可能的超越，你就能奏出最华彩的生命乐章。

墨守成规不是最安全的活法

有些女人也想赚钱，但她们把成败得失看得比什么都重要，战战兢兢，不敢越雷池一步。表面看起来，这种方式是最安全平稳的，但是你越是想安于现状，越不能安于现状，因为时代在前进而你却不动，各种偶然的因素会使你的周围充满潜在危机。

人脑是一个制造模式的系统，按照最简单的原则行事，它依赖于早年形成的模式，置模式外的信息而不顾，所以人脑最易趋向习惯。一个人的日常活动，90%已经通过不断地重复某个动作，在潜意识中，转化为程序化的惯性。也就是，不用思考，便自动运作。这种自动运作的力量，会把人们拘禁于一个谨小慎微的牢笼之中。

心理学家做过这样一个实验：把6只猴子关到一个房间，在房间里放一个可达屋顶的梯子，然后在梯子顶端挂上一串香蕉，当第一只猴子爬上梯子，伸手几乎要碰到香蕉的时候，实验人员就用冰冷的高压水枪冲击这只猴子，直到猴子最终放弃去拿香蕉。如此一段时间之后，所有的猴子都放弃了尝试。

接下来，实验人员用外面一只猴子替换了房间中原有6只猴子中的一只。当这只猴子进入房间后，发现了香蕉，于是一下子冲了过去。这时发生的情况很是奇怪，没等这只新进来的猴子爬上去，另外5只猴子就把它按倒并痛打它，直至它放弃那个念头。

接着另一只新猴子被放进来，换走了第一批中的一只猴子。同样的事发生了，只不过打这只新猴子最狠的，是刚才那只先一步进来并挨打的新猴子。如此继续实验，直到房间中的猴子全部换成了没有被水枪击中过的 6 只新猴子。

接着实验人员拆除了水枪，可是这些没有挨过高压水枪的猴子居然没有一只试着去吃屋顶的香蕉。

情况往往就是这样的，人们因为失败了多次，就视此为畏途。不少人，不仅自己不去踩这个雷区，也反对其他人去干同样的事情。这是很可悲的。很多时候，我们不是没有能力去做这件事情，而是没有去做这件事情的愿望。

有些女人做事特别注重结果，把成败得失看得比什么都重要，怀着想赚怕赔的心态战战兢兢，做哪一件事情都是如履薄冰，背着沉重的心理包袱。也正因为她们有这样的心态，所以想赚钱又害怕风险，想投资又害怕赔本，很多时候最后还是选择了放弃。

有一个小村庄，世世代代都种玉米，现在玉米市场上是 0.4 元一斤，如果在当地卖，一亩地的收成仅仅是 800 元左右，去掉成本也就只有 200 元左右的利润。一个农民经营五亩地，一年全部的收入才 1000 元左右。

当地有的人收购玉米，运到离家不是很远的某个城市，每斤能赚 1 角钱，每次运 5000 斤的话，他能赚 500 元。从家乡到某市两天跑一次，那么这个人在四五天之内所得到的利润就是一个农民全年的收入。

但是这个村里的人，为什么自己不把玉米运到某市去卖？他们说自己没有车，如果雇车，去掉车费加上吃住也不赚钱，还不如在当地卖，这样既省力又省心。那么为什么不买一辆车？他们说没钱。村子里共有一百户人家，一家拿一百元钱是不成问题的，买一辆农用拖拉机也就是几千块钱，为什么不联合起来买台车把全村的粮食运到某市呢？

他们说他们谁也不相信谁，运完粮食怎么办，半路上出车祸怎么办，税收及修车费谁拿，全村每家玉米有多有少，怎样付钱才算公平……反正问题特别多。

正因为这样，全村每年都要失去 10 万元的利润。10 万元对于这里的人来说，是个天文数字。因为许多不值一提的问题，宁可把这天文数字送给别人也不留给自己，这或许就是典型的穷人特色吧！

这个故事听起来像一个寓言，也许你会以为现实中没有如此胆小怕事、面对近在眼前的肉都不敢吃的人。其实在生活中，抱有类似思想的人比比皆是。有些女性，一直过着所谓的“三不主义”生活：即不积极、不缺席、不迟到的生活方式。表面看起来，这是最太平、最安全的处事方法。这样的处世方式，在变化速度还不算太快的时代，可使一个人平安度过他的一生。但随着社会竞争日趋激烈，变化速度日趋加快，新的生活方式必将取代旧的生活方式。

两颗相同的种子一起被抛到了地里。

一颗这样想：我得把根扎进泥土，努力地往上长，要走过春夏秋冬，要看到更多美丽的风景……

于是，它努力地向上生长。几年后，变成一棵枝繁叶茂的大树。

另一颗却这样想：我若是向上长，可能碰到坚硬的岩石；我若是向下扎根，可能会伤着自己脆弱的神经；我若长出幼芽，可能会被蜗牛吃掉；我若开花结果，可能被小孩连根拔起。还是躺在这里舒服、安全。

于是，它瑟缩在土里。一天，一只觅食的公鸡过来，三啄两啄，便将它啄到肚子里。

在慨叹两颗种子迥然不同的命运时，我们惊讶地发现这样简单的道理：越是想安于现状，越不能安于现状，因为各种偶然的因素使你的周围充满风险。相反，坚定地树起奋发向上的信念，敢于冒险，敢于承受岁月的风风雨雨，就一定会拥抱令人羡慕的成功。

据社会学专家们预测，未来的社会将变成一个复杂的、充满不确定性的高风险社会。今后的时代经营者要想发展，必须树立不怕失败的信念，果断地做出决定，投身新的环境，去发挥全部才能。这种不怕失败态度，反而有可能防止更大的失败，并大大提高自己的能力。

墨守成规，在风险面前缺乏勇气的人，迟早会被时代所抛弃。这是一种看似安泰其实却充满潜在危机的生存方式。反而是那些一心向前的人，以攻为守，便足以抵挡世间的风云变幻。

不愿平庸一辈子，先看自己有没有魄力

女人的命运掌握在自己的手心，与其平庸地过一辈子，不如轰轰烈烈地干一场。冒险远胜于安逸平庸。只有带着一定的风险意识，敢于怀疑并打破过去的秩序，通过冒险而取得胜利后，才能享受到成功的喜悦。

我们每个人在一生中所取得成就的大小，与你是否拥有"成功欲望"有着很大的关系。你如果住茅草屋就满足了，一辈子也不会拥有花园洋房；你如果当小职员就满足了，永远也不会升到独当一面的位置。很多人之所以一辈子默默无闻，穷困潦倒，从根本上讲，乃是他们的心底对成功并没有渴望。

真正成功、可敬的人，必定是勇于面对现实，放眼未来，敢于冒险的人。富人之所以比穷人更容易把握成功，是因为他们多数都是冒险者，对认定正确的事情全力以赴地去进行，绝不拖拖沓沓，贻误时机。

冒险，并不一定成功。成功的反面便是失败，成功只是无数失败中的分子，不是无数失败中的分母。正常的规律是，无数的失败换来一次成功，无数人的失败换来一人成功。惧怕失败，不冒风险，求稳怕乱、平平稳稳地过一辈子，虽然可靠、平静，虽然生活"比上不足比下有余"，但也缺乏了一定的激情。

阿香因为所在的工厂越来越不景气，再加上身体多病而成为下岗一族。因为身体不好，年龄也快 40 岁了，丈夫劝阿香在家做做家务就行了。可阿香不甘心自己的人生就这样过去。

下岗后，她就开始摸索着学做服装，裁剪的服装逐渐得到了客户的认可。

她觉得自己未来的出路就在服装方面，过了一年，她南下深圳和朋友合伙办服装厂。历尽千辛万苦，工厂好不容易有了起色，这位朋友就将她排挤出了厂门，身处异乡的她从老板一下变成了"打工妹"。一次偶然的机会，她被介绍到香港一家公司驻深圳办事处跟单，因工作出色不久便应邀参股一家服装厂。在这个新天地里，她的才干得到了充分发挥，由她本人设计的服装被客户选中率达到50%。经过两年的打拼，阿香掌握了一定的经商经验。

两年后，阿香回到家乡，她在家附近租个店面开起了小服装店，为方便送货，她专门买了一辆三轮车，不会骑，就利用晚上的时间来练习。她上乘的服装质量和良好的服务，终于为她赢得了越来越多的订单。三年后，她办起了自己的服饰公司，并且越办越兴旺。目前年销售额已超过百万元，四十多岁的她终于迎来了事业的高峰。

女人爱相信运气，认为人的命天注定，在遇到困难的时候，不是积极地想办法去改变现状，而是把决定权交给命运，安于现状，把一切的不如意，都归结于自己的命不好。那么，阿香的运气又怎样解释呢？

女人的命运掌握在自己的手心，与其平庸地过一辈子，不如轰轰烈烈地干一场。冒险失败远胜于安逸平庸。只有带着一定的风险意识，敢于怀疑并打破过去的秩序，通过冒险而取得胜利后，才能享受到成功的喜悦。

不要因为自己现在普普通通就缺乏自信。女人只有存有一点近乎"野心"的欲望，才可能使你有胆量去追逐别人不敢奢望的成就，才可能使你释放出最大的能量。强烈的创富欲望是创造财富、获取财富的原始动力。欲望是成功的起点和持续动力的保证。有欲望不一定成功，但没有欲望是肯定不会成功的。

吴小莉是1988年开始进入电视圈的，第一份工作是在台湾华视，最初的职责是一天到晚守在电话旁等新闻线索。4年时间，凭着执著的拼劲和热情，吴小莉从一名青涩记者成长为华视强档新闻的主播。

当工作日趋顺利，吴小莉已完全掌握做电视新闻的技巧时，她却越来越觉得乏味。一出门就知道今天会碰到什么人，这个人会说什么话，甚至出门就可以写好稿子，然后把访问往里放就成了。每天例行式的出镜、赶新闻、上新闻……陀螺似旋转的生活，已经成为一种习惯，领到丰厚的薪水好像成了上班唯一的目的。

吴小莉感到，她的这份失去了新鲜感和挑战的工作已经变成了鸡肋。1993年，吴小莉果断地离开工作了四年的台湾，到香港发展，成为台湾电视媒体跳槽岛外的第一人。

可以说，没有当初离开那种平淡生活的决心，就没有后来在事业上风生水起的吴小莉。

“不入虎穴，焉得虎子”，这是创造机会的最佳写照。想创造机会，却不想冒风险，那是不可能的。勇于创造机会的人清楚知道风险在所难免，但他们充满自信，力求在风险中争取事业的成功。

唯物辩证法告诉人们：冒险与收获常常是结伴而行的。险中有景，危中有利，要想有卓越的结果，就得冒风险。既有成功的欲望，又不敢冒险，怎么能够实现自己既定的目标？希望成功又怕担风险，往往会在关键时刻失去良机，因为风险总是与机遇联系在一起的。从某种意义上说，风险有多大，成功的几率就有多大。由贫穷走向富裕需要的是把握机遇，而机遇是平等地铺展在人们面前的一条通道。具有过度安稳心理的人常常会失掉一次次发财的机会。所以我们就应当抓住稍纵即逝的机会。与其不尝试而失败，不如尝试了再失败，不战而败如同运动员在竞赛时弃权，是一种极端怯懦的行为。

如果你不愿意冒险，宁愿保守处事，那么最好有个心理准备，你可能终生平庸，因为这是无法避免的。人们通常只后悔没有去做某件事，而不会后悔已经试过的事。一个不甘心平庸的女人，幸运会眷顾她。冒险与收获常常是结伴而行的——危中有利，险中有夷。

勇气造就英雄，也能创造“财女”

只要你有勇气迈出第一步，你就会发现做一件事最大的障碍，往往来自自己的内心，即缺乏行动的勇气。有了勇气，下决心开了头，似乎再往下做就会是顺理成章的事了。

勇气是富人们不可或缺的创富因素。任何事业的成功首先需要事业主宰者的热情投入和积极开拓。正是对事业的勇敢投入和执著追求，富豪们才得以在不断磨砺自我的历程中成长与成熟。

有些事情一些人之所以不去做，只是因为他们认为不可能。其实，有许多不可能，只存在于人的想象之中。成功其实并没有想象得那么难，它有时需要的仅仅是你的勇气，但这正是一般人所缺乏的！

冒险是上帝对勇士的最高奖赏，不敢冒险的人就没有福气接受上帝恩赐给人的财富！如果你一碰到机遇就能好好地加以利用，那么，你就会对于别的良机具有灵敏的嗅觉，而不会让它们从你面前溜走。

20 世纪 60 年代初期，玛丽·凯已经退休回家。可是过分寂寞的退休生活使她突然决定冒一下险。经过一番思考，她把一辈子积蓄的 5 千美元作为全部资本，创办玛丽·凯化妆品公司。

在创建公司后的第一次展销会上，她隆重推出了一系列功效奇特的护肤品，按照原来的想法，这次活动会引起轰动，一举成功。可是，整个展销会下来，她的公司只卖出去 1.5 美元的护肤品。

意想不到的残酷失败使她控制不住自己失声痛哭……

她经过认真地分析，终于悟出了一点：在展销会上，她的公司从来没有主动请别人来订货，也没有向外发订单，而是希望女人们自己把钱送上门来买东西……

难怪展销会落得如此下场。

商场就是战场，从来不相信眼泪，哭是不会哭出成功来的。

玛丽擦干眼泪，从第一次失败中站了起来，在抓生产管理的同时，加强了销售队伍的建设……

经过 20 年的苦心经营，玛丽·凯化妆品公司由初创时的雇员 9 人发展至现在的 5000 多人；由一个家庭公司发展成为一个国际性的公司，年销售额超过 3 亿美元。

玛丽·凯终于实现了自己的梦想，她的勇气和胆识引起了人们的极大兴趣。

许多人面对挫折就会丧失前进的勇气，只要摔倒再爬起，失败后再坚持，再难的事情都能做成，只要你有毅力，所有的困难都会为你让路。只要你努力地追求，“精诚所至，金石为开”。成功，往往就在再坚持一下的努力之中。

女人上学、读书，最后都要踏入社会自力更生，无论你是高中毕业、大学毕业、或是硕士、博士毕业，最终都为自己的将来做一番打算。只要你有勇气，愿意改变自己，挑战自己，勇敢尝试，你就可以享受海阔天空、自由自在的生活，为自己设计出更宽广、更多彩多姿的世界。

邓国顺 1967 年出生于石门县一个贫苦农民家庭。1989 年，邓国顺于中山大学毕业后，被当时赫赫有名的万宝冰箱厂录用了。工厂付给他当时令人眼红的 400 元月薪。但三个月后，他却放弃了这份来之不易的高薪工作，离开单位去读中科院的研究生。

大家都以为他获得硕士文凭之后会找一个比万宝冰箱厂薪酬更高的工作，谁知三年后他到联想公司，得到的月工资是 300 元。有人问他：“你读了三年书，现在和在万宝冰箱厂有什么差别?”他笑而不答。

一年后，他拿着写有中山大学本科、中科院硕士和在联想工作一年的简历，应聘于新加坡的一家多媒体公司，从30个中国面试者中脱颖而出，拿到近于一万元人民币的薪酬。开始了为期6年的异国打工生活。

邓国顺来到新加坡后，先后在3家软件公司任职，后来还进了世界名企飞利浦亚太地区总部。在国外打工期间，他对企业的运转和流程等方面的知识作了详尽的了解。他觉得这些知识今后一定能派得上用场。

在新加坡，他认识了一位同行，两人一拍即合，联合出资在当地开办了公司。后来他又一次炒了自己的鱿鱼。那次创业九死一生，许多人都为他不值，明明有好工作，有好前程，为什么总要把自己从浪峰推向谷底。但是他还是义无反顾地做了。

对于邓国顺，几乎可以用“奇迹”来形容，他一次次把自己推向“绝境”，每次又都从绝境中脱颖而出。但是如果把他的经历串连起来，你就会发现，他一开始的目标就十分明确，他所走的每一步，都成了他成功的基石。

女人要赚钱，开创自己的事业，就要有勇气，只要你有勇气迈出第一步，你就会发现做一件事最大的障碍，往往来自自己的内心，即缺乏行动的勇气。有了勇气，下决心开了头，似乎再往下做就会是顺理成章的事了。就这样，有了第一步，就会有第二步、第三步……这样不断地做下去，你就会发现自己离目标越来越近，你的梦想正在逐渐化为现实。

许多女人都渴望做一番事业，找回自己的理想、梦想，但是却常常缺乏开始做的勇气。其实，阻挡我们跳跃、进攻的玻璃并不存在。并没有任何人在拦阻你去改变生活，改变现状，也没有人会限制你的挑战自由，只要你鼓足勇气开始做了，一旦跳跃到外面的世界，你会发现山外青山楼外楼。

第8章

乐观自信，有积极心态的女人更有财气

无论发生什么事，无论处于什么环境，自信者都相信自己一定能获得胜利。自信心绝对不是一个空洞的口号，而是每一个渴望财富的女人都必须具备的素质。相信自己一定能行的女人，在积极心态的支配下，无论遇上什么困难和挫折，都能乐观地坚持到底，绝不言弃。女人要赚钱，就应相信自己。自信是一种潜在的、可贵的、强大的力量，它可以创造出命运的奇迹来。

女人比男人更需要自信

自信才是女人成功的秘诀。自信是人的希望、勇气和斗志，是人们创造一切的力量，是掌握命运的钥匙。领悟了自信的真谛，就算是已定的事实也有翻身的希望。

在婚姻关系中，女性在大多数情况下依然处于劣势和被动地位。即使在职场上，沿袭已久的传统观念，使女性在录用、待遇、裁员等诸多方面，与男性相比较，仍然处于劣势。这些现实都促使女性不能不思考，不能不为自己绚丽的人生做些有力度的盘算。因而，女人更需要认真对待自己的人生，更需要拥有自信。

自信才是女人成功的秘诀。领悟了自信的真谛，就算是已定的事实也有翻身的希望。自信是人的希望、勇气和斗志，是人们创造一切的力量。

在大多数人看来，女人的自信应该是来源于年轻美貌，来源于事业有成。其实，年轻美貌、事业有成从来就不是女性自信心的唯一来源——岁月不会饶过任何女人，再美的女人也会衰老，人的自信也并非都建立在外在的物质基础上。家庭和美、身体健康、心情舒畅、朋友众多等，都是自信心不断增强的重要因素。记住：世界只有一个你，所以无论美丽与否，你都是独一无二、与众不同的。

王欢是一所不知名大学的普通女毕业生，家里也没有什么背景。如果只是看她的教育背景，你很难想到她能够成为外企的高级主管。她成功的原因很简单，那就是敢于梦想，也相信自己的能力，并且一直没有放弃。

因为不是名牌大学毕业，王欢的第一份工作并不算好。为了改变自己的处境，她花去了大半年的工资去学外语，开始了漫长的充电之旅。

她先后上过不少外语培训班，也上过北京外国语大学一些著名的语言进修班。后来，她的英语突飞猛进。能力提高了，她也更加自信了，对自己的未来更充满了信心。

于是，王欢决定去外企应聘。凭借出色的外语，她顺利地进入了外企。从此，她有了自己发展的平台，而且很快就被提拔为主管。

一个人只要相信自己是什么，就会成为什么，一个人心里只要想什么，就会成为什么样的人。每个人心里都有一幅“蓝图”或是自画像，有人称它为运作结果。如果你想象的是做最好的你，那么你就会在你内心的“荧光屏”上看到一个踌躇满志、不断进取的自我。正如美国哲学家爱默生说：“人的一生正如他一天中所设想的那样，你怎样想象，怎样期待，就有怎样的人生。”只要相信自己，就会感到生命有活力，生活有盼头，觉得太阳每天都是新的，从而保持奋发向上的积极态度。

自信的女人有一种不一样的吸引力，她可以让女人更妩媚生动，更光彩照人，也可以让女人更坚强更有勇气，去面对生活中所遭遇的艰难困苦，在挫折面前不低头，坦然地去面对。自信让女人相信自己可以去克服所有的困难，并不断地完善自己，努力使自己趋于完美。

魔术师刘谦亮相春晚之后，迅速在全国红了起来，成了家喻户晓的明星。在西安，有一个二十多岁的小女子突发奇想，想要与刘谦合作，让他写一本书，由自己来编辑出版。可是已经成为公众人物的刘谦一定很忙，哪有时间去理睬一个无名的小女子呢？况且他会有时间写书吗？

但是这个小女子却很自信。她不断地通过各种社会关系寻找刘谦，娱乐界的朋友，大报的记者，电视台的编导……甚至是朋友的朋友的朋友，还有刘谦的忠实粉丝，她都拐弯抹角地联系到，什么样的线索都不放弃。

几经周折，她终于有机会见到了刘谦的经纪人。做了简单的自我介绍，她凭着自己的三寸不烂之舌，竟然说服了经纪人，她真的被经纪人带到了北京。当时，刘谦在录节目，小女子在录制现场外面一等就是 8 个小时。等刘谦录完了节目走出来，他早已从经纪人那里知道，眼前这个小女子不远万里，从西安追到上海，又从上海追到北京，只是为了给他出本书，而且今天又在外面直直站了整整 8 个小时，这令他非常感动。她向刘谦说明了来意，刘谦很爽快地答应与她合作，这个小女子就是夏果果。

可见，一切胜利皆始于个人求胜的意志和信心。一个人只要有自信，那么他就能成为他希望成为的那种人。在日常生活中，强者不一定是胜利者，但是，胜利者都属于有信心的人。一个人要永远保持成功的自信！在做每一件事前告诉自己：这一次一定会成功！信心将随着你每一次目标的实现而增长。随着信心的增长，你会把目标设置得更高，并通过努力，获得更大的成功。

女人拥有自信，并不代表可以不费吹灰之力就能获得成功，而是说战略上要藐视困难，战术上要重视困难，要从大处着眼、小处动手，脚踏实地、锲而不舍地奋斗拼搏，扎扎实实地做好每一件事，战胜每一个困难，从一次次胜利和成功的喜悦中肯定自己，从而创造生命的亮点，成就个性的人生。

女人的“钱”途，由自信打造

在事业上取得成功的女人，都是有胆识的，在她们的字典里，从来不会出现“害怕”这两个字。对自己、对自己的内在力量有着充足信心的人，肯定会在世界上拥有自己的地位，实现自己的梦想。

现在很多女人都被缺乏金钱而引起的恐慌所吓倒，这种恐慌占据并主宰了她们的生活，进而影响到她们对金钱和风险的态度。

而自信的女人总是能坦然地面对社会,面对生活赋予她的一切。苦也好甜也好,悲也好喜也好,痛也好乐也好,她们都有勇气去承受承担,即使遇到失败或者残缺的生活,也不会失去努力向好的方面发展的动力。这种自信,让她们即使没有最漂亮的外表,却拥有最能折服人的内涵,因此而散发出的魅力足够迷倒一大片的人。

在事业上取得成功的女人,都是有胆识的,在她们的字典里,从来不会出现"害怕"这两个字。对自己、对自己的内在力量有着充足信心的人,肯定会在世界上拥有自己的地位,实现自己的梦想,走向成功。

玛丽·凯是一家世界著名的化妆品公司的创始人,她为自己的化妆品公司设计的吉祥物是大黄蜂。"由于它弱小的翅膀和笨重的身体,从空气动力学的角度讲,大黄蜂应该不能飞行。但是大黄蜂不知道这些,所以它可以自由地飞来飞去。"

我们有时会在自己的头脑中给某些潜能设立了极限,以为我们无法超越它。实际上,正是这种预先设立的极限妨碍了我们潜能的发挥。

自信并非天生的,是由后天培养而来的。从女人的天性来说,她们容易相信别人,而不相信自己,总是在敬佩别人,而不知道欣赏自己。假如你能认识到女人天性中这一弱点,并有意克服它,你就可以彻底战胜自己,成为一个强者。

1995 年,歌星蔡琴与台湾著名导演杨德昌维持了 15 年的婚姻宣告结束。那段日子非常痛苦、茫然,蔡琴不知道该向何处去。

一天,有 4 个朋友结伴来看她,自然少不了安慰和鼓励的话。蔡琴摇摇头说:"一切都结束了,我再也无法站起来了,我什么也没有了。"

一位朋友说:"不,你有许多优点呀,这些优点就是你重新开始的最好资本呀。"

"优点?我哪有什么优点?"蔡琴摇头说。

“这样，我们把你的优点一一写在纸上，好吧?”朋友不管蔡琴同不同意，就找来纸和笔，然后，4 个人开始在纸上写蔡琴的优点，整整写了 30 分钟，加起来总共有 225 条。朋友把这 225 张写着蔡琴优点的纸条小心翼翼地折叠好，然后让蔡琴找出一个瓶子，把这些纸条全部装进去。

蔡琴觉得这很有意思。早晨，她起床后就打开了瓶子，拿出了一张纸条，慢慢展开，上面写着两个字：“乐观。”看着纸条，蔡琴的眼睛湿润了，她感受到了来自朋友的关爱，心里暖暖的。那天她吃了早餐，她已经好长时间没有吃早餐了。第二天早晨，蔡琴从瓶子里拿出了第二张纸条，上面写着两个字“聪明”。她笑了，没想到在朋友眼里，自己是个聪明的人。第三天，蔡琴手中的纸条上写着“有歌唱天赋”。第四天，蔡琴手中的纸条上写着“进取心强”。第五天……

225 张纸条，每张纸条上都写着朋友对自己的评价。也不知从哪天开始，蔡琴开始微笑，开始昂着头走到大街上，开始坐在窗前，为自己的未来规划。既然自己有这么多优点，那有什么理由不重新来过呢?

告别伤痛，蔡琴带着信心和歌声再次走上了舞台，仿佛又回到了青春岁月。她的事业进入了第二个春天，她醇厚低沉的嗓音让歌迷沉醉，中年的她越来越美丽。

任何时候都要相信自己是最好的，因为只有这样，你才能征服世界，如果你不相信自己，别人又怎么会相信你？如果你都怀疑自己，那你怎么可能成大事？只有意识到自己是大自然的一分子，坚信自己拥有“无限的能力”与“无限的可能性”，才能创造出可贵的财富。

自信是一种精神状态，它让我们精神饱满充盈、富有活力、光彩照人。自信心往往可以产生你想象不到的能量，它是一种我们看不见的力量。当一个女人拥有了自信，整个人就会焕发出不同一般的光彩。它会使你无所畏惧，会让你勇往直前。所以，作为女人你更要敢于面对。要知道，这个社会有很多机会需要女人去抓住。

女人要给予自己更多的肯定

相信你自己，你在这个世界上是独一无二的，如果你想做成一件事情，那么你就应该竭尽全力，好好把握人生，你完全有能力开创属于你的神话。

在社会上有这样一种现象:有些人总是受人敬重,有些人就是被人看不起。当然,这里面有多种原因,地位、财富、性格等,都是可以给一个人加重分量的砝码。但这些都还不是最重要的,问题的关键是:你是如何给自己定位的,自己是否看重了自己?

很多的时候我们女人总是羡慕别人的才能、幸运和成就,总是不敢相信自己,总是认为别人比我们要强很多,一件事情要得到别人的肯定才是正确的。其实这又何必呢? 在这个世界上没有不可能的事,而自我激励不够的人总是会给自己找借口,好像在困难中唯一能说的就是"我不行"这三个字。

自信,常常使一些平常人也能够成就神奇的事业,成就那些天分高、能力强但多虑、胆小、没有自信心的人所不敢尝试的事业。

有一个名叫莲娜的小女孩,她一生下来就没有双臂,而且左腿也只有右腿的一半长。其实,在她母亲分娩之前,医生就曾告诉过她的父母说:"这孩子即使有幸活下来,也是重度残疾!"

然而,她的父母却接受了这个现实,并决定用爱将这个无臂单脚的女儿抚养大。在刚学习走路的时候,莲娜经常跌倒在地上,并哭着求助别人扶她、抱她。但是,她的妈妈总是在一边坚定而温柔地鼓励她说:"你爬到墙边,靠着墙,就可以站起来了……"

6 岁的时候,父亲开始教她游泳。在父亲细心地照料与指导下,她喜欢上了游泳，在水里居然像小鱼儿一样无拘无束。后来，莲娜开始接受学校教练的正规指导，学习不同的游泳技巧，她的成绩有了飞速的提高。

15 岁的时候，莲娜刷新了瑞典 100 米蝶泳和 200 米自由泳纪录，从而获得进入国家代表队接受训练的机会。18 岁时，她参加了在法国举行的世界杯游泳赛，她在 4 项竞赛中，摘下 4 枚金牌，而且还打破了 100 米蝶泳的世界纪录。

更令人惊讶的是，她的嗓音极为甜美。尽管没有双手，她却能用脚趾弹钢琴。她在申请加入斯德哥尔摩音乐大学的时候，用脚自弹自唱了一首名叫《我很丑》的歌。她的奇特表演，感动了所有在座的教授专家，并最终获得入学许可，进入音乐大学深造。而今，她已经成为一名出色的歌唱家，经常随演出团到世界各地巡回演出。

无论发生什么事，无论处于什么境地，自信者都相信自己一定能成功。自信心绝对不是一个空洞的口号，而是每一个渴望成功的人都必须具备的素质。相信自己一定能行的人，在积极心态的支配下，无论遇上什么困难和挫折，都能乐观地坚持到底，绝不言弃。所以，你一定要努力让自信扎根在你灵魂的深处，让它跟随着你的心脏和血液一起跳动和流淌，推动着你在生活和事业获得成功。

女人要赚钱，就应相信自己。自信对于人生是非常重要的，自信能使我们的潜能得到充分地发挥，帮助我们战胜困难，取得成功。这是因为当人拥有自信的时候，就会积极地寻找解决问题的办法，此时的大脑会高速地运转，考虑各种可能的方案。同时，我们会变得非常敏感，就像一个由于饥饿四处寻找食物的人那样，一点点微小的线索都会引起我们的注意。在这种情况下，我们往往能够急中生智，想出非常高明的解决方案。

克里蒙特·斯通是“美联合保险公司”的董事长，这位拥有 4 亿美元身价的商业巨子却是以 100 美元起家的。克里蒙特·斯通 20 岁的时候，决定在芝加哥设立自己的保险代理公司。斯通约见总代理公司负责人时，对方很客气地告诉他：“我会允许你设立代理公司，但是 6 个月后你就会关门大吉。”

斯通并没有受到打击，尽管当时斯通只有100美元，每个月还要花25美元向商业大厦租一个办公桌。正是这个商业大厦的负责人查理给了斯通真正的激励。

在斯通准备把自己的名字写在大厅的公司记录上时，负责人查理问道："你的名字要怎么写？""斯通！"斯通回答说。在过去到那个时候为止，斯通一直这样签名。"你有什么引以为耻的事情吗？"查理又问。"什么意思？""你没有第一个名字和第二个名字吗？""当然有……克里蒙特·斯通。""你有没有想过，全美国可能会有成千上万个叫斯通的家伙吗？但是可能就只有一个克里蒙特·斯通。"

查理的话激发了斯通的自信："全美国只有一个克里蒙特·斯通。"从那以后，斯通时刻以自己是独一无二的斯通来激励自己、鼓舞自己，最终成为全球商业巨富之一，开创100美元起家坐拥4亿美元资产的传奇人生。

强大的自信是人们成就事业的基础。只要你相信你的事业定会成功，一个美好的明天定会到来，那么，创业的艰辛和今天的痛苦对你来说就不算什么。相信你自己，你在这个世界上是独一无二的，如果你想做成一件事情，那么你就应该竭尽全力，好好把握人生，你完全有能力开创属于你的神话。

妄自菲薄只会让女人一事无成

女人要赚钱，就应该为自己确立一个长远的目标。在实现目标的过程中，你可能会经常遇到一些困难与挫折。不要因为暂时的困难和挫折便心灰意冷，怨天尤人，要勇于接受现实，用乐观的心态对待眼前的一切。

自卑是一种消极的自我评价，因此有自卑心理的人不愿和别人来往，他们做任何事情都缺乏自信，没有竞争意识，享受不到成功的喜悦，看事情总是看不好的那一面，对任何事都心灰意冷。自卑的人还常常低估自己，即使他们很优秀，他们也会觉得自己很失败，而且他们容易受别人的影响，如果别人对他们的评价较低，他们就会相信别人的评价。此外，自卑的人喜欢拿自己的短处和别人的长处比，越比越觉得自己不如别人，越觉得灰心，自卑感越深。

当一个人接受了人生给他的剧本角色——穷人或有钱人之后，他们总是要摆出一些逻辑关系来使自己表现得更加自然：因为我生在这个贫困的家庭里，所以我是穷人，这是应该的。或者说我生在这个富裕之家，因此我的命运是注定的。殊不知，正是这些错误的逻辑推论，使他们一辈子无法超越自己，战胜自己。其实，人生的每一个角色从来不是固定的，穷人可以变富，有钱人也可以变穷，是玫瑰总会开放，是金子总会发光，只要你肯努力，你一定能改变你的人生。

一天，通用公司要裁员，名单中，有内勤部办公室的艾丽和密娜达，按规定一个月之后她们必须离岗，当时她俩的眼圈都红了。

第二天上班，艾丽的情绪仍非常激动，跟谁都没有什么好气。她不敢找老总去发泄，于是就跟主任诉冤，找同事哭诉："凭什么把我裁掉？我干得好好的……这对我来说太不公平了！"她声泪俱下的样子，让人既同情，又不知该怎样劝慰她，而她也只顾着到处诉苦，以至于她的分内工作：订盒饭、传送文件、收发信件等都不再过问了。

她原本是个很讨人喜欢的人，但现在她整天气愤愤地，许多人都开始有些害怕和她接触，躲着她，后来就有点厌烦她了。

密娜达与她不同，在裁员名单公布后，虽然哭了一晚上，但第二天一上班，她就和以往一样地开干了。由于大伙不好意思再吩咐她做什么，她便主动向大家揽活，面对大家同情和惋惜的目光，她总是笑笑说："是福跑不了，是祸躲不过。反正这样了，不如干好最后一个月，以后想干恐怕都没机会了。"每天，她仍然非常勤快地打字复印，随叫随到，坚守在自己的岗位上。

一个月后，艾丽如期下岗，而密娜达却被从裁员名单中删除，留了下来。主管当众传达了老总的话："密娜达的岗位，谁也无可替代，密娜达这样的员工，公司永远不会嫌多！"

在我们的生活之路上，谁都难免会经历磕磕绊绊，面对痛苦不要消沉，更不要萎靡不振，要以一个积极的心态来对待痛苦、对待命运对你的考验。密娜达正是以积极的心态来面对现实，积极工作，以自己对工作的热忱，得到了公司总裁的认可，为自己迎来新的人生。

很多女性埋怨自己的命不好，能力不强，抱怨别人为什么容易成功，而自己却一点成就都没有其实，她们不知道，失败的原因正是出在她们自己身上。比如她们总是怀疑自己的能力，所以做起事来无精打采、敷衍了事。她们没有远大的抱负，在工作中没有克服困难的勇气，也没有排除障碍的决心，最终她们在事业上只会一事无成。

有些事情人们之所以不去做，只是他们认为不可能。而许多不可能，只存在于人的想象之中。许多人总把一件事情想得过于复杂，自设的障碍会使他们将地面上的石头看成小山，导致你缩手缩脚，裹足不前。他们首先是被想象中的困难给绊住了，然后便哀叹客观条件的不足，最终连试一下的勇气都没有。

十余年前，赵薇从著名电影导演谢晋开办的恒通影艺学校毕业，四处寻找角色。当她听说北京一个导演要拍一部名叫《姐姐妹妹闯北京》的电影，正在物色女演员，就想毛遂自荐去试试。但她并不知道这个导演的联系方式，只知道这个导演住在北京某个小区。为了获得这个机会，赵薇从上海赶到北京，找到那个小区在附近"守株待兔"。她渴了喝矿泉水，饿了就吃个包子，足足等了四天，才见到这个导演。对眼前这个陌生的女孩，导演开始很犹豫，婉言拒绝她说："女性角色已基本上确定了。"但赵薇看导演拒绝得并不很干脆，第二天又拿了自己的处女作电影《女儿谷》给这位导演看。导演觉得她的演技还不错，又觉得她的诚意很让人感动，于是破例在剧中给她安排了一个比较重要的角色。一年后，琼瑶的儿媳妇来大陆为《还珠格格》挑角色时，正是偶然从《姐姐妹妹闯北京》中发现了赵薇那双会说话的眼睛而向琼瑶推荐了她，由此，“小燕子”一演成名。

心态决定状态，认为不可能，就会不可能，认为能就会能。在美国宇航中心的大门上写着人类向宇宙发出的豪迈宣言：只要人类能够梦想的，就一定能够实现！

女人要赚钱，就应该为自己确立一个长远的目标。为了实现这个目标，你必须坚信自己一定能够成功。但是在实现目标的过程中，你可能会经常遇到一些困难与挫折。不要因为暂时的困难和挫折便心灰意冷，怨天尤人，要勇于接受现实，用乐观的心态对待眼前的挫折。越是大多数人认为不可能的事，越是有可能做到。看似不可能的事，肯定是件十分困难、甚至难以想象的事。因为太难，所以畏难；因为畏难，所以根本无人问津，谁也不去关注，谁也不去攻击，谁也不去设防。因此，不可能实现的事，一般都没有竞争对手，第一个去尝试的人正好可以“乘虚而入”。可以说，世界上许多真正的大富翁，都是在别人认为不可能的情况下赚下第一桶金。

女人所受到的待遇来源于对自己的定位

一个人所受到的待遇与自己的表现密切相关，如 果周围有很多人抬举自己，那么我们也会变得信心十足。 女人为了培养魅力，改善命运，首要的任务就是把自己当作贵族。

在商界有一句话非常流行：如果你想让公司在明天成为一家大公司，今天就要做得像一个大公司的样子。这句话的含义一是走规范化道路，在管理上下工夫；另一层意义就是无论如何自己要先撑起门面来，什么时候也不能让外界看轻了。世上的事就是这样，如果你想让别人给你机会，那么首先要管理好自己的“品牌”。

这一点对女人尤其重要，你想要在这个世界上树立起怎样的形象，争取到怎样的身份地位，必须拿出独立自信的上佳表现，培养起在大家心目中的资格来。虽然人们都有同情弱者的心理倾向，但总是一副悲悲凄凄的样子，谁又愿意把自己与你划在同一水平线上呢？长此以往，你的人生格局也会越来越狭隘。女人的魅力首先来自她对待自己的态度，而这表现在你将自己的人生界定在什么样的层次上。

不论谁见到李楠，都会被她吸引。她在一家广告公司搞策划，虽然工作非常自由，她却从不散漫懈怠，即使对待比自己年少的新人，也从来都是以礼相待。她积极的生活态度，时刻都在证明她是一个有修养、有格调的新女性，因此，大家对她的态度自然不敢过于随便、敷衍。

更为神奇的是，虽然她算不上美女，但人们愈看愈觉得她漂亮。虽然她从来没有说过自己是一个美丽且能力出众的人，但是她深切地自信自己就是这样的人，以至于周围的人也对她秉持肯定的态度。

虽然她三十岁仍然未婚，但她并不在意公司同事的非议，最终嫁给了一个条件相当好的男人。现在，她的事业和家庭都发展得不错，生活得十分精彩。

直到不久前，大家才知道李楠并不是出生富家。相反，她在穷困的单亲家庭长大，从小与母亲及兄弟姊妹相依为命。她晚婚原来是为了照顾母亲和弟妹们的生活。李楠虽然出身贫穷，但她选择了做后天贵族，从而真正创造了高水准的生活。

一个人所受到的待遇与自己的表现密切相关，如果周围有很多人抬举自己，那么我们也会变得信心十足。但如果自己都不善待自己的话，无论在何时何地，都不可能受到别人的礼遇。

为了改善自己的命运，首要的任务就是把自己当作贵族。无论在什么情况下，都不要让自己过得悲惨和狼狈。

对人彬彬有礼，穿着整洁，举止文雅，是一个人家庭修养和个人修养的起码表现。走入社会，走入商界，你就会懂得这一点，它也是一种资产，许多人都是因为热情自信的个人魅力的缺失，而失去了绝好的工作和成功发财的机会。你与身边的人相互尊重，你才有成长和发展的空间。港台电视剧里连那些黑道发展起来的大亨，改换了环境之后，也要学着培养温文尔雅的风范，用它来装点自己。

女人要有钱，绝不能轻忽个人形象的功效。有魅力的女人，她的一举一动都有着神奇的吸引力，有一种征服人心的力量。她们当然更容易成功。

魅力能加快升迁的步伐，因为有魅力的人拥有获得威望、权力和创造力的光芒，这能收买人心，并有利于自己取得最好成绩。一生下来就有魅力的人非常少，但我们可以一点点地培养魅力。

你的穿着、你的声调、你的思想、你由这些思想而形成的性格，所有这一切都可能构成了你魅力的一部分。你的衣服式样以及它们是否得体，毫无疑问构成了个人魅力中的一部分，因为人们都是根据你的外表来获得对你的第一印象。甚至你握手的方式也构成了你个人魅力中的一个部分，并且密切关系到是否能吸引和你握手的人。你的眼神也构成你个人魅力中的一个重要部分，因为有些人能够从你的眼睛感知到你内心深处最隐秘的思想。

对个人魅力有了足够认识之后，你可以从生活的点滴做起，把“魅力”这一抽象的概括落到实处。

如果想增加自己的吸引力，那么，别人会的东西，你也要涉猎一点。庸碌繁忙地过日子，会给人一种很没有情趣的感觉。去 KTV 聚会，也会在新歌不断的同事们面前越来越怯场。另外，多接触一些如登山、网球、游泳等时尚的运动，学会演奏一样乐器，或者学习正流行的国标舞，总之要培养一个可以打发空闲时间的兴趣。见识广的人和什么人都可以畅谈一番，因此容易和各阶层的人打交道。有谁会否认，会打高尔夫的人更有机会接触“能打高尔夫的人”呢？不输给任何人的自信，也是生活的本钱。

从现在开始，试着偶尔为自己做些可口的佳肴，在辛苦工作之后，给自己买点礼物作为补偿。不要模仿一些懈怠的中年妇人，也不要胡乱穿着打扮。总之，不要让别人看低自己。给自己高层次的定位，会让你成为一个受人尊重的人。

对女人来说，提高了自己的层次，培养出自己的魅力之后，就离财富、离自己想要的生活十分接近了。

激发自己的内在力量，做独一无二的女人

总把贫苦归咎于命运的女人，总是以“我也没什么办法”为借口，所以她们永远无法清除不幸的种种因素，从而日复一日地重复着不幸的生活模式。只有发掘自己的内心力量，才能等来命运的曙光。

生活中，有许多女人之所以一直过着艰辛的日子，是因为她们自己不愿意赚钱。我们这么说，一定有些女性朋友并不同意，现实中并没有谁会去排斥金钱呀？但是，如果我们换一种说法：有些女人日子过得拮据，是天生没有财运。这样，点头的人就会多一些。可是你知不知道，正是这种“认命”的思想意识，使很多女人终生与财富无缘。

由于害怕改变，害怕因改变而带来的波动，所以一些女人总是选择安于现状。面对不幸，她们只顾抱怨命运的坎坷，却从没想过自己可以做什么。然后，惯性所致，生活中每个岔口，她们都自觉不自觉地选择了穷困和不幸，并把它当

作是命运里的必然结果。

其实，一个女人生在什么环境中，是有偶然性的。人到世上本来就是很偶然的事情，你根本就没什么挑选的余地，生在哪里，生在何时，父母是谁，都是无法事先预定的，只能接受和适应。

很多年前，在美国俄克拉何马州，有一个贫困的小女孩。

她在 8 岁那年，随母亲迁居到了堪萨斯城，母亲让她在修道院里干活。为了维持生计，她每天要打扫 14 间屋子，给 25 个孩子做菜、洗盘子，此外，她还要为她们脱衣服、伺候她们上床睡觉。

这位郁郁寡欢，穷得连一件新衣服也买不起的女孩是谁呢？她叫露西尔·莱休，你从来没有听说过吧？这是她的真名，实际上她就是妇孺皆知的好莱坞明星琼·克劳馥。

是改变命运的坚定信念造就了她。

在修道院工作了 6 年后，她决心去接受更多的教育，于是就到密苏里州的斯蒂芬女子学校注了册，但是她手中一分钱也没有，她穿的是别人不要的旧衣服，她在学校餐厅做侍者免掉了食宿费用。当时，她最大的愿望就是当一个舞女。所以，当一个露天剧团愿意给她一星期 20 美元的报酬，让她去跳舞时，她毫不犹豫地接受了。她觉得自己的双脚已经迈到了天堂的门口。然而，两个星期后，这个剧团倒闭了，连给她发薪水的钱都没有了。她被困在了异乡。

这样的挫折依然没有摧毁她走上舞台的决心。她在一家小酒馆里找到了一份跳舞的工作，后来又到纽约当过歌女。一位替米高梅公司物色演员的人发现了她，于是建议她去电影公司试试镜头。

那时候，她离明星还非常遥远，她只能演演配角或当临时演员。当时的琼·克劳馥和现在大不一样，她是一个胖女孩，一头卷曲的头发掩盖着她的羞涩。后来有一天，她终于明白要想在好莱坞站稳脚跟，就必须有突破，就在那天晚上，她成了另外一个人。

她开始安下心来，研究法文、英文和练习唱歌，并且开始减肥。她非常敬业，有一次，她在一部影片中跳一种土风舞，不小心扭伤了踝关节，为了不让导演取消她的角色，她让医生包扎了一下，然后坚持演下去。就这样，她的报酬慢慢地多起来。

对于自己的经历，连琼·克劳馥自己都感到很惊奇，她出身贫寒，但如今她不仅可以买下任何金钱能够买到的东西，而且无论她走到哪里，都有成群结队的崇拜者追随着她。她以前并不美丽，可后来她成了银幕上最美丽的明星之一。

人生不是命里注定的，而是自己选择的结果。总把贫苦归咎于命运的女人，总是以“我也没什么办法”为借口，所以她们永远无法清除不幸的种种因素，从而日复一日地重复着不幸的生活模式。相反，聪明的女人懂得命运不应该被圈在一个框子里，只要自己站起来往前走，就没有什么是不可以改变的。

自强、自立是心灵最有力的支点。世界上许多身处黑暗的人，磕磕绊绊，最终走向了成功，而另处一些人往往被眼前的光明迷失了前进的方向，终生与成功无缘。

如果你随波逐流，被动地接受命运的安排，而缺乏抗争不幸的勇气，那么你终将一事无成。

环境和条件不过是整幅生活图画的一个部分，对你起激发作用并决定你个人价值的还是来自内部的力量。如果拥有主动性、创造力、技能、信仰，你就可以克服令人难以置信的巨大障碍。但是，如果你不能正确认识自我，取得成功的机会就会减少。在你感到不适应或注意力不集中的时候，你的判断就会动摇。你可能会分不清积极的风险与消极的风险，可能会缺少解决问题的决断力。即使你在技能上胜任某一角色，但如果你感到自己无能力、无责任心，你也发挥不出最佳状态。

想一想，如果是因为自己被眼前的条件所限制，甘于贫苦，所以就真的贫苦了一辈子，这是多么可怕的一件事。女人的潜力存在于自己的内心，坚信自己可以创造好生活的女人，没有阳光也一样灿烂。

第9章

精于规划，懂投资理财的女人更有财运

自由自在的生活是每个女人所向往的，然而，自由需要钱作为保障，有钱就有更多的自由。因此，女人在自己还有能力、有冲劲的时候就应未雨绸缪，为自己“坐在家里挣钱”的未来打基础。如何成功理财，使得财富不再一闪而过，转化成真正能够抓在手中的物质享受，对于渴望拥有财务自由的女人是最现实的课题。我们必须明白，女人的财运，其实是精心运作的结果。

第一流的赚钱方法是理财

女人要踏出投资理财的第一步，一定要多收集各方面的理财信息。通过比较，了解产品风险的上、下限以及变现性，以应不时之需。再依个人所能承担风险的程度，配合个人或家庭中长期的资金需求，做出妥善的投资计划。

我们民间有句俗语为：吃不穷，穿不穷，算计不到才受穷。这句话可以代代流传，本身就说明靠智慧致富的理念是经得住岁月的考验的。如果一个人长期在贫穷的泥沼里打转转，那么一定是对自己现有的资金缺乏有效的经营。饮食起居的习惯可以影响一个人的健康，言谈举止的习惯可以表现一个人的修养，而用钱的习惯可以决定一个人的贫富。

一般人总认为理财投资是有钱人的专利，大众生活信息来源的报纸、电视、网络等媒体的理财方略是服务少数人的“特权区”。如果真有这种想法，那你就大错特错了。在芸芸众生中，所谓真正的有钱人毕竟占少数，中产阶层工薪族、中下阶层人民仍占大多数。由此可见，投资理财是与生活休戚相关的事，没有钱的人或初入社会又身无固定财产的“新贫族”都不应逃避它，理财得当还可能是你“翻身”的契机呢！

作为一个白领女性，陈荣并不虚荣。在别人攀比着买私家车时，她丝毫不动心。因为养车太贵，不如买房来得划算。

想来想去，陈荣决心投资房产。她发现很多新来的同事都在外租屋住，于是就在一个新开发的小区买了三套房。她的眼光很特别，别人买大房子，她却买了三套单身小公寓。当时是期楼，又是内部认购，她买的又是二、三、四楼，只需 2000 多元每平方米，3 套房子不到 30 万元，而她只是付了个首期，不到 10 万元。那 3

套小公寓很快就全部租出去了，每套房租600元，陈荣每月有近2000元的收入，用来还贷，绰绰有余。不出十年，这三套房子贷款就还完了，而且还可以不停地出租下去。

陈荣说，出租房子的市场永远有生意可做。北京每年新增的几十万打工者，有不少是白领阶层，虽然月收入大都在五六千元，但暂时买不起房，只能租房住。这种小小的一房一厅，正适合他们单身时居住。

一个女人以自己的时间精力挣钱，充其量只能维持基本的生存条件，要想发展，还得把眼光放在“钱生钱”上，即在投入和产出之间获得效益，否则，套用一句俗话讲：即使你浑身是铁，又能打几根钉呢？

上一代的女性，以勤劳和俭朴为最大的美德，恨不能一分钱掰成两半花。但结果又如何呢？她们辛苦劳碌一辈子，到头来依然手无余财。在今天，一个黄土高坡上的农民，他土地上的全部收入再加上果树或者家畜，也不过一万余元；一个月收入两三千元的工薪族，即使不吃不喝，一年下来也存不了3万元的人民币。对于大多数人来说，要赚钱，必须先把眼光从自己的一亩三分地里移开，以科学的理财方式，让手里的钱流动起来，为你带来更多的财富。

世界上最富有的犹太商人，没有靠攒小钱积累资本的习惯，他们把注意力集中在“钱生钱”而不是“人省钱”上面，所以，他们的生意更集中于金融业和投资回收较快的行业。

小张是某电脑公司的程序员，他的理财思路比较灵活，在5年多的时间里，他接连转战股市、房地产、开放式基金，把3万元变成了36万元。试想他如果只是把自己的工资所得的3万元存入银行，如按银行定期1年期储蓄的年利率为2.25%，扣除20%利息税计算，实际存款利率只有1.8%，如果以年均CPI（全国居民消费价格总水平指数）为4%计算，1年期存款的实际利率为1.8% - 4% = -2.2%，3万元只会缩水，根本没有变成36万元的可能。

金钱只有在流动中才可能增值，只有把金钱进行投资，才能变成更多的钱。

存款和攒钱是许多人的习惯，但不是一个富人的真正所为。一个优秀的谋财者，永远都不会去死死地积攒，而是要投入，投入，再投入，永远不知疲倦。

投资理财是个人的长期项目，由理财所创造的财富会超出你的想象，但所需的时间会更长久。对于想在一夜之间成为百万、千万甚至亿万富翁的人，有钱人给你的忠告是投资理财不适合你。因为，投资理财是件“慢工出细活，欲速则不达”的事。它强调的是时间，如果你对时间没有正确的认识，自然会生出强烈的急躁情绪，急躁就会低估风险，原本可以成功的投资，也会因急躁而失败。其实，只要耐得住性子，将资金投入正确的投资目标上，不需要投入过多的精力，复利自然会引领财富的增长。

从事任何投资前，一定要先看清这项投资是否适合自己，千万不可跟风盲目做决定，因为每个人都有不同的经济能力及承受亏损风险的能力。只有多了解目前可利用的理财工具，根据自己的需求来投资，及早行动，让自己的资产活起来，才能抓住投资理财的要领。

女人要踏出投资理财的第一步，一定要多收集各方面的理财信息。通过比较，了解产品风险的上、下限以及变现性，以应不时之需。再依个人所能承担风险的程度，配合个人或家庭对中长期的资金需求，做出妥善的投资计划。

从持家开始，培养理财的功力

“能挣会花”日渐成为大城市最流行的理财新观念。女人应利用细心、耐心等先天优势，学习理财，从自己家庭的开销入手，广开财源，挣钱后科学打理，科学消费，从而尽情享受挣钱和消费带来的人生乐趣。

身处 21 世纪，家庭的经济负担越来越重了，除了最基本的赡养长辈、生育、教育子女、购房、购车外，添购家具、旅游以及养老等生活要求，都必须要靠金钱来满足。做好理财、储备必要的经济能力，是现代人必修的课题。换句话说，投资理财是每个人、每个家庭的基本需求，如同衣、食、住、行一样重要。

很多人认为，理财是有钱人的事情，所以手中只有几万元钱的人并不值得理会。其实，理财并不仅仅是一个金钱上的概念——不是谁赚钱越多谁就越会理财。它是一个全面的概念，从家庭的柴米油盐酱醋茶，到婚丧嫁娶；从孩子的教育，到父母的养老费安排；从家庭的重大投资，到家庭的安全保障等都需要理财，让有限的钱财发挥出最大的效用才是理财的真谛。男人也许会成为家庭经济的有力来源，但女人在理财上更具有优势。

嘉嘉在电视台工作，因为平时工作很忙，虽然收入不错，但是很少有可以自由支配的时间。所以一旦哪天不用工作，她就得抓紧时间去逛商场，将上千元的毛衣、皮鞋、外套提回家，虽然衣橱已被塞得满满当当了，但她还是高兴，觉得是对自己前一段辛苦劳作的犒赏。她的丈夫在一家美资公司工作，收入也十分可观。但是丈夫比较好交往，喜欢请朋友们吃饭，一顿饭就是数百、上千元，平时两个人也很少在家吃饭，总是到外面吃饭。两年下来，两个人都有一份被别人羡慕的工作，家里竟然一分钱的积蓄都没有。遇到大事，还要向父母借钱！

过去，通常都是男人赚钱，女人持家，一个家庭的收入全靠一个人支撑；而现代职业女性已相当普遍，双薪收入家庭增加，可以说我们赚钱的速度比过去快得多，可是仍然觉得省不下钱来，这是由于随着日子变好了，我们的物质欲望也高了，面对那么诱惑的消费市场，收入虽较丰厚，花费也比以往高出许多。想想20世纪90年代，因为想着赚钱不容易，可以赚2000元存500元，但现代家庭常有过度消费情形，赚得多花得也多，挣5000元可能花5000元，反而难存到钱，有时甚至负债消费。

其实家庭理财就是女人创造财富的一种行为，通过家庭理财省下的每一分钱或增值的每一分钱都与她们在外面辛苦奔波赚到的每一分钱等值。因此，我们说家庭理财是一种使家庭财富保值的手段并不是夸夸其谈，它是一个通过对家庭收支的科学管理、合理支配，来实现家庭经济价值最大化的过程。由此可见，除了在工作中创造财富，我们同时还要培养起家庭理财的意识，否则就将与家庭理财所带来的种种好处擦肩而过。

如今社会不断进步，生活水平日益提高，勤奋持家、使劲攒钱的老观念已经落伍了。“能挣会花”日渐成为大城市最流行的理财新观念。女人应利用细心、耐心等先天优势，学习理财，从自己家庭的开销入手，广开财源，挣到钱后科学打理、合理消费，从而尽情享受挣钱和消费带来的人生乐趣。

理财，是与我们日常生活密切相关的。可以说:家庭理财是一辈子的事，不论货币政策是松是紧，不论经济是繁荣还是萧条，也不论个人际遇顺利还是挫败，只要你生活在世上，有起码的经济能力，起码的衣食住行，就得要学会理财。而正确的理财观念和行为，是妥善运用钱财，在现有钱财的基础上赚取最大的财富，过最好的生活，这也是理财的目的。

投资理财不仅仅可以改善一个人或一个家庭的财务状况，它本身亦是一个很好的致富之道。而且利用理财致富，是人人可以做到的，你不需要多有钱，不需是高收入者，不需是高学历，不需要具备专门的知识及高超技术，不需要靠运气。你所需要的是正确的理财习惯、正确的投资观以及长久等待的耐心……通过这些来增强你的理财能力。因此，一个女人有没有钱不重要，收入高低也不重要，影响一个人未来财富之多寡，重要的是有没有开始理财。这项工作并不轻松，但绝对值得你去做!

能挣会花，省下生活中不必要的开支

如果一个人对自己的消费缺乏长远考虑，就会出现“寅吃卯粮”的情况。生活中一些并非必要的开支，消耗了你的金钱，使你成为“月光族”“都市负翁”，因此你要学会合理地消费，这既能丰富生活，愉悦心情，又有益于健康。

现实生活中，的确有的人挣了不少钱，算得上会挣钱，但认真计算一下自己的财产，除了一些不太值钱的东西之外，根本没留下什么钱财，这就是不会花钱。原因在于，他没有用钱去购买资产，而是购买了负债，或者说购买了他认为是资产的负债。

虽然有些女人并不富有，但是也要打肿脸充胖子，每月发薪，先要把自己从里到外地重新包装一下——名牌时装、名牌手袋，隔三差五出入高档酒楼，出门以车代步，夜夜笙歌，不惜成为“月光族”“都市负翁”，由此成为“新贫一族”的也屡见不鲜。

想要抓住老公的胃，让他每天回家吃晚饭，宁愿去买个可以烤全鸡的大烤箱或微波炉，而不愿意去买个自己方便的洗碗机。这些都是为了自己的愿望、梦想而去花钱。

有些女人则会以花钱作为发泄方式，来缓解自己的压力或沮丧的心情，比如说，如果与老公吵架她们就会跑到最近的购物中心去大肆消费，以作发泄。这是相当愚蠢的。

还有许多女性在大减价的季节抢购东西，一方面满足了自己占便宜的心理，另一方面，当别人用夸张的语气惊呼“天哪！那么便宜，你在哪儿买的啊？”的时候，她们的虚荣心也得到了满足。

由于虚荣心作怪，人们都喜欢受到别人的钦羡。例如，对不了解的事，装出一副很懂的样子；不会做的事假装会做；自己没有的东西却宣称多得不得了。再经过几年的奋斗，工资涨到三五万甚至更多，也许真的可以称得上事业有成，但生活追求也变得更高，房子要住更舒适点的，车子要开更高级的，孩子要上昂贵的双语幼儿园，旅游要去国外的度假胜地……看起来生活质量是越来越高，实际上已经被账单套牢，向前走一步时还进不了真正富人的行列，退一步又舍不得已经被水涨船高的生存标准惯坏的脾胃，只能继续让生活拖着走。

然而，当女性的虚荣心获得了满足之后，才发现买的东西虽然便宜，但是并不需要。为了一个梦想去买东西，并不见得划得来，因为如果这梦想不能实现，买的东西就会被打入冷宫，只在心血来潮时，才会用一用。受朋友影响而花大钱更是要不得，在自己认不清现实的情况之下，如果吃了大亏，谁会为你负责呀！就算心里嘀咕那个害人的朋友，也没人理你。

每个人都应该量入为出，掂量自己的收入过日子。要做到这一点，最重要的是诚实。因为，如果一个人不是诚实地根据他自己的收入过日子，那么他必定是虚伪地根据其他人的收入过日子。一个人如果对自己的消费缺乏长远考虑，那么就是一个标准的都市负翁形象。因为你缺乏计划，不知道该在什么地方花钱。

你每个月至少得做一次精确的财务分析。具体的操作如下：先统计你的本月总收入，包括薪金、奖金、利息和其他所有额外收入。然后逐笔记下每月的各笔开销，包括租金、贷款利息、水电费、娱乐支出等。最后，将总收入和总支出进行对照。

如果通过上面的对照你发现自己每月收支只能刚好平衡甚至入不敷出，那么该怎么办呢？你应该慢慢地削减开支，但一定不要过急躁，你可以从改正一些错误的消费习惯开始：

1. 盲目消费

目前，社会上大约有15%的人潜意识里有一种控制不住的购物欲。她们不知道家庭要购进一些什么东西，不知道花钱要达到什么目的，只是被花钱的瞬间快感所左右，经常不明不白地花些不该花的钱，买一些根本不需要或用处不大的东西，消费行为十分盲目和随意。

2. 赶潮流

女人大都喜欢赶潮流，新买的东西，过时了，就丢在一边懒得用了。尤其是手机、电脑、家电等高科技产品。年末的时候，各家电大卖场都会举办各种优惠活动，电视机、空调、水箱、数码产品等都会大幅打折。年终奖到手了，很多女人也都想潇洒一把了，有的想更新家中的家用电器，有的想买一两件心仪已久的数码产品。

实际上，随着科技和生产力的迅速发展，高科技产品升级换代的频率越来越高，我们根本没有必要"赶潮流"。因为，你今天买到手的新产品，明天可能就会变成"落脚货"。家电更应该以实用为主，不要去追逐那些用不着的功能，把钱花在这上面实在犯不着。

3. 愚昧消费

随着社会的进步，如今的愚昧消费行为并没有完全绝迹，如为了求发财、升官、升学、长寿、好运等不惜花费大量钱财抽签算卦、烧香拜佛、修庙宇、修坟墓等，如此行为不一而足。

4. 借贷消费

借贷消费是现代家庭理财的新概念。但是，负债总是要归还的，如果盲目地利用负债消费，并没有好结果。例如，一些年轻家庭为追赶现代潮流，不顾家庭自身客观条件，千方百计向银行贷款或向亲朋好友借钱来购买自己所需的高档商品，结果负债累累，身心疲惫。而且所购的一些商品很快式样过时，严重影响了家庭生活的幸福。

5. 买个方便

省时的速食代价不菲，比如说，一个知名品牌的冷冻面条，要比同样分量的一般面条贵上 2 ~ 5 倍。另外，所谓便利商店的东西也是比较贵的，因为它们的货物加成费用要比超级市场里的高。如果经常在便利商店购物，一年下来，两者的消费金额相差会有千元以上之多。

女人对于自己生活中的各类不合理的消费行为应加以控制。例如，每天上班不要乘出租车，你可以早起些等公交车。如果路不远，而你又有自行车，那就骑车上下班吧，这样既锻炼身体又省了钱。不要在外面吃早点，你可以早起半个小时自己动手做。如果你经常在周末到外边吃饭，也可以酌情减少外出吃饭的次数。

当然，随着生活水平的提高，人们追求品位、讲究精致，这些都无可厚非，但并不是花钱多就能吃出健康、穿出品位。追求时尚、体现个性应追求高层次的精神享受，而不是纯物质的铺张浪费。合理地消费，既能丰富生活、愉悦心情，又有益于健康。能够做到合理消费，才能活得舒心、开心。

好饭不怕晚，耐心成就你的“黄金存折”

无论什么时候你都不能忘记，投资理财是一个漫长的过程。如果你需要一份根基牢固并且可以稳步增长的“黄金存折”，那么首先要尽早投资，留出足够的时间去等待收益；其次是在投资的过程中切忌朝三暮四、摇摆不定，坚持会给你带来最为丰厚的收入。

女人们总是爱幻想的，她们很容易因为一夜发财致富的神话着迷。一位遭遇平凡的人，能够因为某个机会，立刻赚得大钱，这是多么振奋人心，多么引人入胜，多么令人羡慕不已！但是你是否知道，电影为追求戏剧效果、吸引观众，必须放弃冗长无聊的细节，而将一个白手起家的有钱人的成功，全归功于一两次重大的突破，把一切的成就全归功于少数几次的财运。戏剧性的手法把漫长的财富累积过程完全忽略了，而现实生活中很少有那么富有戏剧性的事情。

无论什么时候你都不能忘记，投资理财是一个漫长的过程。如果你需要一份根基牢固并且可以稳步增长的“黄金存折”，就应该抛掉一切好高骛远的幻想，踏踏实实地开始制订自己的理财计划。把美好生活的希望建立在一个一亿分之一的奇迹上，最终也等不来撞到树桩上的兔子。即使最后等来了，要是你对如何处理一大笔意外之财没有正确的打算，那么很快也将再度贫穷。

有一位著名的投资理财专家，多次提到一个成为亿万富翁的神奇公式。

假定一位身无分文的年轻人，从现在开始每年存下 1.4 万元，如此持续 40 年。如果他每年存下的钱都投资到股票和房地产上，并获得每年百分之七的投资收益率，那么 40 年以后，他能累积多少财富？

一般人猜的金额，多在 200 ~ 800 万元之间，最多的也不超过 1000 万元。然而依照财务学计算复利的公式，正确的答案应该是 1.0281 亿元，一个众人不敢想象的数字。这个神奇的公式表明，一个 25 岁的上班族，如果依照这种方式投资，到 65 岁退休时，就能成为亿万富翁。

当然，理论上的亿万富翁，并没把现实那些各种不可测因素计算进去，比如天灾人祸、市场低潮，而任何一次投资的失误都可以使我们颗粒无收甚至把种子也赔进去。但这个公式给我们的启示是：投资理财没有什么复杂的技巧，最重要的是观念，观念正确就会赢，每一个理财致富的人，只不过养成了一般人不喜欢、且无法做到的习惯而已。

只要耐得住性子，将资产投资在正确的目标上，复利自然会引领财富增长。相对而言，投资理财比创业要轻松些，只要方法正确，钱投资于股市、房地产，耐心等待十年数十年，致富的成功率是非常高的。

1973 年的夏天，莎拉和琳达这两个大学室友毕业了。莎拉发现，她为获取文学学位而选修的陶器学，并没真正对她的职业发展有什么帮助。她选择了一份秘书工作，挣着微薄的薪水。琳达以法学优秀毕业生的身份毕业，在一个有名的法律事务所获得了一份高薪工作。莎拉担心自己永远走不到前面，因为她的薪水只有琳达的一半。她决定每年坚持留出 2000 英镑，投资一家平均年收益 10% 的管理基金。另一方面，琳达觉得过了多年拮据的学生生活，既然现在是一名高收入的律师，是该报答自己的时候了。她是一个“购物治疗”型女孩，挥霍完现金，就靠一张又一张的薪水支票度日。

10 年过去了，到了 1983 年，这时的琳达才感觉到，当了 10 年的购物狂，她没有留下任何有些价值的东西。她决定每年拿出 2000 英镑，投资到与莎拉相同的那只基金中去。

而现在，莎拉和琳达现在都已 50 出头，她们相遇并比较财产。在过去的 20 年里，琳达共投入 40000 英镑，现在增长到了 125000 英镑。莎拉投入的只有琳达的一半多，而且最近 20 年没有投入分文。她的账户余额为 230000 英镑，几乎是琳达的两倍。即使琳达每年继续投入 2000 英镑，她也赶超不了莎拉。简言之，莎拉享受复利计息的时间比琳达要长。

这个故事给我们的启示是：女人要拥有属于自己的“黄金存折”，首先要尽早投资，留出足够的时间去等待收益；其次是在投资的过程中切忌朝三暮四、摇摆不定，坚持会给你带来最丰厚的收入。

投资的本质就是相信延期的回报，所以，投资理财是一项长期行为，投资者要有长远打算。许多失败者之所以没能使自己的财富成倍地增长，很大的原因就是受到急功近利思想的影响，只顾短期利益，过早地抛出手中的资产，退出市场。他们忘记了只有以长远的眼光来审视商机，才能获得丰厚的回报。

有计划，你才能赶得上生活的变化。一位具有“理财管理能力”的女性，不会放任自己辛苦赚来的钱四处“流浪”，或是等着通货膨胀侵蚀它原有的价值。不论单身或已婚女性，都该好好管理自己的财富，制订长远的财务计划。为了将来的自由和保障，你应该尽早建立自己的黄金账户。

理财，女人可以先打造自己的根据地

我们学习理财和赚钱的方法，是为了让自己的生活更为美好，所以在投资方式上平和一些，保守一些，与自己的大目标并不冲突。你不必强求自己更新观念与“潮流”接轨，做自己喜欢的投资项目，才会真正给女人带来资产上收益和心理上的安全感。

说到投资理财，人们首先想到的是股票，尤其在前两年行情大好的形势下，仿佛不拿手中的钱到股市上搏一把，就落在了大家的后面。其实理财也是非常个性化的事情，每个人都有适合自己的投资方案，盲目追逐市场热点而没有抗击风险的能力，结果是很危险的。

如今很多关于财富的书非常激进，鼓励人们抛开中产阶级比较看重的房子和职位，大胆投资股市或者自我创业。比如在《穷爸爸，富爸爸》系列中，就强调了一种“加薪、晋升、购置大房子并非投资，而是在财务和家庭上的自杀行为”的观念。这种新鲜的观点曾经给了我们一种耳目一新的冲击，但是它不一定适合每一个人。我们的社会本身就是由各种行业、各个阶层的人组成，不可能谁都以投资取胜或能独立创业，以自己当前的生活方式为基础并把它经营得更好，应当是我们最基本的追求。有意思的是，和《富爸爸大预言》同时上市的新书《九步达到财务自由》中，作者苏茜·欧曼则提出了自己的另一种观点。她认为在适当投资的同时更要学会储蓄，学会利用社会保障体系以及更多的金融投资工具，包括让有经验的个人理财师来为你的财务未来保险。要解决好财务问题，首先要从自己的金钱心理问题开始，要从造成每个人金钱困惑的源头下手，要平和地理顺自己与金钱的关系，包括金钱和财富在理财中的作用，要健康地、和谐地储蓄、投资、理财。

从女性的思维特点和做事方式来说，苏茜·欧曼的观点可以给我们更多的可借鉴处。我们学习理财和赚钱的方法，是为了让自己的生活更为美好，平和一些，保守一些，与自己的大目标并不冲突。你不必强求自己更新观念与“潮流”接轨，做自己喜欢的投资项目，才会真正给女人带来资产与心理上的双重收益。在房屋等不动产的投资选择上，女性直观的洞察力和保守的思想反而是一种优势。

有个期货投机者至今还在庆幸当年听了老婆的话买了套房产，尽管后来期货投资惨败血本无归，但最终还是保住了养命钱。更典型的例子是，几乎所有的准新娘都要求心上人准备新房，结果，在大多数情况下，这种看似苛刻的条件不仅提高了家庭生活水准，而且在不经意之中帮助丈夫做了一次成功的“投资”。

秦小蓉和老公都在外企打工，两个人月收入上万。老公爱面子，每次朋友们在一起吃饭他都抢着埋单，也常给妻子买价格不菲的名牌时装。每月下来，他们几乎剩不下什么钱。后来秦小蓉终于想出了一条妙计，她跟老公商量说：“现在房价挺合适的，咱再买套房吧。一来咱可以租出去赚钱，二来房价以后肯定看涨。”老公想了想说：“这倒是个好主意。”从此后他就不敢像以前那样，动不动就请客了。接下来是每月要付一部分房款，剩下来的钱也不是喜欢什么就买什么了。几个月后，老公突然反应过来了，对秦小蓉说：“我怎么稀里糊涂就变成负债过日子啦?”秦小蓉笑着对他说：“不让你负债，你永远也攒不下钱，我们挣得再多也永远都是无产阶级。”

女性在考虑购房时恐怕不会像一些“理性的”经济学者那样煞有介事地探

讨未来是正资产还是负资产问题，因为对纯粹的消费者来说，这实在是个伪问题。

在多数情况下，女性的想法要简单和实际得多，她们不会成为“资产”的奴隶，而是以享受生活的心情打量着未来和现实除此之外，她们关心的实际问题主要是未来预期的收入和偿债能力，如果能够承受，她们大概不会让资产正负的思虑妨碍对美好生活的追求。

相比之下，很多男性的想法倒真正是异化了，太多的投资意识引发太多的焦虑，却忘记了生活本身。

从家庭理财的角度看，房产的自然增值倾向似乎更合乎女性的投资心理，一般来说，女性投资比较保守稳健，对市场变化不够敏感，反应不如男性迅捷，习惯于长期持有。而男性的投机冲动要强得多，在市场上他们往往像猎豹一样不放过每一次机会，投机冲动在波动性比较强的市场和阶段往往能大显身手，在稳健的单边市场上则容易聪明反被聪明误。

相对于证券市场，房地产市场资本流动性很低的特点，决定了后者的趋势性更加明显。因此，偏重于感性和经验思维的女性就比较容易发现和认同趋势，而重理性思维的男性则偏好静态的价值评估，而且热衷于寻找种种蛛丝马迹乃至统计数据来印证自己的判断。不幸的是，市场似乎也喜欢和他们开玩笑，离市场太近反而看不清方向，想法简单反而容易成功。

女人要投资房产，必须要做好市场调查，而且房价最好不要超过自己所能负担的范围。适量的贷款也是可以的，但是在首付之后，每月的租金收入一定要大于偿还贷款的金额，如果不足，那就麻烦了。房地产作为一种特殊的商品，除因受环境、不可抗力影响外，是一种相对保险的财富。女人要投资房地产，只要有眼光和一定的本金，抓住投资的黄金时间，相信你的努力一定会获得丰厚的回报。

对于大多数女人来说，我们只是生活的体验者而非市场的弄潮儿，投资理财除了要适时关注一下大趋势——比如说在市场高速增长或者“经济危机”中，当然要有不同的方案。但是更重要的，还是要回归到自己的个人生活上来。对于房产等保守的投资即使你一时看不到“赚”了多少，单凭它限制了你的不良消费习惯、提高了你的生存质量来说就是值得的。

打理好自己的财富，让钱来生钱

合理地运用包括直接投资实业和金融投资理财在内的多种投资方法，让手中的钱生钱，拥有“多次持续性收入”。随着这种再投资过程的不断延续，我们最终就会走上致富之路，获得真正的财务自由。

“富”字的下面是个田，而“穷”字的下面是个力，在古代，拥有土地田野的人肯定是个富人，而只会干活出劳动力的人一定是个穷人。中国人的确是世界上最聪明的民族，只用两个字就把富和穷的秘密注释清楚了。田地就是古人的资本，富人自己种不了那么多也不必亲自种那么多，他们把田租给穷人然后收取地租。穷人没有什么可经营的，他们能出卖的只有自己的力气了。

现代的富人没了田地，他们的经营直接转向了金钱，即使只有 10 元钱，在有投资习惯的人眼里也是一种资本，他们首先想到的是这 10 元能给自己带来多少效益，他们知道，无论多么辉煌的收益都是来自 N 次小小投入的积累。这一积累终将有一天成为他们的主要收入，即非工资收入。富人的收入来自于他们的资产，如房地产租金、证券及他们的私有公司。他们不会为钱本身去上班工作。他们的非工资收入远远大于那些一些人的工作收入。富人们即使是在玩儿，他们的那些投资也能为他们产生收入和回报。

拥有自由自在的生活是每个女人所向往的，有钱就有更多的保障。因此，女人在自己还有能力、有冲劲的时候就应未雨绸缪，为自己“坐在家里挣钱”的未来打基础。

怎样实现个人的财务自由呢？拥有多种收入来源和多次持续性收入，是一个人拥有个人财务自由和时间自由的基础。

假如你想多拥有一种收入来源，你可能会找一份兼职工作。但这并不是真正意义上的多种收入来源。因为你这是在帮别人“打工”，工作一天就有一天的收入，不工作就没有。你应该有属于自己的收入来源。

多次持续性收入是指你在经过努力创业，等到事业发展到一定阶段后，即使有一天什么也不做，仍然可以凭借以前的付出继续获得稳定的经济回报。作家的版税、存款利息、投资收益、特许经营等都属于多次持续性收入。

台湾有句俗语叫：“人两脚，钱四脚。”意思是钱有四只脚，钱追钱，比人追钱快多了。和信企业集团是台湾地区排名前五位的大集团，由和信企业集团会长辜振甫和台湾信托董事长辜濂松领军。外界总想知道这叔侄俩究竟谁比较有钱。有钱与否其实与个性有很大关系，辜振甫属于“慢郎中”型，而辜濂松属于“急惊风”型。辜振甫的长子——台湾人寿总经理辜启允非常了解他们，他说：“钱放进辜振甫的口袋就出不来了，但是放在辜濂松的口袋就会不见了。”因为辜振甫赚的钱都存到银行，而辜濂松赚到的钱都拿出来投资。而结果是：虽然两人年龄相差 17 岁，但是侄子辜濂松的资产却遥遥领先于其叔辜振甫。因此一生能积累多少钱，不是取决于你赚了多少钱，而取决于你如何理财。

钱生钱，也就是复利原则，也就是要把所赚到的钱再进行投资，女人要想获得财务自由，拥有花不完的钱，过上真正富裕的生活，就要找到一种适合自己的投资方式。其实，真正的富裕是动态的，是现金流源源不断地流向你的口袋。要达到此目的，你必须从小规模的投资开始不断地创造你的资产，再用资产带来的钱创建更多的资产。当你的钱越来越多的时候，你不一定是富裕的，因为你的钱有可能是来自于你的加薪。而当你的资产越来越多的时候你肯定是富有的，因为你的钱来自于属于你的资产，无论这些资产是房产、企业，还是“纸上”的资产如：股票、手稿、存款等。

如何成功理财，使得财富不再从你身边流走，成为真正能够抓在手中的享受，对于渴望拥有财务自由的女人尤显重要。合理地运用包括直接投资实业和金融投资理财在内的多种投资方法，让手中的钱生钱，拥有“多次持续性收入”，我们就会变富，就会有越来越多除自身劳动力收入之外的其他多种收入来源。随着这种再投资过程的不断延续，我们最终会走上致富之路，获得真正的财务自由。

第10章

不甘平庸，有雄心闯劲的女人更有出息

年轻的女人也许出身贫寒，境遇不佳，连连受挫；也许才疏学浅，地位卑微，很少得到别人关注。当然，你没有能力去决定自己的出身，也没有办法挽回逝去的时光，但你有权利选择自己的未来。只要你不甘于平庸，想做一名伟大的创业者，你的命运就有改变的可能。因为，野心能激发女人内心旺盛的进取心，使你在强烈欲望的指引下朝着自己的理想奋斗不息。

女人可以平凡，但不能甘于平庸

女人要赚钱，就要打破现状，不断进取创新，才能走出穷人圈。拿出全部精神来与贫穷做斗争，奋力致富，把贫穷踩在脚下。

安于现状是致富的大敌。“只要安稳地过一辈子就好”“只要过得去就行了，不必赚太多的钱”……假如，你的脑子被这种念头占据着，你就一辈子赚不了大钱。不满现状，奋发向上是赚钱发财的前提。引导你赚钱的最佳动机，应该是不愿过“单调无意义的生活”，想过“更充实更华丽的生活”这种念头。一个能赚大钱的人，经常会想：就是下暴雨，刮狂风，也要游到对岸去。正是不甘平庸的想法，使许多人功成名就，换句话来说，这种想法也是成为富人的关键所在。

每个人都有自己的缺陷，都有自己的不足，富人的共同点不在于外在的条件，而是在于他们的内心世界，在于他们的心中都有一种不甘平庸、一定要出人头地的成功信念。正是这种信念激发了他们的智慧，因而改变了他们的人生。

其实每个人的体内，都潜伏着巨大的力量，这种力量一旦被唤醒，就是在最卑微的生命里，也能创造奇迹。所以，女人只要坚定信念，下定决心，希望就会出现在眼前。

小苑是一个不甘平庸，成功改变命运的女性。她原来在一家公司工作，屡次受到某位资深上司的排挤，使她在工作上很难有所表现。最后小苑毅然决定离开原来的公司，从做自由接案者到成立自己小小的工作室，几年下来，小苑已经坐拥一家颇具规模的公司，年收入也是当初给人打工的几十倍。

原来小苑工作的那家公司由于经营不善已经破产了，而那位排挤过她的上司也因此而失业了。也许小苑还应该感谢排挤自己的那位上司,否则她怎么下决心改变现状,另辟新径,拥有今天的成就呢?

生活不是试跑,也不是正式比赛前的准备活动。生活就是生活,不可逆转,也没有后悔药吃。不要让生活因为自己的不负责任而白白虚度。所有的岁月最终都会过去的,只有做出正确的选择,回首往事的时候才会感觉到自己无悔地度过了这些岁月。

谁都没有能力去决定自己的出身,也没有办法挽回逝去的时光,但你有权利选择自己的未来。只要你不甘于平庸,想做独立的、会赚钱的女人,你的命运就有改变的可能。因为,野心能激发你内心旺盛的进取心,使你在强烈欲望的指引下朝着自己的理想奋斗不息。

敬一丹从北京广播学院毕业后,回到了家乡黑龙江,在省人民广播电台工作。因为经历过上山下乡的知青生活,文化底子薄,两次报考母校的研究生,都名落孙山。可是已经29岁的敬一丹不甘心就这样,于是鼓足勇气第三次走上了考场,终于在30岁的那一年成为北广的研究生。

入学不久,敬一丹就结婚了,丈夫在清华大学读研究生。虽然有了家,但敬一丹依然住在学校的集体宿舍里,一日三餐在食堂里,和单身生活没有什么区别。经过三年的苦熬,敬一丹留校任教了。在大学里当教师,是很多人都羡慕的既体面又轻松的工作,收入也不错,还可以照顾家庭。可是敬一丹觉得自己是学新闻的,应该到一线去做更有挑战性的工作。

33岁那年,中央电视台经济部来北广招人,经过面试、笔试和实践考核,敬一丹幸运地被录用了。经过不懈努力,敬一丹终于在人才济济、竞争激烈的中央电视台拥有了一席之地,而且还以自己的名字开辟了“一丹话题”这个专栏,这是全国第一个以主持人的名字命名的节目,得到了广大观众的一致认可。

敬一丹正是不甘平淡的生活,不满现状,锐意进取,勇于挑战,才取得了人生的成功。

生活中，许多女人把大量的金钱和精力耗费在衣着打扮上，并且心甘情愿。然而，岁月是无情的，漂亮的时装、昂贵的化妆品，终究不能挽留青春的容颜。如花的岁月慢慢地逝去，在不知不觉中便失去往昔的韶华。于是，常常会听到女人们叹息不已，青春为何不再？

人生是一条奔腾不息的河流，永远不会停留在一个地方，也不会停留在某一阶段，它需要不断地超越。超越，是升华，是突变，是人生不可缺少的阶段。正是这种超越，才使人类从愚昧无知的远古走到文明昌盛的今天。

超越自我，就是不甘平庸的人生，就是在自己宝贵的一生中，活得潇洒如意，活出自己存在的意义，不白活一回。只有努力创造，全力拼搏，不断超越，才能在激烈的竞争中占有自己的位置，使生命的碰撞发出耀眼的火花。

女人要赚钱，就要打破现状，不断进取创新，这样才能走出穷人圈。拿出全部精神来与贫穷作斗争，奋力致富，把贫穷踩在脚下，设定一个属于你自己的目标，不要考虑得太多，因为生命的过程就是一连串的失败与成功，谁想要尽善尽美地达到人生目标，都是不容易的事，但是，你总得试试才知道结果。纵然失败，也无怨无悔。

赚钱就要有点向前冲的劲头

许多女人总把一件事情想得过于复杂，自设的障碍会使她们将地面上的石头看成小山，导致缩手缩脚，裹足不前。女人要赚钱，只要你还拥有坦率和勇气，总有一扇门会为你打开。

有些女人总是自认为出身不好，时运不佳，常常抱着一种愤世嫉俗的扭曲心态，喜欢抱怨命运，抱怨别人。一天到晚，总是摆出一副怨天尤人的样子。不是抱怨这不好，那不行，就是指责别人有这缺点，那缺点。她们往往理直气壮地指责社会不合理，埋没了自己的才华，使自己英雄无用武之地。她们不知道正是这种观念造成了她们的穷困。许多事情她们只是想想而已，她们认为自己没有能力，也不可能去完成。

其实，许多不可能，只存在于人的想象之中。许多女人总把一件事情想得过于复杂，自设的障碍会使她们将地面上的石头看成小山，导致缩手缩脚，裹足不前。她们首先是被想象中的困难给绊住了，然后便哀叹客观条件的不足，最终连试一下的勇气都没有。因此，女人要赚钱，只要你还拥有坦率和勇气，总有一扇门会为你打开。

随着社会的发展，我们的生活节奏越来越快，思想也越来越注重于实效，谦逊、退让固然是一种美德，却往往会让你失去一些本来属于自己的机会。

在这个世界上，人人都在奔忙，富人要守业，穷人要创业。守业的人有如履薄冰的心态是正常的，因为他责任重大，容不得闪失。创业的人倒应该放得开，即使一时失招，使自己滑到了谷底，只要再继续干下去，不就是上升了吗？

大学毕业后，小李开始找工作，北京虽然很大，但适合他的工作却很少，作为一无关系、二无技术特长的哲学系毕业生，小李很快就变成了“北漂”。

圣诞节的下午，小李花光了最后一块钱。当他路过一家饭馆的时候，肚子一阵咕咕地叫，不知哪里来的勇气，使他不顾一切地推开门走了进去，选了一张桌子坐下。然后从容地点菜，小李没敢点太多，他知道那样会无法收场，只要了一份牛肉面和一盘京酱肉丝，吃的时候，感觉少点什么，于是，又要了瓶燕京啤酒。

酒足饭饱，小李将剩下的酒一饮而尽，借着酒劲，一脸镇定地对服务员说：“麻烦你请经理出来一下，我想和他说句话。”经理很快出来了，是位年龄不大的女士。小李问她：“你这还需要人吗？我想在这打工行不行？”经理愣了一下，说："你怎么这么说?"小李恳切地回答："我刚才吃得很饱，我已经好几天没吃上这么好吃的饭了。说实话，我一分钱也没有了，如果你不雇我，我就没办法还你的饭钱了。如果你可以让我来这里打工，你就不会赔的。"

女经理忍不住笑了，拿起小李的点菜单看了看说："你很诚实，这样吧，你先写个简历给我，下班前我跟老总说说，看有什么工作适合你。"

第二天，小李就开始在这家饭店干活了，尽管很辛苦，但他心里很高兴，至少不会再饿肚子。不久，他由于工作出色，升上了经理助理。再后来，他开起了自己的饭店。

任何一个关于机遇和运气的故事都是有变数的，比如上文中的小李，他有可能遭受一顿冷嘲热讽，也可能直接被乱棒轰出去，即便那个饭店真的收他做了小工，和自己开店当老板也还有很长一段距离。但是问题的重点是，一个人如果不主动出击寻找机会，总是等待他人先伸手帮你，成功的概率几乎为零。碰壁并不可怕，你要有锲而不舍的精神，第一次、第二次不行，第三次说不定就成了。一时境遇不佳没什么，你要充分利用好你的智慧和自由，沿着社会阶梯不断向上攀登。

和世界上的任何事物一样贫穷也可以是两面性的。在赚钱创业的过程中，也许你没有资金，也没有强大家族的力量可以依靠，这一切，确实是对个人发展的限制。可是如果从积极的方面看，你没有身份的包袱，不受社会上各种条条框框的束缚，反而可以放开手脚，走向通往财富的道路。

女人要赚钱，就不要缩手缩脚，要勇于打破限制个人发展的条条框框，这样才可以轻装上阵、敢打敢拼，只有鼓足通气向前冲，才能最终赢得财富。

积极进取，雄心不是男人的专利

女人有了赚钱的雄心，就会更加自信，会竭尽全力地完善自我，会抱着破釜沉舟、永不回头的决心，载着永不服输、不屈不挠的精神，寻找一切机会发展自己的事业。

追求财富应该算是每个尘世中人的人生目标之一。不可否认，我们学习、工作、奔波、忙碌，都是在追求着、创造着财富。生活无法与金钱彻底割断关系。于是，生活中大多数人都在全神贯注并永无止境地追求着财富。可是，在追求财富的过程中，不仅仅充满了甜美和微笑，还有无尽的苦涩和泪水，很多人因为承受不了这些而中途放弃，因为乏味而拒绝财富。只有一心一意的雄心家，才能体验到赚钱的乐趣，把谋财当作事业来经营。

有了想成为富人的雄心，还必须立刻行动起来。当你一觉醒来，是不是觉得躺在温暖的被窝里非常舒服而不愿起床呢？这时，你必须一跃而起，然后对自己说："等待自己的是伟大的事业，不能像别人一样贪图安逸，我要马上去为自己的事业奋斗。"当然，由一个穷人成为一个富人的过程不可能一帆风顺，一时的挫折、失败在所难免。在这种情况下，雄心壮志的你不可以精神沮丧，一蹶不振，对前途一片茫然。因为，你有着远大的抱负，这点小小挫折、失败算不了什么，你应该去鄙视嘲笑它，把它当作锻炼自己的机会；你要表现得更加顽强、坚韧，让这种伟大的精神吸引周围的人，支持、帮助你排除万难。

因为家境困难而不得不休学的欧普拉在超市打工，比起每天站到双脚浮肿，更让她难过的是得不到别人的尊重。

商场销售员也分等级，厂家派来的职员或商场的正式员工，从外表上看显得干净利落，而且在商场内的待遇也不一样。像欧普拉这种临时雇员，无论在哪里都会受到不公平的待遇。

在每天清理货架、搬运商品的工作中，欧普拉就告诉自己，我绝不是应该享受这种待遇的人，于是就在脑海中描绘出自己的未来。主攻经营学的她，想成为市场营销的专家，有着从营销人员晋升到 CEO 的雄心。

欧普拉经历了就业困难的时期和辛苦的打工生活，但她一刻也没有忘记自己在商场里，就已经确定立下的梦想。如她所愿，欧普拉在市场营销领域崭露头角，几年后即被一家大企业选中，成为商场事业部的经理。

从一个打工女到商场事业部的经理，在欧普拉的改变过程中，雄心的重要性是不容忽视的，永不满足、不断进取的雄心，成就了她坚强的意志，开创了不平凡的人生。当然，她也就自然会成为人人羡慕的好命女人！

崇高的理想和进取心是一股强大的推动力，促使我们奋发前进。它助长了我们的能力，并唤醒了我们的潜能，我们会感到有一种全新的力量在血液里回转激荡，有一种蓬勃的激情在周身汹涌澎湃。只有高远的理想和进取心，才能使我们的自我意识全面复苏，才能使我们战胜所有的懦弱和自卑，并焕发出无尽的力量和勇气。

美国的大富豪洛克菲勒给儿子约翰的信中说：

“我永远也忘不了我的第一份工作——簿记员的经历，那时我虽然每天天刚蒙蒙亮就得去上班，而办公室里点着的鲸油灯又很昏暗，但那份工作从未让我感到枯燥乏味，反而很令我着迷和喜悦，连办公室里的一切繁文缛节都不能让我对它失去兴趣，而结果是雇主总在不断地为我加薪。

收入只是你工作的副产品，做好你该做的事，出色完成你该做的事，理想的薪金必然会来。而更为重要的是，我们劳苦的最高报酬，不在于我们所获得的，而在于我们会因此成为什么。那些头脑活跃的人拼命劳作绝不是只为了赚钱，使他们工作热情得以持续下去的东西要比只知敛财的欲望更为高尚——他们是在从事一项迷人的事业。

老实说，我是一个雄心家，从小我就想成为巨富。对我来说，我受雇的休伊特·塔特尔公司是一个锻炼我的能力，让我一试身手的好地方。它代理各种商品销售，拥有一座铁矿，还经营着两项让它赖以生存的技术，那就是给美国经济带来革命性变化的铁路与电报。它把我带进了妙趣横生、广阔绚烂的商业世界，让我学会了尊重数字与事实，让我看到了运输业的威力，更培养了我作为商人应具备的能力与素养。所有的这些都在我以后的经商中发挥了极大效能。我可以说，没有在休伊特·塔特尔公司的历练，在事业上我或许要走很多弯路。”

许多女人也想过赚钱，也想过致富，但只是偶尔想想。这不行，没有致富的雄心，就没有巨大的致富动力。约瑟夫·墨菲说过，“想得到财富，先必将财富的观念送入潜意识，不论何时何地，你心中先相信会有很多财富。”

雄心并不是男人的专利，传统意义上，似乎有抱负、有梦想的多是男人，其实，有雄心的女人更能赚钱。女人有了赚钱的雄心，就会更加自信，会竭尽全力地完善自我，会抱着破釜沉舟、永不回头的决心，载着永不服输、不屈不挠的精神，寻找一切机会发展自己的事业，而也只有全身心投入的人才能获得成功。

有个性的女人最受社会的青睐

如果你在做事的时候只能跟着人家跑，做些收尾打杂的工作，那么你的价值将如何体现？现代女性应该培养表现自己、积极进取的个性魅力。

很多女人从小受到的教育是要温柔、要顺从、要勤劳和忍耐。这些品格当然有它们美好的一面，但是对于在社会上打拼的现代女性，仅仅能做到这些是不够的。因为我们的理想，不是靠某些人的庇护，平平安安地过一辈子。平常的素质、平淡的性格是很难有出头的机会的。

能够在某方面取得一定成就的人，性格上都会有些与常人不一样的地方，这一点已被许多成功者所认同，也在一定程度上得到了心理学家们的验证。卡耐基在《成功的性格》一书里举了这样一个例子：

有位美国记者曾在采访银行家摩根时问："决定你成功的条件是什么？"摩根毫不掩饰地说："性格。"记者又问："资金与性格何者更重要？"老摩根一语中的："资金重要，但更重要的是性格。"

成功的外国人如此，成功的中国人也一样。尤其是那些期望靠自己的力量得到升迁和财富的中国女人，应当充分发掘出自己个性中勇于进取和承担责任的一面，来获得社会对你职业水平的认同。最终可以衡量一人价值的还是你的成就和业绩，否则不论你做了多少默默无闻的奉献，也不能换回自己想要的东西。

在公司里，秦小枫以文静、勤劳而出名。在没有人要求的情况下，她每天都提早上班，帮所有的同事擦桌子，连办公室的地板都拖得干干净净。其他人任务繁重时，理所当然地叫小枫为他们跑腿打杂，小枫也二话不说就帮忙。偶尔部门同事一起聚餐，她也不让其他同事动手，自己包办所有布置餐台和清洗碗筷的任务。虽然要做好自己的工作又要帮其他同事的忙，小枫时常感到劳累，但是，她并没有觉得有多辛苦。她很高兴能够以这样的方式得到别人的认同，而且经常习惯性地说，努力做事让她感到满足。

相反，同一部门的张雪，对办公室里的杂事却从来没有兴趣。她业务能力强，做事也认真专心，在公司里与同事相处也十分融洽。张雪常常思考怎样才能让自己成为市场方面的专家，有闲暇时间就搜集情报，也在公司内外建立了良好的人际关系。

两年后，张雪如愿以偿地得到了加薪，并调到了期待已久的市场营销部。秦小枫却依然在办公室做些可有可无的杂务，当着义务的清洁工。

每个公司所缺少的，都是能独当一面，为公司带来效益的优秀员工。那些没有能力、没有个性，只能扮演“保姆”角色的人，虽然不会惹大家讨厌，但如果要以此作为自己升迁的积累，无异于犯了方向性的错误。

女人为自己寻找好的出路，必须要多动脑子，否则会一辈子活得辛苦。时代在进步，我们许多旧的观念需要改变了，如果你的性格里有张扬、进取、自信的一面，那么应该毫不逃避地表现出来，有个性、有魅力的女人不应该永远泯没在人群里。

特殊的个性，会造就一个女人的独特魅力，这种魅力会使你有别于其他人，独树一帜。你的个性是通过言行举止、衣着打扮表现出来的，也可通过你独特的行事作风和处世原则表现出来，它会形成一种气质、一种风度。它会帮助你吸引到一大批志同道合者，共创美好的事业。从这些意义上讲，个性是一种力量，更是一种资产。

2006 年胡润女富豪榜以 5 亿元排行第 48 位的谭海音，就是一个个性与魅力兼备的女人，她平和、宽容、真诚、坦率，她做易趣 CEO，兼具时尚与沉稳，做得信心十足，底蕴十足，赢得同行与属下许多的夸赞。

谭海音是麦肯锡咨询公司雇用的中国首名本科咨询员。她在麦肯锡干了 3 年，全球也跑了不少地方，独立地做了很多事，这时她觉得自己该读书了。1997 年，她考取哈佛的 MBA。麦肯锡咨询公司给了她 9 万美元的资助，但前提是读完书后还得回原公司工作至少两年。毕业后的谭海音希望在事业上能收获新的东西，她喜欢开拓新的行业、接受新的挑战，她决定回国独立创业，这就是她的独特个性，她宁愿背负着 9 万美元的债务，也勇于顶着压力离开麦肯锡咨询公司。

压力也是动力。

她后来说："但我还是要做我想做的事，我相信凭自己的能力肯定能还这个债。"

回国后的谭海音与同学邵亦波一起创业做网站。当时国内互联网行业机会非常多，但游戏规则尚未建立，风险也很大。"但对我们这些不怕输，不怕挑战，愿意在模糊不清环境里工作的人，这却是很有吸引力的事情。"有个性的谭海音说。

"易趣最高管理层有着中西结合的优势：海音是公司的文化中枢，我是头脑中枢。"这是董事长邵亦波对易趣管理团队的评价。易趣取得了非常大的成功，谭海音的个性与魅力也为她带来了巨大的金钱与人缘财富。

不论你做的是哪一行，相信你都不愿意自己的一生被埋没。人言"干什么吆喝什么"，大胆地展示自己的个性魅力，不做庸庸碌碌的无用功，许多的职位就非你莫属，成功和财富也会被你攥在手心里。

女性的气度，将决定她的高度

现代社会，每个人本身的人格修养在商务交际中的意义越来越大，成为一种看不见的财富。凡是成就了一番事业的人，身上总有一种独特的人格魅力，周围的人尊重你、认可你，你面前才可能是一片通途。

在很多行业里，做得中规中矩的是女性，但是顶尖大师，往往都是男性。赚钱也是一样，女性天性里的耐心与细致，总会把一个小家庭、小店铺料理得十分妥当。但是谈到发展与进步，女人很快就会碰到她的"瓶颈地带"，似乎她们只适合在自己的一方小天地里打转转，要想做大做强，难度就有点儿大。

当然，并不是所有的女人都是如此。在这个世界上，各个领域里都有一些出类拔萃的女人，取得了令人瞩目的成就。她们的人生经历和从事的行业各不相同，但大都具备让人信服的人格魅力，比如信心、坦诚、有原则、有责任感等，都是女人普遍所欠缺的素质。“小女人”只有理解了什么叫作大家风范，事业上才有更上一层楼的可能性。

有一次，一位外国记者向吴仪部长提出一个很尴尬的问题：“请问吴仪部长，为何至今还是独身一人?”对此，部长是无可奉告，还是避实就虚含糊了事?人们揣测着可能出现的回答方式。然而，吴仪的回答大出众人的意料，她既不回避，也不闪烁其词。她说：“我不信奉独身主义。之所以打单身，和年轻时的观念有关。一是受文学作品的影响，心里有个标准的男子汉的形象，而这种人现实生活中没有；二是总觉得要先立业后成家，而这个业又总觉得没有立起来；再就是在山沟里一待20年，接触范围有限，等到走出山沟，年龄也大了，工作又忙，就算了吧。”

这一席坦率的回答使众人感到吃惊，同时也使众人大为感动。正是这种坦诚、直率的风格才使吴仪成为对外贸易谈判中辩论无敌的杰出女性。

事实上，有许多女性朋友对所谓“口才”往往有一种误解，她们以为伶牙俐齿、口若悬河，说得对手找不到北就是目的。这其实是犯了一个根本性的错误，真正会说话的人，言辞之中总会有一种深刻的感染力，大家会认为这是一个光明的人、一个热忱的人，于是会很自然地把与其为伍当作一种荣幸。普遍地，女性在大事来临的时候常常后退或者逃避，这样会无端地失去很多支持者。如果在职场，你损失的是同僚的友善；如果在商界，你损失的是合作伙伴的信任。

有一个公司的老总，在一次内部会议上宣布改变公司的战略计划时，一个股东大声说：“您5年之前并不是这样主张的呀!”

这位女老总的答复是：“是的，那时我的学识还不够，我错了，现在我进步了。”她并不说什么“但是”“假若”或逃遁之词，而是发表了一个坚强、有头脑的人坦诚的自白，表现了她能与时代同行的精神。最后，她赢得了股东的一致支持。

经商也要以做人为本，做人不合格做事也就没有了根基。还有什么比赢得别人的信任更宝贵的呢？有多少人信任你，你就拥有多少次成功的机会。信誉是无价的，用信誉获得成功，就像用一块金子换取同样大小的一块石头一样容易。

赶上合适的机会，也许人人都会发一笔小财，但是要获得长期的、可持续发展的财源，比拼的就是个人素质的高低了。

最出色的商人，不但生意做得好，做人也做得到位，他们把自己对人生和社会的理解贯穿到商业活动之中，从而带动自己事业的发展。商界颇为讲究知名度。而知名度也更明显体现出一种商业价值，在这种情况下，生意人本身的人格修养在商务交际中的意义就越来越大，成为一种看不见的财富。许多成功的商人，他们的高明之处在于，深知做生意和做人一样，都要讲德行，富贵不淫，生活节俭；在商务交际中重信誉，守信用，以诚待人；在商业经营中重视天时、地利、人和的关系，能以仁爱之心对待同事、员工，使企业内部团结一致，充满融洽的气氛。

一个女人在赚钱致富的道路上能站多高、走多远，和她本身的眼光见识有直接的关系。有时候你的生意做得不够大，钱赚得不够多，并不是经营本身的问题，事事处处都一股“小家子气”的女人，是支撑不起大格局的。要赚钱眼睛也不能光盯着钱看，风物长宜放眼量，信誉、口碑、影响力等都将决定你最终的成就大小。

年轻时要敢于挑战，才有赚钱的机会

年轻人朝气蓬勃，具有旺盛的斗志。商场如战场，这战场具有极强的挑战性和冒险性，年轻人应该是这一战场的主力军。导致我们贫穷落后的真正原因，是得过且过的思想，它使我们浪费了宝贵的时间，错失了许多良机。

“记住，时间就是金钱。假如说，一个每天能挣 10 个先令的人，玩了半天，或躺在沙发上消磨了半天，他以为他在娱乐上仅仅花了 6 个便士而已。不对！他还失掉了他本可以挣得的 5 个先令……”

这是美国著名的思想家本杰明·富兰克林的一段名言，它通俗而又直接地阐释了这样一个道理：时间既不能逆转，也不能储存，它是一种不能再生的特殊资源。同样地，年轻也是赚钱最重要的本钱。名人常对大学在校生说：“年轻人，你的年龄是财富！”

年轻人朝气蓬勃，具有旺盛的斗志。商场如战场，这战场具有极强的挑战性和冒险性，年轻人应该是这一战场的主力军。导致我们贫穷落后的真正原因，是得过且过的思想，它使我们浪费了宝贵的时间，错失了许多良机。

如今“波司登”是我们极为熟悉的一个羽绒服品牌，也是具有国际竞争力的中国名牌之一，但是时光倒退 30 年，“波司登”的总裁高德康只是江苏常熟县农村一个毫不起眼的年轻人。

因为不甘忍受贫穷落后，在 20 世纪 70 年代末，高德康和 11 位农民一起成立了缝纫机组，给别人做一些“来料加工”式的活计，最大的客户，是上海的一家小企业。

上海距常熟 200 千米，高德康每天的工作就是骑着自行车，风雨无阻地在这条路上奔波。取布料、送成品，一天又一天，这其中的辛苦只有他自己知道。到了 1983 年，高德康的自行车换成了摩托车。过去骑自行车一天跑个来回，现在是一天两次往返于上海与常熟之间。加工出的成品多了，他们小作坊的收入也逐渐增加，但是如果高德康以比上不足、比下有余的思想为满足，那么也就没有后来的“波司登”了。

高德康是个“不安分”的人，他在为上海飞达厂做“贴牌”时，就敏锐地发现了羽绒行业的巨大商机。他一边继续做着来料加工的生意，一边潜心研究羽绒服市场的未来走势。到了 80 年代末期，高德康已经掌握了生产、加工制作羽绒服的一整套成熟技术，决定向自己的梦想进军。

对高德康来说，1992 年是他创业历史上一个最重要的转折点。高德康终于不甘“为人做嫁衣”，注册了“波司登”商标，迈出了打造品牌羽绒服的第一步。两年后，“波司登”羽绒服正式面市销售，高德康终于创造了自主品牌，参与市场竞争。到了 1995 年，“波司登”以 68 万件的销售量登上了同行业全国销量第一的宝座，从此声名鹊起。

每个渴望成功的人，都要趁自己还没定型、还有激情和锐气的时候，及时地拼搏一下，看看自己到底有多大的能量。你一旦创业成功，就会进入人生的一个新境界。

许多女人抱着得过且过的心态虚度年华，她们只恨时间过得太慢，她们的时间表是以日、周甚至月来计算的，当她们发现别人的财富逐渐增长，终于感觉到赚钱的重要性，此时才开始想怎么赚钱，却因时间太晚，最后只能虚度晚年，抱恨终生。

做事易，起步难，女人如果不想做时间的奴隶，不想虚度年华，就应该在年轻的时候，充分挖掘出自己生命深处的潜力接受挑战，当你有了第一次的收获之后，命运的格局就会大得多。

大连实德集团董事长徐明，是 2007 福布斯中国富豪榜上最年轻有为的企业家之一，可谓风光无限，可有谁知他的成功经历，也是“十年辛苦不寻常”。

1971年，徐明出生于辽宁庄河，是一个典型的东北人，身上天生有一种桀骜不驯的因子。从沈阳航空航天大学毕业后，徐明被分配到大连庄河县的经贸委工作。两年后，徐明再也受不了这种只是混日子的平庸生活，一种信念告诉他，他不能再这样碌碌无为下去。毅然辞掉公职后，豪气满怀的徐明便单枪匹马地来到车水马龙的大连。

当一踏进生活快节奏的大连时，高度敏感的徐明便发现自己并不占有什么优势，只不过是沧海一粟而已。但对于勇于接受挑战的人，机会总是有的。两年的平凡工作使得徐明对国内贸易政策烂熟于心，并发现了一个发财致富的大好商机，那就是在对虾出口需要许可证的年代，却没有对熟虾出口实行许可证的规定。无疑，这是一个可遇而不可求的机会。当徐明将这个重大发现告诉一个从事对虾出口的外商时，外商在感激不已的同时，极力劝说刚刚辞职下海的徐明一同来做。1992年，徐明开始从事卖虾的生意。在买入1吨虾为7万元左右，卖出却为37万元之多的情形下，刚下海不久的徐明便在眨眼般的工夫中，轻而易举地从一个毫无资产可言的普通人一举变为拥有千万资产的大亨。也就在这一买一卖中，徐明便赚了3000万元，为自己掘到了人生的第一桶金。

由一个普通的小职员到一个实力派商人，徐明已经完成了一次漂亮的蜕变，以后他的天地就宽广得多。创建了大连实德集团后，徐明将投资方向转入化学建材行业，迎来了一个飞速发展的黄金时代。其后他又涉足足球领域，后来家喻户晓的大连实德俱乐部，成了他们最闪亮的招牌。

或者有人会以为徐明是时代的幸运儿，并不是每个人的事业都能如此地一帆风顺。但是我们可以这样想，如果不趁着年轻去主动寻求突破，你将永远被困于命运的底层，毕生也领略不了成功的滋味。而已经建立起自己的基业的人，尽管还要面临新的风险和诱惑，但那已是另一种高层次上的角逐。你要知道，年轻人创业，失败了，负债累累，变成了比原来还穷的人，但是他可以重新变富，因为他还年轻，年轻就有资本，就可以从头再来。

参考文献

[1] 宗学哲.30之后靠钱赚钱[M].北京:京华出版社,2007.

[2] 李开复.做最好的自己[M].北京:人民出版社,2005.

[3] 靳西.卡耐基人际关系学[M].北京:燕山出版社,2007.

产业创新对制造业转型升级影响力研究

王　涛◎著

中国纺织出版社有限公司

内 容 提 要

本书以制造业经济为研究对象，以产业创新为研究路径，探讨产业创新对制造业经济升级的影响，探究如何尽快建立一条制造业经济发展的路径。通过技术变革、动力变革、质量变革、体制变革等各个环节，多维度、多方式，推动传统产业升级，提升制造业的发展水平和质量。

图书在版编目（CIP）数据

产业创新对制造业转型升级影响力研究/王涛著.--北京：中国纺织出版社有限公司，2023.10
ISBN 978-7-5229-1120-5

Ⅰ.①产… Ⅱ.①王… Ⅲ.①制造工业—产业结构升级—研究—中国 Ⅳ.①F426.4

中国国家版本馆CIP数据核字（2023）第194705号

责任编辑：段子君 周亚纯　　责任校对：高 涵
责任印制：储志伟

中国纺织出版社有限公司出版发行
地址：北京市朝阳区百子湾东里 A407 号楼 邮政编码：100124
销售电话：010—67004422 传真：010—87155801
http://www.c-textilep.com
中国纺织出版社天猫旗舰店
官方微博 http://weibo.com/2119887771
天津千鹤文化传播有限公司印刷 各地新华书店经销
2023 年 10 月第 1 版第 1 次印刷
开本：710×1000 1/16 印张：15.5
字数：205 千字 定价：99.90 元

凡购本书，如有缺页、倒页、脱页，由本社图书营销中心调换

河北省中南部地区以科技创新推动产业转型及经济一体化研究

（项目号：2019030202015）

河北省社会科学发展研究课题

前言

制造业是一个国家经济发展的基础，一方面制造业水平直接反映出一个国家的生产力发展水平，很多行业的发展都是以制造业发展水平为基础的；另一方面制造业也是提供就业岗位的主力军和国家安全的重要保障之一，制造业的发展直接影响一个国家的社会稳定和国防水平。当下全球经济正处于一个相对低迷的发展阶段，实体经济事实上已经成为一个国家经济的压舱石，制造业经济作为典型的实体经济对国家的社会稳定发展和长久繁荣有着重大的现实意义。

近年来，全球各主要经济体都在积极寻找能够推动区域中长期经济增长的新动力来源和发展支点，制造业很明显是大家的共识之一。新一轮技术革命正在酝酿，很多国家试图通过发展先进制造业来抢占先机。在此背景下，如何尽快建立一条制造业经济发展的路径，提升制造业的发展水平和质量，直接决定着未来几十年国家转型升级的成败。我们提倡的经济高质量发展不可能一蹴而就，需要经历技术变革、动力变革、质量变革、体制变革等多个环节，其中以产业创新推动的产业升级是最为关键的节点，是其他各环节的动力来源。基于此，我们要将制造业升级作为国家经济发展的重点，就必须将核心力量放在创新上，通过产业创新，多维度、多方式推动传统产业升级。

本书以制造业经济为研究对象，以产业创新为研究路径，探讨产业创新对制造业经济升级的影响，共分为六章。第一章介绍制造业转型升级的相关概念及理论，为后文论述提供理论基础；第二章分析制造业转型升级现状，并对其中存在的问题展开分析探讨；第三章论述政府在制造业转型升级过程中所起到的正反两方面作用；第四章从政策导向、金融服务、技术支持三方面分析制造业转型升级过程中的影响因素；第五章为制造业服务化转型升级，制造业服务化是制造业转型升级的重要方向，也是必由之路；第六章从政府、政策、金融、技术等角度提出了一些提升制造业转型升级水平的具体建议与对策。

制造业既是我国现代工业的压舱石，又是现代国民经济的主体和重要支柱，也是工业化和现代化的主导力量，更是实现创新、抢占未来的关键制高点。世界技术革命迭次兴起都离不开制造业强有力的支撑。推动制造业转型升级能够更好地面对经济全球化及国际分工浪潮带来的竞争与压力，获取竞争优势。

王　涛

2023 年 8 月

目录

第一章
相关概念及理论

第一节　制造业转型升级相关概念

一、制造业转型升级概述

（一）制造业内涵

作为人类适应并改造自然的基本活动，制造是一个非常广泛的概念，一个物体从原材料到成品的每一个环节都在发生变化，这个过程可能是物理变化也可能是化学变化，变化的方式可能是手工制造也可能是动力机械制造，我们把这一过程称为制造。因此笔者给制造下一个定义：即资源转化为产品的全过程。

制造业是将某种资源（物料、能源、设备、工具、资金、技术、信息和人力等）作为劳动对象，通过制造转化为可供人们使用和利用的大型工具、工业品与生活消费产品的行业。制造业普遍具有高投入和高产出的复杂特性。

（二）制造业的特征

1. 系统性

制造业的系统性体现在制造贯穿于需求分析、开发设计、加工制造、产品包装、销售运输、使用维护、回收处置等产品形成的全过程，并最终形成一个可循环的有机体系，如图 1–1 所示。

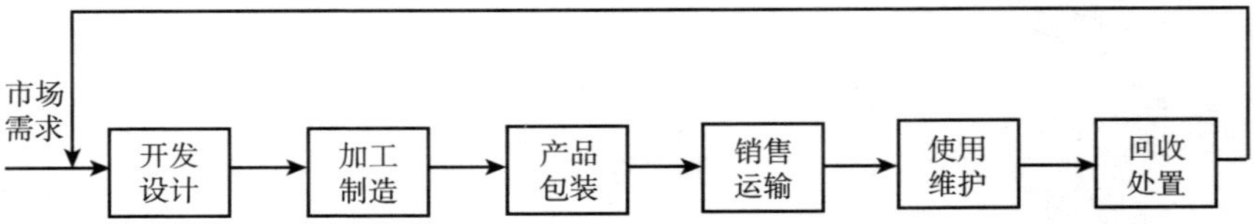

图 1–1　制造业生产过程

2. 关联性

制造业作为第二产业的重要组成部分，其产业内部门类众多，结构复杂，在产品生产过程中，上下游产业由于技术同源与工艺衔接所产生的内在关联十分紧密。制造业的发展同样对其他产业的发展有巨大的推动作用。特别是制造业中的装备制造业不仅为其他行业和领域生产技术设备，还需要上游企业提供电子和机械零配件等配套设备，这不仅对产业自身的发展起到带动作用，同时随着其自身的发展也产生新的需求，进而带动相关产业的升级。

3. 知识性

制造业的知识性特征主要体现在两个方面：其一，在制造业全过程领域中，知识可以视为一种原材料，其投入与产出伴随整个生产过程，并形成良性循环促进制造业的发展。其二，知识通常依附于制造业企业所生产的产品或提供的服务中，每一环节的产成品都有知识的体现。如图 1–2 所示，基于制造业知识性特征分析模型，制造业企业的生产效率和经济效益可以通过使用知识有效提高。因此，知识要素对于现代制造业企业至关重要。

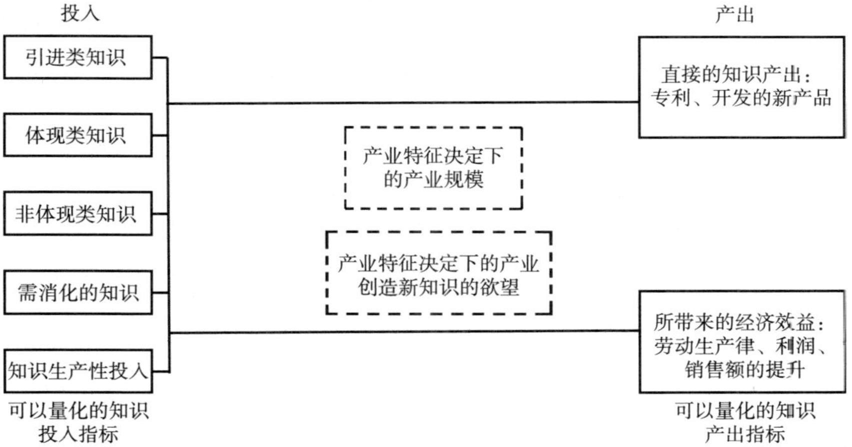

图 1–2　制造业知识性特征分析模型

（三）制造业分类

针对制造业的分类，全世界未形成统一的标准。国家统计局 2017 年最新修订的《国民经济行业分类（GB/T 4754—2017）》指出，“经物理变化或化学变化后成为新的产品，不论是动力机械制造或手工制造，也不论产品是批发销售或零售，均视为制造”[1]，将从事制造的经济活动都归为制造业范畴。本书据此做出对制造业的定义，即利用物理或化学手段将原材料加工成新产品的所有行业的总称。

《国民经济行业分类（GB/T 4754—2017）》将我国制造业分为C13~C43的31个的大类，179个中类和609个小类。这31个大类有：C13农副食品加工业，C14食品制造业，C15酒、饮料和精制茶制造业，C16烟草制品业，C17纺织业，C18纺织服装、服饰业，C19皮革、毛皮、羽毛及其制品和制鞋业，C20木材加工和木、竹、藤、棕、草制品业，C21家具制造业，C22造纸和纸制品业，C23印刷和记录媒介复制业，C24文教、工美、体育和娱乐用品制造业，C25石油、煤炭及其他燃料加工业，C26化学原料和化学制品制造业，C27医药制造业，C28化学纤维制造业，C29橡胶和塑料制品业，C30非金属矿物制品业，C31黑色金属冶炼和压延加工业，C32有色金属冶炼和压延加工业，C33金属制造业，C34通用设备制造业，C35专用设备制造业，C36汽车制造业，C37铁路、船舶、航空航天和其他运输设备制造业，C38电气机械和器材制造业，C39计算机、通信和其他电子设备制造业，C40仪器仪表制造业，C41其他制造业，C42废弃资源综合利用业，C43金属制品、机械和设备修理业。

除了这种分类方法外，制造业还可以从不同角度、不同层面划分为不同类型，如依据应用技术水平划分为现代制造业与传统制造业；依据产品类型划分为消费品制造业与资本品制造业；依据性质划分为加工制造业和原材料制造业；依据生产要素密集性划分为资本密集型制造业、劳动密集型制造业和技术密集型制造业；依据加工深度划分为机械电子制造业、轻工纺织品制造业和资源加工制造业；依据产业链层次划分为高端制造业、中端制造业和

---

[1] 国民经济行业分类（GB/T 4754—2017）[M]. 北京：中国标准出版社，2017：9.

低端制造业等。

（四）制造业转型升级

关于制造业转型升级，目前学术界未有明确界定。有学者将制造业转型和制造业升级分开进行研究。转型一般被认为是改变发展方式，一方面以新一代信息技术的应用为途径，通过技术、装备等生产要素更新改造，来提升原材料利用效率进而提高生产效率；另一方面将依靠扩张、能源资源过度消耗的粗放型管理方式转变为注重效率、发展质量和效益的集约化管理方式，强化自主创新能力，走创新驱动、内生增长的可持续发展道路。制造业转型按其内驱动力可分为三种类型：第一种是技术创新推动的制造业转型；第二种是要素禀赋诱导的制造业转型，即按照制造业要素禀赋的改变推动形成国与国、地区与地区之间的制造业分工，由此带来制造业转型；第三种是利润推动的制造业转型，即因为生产要素成本价格上升或制造业成品价格下降导致了企业利润下降，推动了制造业转型。

当今学术界有关制造业升级理论主要有两类。

第一类观点认为价值链升级导致制造业升级，起源于1985年美国学者迈克尔·波特（Michael E. Porter）提出的价值链理论。波特认为，企业的价值创造是通过一系列活动构成的，包括生产、营销、运输和售后服务等基本活动，以及物料供应、技术、人力资源等支持活动[1]。这些彼此完全不同但又相互关联的生产经营活动，构成了一个创造价值的动态过程，即价值链。当价值链从原始委托制造（OEM，贴牌生产）、原始设计制造（ODM，依规设计）到原始品牌制造（OBM，自创品牌），制造业企业通过资源整合和技术创新在各环节创造附加价值，实现制造业企业在价值链上位置的提升，制造业升级也就随之完成。这个过程可以从三个层面来理解：从微观上看，制造业升级是企业通过技术进步提升资源能力、降低成本、提高生产率、开发新产品，从而获得更高附加价值的过程；从中观上看，制造业升级是产业从劳

[1] 迈克尔·波特．国家竞争优势[M]. 李明轩，等译．北京：华夏出版社，2002：39.

动密集型向技术密集型、从低生产率向高生产率、从低附加值产业向高附加值产业演变的过程；从宏观上看，制造业升级是国家产业体系向低投入、高产出质变的过程。具体而言，制造业的价值链升级有四种路径：第一种路径是工艺流程升级，通过重组业务流程或引进新技术，提高投入产出比。第二种路径是产品升级，引进更复杂的产品线，提高产品单位价值。第三种路径是职能升级，要么在价值链中取得新的、更高层次的职能，如增加设计或销售环节；要么放弃目前的低附加值职能，以集中资源于高附加值的活动。第四种路径是跨领域升级，运用在某一特定职能中获得的能力，进入一个新领域。

第二类观点是产业结构调整导致制造业升级。产业结构一般有三种含义：其一，是指社会再生产过程中，生产资料生产部门和生活资料生产部门之间的关联和比例关系，主要是农业、轻工业、重工业之间的比例关系；其二，是指国民经济物质生产部门内部的组成及比例关系，如工业内部原料工业与加工工业之间的比例关系；其三，是指国民经济中各产业的组成及比例关系，主要是第一、第二、第三产业之间的比例关系。制造业产业结构调整是指制造业产业内部结构的调整，指制造业产业结构在供需、技术、政府、开放程度等因素的共同作用下，从生产效率低的结构形态不断向生产效率高的结构形态演变的过程。制造业产业结构同经济发展相关而不断变动，表现为产业结构横向演变的合理化和纵向由低级向高级演进的高级化。合理化是制造业发展过程中内部各因素更加协调和资源利用更加有效。高级化是产业结构在合理、协调的基础上向更高层次进化，由低技术水平到高技术水平、由简单到复杂、由小规模到大规模、由刚性结构到柔性结构、由劳动密集型占优势向资本密集型、技术密集型、知识密集型占优势的动态发展演进过程。

学术界也有学者将制造业转型升级视为一个整体加以研究，此观点认为制造业转型升级的过程就是以创新为核心，将制造业创新链不断从低附加值向高附加值升级，从高能耗高污染向低能耗低污染演进的过程。制造业转型升级后要实现四方面目标：一是产业产值总量和劳动力总量增加；二是产品附加值提升，在产业链的价值环节提高；三是要素密集度发生变化，资本、知识、技术密集型产业替代劳动密集型产业，呈现电子信息技术化、网络化和智能化特点；四是人力资本、知识创新能力等软实力要素占比提高、重要性增强。

本书认为制造业转型升级应该包括产业发展方式改变、价值链升级和产业结构演进三部分。结合以上论述可以将制造业转型升级定义为：以创新为核心，发展方式向高效智能化转型，价值链向高附加值升级，产业结构向合理化和高级化演进的一个动态过程。

二、财税政策的内涵

（一）财税政策的概念

财税政策是指在一定时期，为实现既定的财税目标，各级政府所制定的有关财政税收方面的政策措施的总称，具体来讲包括为财政政策和税收政策。从内涵来看，这两者并不属于同一层面的概念，税收政策其实是财政政策的组成部分，但财政政策在实际执行过程中需要依赖财政收入，尤其是税收收入的支持，因此通常会将税收政策单独列出与财政政策同时考虑。财税政策作为政府行政管理的核心措施，无论是指定还是废止都会对社会经济发展产生重大影响。

20 世纪 50~60 年代，随着凯恩斯主义的流行，宏观经济学理论中出现非常重要的概念——财政政策。财政政策是指政府为防范通货膨胀、减轻经济波动、促进社会就业水平，在政府财政收入与支出方面做出的决策。换句话说，财政政策是政府为影响社会总需求，进而对就业和国民收入造成影响，而变动税收和支出的政策。其中，变动税收是通过改变税种结构或税率影响税收；变动支出是改变对商品或劳务的购买支出及转移支付。

（二）财税政策分类

财税政策包含两个方面，即政府补贴和税收优惠。其中，政府补贴是指政府通过补贴的方法将资金给予符合相关政策条件的企业，其目的是鼓励企业技术创新、成果转化，进一步推动企业技术更新换代与行业发展；税收优惠则是指在特定情况下，政府为达到特殊目的，针对特定人群和组织通过调整税收项目、税率以及税制结构等，以改变社会资源分配的行为。针对特定群体，政府采用减免特定的税收项目或实施优惠税率等方式，能够大大减少企业创新的成本，推动企业加大技术创新投入，增加企业技术创新的积极性。这两种方式在不同时期均对企业创新活动产生重要影响。

政府补贴主要以直接补贴为实现方式，主要包括财政拨款、贷款利息减免、贷款贴息、贷款担保、参股、无偿性预付款等，突出表现为政府财政直接对企业创新活动进行资金支持，其目的在于通过政府政策支持来刺激企业的创新意愿，推动企业新技术的研发和科技成果的转化。但如果政府补贴审查不严或者补贴强度设置不当，则容易造成企业骗取补贴或企业用政府的补贴资金取代自身的研发投入，导致政策效果大大削减。

税后优惠则主要以间接补贴为实现方式，包含税收扣除、税收抵免、税率降免、延期纳税和加速折旧等，它可以视为政府通过间接税收补贴给予技术创新企业的补助。相比直接补贴，税收优惠更加中性，对市场造成的扭曲程度相对较低，进而有利于整体经济效率的提升。从税收优惠的税种来看，主要包括增值税、所得税等，如研究开发费用的加计扣除、高新技术企业的优惠税率、超额税负即征即退、技术转让所得税减免等。目前，随着税收优惠力度加大，技术创新企业数量不断增加，企业专利数、人均专利数逐渐增加，其获得的优惠也不断加大。

三、金融发展

（一）金融发展的内涵

关于金融发展的界定，目前学术界尚未形成统一的结论。不同学者基于不同角度去定义金融发展的内涵。综合来看，金融发展通常是指一个国家（地区）的金融体系从单一向复杂、从低级到高级不断成熟、完善的演进过程。而金融发展的变化包括了金融体系中金融组织变化、金融工具的改变和金融市场的变化等。综合多种观点，本书认为金融发展的变化可从“量”与“质”两个层面理解，“量”意指规模的不断扩张，“质”则表示效率的提升和结构的优化。具体而言，规模的扩张不仅体现在资产总量持续扩大，也体现在金融工具数量更加丰富多样。但通过金融规模并不足以判断一个国家的金融发展水平，需结合金融发展的内部结构全面分析。金融效率是指金融市场对金融资源的利用程度及运转效率，金融结构则是着重考察金融市场的融资过程是否满足并匹配经济运行过程中供求双方对资金的要求。此外，如果从更为宽泛的范围来看，金融发展也包括金融创新、金融自由化等含义。

（二）金融数字化的概念界定

互联网的迅速发展对社会各行各业产生了巨大的影响也促使各行各业发生了重大改变，金融数字化的概念是近些年因互联网技术与金融相结合而逐渐演化产生的，指传统金融机构和互联网科技企业利用数字技术实现融资、支付、投资，并逐步探索出与以往完全不同的新型金融业务服务模式。金融数字化利用数字信息，通过互联网技术等使得传统金融服务，数字支付服务等更加高效，促进了商业模式的创新和生产力的提升。目前，中国的金融数字化涉及了信、贷、汇等几乎所有的金融业务，成为金融体系中不可或缺的组成部分，它代表了金融业未来的发展方向。

中国的金融数字化发展了十几年，已经构建出基本的体系形态，当前的金融数字化已经渗透进了几乎所有的金融业务。总体来说，中国的金融数字化发展经历了几个发展阶段。20 世纪 90 年代是金融数字化发展的第一个阶段，即传统金融机构互联网化。这一阶段的主要特征是中国银行业通过学习发达国家商业银行的先进经验，主动拥抱信息技术和互联网技术，金融企业开始纷纷将信息技术应用于金融业务以提高金融业务的效率。一方面后台服务更加智能化，另一方面在为用户提供金融服务时开始尝试运用自动存取款机、手机银行等多种终端。尽管金融发展已经开始进行金融数字化的改变，但其传统的金融模式仍未发生变化，此时信息技术的融入仅仅是使业务办理更加快捷便利。金融数字化虽尚未开展，但已经具备了形成的良好基础和条件。

第三方支付业务的开展是中国金融数字化真正起步的重要标志事件，使中国金融商业模式开始变得智能化。2004 年之前，金融机构是金融业唯一主体，信息技术更像是一种载体，其应用目的是让金融业务更加便利。应用了第三方支付这种载体则代表互联网企业开始介入金融业务，应用信息技术提供了更加智能化的金融服务来改变金融模式，进而逐渐改变传统金融体系。当交易双方发起交易时，买家先将所需钱款交给第三方平台支付宝账户，只有当货品确实交付给买家并且买家确认能够接受物品以后，卖家才能收到支付宝转来的钱款，第三方支付的产生无疑大大增加了网络购物交易双方的信任度，更多人相信通过第三方支付进行的网络交易是安全的，交易规模也随之迅速增长。

中国金融数字化发展的第二阶段的代表企业是金融科技企业，他们自身拥有的海量用户为他们开展金融数字化提供了基础用户和数据支撑，除此之外这些企业在数字技术方面的优势能够为用户提供更便利、更全面的金融服务，如互联网移动支付、网络借贷、网络消费金融等。在这个阶段，金融服务逐步融入日常生活场景，与电子商务、社交网络以及每一个人的衣食住行等相伴相随，更好地展现了金融行业为实体经济服务的本质。随着金融数字化的发展，用户信息加速积累，行为数据大量储存，为金融机构给用户提供种类多样和有竞争力的金融服务创造了更好的条件。新金融模式的出现也对传统金融造成了极大的冲击，这就促使传统金融机构必须迅速做出改变以防在竞争中被淘汰，整个金融业的效率也随之显著提升。中国金融数字化在这一阶段发展的迅猛势头，主要得益于中国传统金融服务的供给短缺和信息技术的快速发展。

目前中国的金融数字化已经发展到第三阶段，传统商业银行更加主动的与金融科技企业开展深度合作，利用自己在传统金融服务方面的优势和广布的金融网点全面推动金融数字化向深度转型，打造更加智能的综合金融平台，进一步推动金融数字化的发展。中国无疑已经成为世界金融数字化行业的佼佼者，但同时也可以发现中国的金融数字化与欧美等国相比还存在一定的差异性，中国的金融数字化业务更多是以移动支付与线上服务为主，没有过多地涉猎跨境支付业务等，这将是未来业务发展的重点领域。中国的金融数字化最具有特色之处是其对金融普惠的促进，当前绝大多数学者研究的中国金融数字化发展问题均为数字普惠金融问题，从一定意义上来说，数字普惠金融是当前研究金融数字化的最有意义之处。金融数字化使金融服务面对的客户群体和社会阶层更广泛，对客户的限制条件更少，提供的服务更加精准全面，这些都体现了普惠金融的特质。2020 年以来，新型冠状病毒感染的流行对全球经济影响巨大，但在这个过程中，金融数字化的非接触、不间断、高效率等特点展现了其特有的优势，在抗疫情、助小微等方面发挥了巨大作用，对保持经济社会活动的稳定贡献了巨大力量。这期间虽然中国政府在防控方面取得了显著的成果，将其对社会的影响控制在最小范围内，但实体经济仍然受到了严重的冲击，还需要较长时间才能恢复。通过观察，我们发现在突如其来的冲击中，能够快速应对市场变化，抵御突发的不确定性事件带来冲击的大多是数字化水平较高的企业，甚至有一些企业凭借精准市场定位和果断决策力在这三年中脱颖而出，获得了进一步发展。

（三）科技金融的相关概念

1. 科技金融概念界定

“科技金融”一词的概念在理论上没有被严格定义，在“科技金融”这一概念出现之前，早已在实践中被应用，但由于应用范围和作用方式不同，国外与国内关于科技金融的概念界定有差异。国外的科技金融概念主要体现在金融体系的科技应用与科技创新两个方面，并未对科技与金融相互融合的产物进行单独界定。而在国内，“科技金融”作为一个单独的词汇，最早出现于 1993 年，当年中国科技金融促进会成立，首次提出了科技金融这一概念。尽管当时的科技金融概念仍然具有科学技术和金融的双重含义，但从那时起，“科技金融”就作为一个独立词汇出现并沿用至今。

此后，随着中国科技体制深化改革和金融体制改革的逐步推进，金融和科学技术的关联程度也在逐渐提升，科技金融在此过程中得到了广泛的应用和发展，关于科技金融的定义也逐渐得到了完善。因此我们可以把科技金融定义为为促进科技研发、科技成果转化和高新技术产业发展的一系列金融政策、金融体系、金融工具和金融服务的系统性安排，是国家科技创新体系和金融体系的重要组成部分。完整的科技金融应包括创新活动的特征、技术经济的类别、科学技术资本化的过程、金融资本的体系等多种特性。

2. 科技金融体系

科技金融体系由多个相互关联、相互作用的主体组成，以促进科技型产业发展为主要投资导向。从科技金融概念产生开始，随着科学技术和金融两个体系不断完善发展，科技金融体系的内容也在不断丰富，在应用中涵盖了越来越多的领域，学者们对科技金融体系概念的阐述也逐渐深入。广义上来看，科技金融体系是通过金融体系、金融产品和服务，以创新、优化等方式，将各方金融资本投入科技领域。科技金融的参与主体包括政府、金融机构以及科技企业，借此可以将科技金融体系划分为政府主导型、企业主导型和金融机构主导型三种类型。科技金融体系分类如图 1–3 所示。

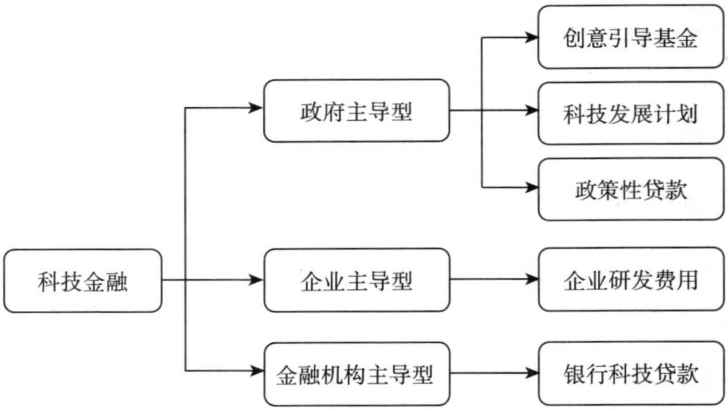

图 1–3　科技金融体系分类

（1）政府主导型的科技金融。政府主导型的科技金融模式，通常具有典型的非营利性质和政策导向性，政府作为主导在促进科技发展的一系列资金投入活动中起决定性作用。具体表现形式包括科技发展计划、政策性贷款以及创业引导基金等。科技发展计划包含了各项深化科技体制改革的规划措施，为科技发展提供宏观制度层面的指引，例如，根据《中华人民共和国企业所得税法》的第二十八条规定可以对国家需要重点扶持的高新技术企业进行税收减免。规定指出，针对此类重点扶持的高新技术企业，按照降低 15% 的税率征收企业所得税。政策性贷款则体现了国家创新驱动战略，国家开发银行在资金投入方向通常具有明显的政策倾斜，通常会将贷款重点扶持符合国家政策的企业。中国的创业引导基金是政府建立的不以营利为目的的企业创业专项基金，一般投资于中小型高科技企业或企业高科技项目。例如，2021 年我国科技部印发的《关于科技创新支撑复工复产和经济平稳运行的若干措施》的通知，政府加大了国家科技成果转化引导基金对科技型中小企业的融资支持；再如，国家推动设立支持新药、医疗装备、检测、疫苗等领域的子基金，加快医疗科研的攻关、成果转化和产业化。

（2）企业主导型的科技金融。企业主导型的科技金融模式，使企业作为投资主体进行一系列科技项目经费投入，在科研创新中发挥主导作用。企业是经济社会的基础组成部分，是科技创新成果的主要受益者，理应成为科技金融的主导者。在我国，企业主导型的科技金融最主要的表现形式为增加企业科技研发费用，从基础理论研究、科学技术研发到科研成果产品化和服务化，企业主导的科技金融为新技术的产生和发展提供了有效支持，最终促进了科技成果价值实现。

（3）金融机构主导型的科技金融。金融机构主导型的科技金融模式，是以商业银行为代表的金融机构通过投资高科技企业的方式促进科学技术研究和高科技企业发展。在这种模式中科技领域是资金主要流入领域，表现形式主要为金融贷款、风险投资等，前者表现为科技支行或科技型的专项机构为企业提供的知识产权抵押贷款，后者表现为风险投资机构通过融资参股的方式将资金投入高科技企业。

四、制造业服务化

（一）制造业服务化的概念

Vandermerwe & Rada 在研究欧洲企业的经营活动时，发现制造企业的经营模式出现了新的变化趋势，即这些企业正在从只提供产品或以产品为主体的产品及附加服务，转变为提供以服务为主体的“产品 + 服务”的趋势，并由此最早提出了 Servitization 一词，即制造业服务化。[1]White et al. 则使用 Servicizing（服务化）一词，并进一步延伸了对服务化的理解，提出了“产品服务化”概念，他们认为制造企业及其产品都会由于服务化而处于一个动态的发展过程。在这个过程中，企业由产品提供商转变为服务提供商，而产品的概念则由单一的有形产品转变为涵盖了以产品为基础的无形服务，这时服务从产品的配套变成主体，而有形产品则更多的是扮演服务承载平台的角色。[2]制造业服务化有以下特点：在内涵上，服务化表现为价值链中心从有形产品向服务转移；在外延上，服务化包括投入和产出两个方面，包括了从了解客户需求到产品日常使用指导全过程。在此之后的研究基本上沿用了早期学者所提出的服务化概念，但目前仍未能得到统一的理解和表述，主要有产出观和过程观这两类观点。

产出观和过程观是学者从不同研究视角提出的服务化概念，两种观点在一定程度上具有内在一致性，只是侧重点各有不同。产出观重点关注企业经营范围的外在变化，而过程观则重点关注企业经营管理过程的内在变化，制造业

---

❶ Vandermerwe S，Rada J.Servitization of Business：Adding Value by Adding Services[J]. European Management Journal，1988，6（4）：314–324.

❷ White A L，Stoughton M，Feng L.Servicizing：The Quiet Transition to Extended Product Responsibility [R].Boston：Tellus Institute，1999：97.

服务化的内涵和完整概念应涵盖这两类观点。服务化是处于不断变化的演进状态，在这种演进的状态中，制造企业所发挥的功能从物品生产逐渐转变为服务供给，其产出内容也由单一产品向包含服务等多种要素的综合供给转变。

（二）制造业服务化战略的内涵

制造业服务化从本质上讲是企业将有限资源在产品和服务间重新配置，构筑新的价值创造机制，并试图获得产品和服务的协同创造价值效应。从这一视角来看，制造业服务化具有战略层面的涵义。服务化要求企业重新思考和变革其整体运营模式，因此，服务化具有重要的战略意义。大量文献曾使用“战略（Strategy）”一词来描述服务化，但没有对其概念进行统一表述，目前学术界主要存在服务增强战略、服务导向战略和服务创新战略这三种具有明确内涵界定的服务化相关战略。这三种服务化相关战略的内涵具有一致性，都是制造企业为获取竞争优势和价值而在业务活动中增加服务要素的战略，其主要区别在于所关注的焦点不同，即对生产和服务功能之间的位置关系存在不同认知。服务增强战略强调产品制造仍是企业价值的主要来源，而服务起到的是价值增值的作用；服务导向战略则强调服务应成为企业价值创造活动的核心，是产品价值的主要体现；服务创新战略也认为服务相对于产品而言能够创造更多的附加价值，但更强调服务创新的重要性，这是与技术创新同样重要的竞争优势来源。

根据以上分析，本书将服务化战略的内涵界定为：在竞争不断加剧、客户需求细分化多样化的市场环境中，制造业企业为获取竞争优势和可持续发展能力，以客户需求为中心，以服务主导逻辑为导向，在经营理念、组织结构、管理流程、资源配置等各个方面进行一系列变革，建立起全新的价值创造机制，进而由产品生产者向产品和服务综合提供者转型的过程。

根据企业经营范围和特点的变化，服务化战略在实施过程中具有两个典型特征。一方面，在服务化战略实施过程中，企业面临着经营和业务范围的显著变化，服务、知识、信息等元素的加入使经营活动表现出多元化的特征；

另一方面，服务化本身具有明显的转型特征，在本质上属于战略转型活动，表现为经营模式的变革以及价值链结构的重组。此外，很多国外学者也曾用服务转型战略来界定服务化战略。

（三）制造业服务化的必要性

从上文分析可知，制造业服务化本质上是制造业企业在用户需求日益多样化的今天，为克服不断加强的环境竞争和资源约束，在后工业时代中增强自身核心竞争力，将以生产成品为主要产业链导向的发展模式转变为以提供有形和无形服务为导向的发展模式。信息化高速发展的今天，供求双方对信息的掌握日益对称，简单复制成品的企业已经不能赢得消费者的青睐，有特色、性能稳定、使用寿命长、服务保障好、节能环保的产品才能吸引顾客，使企业获取利润并维持发展长效机制。我国越来越多的制造企业主动进行产业升级，将“中国制造”提升为“中国创造”，将企业资源更多地放在实体产品的生产链和生命周期的延长上，不再局限于单一生产链，从市场调研、品牌运营、售后服务、报废回收等环节抓住市场制高点，获取核心利益。如海尔、小米等企业在简单的生产加工外包后着力研发“互联网 +”、智慧生活、客户服务、品牌维护等环节，从简单的制造生产商转变为服务制造商，增加了企业的灵活性。

制造业服务化的必要性表现在以下八个方面：

1. 资源约束

消费品更新换代速度不断提高导致很多产品使用周期在不断缩短，如何尽量回收被淘汰商品减少浪费和如何使用尽量少的资源以获取最大的利益，是制造业面临的亟待解决的问题。

2. 生产成本增加

材料成本、人工成本、技术成本等成本的增加导致依靠大规模简单的加工生产已经不能获取可观的利润，需要提高成本利润率和增加企业经营灵活性增加利润。

3. 专业技术加强

科学技术飞速发展的大环境下，专业技术成为企业竞争的核心力，复制型生产企业逐渐被淘汰。

4. 产能过剩问题

钢铁、有色金属、手机等制造企业近年来产能过剩问题日渐严重，很多企业产能利用率较低，直接导致资源浪费、企业经营困难等问题，亟须消化多余产能并开拓新的消费市场，“开源节流”双策并举。

5. 信息日益对称

信息爆炸式传播的今天，利用信息不对称进行销售已经不现实了。消费者对产品的性能要求、质量要求、创新要求不断提升，没有特色的产品已经不能吸引消费者的目光。

6. 企业发展长效机制

企业应追求可持续发展并长期保持竞争活力，通过长效机制建立以获得长期稳定收入，从而确保企业稳定发展。

7. 区域发展不均衡

目前我国经济仍然存在东强西弱、南强北弱等区域发展不均衡、不协调、不充分的问题，通过产业转型升级可以促进收入分配的协调。

8. 国家战略实施

中国国际地位不断提高，迈出国门通过全球化促进经济发展已成为国家发展战略，这为企业提供了“生产走出去”“技术引进来”的机会和良好的国际竞争环境。

资源约束、成本提高、产能过剩和专业技术提升迫切要求制造业从生产传统产品转变为生产含有较强服务功能的产品，即从生产的角度实现服务化转型。政策导向产业服务化、区域发展不均衡和企业发展长效性需求问题，要求从企业主体的角度实现服务化转型；信息更加对称导致消费者需求升级，传统的出售产品已不能抓住消费者目光，要求企业从销售终端实现服务化转型。生产端服务化转型和销售端服务化转型是制造业服务升级的主要方向。制造业服务化是我国面对产能过剩、市场竞争加剧等问题的关键点，也是参与产业国际竞争的焦点，我国需要迫切建立制造服务化相应的学术研究和评价体系，为产业转型升级提供理论依据。

（四）制造业服务化的成因

1. 价值链延伸

在国际分工程度日益加深、生产技术和信息技术迅速发展的背景下，许多价值链环节的专业化程度不断加强，效率大幅提升，仅仅关注产品生产加工环节的传统制造业发展模式逐渐被打破。一方面，以信息技术、专业知识和高级人力资本为基础的生产型服务业逐渐剥离制造业，并迅速成为新兴第三产业；另一方面，制造业越来越多地意识到处于价值链两端的服务环节的重要性，服务化趋势不断显著。制造业开始不再仅关注有形产品，而是致力于提供从设计研发到售后服务乃至循环利用的完整生命周期的产品服务，为客户提供全方位全周期的解决方案。对于制造业而言，产品的内涵大大延伸，服务成为其获取价值增值的主要价值链环节，制造业经营活动的重心正由产品生产环节向服务环节转变。

2. 市场需求变化

随着工业经济的发展，制造业逐渐成熟，我国人民生活收入水平日益提高，市场上产品的种类、数量和需求不断扩张，开始由过去的供不应求转变为供大于求，整体经济环境也由短缺经济转变为过剩经济。在曾经的短缺经济中，制造业的价值创造过程基本集中于生产加工环节。这是由于在供不应求的市场环境中，需求的层次与数量使得设计研发、售后服务等成本较高的服务环节无法产生预期的增值效果，因此企业会将有限的资源配置于能够带来更多利润的生产加工环节，努力降低产品的单位成本，从而获得更高的利润。而在过剩经济中，产品的需求已经不再局限于其基本功能，客户需求日益多样化并更多地关注伴随产品的周边服务。客户导向使得满足客户的个性化需求成为企业竞争力的主要来源。与此同时，企业逐渐发现形式多样的服务所特有的异质性和不易模仿性能够为企业带来可持续的竞争优势，因而将资源更多地配置于价值链两端的高附加值服务环节中，从而使服务化战略逐渐成为企业在新经济环境中竞争优势的主要获取途径。

3. 竞争力提升

随着社会环境的变化和经济发展水平的提高，企业依靠有形产品生产和成本控制来参与市场竞争的时代已经成为过去。在供大于求的买方市场环境中，市场竞争主要表现为制造企业之间以客户为中心的竞争。面对激烈的市场竞争，制造企业必须清醒认识到以客户需求为导向的重要性，通过加强新产品的研发投入、完善自身的组织体系、提高管理质量以及对新的需求增长点的探索，来获得竞争优势、提高经营效率，全都离不开具有更高差异性和增值能力以及更贴近客户需求的专业化服务环节。

4. 资源环境约束

产品的生产加工过程需要投入大量资源，特别是原材料、非可再生能源和劳动力是制造业活动中必不可少的投入要素。在过去相当长的时期内，由于生产技术的落后和粗放式的发展理念，产品生产是以资源和环境的消耗为代价的，对土地、海洋、森林、河流、湖泊等各种自然资源的过度使用，同时对自然和城市环境也带来了深远的负面影响，造成了巨额的社会成本。随着可持续发展理念和集约式发展理念的出现以及生态经济理论的完善，一些先进国家的制造业开始了对生产过程和产品环境性能的研究，这也进一步推动了能够显著降低资源浪费及环境污染的集约式制造业服务化战略的发展和在现代制造业中的推广和普及。

第二节 制造业转型升级相关理论

一、产业结构升级理论

（一）产业结构理论

英国古典经济创始人威廉·配第（William Petty）通过研究发现海员与

农民在收入方面存在差距，而造成这种差距的原因是他们从事的商业和农业在生产效率方面存在差距，这会导致劳动力从农业向商业流动[1]，由此他最早创立了产业结构理论，这对产业的转型升级有着重要的影响。科林·克拉克（Colin Clark）在威廉·配第理论研究的基础上，进一步发现了劳动力存在由第一产业向第二、第三产业流动的规律，而这种规律的产生是由需求和效率导致的。在经济发展的初期，人均收入水平低，劳动力主要集中在农业，随着生产力的发展，劳动力开始向第二产业流动，之后又向第三产业流动[2]。西蒙·库兹涅兹（Simon Smith Kuznets）通过统计分析发现了不同时期国民收入和劳动力在三大产业间的变动规律，在第一产业中这两项指标一直下降，在第二产业中这两项指标前中期上升、后期下降，在第三产业中则一直上升[3]。

1958年赫希曼（Albert Otto Hirschman）出版《经济发展战略》一书，提出了著名的“关联效应”理论。他认为根据产业的发展过程可以将产业划分为三个产业区位，分别是前、中、后。在产业关联链中，必然存在一个与其前向产业和后向产业在投入产出关系上关联系数最高的产业，这个产业的发展对其前向、后向产业的发展具有较大的促进作用，且产业的前、后关联效应越强，对其他部门的发展的影响越大，对经济增长的贡献度也就越大[4]。此后，罗斯托（Walt Whitman Rostow）在《经济成长的阶段》一书中提出，要将扩散效应强的产业作为主导产业来发展，主导产业可以通过较强的扩散效应将该产业未来发展的优势传递给产业关联链上的其他产业，从而推动整个产业结构的优化升级。主导产业的建立需要具备一些外部条件作为支撑，包括足够的资本、足够的市场需求、相对先进的组织体系和配套制度、完善的

[1] 威廉·配第．政治算术[M].北京：商务出版社，2014：23-24.

[2] 科林·克拉克．经济进步的条件[M].张旭坤译．北京：中国人民大学出版社，2020.

[3] 西蒙·库兹涅茨．现代经济增长[M].北京：北京经济学院出版社，1989.

[4] 赫希曼．经济发展战略[M].北京：经济科学出版社，1991.

技术创新路径、足够的人才储备[1]。在产业发展中，我们应当优先考虑发展一些收入弹性较高的产业，这些产业往往拥有广泛的市场需求，还要提高那些生产率水平上升迅速、技术进步率高的产业在产业结构中的比重，以此促进产业结构的优化，推动产业的发展。

（二）产业升级理论

产业升级理论最早可以追溯到17世纪末，配第在其著作《政治算术》一书中表明产业结构的差异导致了世界各国国民收入水平差异。到20世纪30年代费希尔提出三次产业划分方法后，产业升级理论才逐渐发展起来。产业升级对国家经济协调发展具有重大意义。在学术界，产业升级理论的形成可以归纳为以下几个阶段。

1. 早期阶段

在这一阶段，学者们主要研究的是产业结构，其最重要的基础理论来自配第《政治算数》并由克拉克归纳验证的“配第—克拉克定理”。该定理源于配第定理和费希尔的三次产业分类法，该理论认为随着经济的不断发展、利润以及劳动力的不断转移，以农业为主导的第一产业的比重会逐渐下降，以工业为主导的第二产业的比重会逐渐上升，以服务业为主导的第三产业的比重也会随之慢慢上升。形成该定理的机制有两个：其一为收入弹性差异。收入弹性差异表现为人们对农产品的需求是有上限的，随着供应量一直上升，农民的收入水平因为供大于求反而会下降，这时第一产业劳动力达到饱和就会涌入第二产业，也就促进了第二产业快速发展。同理，第二产业的快速发展导致工业产品的大幅度增加，当需求达到一定程度时，第二产业的收入水平也会下降，劳动力和利润就会涌入第三产业，这样一来，劳动力以及利润的转移会促使产业不断增加产生新的内需，从而优化产业结构实现产业升级。其二为技术进步差异。技术进步在三次产业间的差异巨大，尤其是以服务业主导的第三产业与农业和工业主导的第一、第二产业之间，由于产

---

[1] 罗斯托．经济成长的阶段[M]．北京：商务印书馆，1962.

业性质原因，农业技术进步比工业、服务业技术进步难度大得多，即使投入天量的资金，农业技术的进步程度也未可知。此外，农业技术投入产出比也小于工业。工业技术的进步难度相对较小，投资回报率较农业要高很多，而服务业的核心仍然是技术，以第一、第二产业的资源为基础，产业技术进步会更加迅猛，而投资回报率也更大。

2. 发展阶段

在这一阶段，学者们将产业结构的分析放到了空前未有的高度，其主要代表理论为罗斯托提出的主导部门理论，他认为区域经济增长受主导产业的影响很大。罗斯托理论划分产业的标准是以主导产业为主，补充产业以及派生产业则用以辅助主导产业发展。该理论认为主导产业应为该地区能够带动经济发展的主要产业，本身应具有高成长性，且能够带动周边补充产业和派生产业的经济增长；补充产业的作用是与主导产业相适应、作为主导产业经济增长条件而存在的产业；派生产业为间接地与主导产业相适应，其经济增长间接地与主导产业的经济增长相配合的产业。主导产业理论认为经济增长是先由主导产业开始，然后扩散到整个国民经济中，理论假定该区域应以主导产业为主，提供一切有利于主导产业发展的条件，帮助主导产业快速完成资源累积，从而打开市场，产生利润、吸引资本并进一步扩大主导产业对补充产业和派生产业的需求，带动补充与派生产业的经济增长，基于扩散效应带动全国经济的增长。

3. 全球化阶段

随着经济全球化，世界各国的经济往来日益加深，分工合作进一步细化，在跨国企业的参与下，全球化的概念不断升级，一些复杂的生产活动往往由多国共同参与完成，在这种一系列需要跨区域创造价值的生产活动背景下，一些经济学家对产业升级的研究视角由区域产业经济链转向全球产业价值链。迈克尔·波特（Michael E. Porter）指出，价值链是就是增加一个企业实用性和价值的一系列活动，包括内外后勤、生产作业、市场和销售等，产业升级水平和创新能力才是现在产业竞争更加看重的，单纯以国家自然资源以及廉价劳动力为基础的竞争已经逐渐落伍。[1]产业升级能力体现了一个国家在全球价值链中的地位，反映了国家的国际竞争力，而不仅仅表示将传统产业转化为技术与知识密集型产业来提高区域经济或企业本身的盈利能力。

从以上各阶段可以看出，产业升级的最终目的不仅是促进传统产业向高技术产业发展，而且要助力国家产业提升在全球价值链中的地位，实现产业升级，促进经济增长。

（三）技术创新理论

约瑟夫·熊彼特（Joseph Alois Schumpeter）在《经济发展理论》中率先提出了“创新理论”，他首先从静态角度对生产过程进行分析，认为在“均衡”状态时不存在创新，也不会吸引资本和产生利润。接着又从“动态”和“发展”两个角度对创新进行分析，指出“创新”本身就是为了构建“一种新的生产函数”，将从未有过的生产要素和生产条件构成一种“新组合”，并将其投入和应用到工业生产中。这种“新组合”包括引进新型产品、采用全新的技术、发现新的市场需求、寻求新的材料供应商或控制材料来源及形成企业或行业组织五个方面。此外，他还提出“多层次”的周期理论，分别为长周期、中周期和短周期，这“三种周期”贯穿资本主义发展的全过程，周期的存在和波动体现出某一个产业不断的变革发展及其技术的变革与创新，进而表明“创新理论”中的“创新”或者生产要素的“新组合”不是按照时间序列连续均匀分布的，而是呈现出时断时续、时高时低的发展特征[2]。

（四）微笑曲线理论

微笑曲线理论的基础源自全球产业链，在整个国际市场上，随着国际分工逐渐由产品向要素转变，世界范围内的产业链被划分成三个主要环节，即技术创新研发环节、制造加工环节和销售服务环节，这也拉开了发达国家和

---

[1] 迈克尔·波特．竞争优势 [M]. 陈小锐译．北京：华夏出版社，1997.

[2] 熊彼特．经济发展理论 [M]. 北京，商务印书馆，1990.

发展中国家在产业生产中的差距。发展中国家由于技术创新能力差，在国际分工中处于加工制造环节；而发达国家具备科技、品牌、管理人才等生产要素，长期占据研发环节和流通服务环节，产品的附加值高，利润回报大，在竞争中处于主动地位。

微笑曲线呈 U 型，是一个微笑的符号，它被划分为左、中、右三段。左段是创新研发环节，中段是加工制造环节，右段是销售服务环节，如图 1–4 所示。

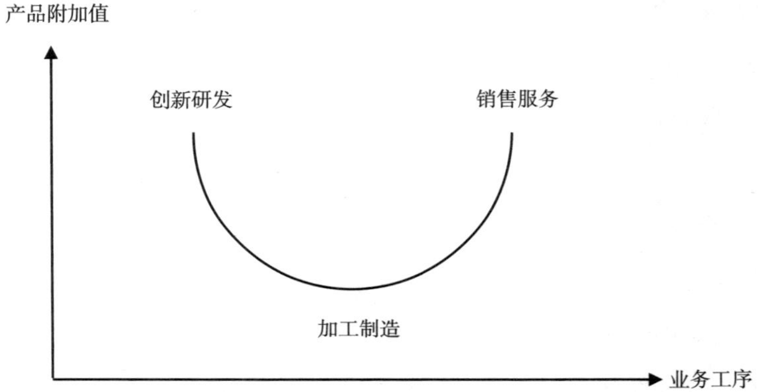

图 1–4　微笑曲线

曲线代表各个环节的产品附加值，与企业的利润率成正比，附加值越高，企业获得的利润回报也越大。其中产生附加值更多的是两端的创新与销售环节，加工与制造环节产生的附加值较少。因此，实现产业升级就是向附加值高的两端发展，向左通过加大科技的投入，提高研发水平，向右通过打造品牌、建立营销模式提高销售和服务水平。

二、金融发展理论

金融业自产生以来，在国民经济增长中始终扮演着重要的角色，尤其在当前经济全球化时代，金融发展与一国的经济增长密不可分，金融发展理论就是围绕着金融与经济增长这两者之间的关系而展开阐述的。金融体系覆盖面广泛，大致可分为金融中介和金融市场两部分。金融体系如何在经济增长中发挥作用，是否存在一种金融体系与政策的最优组合方式来刺激经济增长、有效配置金融资源，并实现金融与经济的可持续发展，这是金融发展理论研究的初衷。金融发展理论的演进过程可分为以下几个阶段。

（一）金融结构理论阶段

人们对金融发展理论的研究起源于第二次世界大战之后，部分国家为了尽快地恢复国民经济、在资金方面产生了极大的需求。但金融行业发展的相对滞后、储蓄率低下以及资金流转速度低都在严重阻碍着经济的快速发展，于是，一些西方经济学家开始对金融与经济发展两者之间的关系进行研究。

最早提出金融结构理论，研究也最具有代表性的学者是戈德史密斯（Raymond W. Goldsmith），他认为金融发展的实质在于金融结构的变化，是一个不断发展变化的动态过程。[1] 掌握一国金融水平及发展趋势的关键则在于剖析金融结构。戈德史密斯对各国金融发展的差异性进行了深入研究，利用 35 个国家近 200 年的金融发展史以及相关的现实数据，建立起了一个全新的金融发展理论体系。他将金融体系归纳为金融工具、金融机构和金融结构三个部分。金融工具和金融机构的性质决定了该国的金融结构，具体而言可用金融相关比率来说明，在一定程度上，金融相关比率的变化反映了金融发展的基本特点、储蓄和投资机构化的程度。根据戈德史密斯对金融相关比率的定义，其数值越高，通过金融机构间接储蓄的份额超过直接储蓄的份额越多。

就金融发展与经济增长的关系而言，戈德史密斯强调金融发展在经济增长中所起到的积极作用。金融结构越发达，金融机构和金融工具提供的选择机会就越多，储蓄的升高和投资总量的增加会进一步刺激金融活动的开展，从而提高资金的使用率，有助于一国经济的快速发展。总而言之，戈德史密斯提出的金融结构理论是金融发展理论的良好开端，他得出的金融相关比率与经济发展水平正相关的基本结论，证实了金融发展与金融企业之间的关

[1] 戈德史密斯．金融结构与金融发展 [M]. 上海：上海三联书店，1994.

系，为后面经济学家在金融领域的探索做出了贡献。

（二）金融抑制和金融深化理论阶段

随着金融发展理论的进一步研究，麦金农（Ronald I. Mckinnon）[1]和爱德华·肖（Edward Shaw）[2]将发展中国家的货币金融与经济发展之间的关系作为重点研究对象，提出了“金融抑制”和“金融深化”两个概念，并在此基础上建立了一套适用于发展中国家的货币金融理论，构建起现代货币金融理论体系。发展中国家或地区的金融发展理论真正诞生。

麦金农以“金融抑制”为视角，指出政府实施的利率、汇率管制等手段过分干预抑制了金融业的发展，致使利率和汇率发生扭曲，不能真实、准确地反映资金供求关系和外汇供求，导致金融业发展滞后，从而使金融业发展跟不上经济发展的步伐甚至抑制经济的发展，进而导致二者间陷入不断循环的相互抑制。一方面，政府对名义利率的约束压制了社会对金融中介机构实际债权存量的需求，限制了金融中介用于投资的储蓄能力。另一方面，在政府的管制之下，经济体中部分部门的外源融资也受到影响。甚至一些信贷机构在政府的操控引导下，以非均衡的低利率将资金投入政府想补贴的项目中，在一定程度上破坏了金融发展与经济增长的平衡性。

金融深化即金融自由化，在爱德华·肖的观念中，金融深化的动态发展表现为三个方面，即金融规模增长、金融工具和机构优化、金融资源有效配置。金融体系的发展对经济发展既能起到推动作用，也能起到制约作用。爱德华·肖认为，健全的金融体制在生产性投资所需资金方面起到有效引导作用，进而促进经济发展；同时，良好的经济发展会提高国民收入、带动经济主体对金融服务产生更多的需求，有助于刺激金融业的发展。因此，金融与经济发展之间的关系可谓是“一荣俱荣，一损俱损”。

将金融抑制理论与金融深化理论相比，可发现其相同之处在于都肯定了

---

[1] 麦金农 . 经济发展中的货币与资本 [M]. 上海：上海三联书店，1988.

[2] 爱德华·肖 . 经济发展中的金融深化 [M]. 上海：上海三联书店，1988.

金融发展在经济增长中的作用，且两者关系是相互的。因此，在经济发展过程中，应当充分发挥市场的力量，利用市场的调节作用来实现金融业发展与经济发展的相平衡，实行金融改革，在减少政府过分干预产生的“金融抑制”，使金融发展实现“金融自由化”，实现金融深化与经济发展良性循环。

（三）金融约束理论阶段

尽管以麦金农和爱德华·肖为代表提出的金融自由化理论在一定程度上为发展中国家在处理金融发展与经济增长关系上提供了新思路，但该理论并没有从理想变成现实。诚然，一国政府进行的金融管理活动对经济不一定会起到积极作用，但也存在部分国家“金融抑制”严重与经济快速增长并存的现象。因此，就不同国家而言，相同理论背景下的现实结论是存在差异的，由此金融约束理论应运而生。该理论不同于金融抑制论，而是介于金融抑制与金融自由化两者之间的一种理论，其核心内容在于政府可以采取一系列金融政策，包括利率管控、市场准入限制等为民间资本创造融资机会。

由于在实际经济运行过程中，金融市场的稳定性可能受到类似于不完全竞争、信息不对称等诸多不利因素的影响，会导致市场失灵及金融资源的浪费。此时，政府作为金融市场与各类企业的中介，可以借助资金创造的机会，为企业部门提供一个良好的生产、投资环境。在弥补市场失灵的同时，改善信贷环境、降低信贷风险，使金融部门能够有效地避免道德风险和逆向选择，进而维护金融稳定。但金融约束理论的落实是建立在严格的假设前提下的，如银行业市场准入受到限制的情形下依然竞争充分、宏观经济环境稳定、通货膨胀率较低且能被预测等，因此，在一定程度上减弱了该理论的现实意义。

（四）内生金融发展理论阶段

随着金融发展与经济增长研究的不断深入，以往的金融发展理论难以在现实政策上发挥明显作用。一些经济学家开始批判性地继承麦金农—肖金融发展理论。金融发展与经济增长的关系并非经验式主观判断的那样简单，金融发展的内生根源是什么，金融体系在经济发展过程中如何内生形成等一系列问题引发了经济学家的思考。20 世纪 80 年代，内生增长理论的兴起为内生金融发展理论的形成提供了理论基础。与之前金融发展理论最大的不同之处在于，在内生金融发展模型中，引入了诸如不确定性、不对称信息和监督成本等因素，并在考察这些因素与金融发展之间存在的具体关系的同时，对金融机构和金融市场的形成做出了规范意义上的解释，从而使政策主张更加符合各国特别是发展中国家的实际。

内生金融发展理论分为古典内生金融发展理论和现代内生金融发展理论。古典内生金融发展理论强调的是在资金融通过程中，不确定因素和信息不对称问题对金融发展的影响，主要涉及风险管理、交易成本、信息不对称这三个方面。风险管理作为金融体系的重要组成部分，具有降低交易流动性风险的作用，这就决定了风险管理在金融发展的过程中是不可忽视的重要因子，若一国或一个区域的风险管理水平越高，其金融发展程度也越高。由于社会生产效率的提高、分工的精细化，生产成本的提升给经济活动带来了更多的不确定性，故会产生完善金融体系的需求以降低交易成本，这种需求是内生的。金融中介机构的存在对降低借贷双方的信息成本和交易成本具有重要意义，同时能有效降低信息不对称，提高储蓄—投资的转换率。同时，金融市场成本的降低又能促使金融体系不断完善，从而间接促进金融市场发展以及区域经济增长，两者之间形成良性互动关系。

现代内生金融发展理论则是注重探讨制度因素对金融发展的影响。现实中，民众将资金储蓄到银行，银行再通过投资或者借贷的方式对资金处理运用，中间的一系列过程都会受到制度的管束，在一定程度上有利于降低交易风险和成本、解决信息不对称等问题。该理论认为，完善的法律制度也是投资者资金保护的重要保障，在一个相对完善的法治环境下，金融机构的治理水平也相对更高。此外，社会文明程度、利益集团与金融发展之间存在密切关联主要体现在以下两方面。其一，社会文明程度会影响法律制度实际的执行效率，市场主体对法制信任度越高，金融发展水平越高；其二，利益集团对经济活动会产生不同程度的影响，利益集团的力量往往能够左右一国的金融政策。

三、制造业服务化的理论

（一）分工理论

制造业和服务业的产生都是源于分工理论，最早亚当·斯密（Adam Smith）在《国富论》中提出了劳动分工，各国生产条件、生产各类产品的效率都有所不同，通过分工和交换，可以实现资源利用效率最大化，大大提高劳动生产率。之后，李嘉图（David Ricardo）进一步发展了斯密的绝对成本理论，提出相对成本理论，后经过赫克歇尔（Eli F. Heckscher）、俄林（Bertil Ohlin）、萨缪尔森（Paul A. Samuelson）等人的发展，理论日趋完善，成为国际分工写作的最基本理论。分工理论认为劳动分工产生了制造业和服务业的分离，目前产业分工格局已经发展为以现代工艺为基础的分工，它不仅表现为产业之间的垂直型分工，还表现为同一产业、同一产品不同环节之间的水平型分工。

随着经济全球化的发展，全球国际分工实现了要素在全球范围的优化配置，形成了发达国家和发展中国家不同的产业体系。在过去粗放的经济发展方式下，我国产业结构层次较低、产品复杂度不高，产品附加值低，配套产业不完善，使我国在国际分工中处于较低层次，国际贸易中处于不利地位，这种单纯依靠劳动力和资本的产业结构已经不再适合我国经济发展的需求，我国必须顺应时代潮流，积极发展生产性服务业，实现制造业转型。

（二）交易成本理论

交易成本包括所有为促成交易达成而产生的时间和货币成本，包括搜寻成本、信息成本、议价成本、决策成本、监督成本等。将交易成本用于分析企业机制时，企业的内部成本主要由生产和交易成本构成，生产成本存在规模经济，但是交易成本却是规模不经济，当生产成本与交易成本之和最小时，达到企业最优规模。企业选择服务的提供方式也是按照这一原则进行的。

交易成本也是制造业服务化的理论基础之一，信息技术的发展使区域之间、国家之间交易成本大大降低。当生产性服务业严重落后时，企业获得服务要素的交易成本较高，此时企业服务化动力不足；在服务化探索阶段，制造企业的服务需求增加，服务业的发展降低了服务外包的成本，此时企业倾向于服务外包；在服务化提升阶段，此时技术与产品的结合程度要求越来越高，服务外包对于专业知识的要求也随之大幅提高，这就对服务外包提出更高的要求，交易成本因此大幅上升，当服务外包成本大于企业自身提供服务产生的成本时，企业会倾向于自身提供服务。因此，交易成本也是影响制造业服务化的重要原因。

第二章
制造业转型升级现状分析

第一节　中国制造业发展现状

一、中国制造业发展历程

中国制造业的发展历程即是中国经济发展的一个缩影，在不同阶段、不同发展背景、不同思想下，中国制造业的开放发展有着典型的时代特征。

（一）进口替代下的中国工业开篇

中华人民共和国成立初期，国家的发展目标是建立计划经济体制，优先发展重工业部门，构建出较为完整的工业体系。中国工业在第一个五年计划时期得到快速发展，其核心战略是完成对基础设施建设投资的积累，将大量资金用于发展重工业，工业体系的建设直接推动了国民经济整体发展。在国内重工业基本体系建设过程中，农业、轻工业和其他国民经济部门也受惠于重工业发展红利与外溢效应而逐步建立发展起来。20 世纪 60 年代中期，国家做出“三线建设”的决定，期间在基础设施建设领域累计投入超过 2000 亿元的资金，在西部地区较短时间里打造了一个以重工业为主体、行业基本齐全的战略后方生产基地，主要集中在低技术、资源密集型制造业，国防军事工业和重型装备、大型机械制造等领域。由于中华人民共和国成立初期百废待兴，国际局势错综复杂，我国制造业甚至国民经济整体都受到很大的约束，“进口替代”政策一定程度上推动了国内重点工业部门的社会再生产扩大和社会总产出的再循环，但遏制了工业对外贸易发展。

（二）改革开放下的出口导向发展

改革开放后，这种以重工业为核心构建的工业经济体系以及对应的产业发展政策导向，导致我国国民经济表现出明显的产业结构比例失衡问题，包括农业与工业的结构失衡、轻工业与重工业的结构失衡。具体表现为中国轻工制成品和农副产品供应紧张，较难满足人民生活需求。国家因此开始调整产业结构，加大了粮食、农副产品和轻工纺织产品的生产，工业生产与生活需求相适应。20 世纪 80 年代，中国开始致力于出口导向型经济发展，并增加了粮食、农副产品和轻工业产品的出口，这一调整也为中国构建劳动密集型制造行业的国际竞争力打下了坚实基础。但与此同时能源、交通、通信和基建一些行业的发展相对滞后，“以市场换技术”成为 20 世纪 80 年代制造业开放发展的一个重要思路，重点体现在引进国外企业成熟生产线，离散模块复杂产品的生产配套设施得到初步建设。但同时也造成技术自主创新能力被不断削弱，产业结构在这 10 年开放里不断调整，试图找寻新的平衡。

全球经济政治格局在第二次世界大战后基本确立，发达国家的领导型跨国公司主导了经济全球化浪潮。超大规模的生产制造在跨国公司内部迅速开展，并在世界各地布局。不同生产区域拥有不同的资源禀赋条件，加之制造过程的复杂性不断细化，跨国公司不得不将内部化的生产工序分解逐步实现模块化，实施非核心环节外包，以适应制造的差异化需求。这个过程中，所有参与到这种由领导型跨国公司主导经济全球化的各国模块厂商受益匪浅，东亚国家由此也获得巨大发展。全球产业链和产业格局在中国改革开放时就已初兴，并在之后持续演变。

进入 20 世纪 90 年代，中国改革开放全面深入，但产业发展依然存在过往的结构失衡问题，还出现了加工制造领域的内部失衡问题，具体表现为低技术、高能耗、高污染的加工生产类型过度扩张。我国东部沿海城市承接了大量国外投资，开始大规模融入发达经济体领导型跨国公司主导的垂直专业化分工，利用国内低成本劳动力和丰富的原材料为国外进行加工组装。这首先得益于发达经济体的“去工业化”浪潮，通过产能外包将低端产业大规模地转移到中国。中国改革开放后良好的投资环境、完善的工业体系以及低成本的人力、物质资源这一进程提供了必要条件。因此，中国也在这一时期成为全球制造业主要生产外包基地，凭借资源禀赋优势获得了大量的 OEM 订单和加工组装活动，“Made in China”的产品标识也迅速在世界范围内家喻户晓。

（三）模块网络下的世界工厂确立

21 世纪以来，世界经济在新世纪高速发展，产品创新和网络信息大爆发，中国成为制造业全球生产体系的重要枢纽。随着中国加入世界贸易组织（WTO），中国制造业融入世界经济的步伐加快、程度加深，机械设备和电子信息产品的生产制造取得突破，又反向刺激了对原材料的需求，进而带动了制造业整体发展。国际贸易活动已经成为驱动中国经济发展的三驾马车之一，出口顺差和外汇储备持续快速增加。随着中国持续的改革开放，中国工业产值飞速上升，资本、人才、技术对中国制造业发展尤为重要，国家发展战略的调整更多体现为创新驱动与可持续发展，中国制造业正在加大技术创新和供给端的市场下沉。尽管发达经济体开始实施“再工业化”和制造业回流行动，但作为目前全世界唯一拥有联合国产业分类中所列全部工业门类的国家，中国在制造业的总体优势短时间内难以撼动。

二、中国制造业技术创新的发展转变

技术创新是新技术变革下发展制造业的必由之路。中国在改革开放之初通过国内市场空间换取国外先进技术，同时在“干中学”，不断模仿、超越，积累了一定技术基础。但进入新时代，中国制造业的体量巨大，部分领域触及世界前沿，从“引进模仿”到“自主可控”的技术创新提上了制造业转型日程。中国制造业在研发投入持续加大的过程中不断展现出应有的国际竞争力。

（一）中国制造业技术创新发展的时代基础

20 世纪 80 年代，中国提出了“以市场换技术”的开放战略，其目的是通过开放国内潜在的巨大市场，吸引外商直接投资，基于资本国际流动过程中的技术外溢，诱导外商资本的技术转移，从而获得发达经济体领导型跨国公司的先进技术，并在消化后加快积累自身的技术创新。20 世纪 80 年代中后期，该战略的具体实施领域集中在汽车制造，但汽车关键技术分为研发技术和制造技术，汽车价值链不同环节都有一定的技术支撑，鉴于国外先进技术“保守”和国内消化技术“不良”，中国在汽车领域积累了一些制造技术，但在具有核心竞争力的研发技术方面却不如预期。

2001 年，中国加入 WTO 后，改革开放持续深化，对外资的开放性不断提升，“以市场换技术”的战略受到这一开放政策的冲击。随着中国更大范围、更大力度地融入全球价值网络，中国的投资贸易政策必须逐步与国际经贸规则对接，但“以市场换技术”却让中国制造业产生一定的路径依赖和自主创新束缚。流入的 FDI（国际直接投资）与制造业 R & D（科学研究与实验发展）经费支出一直存在正向相关性，FDI 技术外溢对中国制造技术进步的效应在急剧降低，中国制造业在近年来更加重视从国内制造产业生态中自主驱动技术创新。其主要原因，一是中国追赶发达经济体时所表现出的技术差距在缩小，二是全球化遭遇逆流，国际形势对中国贸易的影响加大。高新技术产业的 R & D 经费支出与制造业整体的 R & D 经费支出在比重上保持着固定比例（25.3%~32.7%），在发展过程中并未体现出高技术产业 R & D 经费支出的支持力度要强于整体制造业。

（二）中国制造业技术创新发展的自主可控

目前，中国制造业及其相关技术正处于追赶超越发达经济体的历史新阶段。在改革开放之初，中国与发达经济体的技术差距过大，具备垂直承接和学习吸收的技术空间；随着产业规模和开放程度的发展，中国与发达经济体在制造业领域的技术差距急剧缩小，通过 FDI 的技术外溢和“干中学”已经无法满足追赶超越的时代要求。在中美科技博弈背景下，全球化遭受冲击，强制技术转让和知识产权问题受到越来越多的关注且上升到国际谈判中。因此，自主创新就成为一个发展方向和路径选择。

2016 年，我国国务院制定发布的《国家创新驱动发展战略纲要》提出，强化原始创新和增强源头供给，在重大关键领域实现关键核心技术安全、自主、可控，为制造业技术进步积累原创资源。关键技术自主可控一直是我国科学研究主导思想，早在中华人民共和国成立初期的“两弹一星”就已充分展现。改革开放让中国与世界连接得更加紧密，制造领域的多种技术纷纷引入中国，中国制造企业拥有的技术大幅增长，并渗透到生产生活的方方面面，且为人们知晓，但在一定程度上“不可控”。

中国已经深刻意识到关键技术“卡脖子”难题，并致力于技术创新以加强构建完整产业链和产业生态系统，这也是工业化进程深化的核心表现。中国制造业技术创新能力发展大致有四个层面，即一般技术创新能力、产业化能力、构建产业链能力和构建产业生态系统能力。一般技术创新能力主要是指各个生产工序涉及的具体化技术创新能力，多以产品设计创新、生产工艺创新为主。在改革开放之初，中国引进 FDI，先进技术在国内外溢并被中国制造企业竞相模仿，逐步发展出一般技术创新能力，但由于不掌握核心技术因此不具有可控性，受制于掌握先进技术的国外实体。随着中国经济持续开放并加入 WTO，一般技术创新遍地开花，中国制造业已经在该时期形成了产业化能力，这基于引进模仿先进技术后的“干中学”，技术创新达到一定规模和覆盖范围后，量变引起质变就会由技术主导形成产业化能力，这为中国确立“世界工厂”的地位奠定了技术基础，但此时技术仍不具有可控性。技术创新能力的自主可控性表现为通过自身拥有的技术创新可以自主构建产业链和构建多领域多链条的产业生态系统，这需要中国制造业不能依靠引进模仿，对自主创新提出了新时代关键技术的可控性要求。2008 年金融危机后，制造业全球价值网络格局进入深度调整期，中国制造业正在一些前沿领域进行自主创新，并覆盖所在领域的各个产业链环节，为今后构建产业生态系统做实基本功。

（三）中国制造业分技术的国际竞争力比较

不同技术强度下制造业细分行业的出口贡献占比和比较优势能够在一定

程度上反映其国际竞争力，尤其是认识具有国际竞争优势的制造业产业处于什么技术层次，这有助于解析不同技术强度下的制造业细分行业在未来如何参与国际分工。

依据 R & D 强度，将制造业门类划分为高技术（High）、中高技术（Medium–High）、中技术（Medium）和中低技术（Medium–Low）四个技术层次。其中，高技术制造业包括计算机、电子和光学产品制造业；中高技术制造业包括化学品及制药品业、电气设备制造业、机械设备制造业和交通运输设备制造业；中技术制造业包括橡胶塑料制品业、非金属矿物制品业、基本金属及金属制品业和其他制造业及回收加工业；中低技术制造业包括食品、饮料及烟草业、纺织品、服装及皮革业、木材制品业、纸制品及印刷业和炼焦及石油加工业。

21 世纪，中国刚刚步入全球化发展的“快车道”，制造业产品的进出口贸易飞速发展，全球价值链加工组装的低端环节嵌入让中国成为“世界工厂”提供了可能。2005 年，中国中低技术制造行业出口中的国内增加值较高，这些行业多为劳动密集型，中国率先以廉价劳动力的比较优势为突破口，承载了大量当时“可操作”的生产制造环节，积累了产业基础、规模、经验、资本，为国内制造业可持续发展奠定了基础。然而，我国在中高及高技术制造行业的出口中的国内增加值比重较低，这些行业集中了大量高精尖的科学技术；中技术制造行业的出口国内增加值比重也较低，这些行业均为资源密集型，带有一定的科学技术含量，需要通过技术改造资源型原料。

随着中国经济总量的持续快速增长，中国制造业在各类技术层次下国内增加值的创造方面均保持了不错的全球份额增长态势。仅贡献份额来看，中国制造业确实在各类技术层次下“挤占”了其他经济体的份额，尤其是随着以金属、非金属制品为主的中技术制造业的全球市场份额不断扩大，在中、高技术制造业领域的全球份额高于低技术制造业领域。由此看来，中国制造业在各类技术层次下均表现出升级态势，中国制造业产业生态在不断成长。

2005年起，中国制造业开始全面融入世界经济，出口额不断快速攀升，逐渐具有强大的国际竞争力，尤其是中低技术制造业拥有极其明显的国际竞争优势。这主要得益于中国持续的改革开放和加入WTO，在此过程中充分发挥了中国的劳动力优势、原材料资源优势和政府宏观管理的城市发展优势。但随着经济的进一步发展，我国中低技术制造业国际竞争优势会逐渐消失，某著名体育品牌国内代工工厂关闭和外迁是该类标志性事件之一。究其原因，这更多表现在中国参与垂直专业化分工的红利正在消失：劳动力成本上升、环境标准提高、生产环节的垂直化外迁。

在这样的分工转型大背景下，深入挖掘前沿的技术创新和巨大的市场规模是展开新赛道的可考虑方向。因此，在近20年，中国制造业逐渐开始重视该类技术，但其成长力度很弱，技术创新能力明显不足。中技术制造业多为原材料加工行业，中高技术制造业则更多集中了大国重器，这两类制造业行业是制造业中的主体部分，直接决定了中国制造业在全球市场上的综合实力，包括应对国际“卡脖子”与国际产业竞争发展的能力。中技术和中高技术制造业具有较高的技术门槛，也需要市场需求侧发展来驱动其循环发展成系统的产业生态，政府的公共管理服务及其治理将必不可少。

中国制造业高速发展的时代，计算机、电子和光学产品制造业这一高技术行业具有很强的“国际竞争力”。计算机、智能手机和各类通讯设备是离散复杂模块产品的代表性领域，中国制造业嵌入世界经济体系最为成功的突破口之一就在于此。在计算机、电子和光学产品制造业领域，中国具备承接该类国际垂直分工的一切关键要素：廉价的劳动力和原材料、生产工厂及其配套、国内消费市场和出口体系、政府改革开放的持续推进与其他刺激政策、发达经济体领导型跨国公司的意愿等。随着互联网和移动互联网的高速发展，中国在计算机、智能手机和其他通讯设备制造方面创造了大量价值，在全球层面很早就形成了较强的国际竞争优势。从全球价值链低端的加工组装环节出发，中国制造业企业在该领域不断向高附加值的节点攀升，通过大量技术投入和优化供应链管理，逐步创建自有品牌和营销渠道，积极向产业链中最上游的芯片制造业进行探索。这种全产业链式的国际代工逐渐转变为国内产业全生态系统，既是发达经济体制造业不断外迁空心化的结果，同样也是中国制造业快速发展的明证。单看中高技术制造业，该类多以装备制造部件、工业机床为主，相比其他制造业细分行业，中国中高技术制造业的国际竞争力水平也最低。究其原因，这些机械设备的出口并不像小件的模块化产品那么容易，市场需求不大导致技术研发投入力度较小、生产扩张迭代较慢，且个别领域涉及国家战略发展机密，整体表现出国家主导的国有企业特征，市场化特征不明显。若推动中国制造业高质量转型升级，中高技术乃至中技术制造业是今后加大技术创新力度的重要领域，一方面集中在装备机械领域，另一方面集中在原材料领域。

三、中国制造业市场开拓的供给生态

中国制造业在供给侧和需求侧两端都有市场开拓的价值。制造产品的供给决定了消费者的使用内容，在一定程度上也决定了个性化需求的满足程度。站在制造生产一方的角度，市场供给侧开拓比需求侧开拓更为基础。制造业供给侧层面开拓的是关联产业规模，而非需求侧关注的最终消费体量，产业融合发展的一种典型方式即是制造业服务化，尤其是制造环节的投入服务化。目前，中国制造业服务化结构非均衡且有较大发展空间。制造业服务化转型在市场供给侧开拓方面是一个有效路径，意义重大。

（一）中国制造业“制造＋服务”融合的基础

制造业从产业流程可以分成两大类，一是连续流程技术制造业，典型代表为医药及石油化工能源企业，二是离散复杂模块制造业，典型代表是汽车、电子和机械制造企业。目前，这两大类都面临着制造模式转变、市场快速变化、供应商协同配合、内部精细化管控、端到端产品追溯、稳定品质要求等挑战。在制造业价值链不断丰富和完善的当下，链条环节快速分割并固化，企图在制造业价值链上嵌入尤为困难。而制造与再制造所衍生的或必需的相关服务则是制造业服务化转型的新思路和破题关键，制造服务化也是新时代制造业供应链架构的新特征。

随着价值链分工下的制造业全球价值网络不断演变，新世纪的全球化正在从货物贸易向服务贸易转变，以服务贸易为主导的全球价值链也随着制造业全球价值网络的壮大而同步形成。由于近年来逆全球化浪潮的盛行，传统货物贸易更是在全球范围持续走弱，服务贸易成为发展新趋势，各国以加大进口国际服务化投入来增强本国的实物商品竞争力。服务贸易的发展促使开放经济下的制造业转型升级产生了根本性的变化：产业层面，制造业和服务业融合发展，促使单一形态的商品或服务具有产业复合的特性和价值；企业层面，制造业的主要价值创造环节由生产制造向服务转移。前者是传统的两产融合模式，后者即是在制造业企业内部出现的制造业服务化现象。发达国家在过去推行的“去工业化”进程把制造业实体转向了新兴发展中国家，而本国国内的服务化水平大大提高。现在是新一轮制造业爆发的时代，各国都在促使制造业留在自己国家，尤其是有更高程度服务化的高端制造业。

长期以来，中国制造业供给市场同质化现象严重，整体“大而不强”，其中一个最主要的原因是中国制造业服务化水平低，在制造基础上有效叠加服务的程度不深，“制造 + 服务”的融合形态尚未完成。制造业内含服务增加值占比分为服务总量、国内服务、国外服务三个变量进行表征，但目前的制造业服务化已经开始表现出“国内服务替代国外服务”的趋势。因此，中国制造业的关联服务市场正在成长，且为“制造 + 服务”融合奠定基础。

（二）中国制造业服务价值链的结构与发展趋势

制造业服务化分为投入服务化和产出服务化。目前很多研究是探讨制造业投入服务化，其重要表现之一即是制造业将服务外包重点发挥自身生产优势并提升产品价值。服务业投入占制造业总出口的比重还较低，只有生产制造过程的服务价值投入增加，才会直接带来制造业产出服务化的提升。

制造业服务化的表现包括但不限于运输仓储服务化、邮电通信服务化、金融保险服务化、研发服务化和其他商业服务化。其中发达国家以研发设计、信息科技、金融法律服务为主，而发展中国家则以包装物流、运输仓储服务化为主。总体来看，发达国家制造业产品出口额中服务投入价值占比约三分之一，而发展中国家这一数据则是四分之一。当更多的服务价值被投入制造价值链中，制造的产成品增加值也会相应提升，制造企业的主营业务收入和利润总额同样也会增长。在价值链中与制造相关的服务包括制造服务和再制造服务，这些服务贯穿于制造业全球价值链各个环节，并具有不同程度的价值。正如微笑曲线的价值分布，与制造相关的服务价值也是更多地集中在价值链的研发设计、营销和售后服务等环节，在由原材料向产成品过渡的生产制造环节，全部都是较低价值的标准服务，如产品管理、车间操作、控制服务、工人服务、运输服务，这些服务具有机械化、重复性、标准化的特征。

除了作为投入购买的服务和企业内部自身的服务活动外，制造业企业越来越多地生产服务、出口服务，以补充或替代其销售的产品，其根本目的是通过向服务转变来提高产品独特性并与客户建立长久的战略关系。目前，制造业产出服务化价值还无法准确核算，这是因为制造业服务化产出依赖于企业主营业务的商品，而服务化的价值很难体现在商品价格构成中。制造业产出服务化能力由其生产制造的产品规模、质量、应用场景和未来需求等多种因素共同决定的，当制造业企业在生产产品方面不够强大时，该企业是无法进行产出服务化转型的，因为企业是基于主营的制造产成品进行服务业态的转化输出。当制造业企业专注于主营的制造产成品并形成“制造标准”时，实物产品将衍生出服务价值，此状态下的制造业企业将会基于制造产成品向客户提供一系列高价值的服务产品，如各种一体化解决方案。一体化解决方案是供应商提供有形产品、无形服务和其他配套商品的组合，是制造业产出服务化的典型形式，本质是制造和服务的共生融合。

制造业服务化是制造业企业在内部进行的一种“产业融合”方式。按照服务化产出依托形式的不同，制造业产出服务化又可以分为制造品产出服务化和非制造品产出服务化。制造品产出服务化是指从制造产业成品实现交付使用后直接产出的服务化价值，该形式的服务化产出是通过生产过程中的服务要素投入和产品质量提升来实现的。而非制造品产出服务化是指在制造产业成品实现交付使用后间接依托于制造品而衍生的相关整体服务，该形式的产出服务化是通过独立的解决方案服务来实现的，其目的是完善制造品的使用价值。制造品产出服务化多是在研发设计环节和生产制造环节，依附于制造品本身；非制造品产出服务化多是在制造服务中的售后服务环节和再制造业服务环节，独立于制造品本身。

（三）中国制造业服务化发展水平的特征事实

近年来，随着产业转型升级，中国制造业在开拓市场方面不断探索产业融合，以寻求供给侧升级变革，尤其是制造业服务化发展成为供给侧市场开拓的一个新趋势。制造业服务化从服务投入的来源国上可以做出区分以反映全球化特征，但更重要的是服务投入的来源类别或行业呈现出结构不平衡的特征，这成为影响制造业升级的一大阻力。

中国制造业服务化发展水平总体稍低，行业差异明显。中国制造业服务化水平最高的是计算机、电子和光学产品制造业，整体水平较低的是食品、饮料及烟草业、服装纺织等低技术行业。制造业服务化水平的高低不仅取决于相关服务投入行业的发展水平，还受该制造行业的本地化生产网络发展水平的影响。从制造业生产流程分类看，离散复杂模块制造业的服务化水平略高于连续流程技术制造业，这取决于我国制造业嵌入全球化所积累的生产网络规模和制造业生产技术水平。

中国制造业服务化的来源结构也不平衡。制造业服务化投入的来源可以分为商业服务部门对该行业的服务投入和非商业服务部门的服务投入，其中，商业服务部门包括批发零售、运输仓储、信息通信、金融保险四大类，非商业服务部门包括公共管理和国防安全、教育、人类健康和社会工作、艺术娱乐四大类。从商业服务部门组成看，批发零售服务投入占据大部分，其次是运输仓储服务、金融保险服务，信息通信服务次之。

第二节　制造业转型升级现状

一、制造业转型升级的发展成就

（一）制造业生产经营扩大

1. 发展规模世界第一

2022 年，我国制造业总值达 33.52 万亿元，占我国 GDP 比重为 27.7%，已连续十三年占据世界首位。我国已成为唯一拥有联合国产业分类中全部工业门类的国家，200 多种工业品的产量稳居世界首位，其中空调、彩色电视机、冰箱、洗衣机产量已占据全球 50% 以上的市场份额；汽车及其中的新能源汽车产量分别占据全球 30% 和 50% 以上的市场份额，目前我国已经建成门类齐全、独立完整的现代制造业体系和在全球范围内优化资源配置的供应链体系，培育了一批在全球有重大影响力的制造业集群，在国际产业分工中发挥着不可或缺的作用。

2. 创新能力显著增强

从经费投入上看，2021 年，我国研究与试验发展（R&D）经费支出达 2.80 万亿元，同比增长 14.6%，增速较上年加快 4.4%，连续 6 年实现两位数增长；R&D 经费投入强度为 2.44%，比上年提高 0.03%。其中，全国基础研究经费 1817.0 亿元，比上年增长 23.9%；应用研究经费 3145.4 亿元，增长 14.1%；试验发展经费 22995.9 亿元，增长 14.0%。基础研究经费所占比重为 6.50%，比上年大幅提升 0.49 个百分点；应用研究和试验发展经费所占比重分别为 11.3% 和 82.3%。一批关键技术和产品取得重大突破，诸如“嫦娥”

揽月、“胖五”飞天、C919大型客机用材、平板显示基板玻璃等实现突破，科学技术转化为现实生产力的步伐明显加快，有力推动了产业转型升级。根据世界知识产权组织“全球创新指数”资料显示，2022年我国创新指数排名已从2015年的第29位上升到第11位，在国内市场规模、本国专利申请量、本国工业品外观设计申请量、劳动力产值增长量等9项指标上排名全球第一。

（二）制造业产业结构优化

中国制造业的国际国内地位显著提高，但是行业之间、区域之间的发展存在较大的差异，并且制造业发展面临着体制、市场以及企业层面的诸多问题。为解决这些问题，我国抓住制造业转型升级的重大机遇。国内正处于供给侧结构性改革的大背景下，同时“中国制造2025”等战略也为制造业转型升级创造了发展的良好条件。

发展中国制造业，使之朝着高端化演进，是做优做强实体经济的必要措施。目前，我国制造业正在由大量需求引导和市场带动下不断改革创新，其中中低端传统制造业处于技术转型阶段，高端技术制造业则处于产业化和集群化阶段。近十年，中国制造业结构已经获得了一定优化，而今是继续深化改革和攻坚克难的重要时期。为提高经济发展的质量、保证健康良好的发展态势以及促进供给侧结构性改革发挥最优成效，我国没有把发展重点放在房地产与基建上，而是将发展重心放在高端装备制造业、电子与医药行业上。供给侧结构性改革以来，我国供给端的产业结构正在加快优化，在淘汰和改造传统制造业的同时，高端技术制造业的占比在不断提高。“十三五”规划中去产能的目标已实现，钢铁行业已经提前2年完成去产能1.5亿吨的计划；降低能耗已见成效，规模以上工业企业单位的能耗不断降低；关于技术性转型的投资在普通工业投资中的比例从40.6%提高到了47.1%；战略性新兴产业发展迅速，高技术制造业增加值占规模以上工业增加值的比重为14.4%，装备制造业的增加值占规模以上工业增加值的比重为32.5%，由此可见，制造业在供给侧结构性改革的不断深化中得到了良好发展。

二、制造业转型升级面临的问题

（一）产业核心竞争力不强

经过多年的努力，我国制造业总体规模快速扩大，在经济中的比重不断提高。但是由于长期以来，我国制造业企业多是粗放型的资源投入，而高端制造业起步较晚，制造业产业层次不高，总体而言，目前我国制造业发展水平还较低，产品附加值也不高，产业的核心竞争力还不强，缺乏竞争优势，高新技术产业还有待进一步提升。我国外贸领域中的优势产业也多以劳动密集型或资源密集型产业为主，而在高新技术产业领域中，如计算机集成制造业、电子信息行业等的竞争力指数都落后于发达国家，能够参与国际竞争的高新技术产品很少，制造企业生产的大多属于高端技术产业链中的低端产品，核心技术环节则多依赖于国外的技术。如果还不改变这种不利局面，我国制造业产业结构调整与产业转型升级将会面临严重阻碍，不利于我国制造业经济的发展，目前具体问题有以下两点。

1. 集聚初现但配套滞后

虽然当前我国制造业产业集群已初具规模，但首先很多城市虽然提出构建产业集群，但多是建设产业园，缺少核心龙头企业，围绕产业园发展的相关配套服务还比较落后；其次，集群内企业之间各自为政，出现集而不聚的现象，产业集聚内部绝大多数企业与企业之间的联系弱，集聚区内更多表现为“企业堆积”。

2. 研发加强但创新缓慢

近年来，我国在制造业产业研发创新方面的投入越来越多，创新力度加强。但由于早期创新研发投入长期短缺，欠账较多，加上各科研院所、高校与企业之间缺乏沟通协作，科研成果转化能力较弱，绝大部分制造业企业缺乏自主创新能力、技术研发能力还有待加强。尤其是一些中小型制造业企业，技术的来源大多是靠外来引进、对外依赖程度较高，主要产品技术含量不高，缺乏原创性和关键性的核心技术与工艺，对高附加值产品的贡献率低，处于市场分工和价值链的低端。此外，在技术创新机制和高层次创新人才培养方面，我国仍然存在很大短板，这也是我国创新能力不足的重要原因。

（二）金融支持制造业发展力度不够

金融支持制造业发展力度不够主要体现在以下三点。

1. 金融资源无法真正融入支持实体经济

制造业作为推动经济增长、增强产业实力的重要源泉，在我国经济结构转型的过程中发挥着无可替代的作用，更好地向以制造业为代表的实体经济提供金融服务将更有利于加快国民经济的转型速度。但现实情况表明，制造业企业尤其是以中小微企业为代表的民营制造业企业，却经常陷入融资难、融资贵的困境之中。金融资本不仅难以有效地支持服务实体产业，甚至侵蚀了民营企业等实体经济的利润。

2. 金融资源与制造业企业需求不匹配

众所周知，良好的金融体系发展能有效降低制造业企业的融资成本，提高企业的融资效率。但在金融市场实际运行过程中，即便在完善的市场机制前提下，也不能从根本上保证金融中介与制造业企业之间的信息完全对称。两者之间的信息不对称问题会造成一定程度金融资源的浪费，或导致对民营企业和小微企业等弱势群体制造业服务不足。一方面，以银行业为代表的金融机构对企业信息了解并不充分，对制造业企业经营的不确定性产生担忧；另一方面，小微企业或民营企业可能对金融机构存在故意诱导或隐瞒的行为，在获取贷款资金后，由于经营不善无力偿还贷款，增加了银行的不良资产率，给银行带来风险。此外，市场体制不够完善、法律环境不够健全也会给中小制造业企业融资带来困难。

金融资源与制造业企业需求不匹配主要表现为金融资源分配不均。就制造业企业性质而言，国有大型企业、事业单位和垄断行业企业相较于民营企业、小微企业、创新型企业等更容易获得融资。据相关数据显示，2018 年中央国有企业和地方国有企业的融资结构中，银行贷款占比分别为 86.2% 和 70.3%，而民营企业融资结构中银行贷款占比仅为 38.8%。[1]这固然是银行为了规避风险，基于稳健经营的角度所做出的选择。然而这一选择倾向却容易造成国有企业、垄断行业企业融资资金富足，中小微制造业企业融资资金缺乏的局面，从而导致金融资源的集中投放、错配和无效使用等问题。就制造业行业类别而言，银行的资金投放会更倾向于先进制造业，对于带有“产能过剩”“传统制造业”标签的企业则很少考虑，这种“一刀切”的行为会加深金融企业与传统制造业企业之间的融资矛盾。此类金融机构的所有制歧视、行业歧视使中小制造业企业融资成本升高，不利于传统制造业的技术创新，也不利于制造业行业整体转型升级。

3. 金融结构的失衡影响制造业融资效率

金融结构体系总体上可划分为两类，一类是以间接融资为主的银行主导型融资体系，另一类是以直接融资为主的市场主导型融资结构体系。在不同的发展阶段，与经济体相匹配的金融结构是存在差异的，而最优金融结构与该国具有的要素禀赋密切相关。同理，一国的制造业结构并非一成不变，其对金融结构的需求会根据发展阶段的变化而变化。若金融结构体系恰与制造业发展相匹配，那么对推动制造业转型升级大有裨益。如果金融体系与制造业发展不匹配，则会出现金融结构失衡问题。

一般而言，制造业企业的外源融资渠道分为银行贷款、非标融资、债券融资、股权融资以及股票融资几大类。其中，银行贷款是我国制造业企业融资的首选渠道，长期占比超过 60%，中长期贷款为银行贷款投放的最主要方式；非标融资为第二大融资来源，在 2018 年前占比超过 20%；债券融资

[1] 新浪财经 . 不同类型企业债务融资结构有何差异 [N].https：//finance.sina.com.cn/money/bond/research/2019-02-28/doc-ihsxncvf8494329.shtml.

占比则维持在 10% 左右；股票及股权融资合计占比不超过 10%。[1] 从这些数字可以看出我国制造业企业融资结构整体以间接融资为主，以股权和债券为主的直接融资占比较低，且近年来仍有下降趋势。直接融资体系内部存在产品结构不合理、资本市场结构层次发展不足、场内市场和场外市场发展不平衡等问题，导致其不能更好地为企业融资，尤其是不能为科技创新型企业与小微企业提供融资便利。例如就债券市场而言，市场中债券品种、结构不完善，国债规模更大、发展得更充分，而公司债、企业债则发展得相对不够充分。

同时，我国金融结构还表现出典型的以政府为主导的银行融资特征。在我国现存的银行体系下，尤其是政府作为银行股东之一的银行，会为国有企业或有政府背景的其他企业提供更多融资机会，这使得中小制造业企业、非公科技创新型企业等难以有效得到金融支持。综上，在金融业规模持续扩张背景下，金融业发展支持制造业转型升级过程中的问题反映了金融供给侧结构性的问题，只有调整优化金融体系结构，才能更好地服务以制造业为代表的实体经济。

（三）高端技术研发人才短缺

高端技术研发人才短缺主要体现在以下四点。

1. 创新型人力资本短缺

技术若想完成一轮积累通常需要经历三个阶段，第一个阶段是从无到有的创新，研发人员是技术发明的源泉，人力资本在第一阶段的作用无疑是巨大的；第二个阶段是技术在企业间的溢出乃至在整个产业层面的扩散，人是知识的载体，在这个阶段人力资本地优势会加速技术的传递速度；第三个阶段是技术在产品上的应用，技术依靠人力资本注入产品。这三个阶段的完成宣告技术实现了新一轮的进步，由此可见，创新是其进步的源泉，没有创

[1] 任泽平．我国各行业企业融资结构的方式与成本 [N].https：//www.sohu.com/a/281951974_313170.

新，后两个阶段都不存在。在我国制造业转型升级过程中，人力资本无疑是核心推动力量之一，但就目前制造业人力资本结构来看，仍然存在创新型人力资本短缺的状况。

首先，高技能人才队伍内部结构不合理。虽然近些年全国高技能人才职业资格鉴定人数占各级职业资格鉴定人数的比例呈上升趋势，但相对于初、中级技能人才而言，其所占比例总体较小。除此之外，制造业技能人才占从业人员比重也较低，而创新型技能人才占比则更低。其次，高技能人才供需结构不合理。制造业中的新兴技术产业招生规模低于传统制造产业；复合型操作人才数量少于单一型操作人才，这直接导致高技能人才培养趋同现象明显，高技能人才供求出现失衡，既出现部分行业领域所培养人才“过剩”现象，又出现制造业领域高技能人才短缺的现象。最后，高技能人才区域分布结构不合理。主要表现为发达地区制造业高技能人才分布多，其制造业高技能人才数量远高于欠发达地区，且发达地区的制造业高技能人才增长速度也远高于其他地区，这种不合理现象在省域高技能人才区域分布中也同样普遍存在。

2. 人力资本投资机制不畅

我国人力资本积累模式存在投资机制运行不畅的问题。

首先，在体制上未能形成完善的人力资本投资体系，目前，政府的财政性教育经费在教育投入中仍然占据主导地位，但在人力资本投资过程中缺乏整体统筹，难以做到均衡配置；其次，人力资本投资结构不协调，我国目前教育投资重心仍然是学校的正规学历教育，在普通教育和职业教育、学历教育与技能培训等非学历教育之间配置不均、结构失衡，也进一步导致各类教育之间缺乏协同互补和民间教育缺位等问题；最后，职业教育作为制造业人力资本构成主要来源之一，虽然在我国市场化进程中早已被推向市场，但仍然存在内部管理机制不畅通、外部融资渠道少等问题，严重影响了职业教育多元化、高质量发展。

3. 小微企业人才基础薄弱

在制造业转型升级过程中，由于生产方式的改变，摩擦性失业成为转型困境之一。在着眼于提升制造业人力资本水平的同时，人力资本结构在约束条件与制造业转型升级双重影响下如何配置也成为重大课题。虽然我国制造业逐渐向智能化方向进行生产模式转变，许多大型企业对新员工的学历水平设置了门槛，但在全国规模以上工业企业中，绝大部分企业仍然属于中小型企业，规模以下（年主营业务收入 2000 万元以下）尚有 200 余万家小微企业。大部分小微企业受困于资金、规模、人才等因素限制，短期内在不改变生产模式情形下，如何通过人力资本内部结构调整促进企业智能化是横亘在这些企业面前一道难解的题目。

4. 创新型技能人才培养不足

当前，我国制造业创新型高技能人才培育不足的问题依然比较突出。一方面，制造业创新型高技能人才供需不平衡，表现为制造业领域对创新型高技能人才的需求日益增长，而该类人才的培养却相对滞后。从创新型高技能人才培养和输出角度看，当前我国高职院校主要注重操作型技能人才培养，导致创新型技能人才培养不足。特别是在制造业领域，相对于制造业庞大的产业人才需求而言，创新型技能人才基本处于数量短缺、供不应求的状态。

另一方面，在制造业创新型技能人才培养培训过程中还存在长期投入不足、培养重视程度不够、教育体制不健全、配套政策相对缺乏、晋升渠道不畅通、仍存在唯学历论观念等不利因素。同时，职业院校对制造业领域创新型高技能人才需求了解不够全面，导致培养缺乏针对性；制造类企业对创新型技能人才培养落实不到位，加之技能劳动者的工作环境、薪资福利与学历型人才相比往往处于不利位置，很大程度上导致技能型劳动者的职业生涯发展受限；加之社会大众对技能劳动者的认可度较低，都会导致制造业创新型技能人才数量欠缺、发展受阻。综合来看，未来制造业创新型技能人才培育工作仍然任重道远。

（四）资源环境制约日益突出

经济与资源环境的协调发展是当前各国政府、企业共同面临的课题，随之而来的是“绿色供应链”“低碳生活”“零排放”等绿色发展理念不断普及，这不仅促进了节能减排行业、能源环保行业和新能源行业的快速发展，也成为制造业转型发展需要考虑的重要目标。

当前，中国制造业长期以来的粗放式发展造成的与环境之间的矛盾仍然十分突出。政府在“十三五”规划中明确提出，生态环境的总体改善是中国经济社会发展的中心目标之一。随着中国政府开始注重循环经济的发展，公众的环境意识也在逐渐增强，我国环境政策体系日益完善，相继出台了各项环境治理方面的法律法规，如《清洁生产促进法》《中华人民共和国节约能源法》《循环经济促进法》《水污染防治法》《大气污染防治法》等，加大了对制造业污染排放的治理力度，污染物的排放量大幅减少。

但是，由于生产效率的原因，很多社会资源被低端制造的制造业浪费，同时在生产过程中排放较多的废气废水，对环境造成了很大破坏。此外，从我国总体经济发展形势来看，中国“制造大国”的地位虽然十分稳固，但随着劳动力数量的递减、生产要素成本的不断提升、资源环境约束加强等因素的影响，出现了经济增速放缓、增长动力不足的问题，而且离“制造强国”的战略目标还比较远，如果依旧建设中低端制造业，资源短缺与环境污染的问题将一步突显。

目前我国制造业的出口商品项目中以机电产品和家具、玩具及劳动密集型杂项制造品为主，由此看出，我国出口以资本密集型和劳动密集型商品为主；从出口地区来看，我国出口国家以美国、德国和英国等西方发达国家为主。此外，目前中国主要进口的商品项目中前五类制造业商品为资本密集型的机电产品、资源密集型的矿产品、资本密集型的化工产品、资本密集型的运输设备和光学、钟表及医疗设备，由此看出中国进口的制造业品类以资本密集型和资源密集型商品为主。通过与中国制造业出口的商品种类对比，不难发现中国目前处在以劳动密集型和技术密集型产品换资源和技术密集型产品的阶段，下一步我国可以结合我国特色的发展战略在制造业“走出去”的过程中有选择地发展各国进出口贸易的商品种类。

综上所述，当前中国制造业的转型升级仍然面临着较大的压力与挑战，需要加大科技、金融、产业、人才等方面的支持力度，从而推动制造业的成功转型升级，实现经济的高质量发展。

三、制造业转型升级趋势

（一）迈向智能制造转型的步伐加快

当前，越来越多的制造业企业深刻意识到制造业的持续发展之路在于创新，也有越来越多的企业开始思考制造业转型的具体路径，例如，将制造业与信息化技术相融合的智能制造就是很多制造业企业的选择之一。智能制造是应用数字和信息技术将制造业中的设计、生产等各个环节的数据整合，根据数据流的实时变化，对制造过程中的业务流程、生产流程及资金流程等进行协调优化，从而实现高效、准确的决策，实现生产资料在企业内部及企业之间的优化配置。鉴于中国制造业整体依然落后于工业强国的现状，加上人口老龄化导致的劳动力成本上升，智能制造为中国制造业提供了弯道超车的机遇，能够从多方面促使劳动密集型产业实现降本增效，摆脱传统劳动力对企业发展的束缚；也能进一步加快制造业转型升级的步伐，改善我国整体制造业的创新环境，进而从实质上提升我国制造业竞争力。

（二）制造业服务化趋势明显

制造业服务化是制造业迈向中高端的必然趋势，是实现制造业转型升级和可持续发展的重要支撑。制造业服务化驱使制造业企业不能只注重产品的制造，更多的是将服务业内含的技术、信息以及人力资本等高级生产要素导入制造业，将服务作为中间投入，使制造业产出中服务比重不断提高。制造业服务化以满足消费者个性化需求为目标，以产品服务和实体产品为载体，结合数字化、信息化、智能化的生产模式实现产业升级。当前许多制造业企业将服务化视为创造自身竞争力的重要手段，从单纯提供产品和设备向提供全生命周期管理及系统解决方案转变。这一转变有助于刺激制造业企业在生产技术、创新能力、产出效益等多个方面有所突破，同时高质量的服务投入可以促进我国制造业企业向价值链两端延伸，提升我国制造业在全球价值链分工中的地位，实现转型升级。

（三）打造先进制造业集群

加速打造具有国际竞争力的先进制造业集群已经成为我国从制造大国向制造强国迈进的重要举措，是我国经济增长新动能的核心所在。就目前而言，我国先进制造业领域的中小企业已经形成了一定的规模，但是从产业链角度来看，培育完整产业链是打造先进制造业群的前提，我国先进制造业领域内的企业在发展过程中一些核心装备或核心零部件缺乏原创，存在着过度依赖进口的现象。例如，在燃气发电与核能发电设备的仪表控制系统领域，我国缺乏原创的控制系统。这就导致我国先进制造业领域内的相关环节出现产业链断裂，从而限制了我国先进制造业规模的扩大以及国际竞争力的增强。因此，我国瞄准全球价值链中高端，致力于形成完整的产业链条，在出台相应的政策支持的同时，不断开拓新思路，探索新模式，为制造业企业创造有利于提升创新力的社会环境。

第三章
制造业转型升级中政府的作用

第一节　制造业转型升级中政府所发挥的作用

一、政府在经济发展中的作用

（一）政府与市场的关系模式

目前，政府与市场的关系是相互依存、对立统一的动态关系。政府与市场既要相互制约，也要相互补充；既要做到分工明确，也要做到相互配合。市场主体是企业，市场行为是趋利避害的，因此收益和成本必然成为企业决策的重要依据。收益合理，成本可接受，则市场机制能够发挥积极作用，而对于成本不可控、收益难收敛的领域，则更多需要靠政府来发挥作用。根据其作用特点及成本收益权衡，目前学术界将政府与市场的关系分为相互替代、相互补充、完全排斥和共同失灵四种关系模式，具体如下。

1. 相互替代

政府与市场可以此消彼长，相互替代。政府与市场发挥作用时均会产生成本和收益，政府宏观调控市场的目的是降低市场的交易费用，但政府也要付出一定的成本。当为了取得一定的社会产量或效用，增加的政府成本等于节约的市场交易费用时，则处于政府与市场的最优均衡点，即政府与市场互相替代的有效边界。在现实中，根据替代理论，一项政策是否应该出台并实施，政府应该权衡该政策对市场发挥的作用，即市场交易费用的减少量能否足够覆盖政府成本的增加量，如果能够覆盖，则应该采取该项政策。

2. 相互补充

政府与市场之间是相互融合、共同协作才能发挥作用的关系。互补关系也是目前政府与市场最普遍的关系。具体来说，为了获得一定的社会产量或效用，当市场力量加强时，政府力量也要配套加强，只有这样才能达到预期的资源配置效果，或者说无论是市场力量的强化还是政府力量的加强，都依赖于另一方作用的加强作为必要补充。在现实中，根据互补理论，当政府进行一项政策的决策时，需要权衡该项政策实施与市场结合的协同作用是否比市场单独作用能取得更大的公共效应，若能，则该考虑采取该项措施。

3. 相互排斥

在一些领域，政府和市场之间完全排斥，他们各自有各自的有效边界。在某些领域，只有市场能发挥作用，政府的介入只会产生负效益，如纯私人领域的采购生产经营销售等活动；或在某些领域，只能政府发挥作用，市场的介入会造成收益小于成本，如纯公共领域、国防领域以及法律法规的制定过程等。这种情况下，虽然政府与市场均在各自领域内独自发挥作用，但并非没有任何关系。比如，政府制定法律法规，虽然这完全是政府的职责，但公平合理、高质量的法律法规能够更好地规范市场，服务市场，促进市场发展，反之亦然。因此，即使是在相互排斥的领域，政府与市场依然能够相互影响，相互促进和制约。

4. 共同失灵

在某些领域，尤其是政府与市场之间的真空地带，会存在政府和市场都无法有效配置资源的情况。无论是政府单独参与资源配置，还是市场单独参与，抑或是政府和市场共同参与，都存在成本大于收益的情况，无法提高效率，实现利润最大化。这一情况可能是由于政府机制和市场机制本身的缺陷造成的，也可能是市场机制不完善或政府职能履行不到位造成的。如果是后者，则需要全面持续深化改革，健全市场机制，规范政府行为；如果是前者，则需要创立新的机制或部门，来同时克服政府市场双失灵的局面，弥补政府与市场之间的资源配置空缺，如设立协会、基金会等非政府的自治性社会组织，或设立如政策性金融机构、开发性金融机构等介于政府与市场之间的机构部门等。

总体来看，目前政府与市场的互补关系占主流，绝大部分资源配置领域都需要政府与市场协同作用，共同促进全社会福利的最大化。在未来发展过程中，政府与市场则更多是协同合作的关系，是在明确定位分工基础上全面合作的关系。政府与市场的分工是相对的，合作是绝对的。在提供公共服务，尤其是准公共产品和服务方面，政府与市场应当寻求协同配合、激励相容、共治共享、共担风险的平等合作关系。

同时也应该认识到，无论政府与市场处于何种关系，都不能割裂看待某一方，需要全面清晰地加以分析。

（二）政府与市场促进企业创新的作用机制

创新的公共属性和私人属性决定了政府与市场均能够对企业创新的资源优化配置起到积极作用，但由于自身存在运行缺陷，政府与市场对促进企业创新又都存在失灵现象。因此，需要深刻厘清政府与市场在促进企业技术创新方面的作用机制和优劣势。尤其对于政府与市场支持企业创新中的双失灵问题，既要充分合理的发挥政府与市场的协同作用，也要在此基础上积极探索新的中间模式和第三方机制以更高效地促进企业创新。

1. 创新的市场作用机制和缺陷

市场机制以价格机制和供求机制为核心，在资源配置、收入分配、信息供给和经济激励等方面发挥作用。其中，激励和培育创新是市场自发调节资源配置、激励经济发展的重要方式，即市场机制能够对企业创新发挥自组织作用。市场机制促进企业技术创新的机理具体如下。

第一，市场本身就是创造性过程。企业想要进入某一市场领域，无论是自身开发产品还是模仿他人产品，要想占有一定的市场份额并获得利润，就必须创新，才能使自己的产品具有更大的溢出价值。

第二，市场机制能提高创新效率。一方面，市场竞争能对企业产生创新压力和鞭策作用，如果企业不创新，其产品或服务将被其他创新的企业淘汰；另一方面，如果企业创新成功，该企业便会获得超额收益和垄断利润，从而诱使企业继续加大创新资源的投入。另外，创新成果的非独占性使得该超额收益只是暂时的，从而鞭策企业继续创新来努力维持超额收益。

第三，市场机制能分担和分散企业的创新风险。市场机制能通过资源配置与风险配置，对企业创新过程中面临的非系统性风险，包括企业的技术风险、管理风险、财务风险等进行风险分散和有效监督，从而降低企业因自身或行业因素而造成的创新风险，提升企业的创新动力。

虽然市场能够通过优胜劣汰、分散风险等方式自发激励企业创新，但创新的高外部性和公共产品属性使市场在激励企业创新、配置创新资源方面也存在无法克服的市场失灵问题。市场的缺陷在于它只能对创新产生正向激励和负向激励，而不能从内部解决创新的知识外溢，这导致私人创新收益始终小于社会收益的问题以及后发企业模仿先发企业的问题。同时，市场机制对已有资源的配置，尤其是有形资源的配置相对更加有效，而对创新所需的知识资本等无形要素，尤其是创造新要素方面则通常存在市场失灵。另外，市场无法创造一个有利于企业创新的外部环境，法律法规、产权制度、政策导向等无法由市场完成。

因此，在充分发挥市场推动创新的自组织作用的同时，对于市场机制在促进企业创新方面本身存在的缺陷，以及企业创新面临的公共风险，则更需要政府积极发挥作用，缓解创新的外部性、规范市场创新行为、分担宏观创新风险。

2. 政府对创新的作用和支持手段

由于创新具有公共性和高风险性，仅仅依靠市场的力量会导致社会创新不足，无法促进经济的转型升级和高质量发展，这时政府的作用就会凸现出来。政府对创新的作用可以从微观和宏观两个角度进行分析，具体如下：

从微观角度来看，由于企业创新所需的资金、设备、人才等要素由私人企业提供，成本完全来自企业，而创新的收益，尤其是知识等无形资产，易于复制和模仿，导致企业难以获得全部的创新收益，甚至会因为竞争对手的模仿而得不偿失，因此，政府需要积极发挥作用，通过建立专利制度和相关法律法规尽量降低创新成果的非独占性，从而激励企业的创新积极性。宏观方面，从创新收益的角度看，没有哪一个产业是完全孤立的，任何产业的创新，尤其是突破性创新，都会对其他产业甚至是全社会产生积极影响。如互联网技术的创新使传统产业的生产销售模式发生了巨大变化。对于整个社会来说，任何创新的公共收益都大于个人收益，而政府的目标是要实现公共利益的最大化。从创新风险的角度看，企业创新面临系统性风险，包括宏观政策风险、市场风险、经济周期风险等公共风险，此类风险无法通过企业自身和市场机制来分散和化解，需要政府采取必要的干预措施对宏观风险进行合理配置和分散，将原来由企业承担的外部风险转为由政府承担，从而降低企业创新成本，提升企业抵抗市场风险和冲击的能力。总之，政府应该多措并举，支持企业创新，尤其是要为企业技术创新创造良好的外部环境，从整体上提升企业创新效率，降低创新风险。

政府对创新的支持主要包括经济手段、行政手段和法律手段。经济手段，尤其是财政手段是政府干预和引导创新的核心，可以覆盖企业创新的全周期，为企业创新提供良好的激励和基础设施环境。经济手段包括前期的教育投入、建立基础性研究的科研机构，中期针对企业创新的财政补贴、税收减免，后期对取得阶段性成果的企业创新产品进行的政府采购等。行政手段和法律手段主要是为企业创新创造良好的法治、监督和引导环境，如设立知识产权法，打击窃取知识产权的行为；发布科技发展战略和重点行业发展规划，引导国内市场往高精尖和国家需要重点突破的行业进行创新投入。

创新兼具私人属性和公共属性，创新过程本身有很明显的私人属性特征，而创新成果是典型的准公共产品。因此，提供创新产品和服务，既需要政府与市场明确定位分工，又要协同配合、共担风险，共同促进创新资源的优化配置。政府与市场激励创新的分工原则是看市场机制能否在某一阶段发挥好作用，如果存在市场失灵，则需要政府加以弥补和引导。在知识创新和孵化新技术的上游阶段，由于离市场较远，存在明显的信息不对称，风险较高，且产生的新知识、新技术带来的收益难以归属私人投资者，市场机制难以发挥作用，此时需要政府积极干预、支持和引导。而在应用新技术和产业化的下游阶段，离市场更近，信息相对完整，创新产品已经能够进入市场，收益总体上能够归属企业，市场机制能够发挥作用，此时政府应适当减少宏观调控，以引导、监督或必要的政府采购为主，更多地让市场机制发挥作用。总体上，在创新的上游阶段，政府需要承担相对更多的责任，而在创新的下游阶段，市场机制则应该发挥决定性作用，但无论在哪个阶段，都需要政府与市场协同配合，共同促进企业创新。

（三）国家调节经济的必要性

国家调节经济的形式从两个层面展开：一是宏观调控，又称宏观经济调节和控制，政府以宏观经济政策调节、影响国民经济；二是政府规制，是指政府通过颁布规范制度具体指导市场运行。无论是哪一种情况，都说明政府对经济进行适当的宏观调控都是必须的，其必要性主要体现在以下几个方面。

1. 保证总量平衡、结构优化的需要

当今社会的分工日益细化，社会各部门的生产融合和联系也越来越紧密，任何一个部门的问题都有可能演变成影响整个国民经济体系的重大问题。国民经济各部门必须按照社会需要的各种比例，合理运用和分配社会资源，这样才能保证社会再生产顺利进行，而单纯地依靠市场来进行调节有明显的滞后性。因此，必须通过国家的宏观调控手段，保持经济总量和结构上的平衡，保证国民经济健康、协调、可持续发展。

2. 弥补市场失灵的需要

市场机制的盲目性、自发性、自利性、滞后性、浪费性等局限性导致市场失灵，从而使市场调节不能解决社会目标问题，致使社会公共职能存在缺失或缺位，不公平竞争、垄断和收入分配不均的问题开始显现。市场失灵的存在同样使市场调节难以解决信息不对称等导致的效率降低和社会福利损失问题。为了防止资本主义发展阶段出现的市场失灵现象，必须加强和改善国家对经济的宏观调控和微观规制。

3. 实现经济发展战略目标的需要

在国民经济运行中，宏观经济与微观经济既相互矛盾又紧密联系。企业和个人的微观经济活动是按照自身的目的开展的，是分散不统一的，追求的是各自利益的最大化，不可能自发按照国家宏观经济的目的开展。因此，就必须由政府强化和引导微观经济的管理，使其更加符合宏观经济调控目标，这样才能实现一个国家总体经济发展的战略目标。

（四）政府在经济发展中的作用

我国由于经济发展水平和市场化的程度与发达国家存在差异，要想真正实现中华民族的伟大复兴，就不能完全复制发达国家的经济发展进程。但我国有统一强大的中央政府，可以采用宏观经济调控，弥补我国市场机制的不足，健全的市场体系和秩序，在资源配置中发挥有力作用，以加快我国经济社会发展的速度，这也是我国政府在新的形势下必须承担的重要职责。

在社会主义市场经济条件下，可将政府在经济中的职责和任务概括为政府在经济中的四项作用，即经济调节、市场监督、社会管理以及公共服务。

1. 经济调节作用

市场经济不是没有政府宏观调控、没有规则和法规约束的状态经济。市场经济越发达，越需要改善和加强政府的干预，发挥好政府对经济的调节作用，这种作用更多地体现在对宏观经济的调节和控制。主要包括：其一，对宏观经济总量的调控，即综合运用各种调节手段，以间接调控为主，调节社会总供给和总需求，实现二者的总量平衡。其二，对经济结构的调节，即在经济总量平衡的前提下，对局部存在的结构问题加以矫正。对宏观经济结构的调节除了依靠市场力量外，政府还要有意识地调节和引导，通过实施各项产业政策、区域发展规划和政策等，优先扶持部分行业或地区，提高产业结构层次，促进经济社会的可持续发展。其三，对经济利益的调节，如运用收入政策等，调节经济利益关系，矫正社会收入分配中存在的问题。实际上，无论是对经济总量的调节还是对经济结构的调节，归根结底都是对社会各群体经济利益的调节，这是经济调节的出发点和落脚点。

2. 市场监督作用

市场监督作用是指政府综合运用法律法规、社会舆论监督和行业自律等手段，对微观经济体的权、责、利等关系进行明确，并对其经济行为进行规范，明确的权责利关系，对不规范经济秩序进行整顿，达到维护市场体系的目的。从一定意义上来讲，市场监督作用就是实行微观规制促进市场竞争。实行微观规制需要做到：第一要明确政府与企业各自的定位。政府作为规制者，为各种经济主体的活动定规立矩，一方面必须做到公正无私、不偏不倚、依法办事；另一方面必须做到政企分开，不能包办微观主体的行为、干预企业内部活动。第二要简化市场准入条件和流程，减少审批事项和手续。第三要完善价格规制、质量规制、投资规制等经济规制政策，深化规制改革，以促进社会与经济的发展。

3. 社会管理作用

社会管理作用指的是在经济工作中与政府的经济调节作用和市场监管作用相结合，营造良性的市场环境和社会环境，促进地区经济、市场的发展和运行。主要包括以下几方面：一是建设市场体系、完善市场机制，为国民经济运行提供良好的市场条件；二是掌握和运用各种经济调节手段引导市场，协调部门、地区之间的利益关系，保证国家重要经济决策和发展计划的实现；三是完善社会保障体系，发展社会福利事业，调节收入差距等。

4. 公共服务作用

公共服务作用指政府向市场提供公共产品和公共服务方面所起的作用。一般由政府提供公共产品，具体来说主要包括以下几方面：一是提供基础设施、公共资源等基础类公共服务，如道路、交通、公用设施、公共卫生、文化教育等；二是提供制度性公共服务，如完善各项法律、法规、基本制度与规则，为各类产权主体依法提供财产权利保护，为市场经济顺畅运行提供制度保障；三是提供安全类公共服务，为公民提供良好的社会治安环境和国家安全保障，维护社会稳定等。

二、制造业转型中政府作用范围的演变

（一）选择性作用范围基本形成（1978—1991年）

在选择性作用范围基本形成阶段，实行的是有计划的商品经济，在产业发展的过程中，政府的角色主要是在选择过程中规则的制定者，具体表现为：①以短缺性产业为重点。政府部门根据国家整体需要设定产业准入名单，并参与整个过程，包括投资、信贷等。例如，1979年，政府部门提出要以轻纺生产为重点，注重生产过程中所需的原材料供应，并保证燃料动力等，进而提高轻纺生产的比重。②强制淘汰落后产能。政府部门通过对产能过剩部门强制关停的方式淘汰部分落后产能。产业发展需要安排好发展顺序，并需要给予政策指引，制定支持政策，明确支持方向与限制内容。对待不同产业，根据国家引导进行区别对待，扶持优秀产业、限制劣质产能，并设置不同的财税政策和信贷政策，从而调节产业结构，保证其合理性。

（二）选择性作用范围为主，功能性作用范围初现（1992—2000年）

在该阶段，产业发展过程中政府作用的具体表现为：①政府设定产业发展重点。政府在管理过程中，要大力发展国家支柱产业、高新技术产业，汽车制造等被确定为重点发展的行业，政府助力其发挥产业优势。②支持第三产业。政府在贷款方面发挥作用，给予税收优惠，协助第三产业加速发展，为提高发展速度，国家还设定了产业准入名单，例如1992年，《关于加快发展第三产业的决定》中指出，国家需要主导基础行业，使基础行业为国民经济发展做出贡献。③政府强制关停产能过剩企业。由于国民经济发展受到产能过剩的影响，为有效解决产能问题，政府以产品结构、产业组织形式等为指标对产能过剩企业进行了关停并转。

（三）选择性作用范围逐步缩小，功能性作用范围迅速扩大（2001—2008 年）

在第三阶段，政府对产业发展的直接干预在减少，功能作用范围不断扩大。一方面，在产业结构、价格、生产等方面，政府干预大幅减少，针对落后产能等问题也调整了治理方向，主要发挥指引功能，通过设定产业发展次序，实行财政政策、税收优惠、信贷优惠等逐步缩小选择性作用的范围。在这一阶段，中央和地方政府安排了一定数量的投资，建立发展服务业的引导基金，并对特定行业进行调整，针对焦化、电解铝等行业发展的文件迅速出台，进一步化解产能过剩。另一方面，政府更加注重功能性作用。在产业升级过程中，政府功能性作用范围不断扩大，有效助力了产业升级。2006 年，国务院提出要创新管理体制机制，对装备制造业进行调整。

（四）选择性作用范围创新，功能性作用范围继续扩张（2009 年至今）

在第四阶段，全面深化改革的重点调整为经济体制改革。我国在《产业结构调整指导目录》中指出，政府需要不断放开产业领域，探寻新的经济增长点，全力培育新兴产业，同时在选择性作用范围内逐渐加大创新力度。在第四阶段，政府投资体系不断完善，涉及产业种类不断增多，新兴产业投资引导基金为产业发展注入动力，直接有效地促进了产业的成长，但传统性作用仍然存在。在指导目录中，保留了原有的环境、安全等方面的指标，还增加了设备规模指标、技术指标和经济指标等，仍存在一定的行政色彩，政府的功能性作用范围不断扩大。在制造业的发展中，政府部门指出要解决中国制造业大而不强的问题，要不断调整路线方针，制造业需要提质增效，培养稀缺性人才，充分利用全球人才。

三、制造业转型升级中的政府行为

（一）制造业转型升级中政府的作用

1. 编制发展规划，引导制造业转型升级发展

政府部门要具有基本的行业预判能力，要有超前的眼光，并将合理预判

转化为调整转型升级的具体措施；同时，还要结合国际发展情况和国内经济趋势，在国家政策规划的基础上做好制造业转型升级的指引，明确自身公共权力的执行者角色。我国的五年计划就是国家层面对未来发展做出的判断，通过对发展方向进行调整，对产业发展进行规划，起到了引导产业的作用。产业结构是制造业转型升级的关键问题，产业结构平衡发展能够给地区经济带来巨大的支持，因此，制造业转型升级的重点内容应该是产业结构的调整。中国传统制造业结构表现为具有劳动力优势、资源优势的产业较多，而技术密集型产业相对较少，规模也偏小。从分布环节来看，传统制造业主要以粗放式为主，但粗放式的发展容易造成资源的浪费，也会破坏原本的自然生态系统。调整制造业结构的根本目标是推动传统制造业向中高端迈进，以满足现代经济发展需求。同时，制造业结构调整也需要遵循市场的基本规律，政府制定产业政策时要将重点调整为创造公平的市场秩序、制定行业发展规范、完善市场机制，从而营造一个公平竞争的市场，同时调整产业结构目标，避免过度行政干预，坚持市场公平竞争的选择机制。

2. 制定支持政策，推动制造业转型升级发展

政策指引能够给产业升级带来方向性的指引，在制造业转型升级的过程中，政府部门制定的指引规划会指明转型方向，但由于多种因素的影响，政府部门还要及时对政策细节进行调整才能更好起到引领作用。高端产业聚集发展能够形成辐射圈，政府需要制定“负面清单”，为产业升级提供良好的运营环境。制造业的转型升级不仅需要高新技术的普及，还需要良好的公共环境，无论是服务软环境还是基础设施硬环境，都需要进一步改善。技术创新是制造业转型升级的关键，制造业的转型升级本身就是创新发展的过程，要不断在技术层面、产品质量、发展模式、组织形式上进行创新，增加产品附加值。在产业发展过程中，数据深挖和分析都能有效调整产业结构，对价值链上各环节信息的了解也能够为企业提供新的发展方向。从中国制造业的发展情况来看，其最大的问题和难点就是缺乏自主创新，同质化竞争较为激

烈，部分关键技术没有取得重大突破，技术创新扩散效应不显著、对知识产权保护力度有待提升等问题。因此，政府要做好服务，为制造业转型升级提供良好的市场环境和基础运营环境，逐步调整创新体系，全力支持企业技术创新，并建立长效激励机制，加强激励约束，对知识产权问题要加强立法保护，做好制度保障工作，为制造业技术创新奠定基础。

3. 提供公共服务，营造制造业转型升级良好环境

政府作为服务的提供者，需要保证综合型、专业型的人才供给，搭建产学研平台，保证制造业转型升级过程中有智力支持。同时，相关基础设施的建设工作也需要不断完善，特别是基本的生产需要，如电力等，只有保证了基础设施建设，才能为工业发展奠定基础。传统制造业企业主要是追求企业规模，并通过兼并重组，不断提高市场集中度来赢得市场。但随着新型工业化的逐渐兴起，制造业组织结构及企业发展的模式都发生了极大的变化，生产技术的进步全面颠覆了传统制造业的发展框架，企业之间的竞争关系逐渐转变为协作发展、利润共享。制造业生产方式不再追求巨大的规模体系，竞争合作化模式不断发展。借助互联网技术、现代通信技术，具有专业特点的中小型企业也可以通过与大型跨国企业的合作，充分发挥自身优势。此外，消费者的消费倾向也逐渐改变，个性化、差异化、精细化成为消费者追求的主流，企业生产模式也将调整为个性化、差异化，以更加适应消费者需求，因此专业型的中小企业、微型企业受到了全球产业界的普遍重视。

（二）制造业转型升级中政府支持的内容

制造业转型升级中政府支持的内容如下。

1. 引导性政策方面的支持

（1）培育先进制造业与新型服务业融合创新发展的新理念、新模态、新产业。以快速推动先进制造业与服务业融合发展、促进产业结构调整升级为主攻方向，以推进制造业服务升级、提高生产服务业发展标准、提升电子信息技术要求以及要素支撑能力为主要任务，大力支持培育先进制造业与新型

服务业融合创新发展的新理念、新模态、新产业，提高制造业网络同步化、智能制造化、互联网协同化、服务化升级等的发展水平。

（2）设立智能制造企业示范点。以促进智能制造业与制造创新服务业共同发展为工程理念，创办智能制造化企业示范基地。遴选重点行业，打造智能制造单元、数字车间、智能工厂，持续培育企业向智能化、定制化、协同化、服务化转型。

（3）促进融合应用。加快智能制造业与智能服务业快速融合发展，鼓励制造业改革创新服务模式，在区域内实行定向企业智能制造服务化试点基地，并进行模式复制性推广活动，实现产品一条龙服务，使企业制造向智能售后服务业升级转型，开展多层次、多领域合作。

2. 财政补贴方面的支持

财政补贴是宏观经济调控的重要手段之一，不仅可以帮助困难企业维持运营，还可以优化社会资源，实现社会投资协调发展。财政补贴行为主要包括财政拨付、税收减免、成立补助基金会以及其他政府优惠补贴政策。

（1）设立促进制造业服务化专项发展基金。财政补贴的主要作用是：用于引导各省企业资金配套比例分配，支配资金定向使用，鼓励越来越多的制造业企业向服务领域发展，将企业资本投入国家重点项目和关键领域的研发上，为制造业服务化融合发展奠定牢固的基础。

（2）通过财税优惠鼓励企业创新发展。财税政策向企业经营模式创新与产品创新倾斜，支持企业实行体制改革，推动制造领域的龙头企业由传统的制造模式向“专业化、精细化、特色化、个性化”四大模式创新方向发展；提升生产技术水平和生产服务质量标准，调动企业研发全生命周期产品的积极性，打造一个集有特色、专业化、全生命周期于一体的重点产业生产链，为产品创新奠定基础；注重研发有效性，要实现有目标、有需求以及结合企业发展模式进行研发，发挥研发在企业运营中的积极作用，以网络化、电子信息化带动产业升级，为发展先进制造业服务化提供阶梯。

3. 公共服务方面的支持

在实现大数据产业集聚的过程中，需要地方政府给予相应的公共服务支持。公共服务即政府或其指定的公共机构，供给的服务或物品。这里的公共服务是指基于大数据产业集聚，政府从培育人才、社会保障、基础设施等方面采取的保障活动。

在推进制造业服务化过程中，部分省政府着力打造了公共服务平台，面向省内制造业企业提供宣传推介、商务、技术、管理咨询、企业信息化及制造业转型等服务。平台建立了完善的线上和线下相结合的服务体系。对于平台具有服务能力的领域，主要采用直营的方式全程为企业服务，对于需要合作机构服务的领域，平台采用联营的方式跟踪监督服务的执行。平台通过政策解读、调研巡讲、项目对接及跟踪服务等方式使制造企业理解制造服务化的理念，突破企业发展的瓶颈。平台引导制造企业对其内部生产组织结构进行优化，对其生产体制进行革新，利用互联网运营管理模式与商业发展机制相结合，实现以制造为主向“制造＋服务”转型。平台整合相关生产性服务企业主动为制造企业服务，使其能够较容易发现优质的、专业的服务，而优质的、专业的服务又将提高制造企业的运营效率，同时平台提供的信息化产品也将使制造企业逐步实现智能管理、智能制造和智能服务。

四、地方政府竞争对制造业转型升级的影响机制

地方政府作为地区经济增长的推动者，通过构建“增长竞争型政府”，采取吸引投资、加大财政投入等方式促进制造业转型发展。然而受财政分权体制和以经济增长为核心的政绩考核机制的影响，地方政府之间的竞争越来越激烈，经济效益明显的制造业行业发展过程中，其粗放式生产不可避免地造成了资源浪费和环境污染；加之地方政府为获取竞争优势，存在降低环境标准、弱化环境规制以吸引投资的现象，不利于地方制造业的转型升级。可见，地方政府的竞争行为对制造业转型升级产生重要影响，探究其影响机制

很有必要。

（一）从经济路径上看

一方面，政府采取一系列适度的竞争方式能够推动制造业转型升级。首先，受政府官员的晋升机制和政绩挂钩的影响，政府大力发展经济，加强基础设施建设，力图构造良好的生产经营环境，为制造业转型升级提供基础。其次，政府加大对科教文卫等事业的社会性支出，可以提升自身软实力，并且政府鼓励科技创新和自主研发，加大对教育和技术方面的投入可以提高劳动者素质和技术水平，通过累积效应和溢出效应作用于其他生产要素，为促进制造业的快速发展提供了更大的便利。再次，政府通过吸引外资，加强本地企业和外界的交流联系，引入先进技术、人才和资本，通过示范效应，帮助本地区企业提升生产水平和环保技术，从而推动当地制造业转型升级。同时，政府竞争过程中通过加大支出和引进外资来扶持高新技术产业和高科技企业的发展，充分发挥关联效应来调整产业结构、优化产业链，提高企业的生产效率，减少非期望产出。最后，政府为了提高竞争优势采取一系列政策优惠措施，降低企业的生产经营成本，有助于企业将资金投至改进生产技术和提高污染治理水平上，进而促进当地制造业的转型升级。

另一方面，地方政府过度竞争或恶性竞争也会阻碍制造业的转型升级。首先，受财政收入增加和政治晋升的影响，地方政府倾向发展短期经济效益明显、税基较大的制造业，且大多为资源加工业和机器设备制造业，政府为了发展当地经济引进相关企业，这些产业虽然有助于生产总值的提升，但也会带来污染，对环境造成一定破坏。其次，制造业特别是资源加工产业的发展需要消耗大量资源，地方政府为提升竞争优势，加大对资源的利用以促进相关产业的发展，会造成巨大资源消耗，同时挤占其他相关产业的资源使用，制约了地区制造业的转型升级。再次，由于科技教育方面的投入巨大且短期内产出效果不明显，很多地方就会选择减少此类投入，转向生产性支出方面，长此以往缺少先进技术和优秀人才的支撑，不可避免地影响生产效率，产生较大的长期负效应。最后，政府在竞争过程中可能出现过度影响市场的情况，政府引致的市场导向并不一定适合当地经济发展，甚至出现重复建设、产能过剩等问题，导致资源配置扭曲，降低地区生产效率，不利于地区经济效率的提升。

（二）从环境路径上看

首先，环境作为一种公共物品，具有外部性，主要靠政府来建设和维护。因此，政府采取的环保举措对环境的影响十分显著，地区生态良好、环境优美也是政府竞争优势之一，政府对环境的整体把控也在一定程度上影响着地区内企业的生产方式。其次，政府竞争过程中对科教文卫方面的支出，既可以提高劳动者素质，也可以提高公众的环保意识，有助于公众选择更环保的生活方式，进而促使制造企业采取更环保的生产方式，推动地区制造业转型升级。最后，政府通过加强环境规制，限制企业的污染排放，尤其是制造型企业，由于该类企业对资源消耗大、对环境影响大，政府应加强对该类型企业的环境规制，促使企业节能减排，采取更清洁的生产方式，推动当地制造业转型升级。

但是，有些地方政府为争夺外来资本和劳动力等流动性生产要素以及固化本地资源，提升自身竞争优势，短视地以牺牲环境为代价来换取经济利益，这种竞争方式使得地方政府倾向于降低当地的环境规制水平，实行较为宽松的环境政策，从而引发针对环境政策的“逐底竞争”，对环境造成负面影响，不利于地区制造业的转型升级。此外，政府可能存在“搭便车”心理，缺乏环境治理动力。环境治理本身需要投入巨量成本，收效往往短期内很难看到。这种高投入低产出使得政府和企业缺乏环境治理的动力，阻碍了制造业转型升级进程。

因此，从经济和环境路径上看，地方政府竞争对制造业转型升级产生了影响，适度的地方政府竞争将有助于制造业的转型升级。随着政府竞争程度的加强，“逐底竞争”的负效应制约了制造业的转型升级，即地方政府竞争和制造业转型升级之间呈倒“U”型关系。

（三）从技术进步路径上看

技术是地方政府竞争的重要内容之一，地区的技术进步水平是地方政府竞争力的重要体现。技术进步水平能够影响地方政府竞争政策、方式等，从而影响制造业转型升级。同时，区域竞争可以带来技术进步，政府对资源、人才的竞争也会影响一个地区的技术进步水平，地方政府竞争可以通过技术进步的影响进而促进制造业转型升级。一方面，资本总是会向经济发展水平较好、技术水平较高的区域流动。地区技术水平的提升无疑给政府在竞争中增加了筹码，极大地增强了政府的竞争力，从而更好地吸引更多要素资源的流入以及周边高技术、创新型企业的入驻，进而产生虹吸效应。这些企业的集聚能够优化生产流程，引进先进的生产技术，升级生产方式和流程，淘汰高污染低效率设备，进而有助于当地的制造业实现转型升级。另一方面，地方政府竞争在技术进步的影响下对竞争弱势地区产生倒逼机制，以激励当地制造业转型升级。技术水平更发达的地区率先发展，而在技术水平相对落后的地区，政府缺乏竞争力难以吸引高技术，又可能要承受其他地区转移来的低端企业，使地区制造业转型升级举步维艰。内外部共同压力的作用在一定程度上会对处于竞争弱势的地区形成倒逼机制，长期激烈的竞争将倒逼政府采取措施提升地区技术水平，发展高端制造业，鼓励企业进行技术创新，通过提升劳动技术效率、能源使用效率和污染治理效率实现转型升级。

但是自主研发和技术引进带来的技术进步各自存在适用范围，不同的技术进步路径在地方政府竞争与制造业转型升级之间产生的作用效果会有一定的差异。从自主研发角度来分析，对于技术水平落后的企业，自主研发所投入的资源较多，研发成本高，这无疑增加了研发企业的负担；对于地方政府，在创新驱动的影响下，会出现 R&D 锦标赛式的竞争，一味地增加 R&D 投入，而且自主研发耗时过长，对更喜欢追求短期经济效益的地方政府来说效益不明显，对制造业转型升级会存在“时滞效应”。从技术引进角度来分析，由于技术引进存在模仿机制，其他地区同样能获得类似的技术进步，地方政府竞争优势不明显，对高技术产业吸引力不大，集聚效应难以发挥，对制造业转型升级的推动作用不明显；并且技术引进存在低端引进的情况，再加上地方政府为了获取竞争优势而加大在技术引进方面投入，引进成本过高会使地方政府在其他方面的投入不足，阻碍制造业转型升级进程。

因此，从技术进步角度发挥地方政府竞争对制造业转型升级促进作用，关键在于技术进步路径的选择。首先，地方政府在竞争过程中选择合适的技术进步路径，有助于政府调整竞争政策，合理地进行资源配置。地方政府在竞争过程中应充分结合自身的要素禀赋和经济发展水平，选择合适的技术进步路径，对要素和资源进行合理的配置，耗费较少的人力物力以提升地区技术水平，在充分发挥技术激励效应的基础上兼顾环境治理等方面，从而推动制造业的转型升级。其次，通过选择合适的技术进步路径，有针对性地进行技术投入，根据当地制造业企业转型升级需要，改进生产技术和污染治理水平，弥补地区技术缺陷，能够较快地提升地区的技术水平，有助于企业较快地适应新技术和新生产方式，缩短技术等待期和技术适应期，使技术较快地投入使用，在满足地方政府竞争过程中追求短期经济效益的基础上还应考虑环境效益，以促进当地制造业转型升级。最后，政府通过选择合适的技术进步路径，培育自身的技术特色和优势，从而形成独特的政府竞争优势，稳定增强政府的竞争力，发挥技术进步在地方政府竞争中的长期效益，这有助于改进企业生产方式和污染治理方式，能够触发制造业企业从源头上对生产污染的防御治理（制造业污染源头防御治理是指在生产过程中，通过技术创新，从污染物的产生端减少其产生），实现真正意义上的绿色生产。

根据上述分析可知，通过自主研发和技术引进这两条技术进步路径能够发挥地方政府竞争对制造业转型升级正外部性，但由于不同的技术进步路径有各自的作用效果和局限，会影响其作用效果的发挥。因此，要发挥地方政府竞争和制造业转型升级之间的促进作用，选择技术进步路径尤为关键。

第二节　政府在制造业转型升级中的作用发挥现状

一、政府在制造业转型升级中存在的问题

（一）政府对经济的调节成效不明显

1. 政策制定的精准性不高

虽然地方政府为推动制造业转型升级，先后出台了一系列涉及产业、创新、人才、金融等多方面的配套支持政策，采取了多种扶持措施，发挥了一定的积极引导作用。但这些政策仍然存在着一定的局限性，并不能完全解决新形势下制造业转型升级面临的突出问题。主要体现在两方面，一是已出台的针对制造业的政策内容缺乏新意，仍主要局限在传统的思维模式与方法措施上，如政策中对制造业发展支持的参考依据多以规模、数量、税收等外在量化指标，而没有体现质量效益、技术创新等非量化性的内在因素。二是这些已出台的政策主要集中在对制造业企业项目投资的奖补、财政税收补贴和贷款融资优惠等方面，而这些政策仅能在短期内解决企业的一部分资金问题，并不能从根本上起到对制造业转型升级的引导作用，从长期发展目标来看，也不能很好地解决制造业企业在转型升级中的关键痛点与难点。如在制造业企业核心技术自主创新、高端人才引进、技术人员培训体制机制建立、产业项目备案审批以及环保标准制定等方面，企业更加希望得到政府部门给予的支持与引导。

2. 政府部门工作创新力度不大

引领发展的第一动力是创新，同样在推动制造业转型升级中也需要创新，这不单单是指制造业企业的技术创新，还包括政府部门在推动制造业转

型升级中的思维模式、工作方式等的变革创新。目前，地方政府在强调推动制造业企业创新的同时，由于自身的创新力度不大，在推动制造业转型升级上的理念、措施和机制等方面的创新力度有待提高。

第一，经济落后地区政府工作理念较为保守，面对与先进地区制造业发展的差距，更习惯于寻找客观困难或进行纵向比较，虽然许多政府部门也主动在全省、全国找定位、找差距，多次到先进省份地区调研、学习制造业发展先进经验，但目前工作创新力度依然存在一定差距。

第二，由于思维理念的保守，导致工作手段、方法措施也较为保守，缺乏灵活运用市场化的手段方法以及务实创新工作举措，在新阶段新形势下，也就不能满足及时、有效解决制造业转型升级中不断涌现出新难点、新问题的切实要求。如在制造业产业招商中，对制造业上下游产业链的“强链、延链、补链”缺少科学全面的分析与谋划，导致招商缺乏足够的精准度，同时招商人员专业化程度需进一步提升，相关主管部门对制造业相关产业尤其是新兴产业的研究、谋划与思考需进一步加强。

第三，在工作推进中缺乏机制体制的创新，没有体制机制的保证，很多重点难点工作、创新性工作难以顺利推进落实。目前，许多地方在政府的统一领导下，虽然成立了专门工作机构，但是依然没有形成紧密协作的合力，对于很多需要跨部门协调的工作，如要素保障中的土地供应、水电气等基础设施等，政府部门的工作效率和质量均还有待进一步提高。

3. 政策执行不到位

很多地方政府设立了产业转型升级专项资金，有利于切实发挥财政专项资金鼓励、引导和带动作用，推动工业领域重点项目加快实施步伐，促进区域工业高质量发展。但近年来，受宏观经济形势影响地方财政对工业转型升级专项资金的安排逐年减少，对工业转型升级的资金支持力度有所降低。转型升级专项资金撬动作用不强，吸引、引导企业投资额度呈下降趋势，以财政资金撬动社会资金的作用发挥不明显。为规避风险，产业转型升级专项资金在企业最需要资金的项目建设阶段不能给予支持，更多是采取后补助的形式支持企业，产业转型升级专项资金的效益发挥不明显。同时，减费降税政策宣传不到位。很多地区现行的减税降费政策内容庞杂、门类繁多，职能部门对政策的宣传职责履行不到位，部分企业对应享受的政策了解不及时、理解不深入、执行有偏差。各级税务部门税务服务不到位、透明度不高，未能为企业提供便利。政府对减税降费的政策不了解，减税降费实施效果督察评估不及时，导致工业企业减税降费成效不明显，工业企业的负担仍然较重。

4. 扶持举措失衡

制造业扶持政策不均衡一直是地方政府推动产业转型升级的短板，虽然促进制造业转型升级的经济手段越来越多，但基本上都依赖过度的财政转移支付。无论是淘汰落后产能还是招商引资引进龙头企业带动产业升级，地方政府往往都采用税收减免、土地政策和财政补贴等政策来推动产业转型升级。为了加大对企业的扶持力度，地方政府不得不加大财政投入，进而就需要减少公共产品的开支、拓宽财政收入来源，由此引发税费、土地价格上涨，普适性公共产品减少的问题。在保证龙头企业正常发展的同时，却抑制了萌芽阶段新兴制造业和小微企业的生存，使制造业出现结构性失衡，马太效应较为明显。

（二）市场监督作用存在缺失

虽然政府大力推行“放管服”改革（简政放权、放管结合、优化服务），且已经取得了一定的成效，但还存在部分问题。有些地方虽然已经下放了一定的审批权，但是在审批环节中，仍需要原上级主管部门出具相关证明材料，审批权下放形同虚设，下放不到位、不彻底。同时，审批与监管结合不够紧密有效，个别行业主管部门履职尽责不到位，对已取消或下放的行政审批事项跟踪落实和后续监管不到位，存在管理漏洞或安全隐患。此外，对部分行业、企业的能源消耗统计不完善，统计不规范，能耗管理人员培训不到位，能力水平有限，对企业能源消耗情况、用能设备情况底数不清。

（三）社会管理机制建设滞后

1. 市场环境不够稳定

政府对市场环境优化不够。政府持续推进优化营商环境，但仍存在一些问题。一是审批部门之间各自为战，缺乏信息共享机制，各单位自行掌握审批信息，业务专网与行政审批网没有对接并联使用，数据未能实现共享，导致审批所需的申请材料重复提交，降低工作效率；二是在优化营商环境方面有差距，为持续优化营商环境，加快建设现代化经济体系，国务院于 2020 年 7 月 25 日公布了《国务院办公厅关于进一步优化营商环境更好服务市场主体的实施意见》。目前，全国部分省（区、市）已经完成了地方性营商环境法规的制定工作，但有些地区至今尚未出台相关的法规。

在信用体系建设方面有差距。信用信息标准、信用体系平台建设的进度与工作要求存在严重的滞后。目前，国家尚未制定出台统一的信用信息采集、归集等标准，各地区依然在采取本地区的标准和构想，制定采集信用信息标准，建设信用信息平台，全国范围的信用信息共享困难重重。对骗取工业转型升级转型和中小企业发展专项资金、拒不执行淘汰落后（化解过剩）产能等严重失信的市场主体，在加强与省级其他部门监管衔接，与相关部门共同推进信息共享、部门联动上未形成合力，没有能达到“一处如有违法、处处都将受到限制”联合惩戒的目的，预想的协同监管、联合惩戒的格局尚未构建和形成。政府在优化金融环境方面还存在一定的问题。虽然政府已经出台了众多优化金融环境的政策，但是各金融机构在具体认识和贯彻上仍存在一定差距，导致政策红利难以发挥实效，政府金融监管机构对金融机构贯彻落实政府政策不力的情况监管不严，放任金融机构我行我素，导致金融环境优化的效果不佳。此外，政府在引导督促金融机构运用短期融资券、企业债券、可转换债券、股权融资、项目融资等融资工具上，解决企业融资难、融资贵等问题上力度不够。

2. 市场机制不够完善

近年来，虽然政府大力清理各类规范性文件，但很多地方规范性文件的清理深度不够，行政规范性文件清理不彻底，一些涉及企业收费项目规范性的文件没有及时清理，工业企业的负担仍然很重，各类不合理的行政规范性文件对市场机制发挥和市场正常运行产生了负面作用，规范性文件的清理有待进一步深化。规范性文件的质量高低事关企业的合法权益能否得到有效保障，但目前制定出台的个别涉及工业经济发展的规范性文件逻辑不严密、条文不明确、公平性竞争审查不严，导致经济发展的市场不公平，限制了市场机制的发挥，从而在一定程度上阻碍了工业经济的正常发展。

（四）公共服务水平不高

1. 公共服务平台水平不高

搭建公共服务平台是政府的职责，目前，大部分地区的大多数公共服务机构的产品和服务还处于初级水平，产品同质化现象较普遍，缺乏特色，围绕“互联网 +”的服务手段有待进一步完善。由于省一级公共服务枢纽平台与各服务机构没有行政上的隶属关系，致使公共服务平台网络与服务机构之间联系松散。服务机构开拓市场手段过于单一，缺乏与产业服务链条上的其他机构的合作。有利于工业经济发展的生产性服务业配套不足，部分还处于起步阶段，特别是支撑传统产业改造升级和新兴产业培育壮大的生产性服务业发展不足，信息服务、现代物流、电子商务等新产业、新业态发展水平不高，设计服务的能力和水平亟待提高。

2. 公共服务体系不健全

完善的公共服务会给企业做好后勤保障服务，可以使企业全身心投入产品升级、技术创新等制造业转型升级过程，在制造业转型升级过程中，由于相关政府部门公共服务还不是很到位，制约了转型升级发展，主要表现为以下几个方面。一是工业园园区基础设施不配套。由于园区建设前期投入较大，没有形成良性的投入机制，加上财力有限，在工业园区基础配套设施建设过程中投入乏力，导致园区功能不够健全完善，存在哪里引进项目，建设到哪里的问题。二是配套服务缺乏。公共研发平台建设、知识产权交易及保护等制造业企业转型升级中最希望政府做的配套服务建设缺乏。部分地区未建立健全科技保险制度，在引进风险投资，鼓励联合开发分摊风险方面做得还不够；行业协会或中介机构未发挥桥梁纽带作用，没有利用中介机构为企业转型发展提供专业化的服务；基础设施投入和城市软环境建设不够，对于高端人才的吸引力仍有待加强，未充分发挥高端人才的作用，为企业转型升级提供有效支持。

3. 人才短缺与工业项目招商引资力度减小

人才是企业发展的第一生产力，人才对发展科技含量较高的制造业产业具有重要意义。政府虽然在设立人才发展管理机构、制定出台人才优惠政策、引进急需紧缺人才方面发挥了作用，但从制造业经济转型升级对高层次人才的需求来看，高层次人才供给和引进不足，人才结构不能适应工业经济转型升级的需要。政府现有的人才引进优惠政策吸引力不足，导致引领企业转型升级的高层次人才创新人才短缺，企业发展创新动能不足，拔尖型、领军型、创新型人才依然紧缺，中高级专业技术人员数量依然偏少。

二、制造业转型升级中政府作用存在不足的原因

（一）认识不到位，尚未形成协同发展合力

1. 对制造业转型升级认识不到位

目前，政府部门人员一定程度上存在着对制造业转型升级认识不到位、不深刻的情况，没有真正将思想认识统一到转型升级上来，并以此凝聚为推动转型升级的强大合力。当前正处于向更高发展阶段跃升的历史机遇期，也是处于转变发展方式、优化经济结构、转换增长动力的攻坚期。面对世界新一轮科技革命和产业变革，尤其是当前逆全球化思潮带来的机遇与挑战，我们要转变传统的老思维、老套路，积极主动推动制造业转型升级，这样才能

抓住机遇、跨越关口，实现社会经济的全面发展。

2. 政府对制造业转型升级缺乏战略眼光

目前我国制造业多以重工业为主，虽然规模较大，但结构不合理，第三产业明显落后，工业企业多数为粗放型产业，创新能力不足，工业集中度较低。在这种背景下，政府部门需要积极采取措施，规划产业升级方向，设定制造业转型重点，以促进产业结构向高级化发展，并全面展开产业机构调整的相关工作。但政府部门在制造业转型升级过程中对产业结构问题的重视不足，未能设定整体的规划，对制造业升级产生影响。同时，随着区域经济发展加速，制造业转型升级在交通、技术、市场等各方面也形成一定的优势，然而，政府却未能把握时机，调整战略方向。近年来，经济发展方式从高速增长转变为高质量增长，在此背景下，地方政府未能提前做出规划，抢占先机。第二产业主导性过高，产城融合效果不佳。

制造业转型升级是大型的系统性工程，需要资金支持、人才支持等。但结合目前实际情况来看，并没有及时跟进政策落地情况，缺乏实践性，缺少监督管理。地方政府对制造业转型升级只是在不同时期根据最新指示对实际产业进行指导。制造业新型业态仍处在初始阶段，云计算技术等新型业态并没有形成规模。另外，政府部门对产业发展并没有形成全面的认识，缺乏全局思考，配套设施不足、政策支持力度较小等都是制造业产业转型升级存在的问题。特别是缺乏政策指引和支撑，更是制造业转型升级的难点。

（二）政府角色转变落实不到位

1. 没有系统认识服务型政府定位

地方政府在推动制造业转型升级的具体实践中，一定程度上存在着没有系统认识政府角色定位的问题，对建设“服务型”政府的现实意义、路径方法等缺乏系统且较为科学的认知。一是对政府职能的具体涵义缺乏系统认知，政府部门在对于推动制造业产业发展中应强化哪些职能、应发挥那些作用缺乏较为系统、清晰的认识。二是将转变政府职能的过程本身等同为其目的，将政府机构改革与部门的调整作为目的而非实现政府职能转变的途径，对政府与市场、政府与企业等其他市场经济参与要素的关联缺乏系统、全面、深刻的认识。

政府在履行职能中的错位。在“政府主导”的背景下，政府多个部门间不可避免地存在着职能的重叠与交叉，这就导致在推动制造业转型升级过程中，存在多个部门均拥有对同一市场主体或经济行为的管理、审核、监督等权力责任，企业在横向要面对不同政府部门、纵向要面对各级政府部门的多重与重复管理，往往容易出现不同领域、不同层级部门间的管理要求不相符合甚至相互矛盾的现象，常常会消耗制造业企业大量的精力及相关社会经济资源，造成资源的浪费与效率的低下。

2. 政府相关部门及各区利益分歧

目前，政府各部门分别承担着本地转型升级的目标任务。各主管部门通常采用出台规范性文件的方式开展工作，同时也进一步制定产业发展规划为实施计划做好工作分配，并设定目标。但由于各部门之间缺乏沟通，不同规划和规范性文件之间缺乏连接，存在冲突。当下，制造业转型升级工作从实际推广落实来看，各部门之间各自为战，缺乏紧密的合作。各经济职能部门缺乏协同管理，各层各级之间没有形成制造业转型升级的持续推进机制。政府部门在全面推进制造业转型升级的决策过程中，由于各部门都重视各自的利益，从而对制造业转型升级产生不利影响。

部分领导干部安于现状，对新知识、新技能缺乏认真的态度，官本位作风明显。拟定制造业转型升级方案的过程中，针对制造业企业的惠企政策发布时，政府部门官员会选择积极宣传，但落到实处时却不去解决问题，部分官员不下基层、不懂企业，影响了制造业转型升级的效果。目前，制造业转型升级过程中，缺乏对政府部门的分析，虽然普遍认为制造业生产成本高、缺乏基础要素是影响制造业发展的关键问题，但却忽视了政府行为的影响，没有针对如何转变政府作用等问题给出建议。

3. 政府机构工作低效，过度追求短期效益

政府部门工作缺乏主动性。对大部分政府部门而言，部门运行并不以营利为目的，同时由于公共产品供给具有唯一性，部门之间基本不存在竞争关系，部门效率高并不会形成有效激励，因此，政府主动作为，为企业提供优质服务的积极性不高。基层政府由于对接事务较为繁杂，一般会用粗框架的方式制定相应的制度措施和工作计划，而这也会影响具体操作，难以保证政策的有序推进。同时，现有的考核办法效果不明显，无法做到有效激励。部分单位的绩效考核是由自己制定，目标也是部门内部提出，基本都是可以完成的，失去了考核的意义，无法做到有效监督而提升工作效率。另外，由于部门扩张，决策程序较为复杂也成为政府反应速度过慢的原因，也是导致工作效率低下的重要原因。

4. 政府职能转变不到位

在推动制造业转型升级过程中，各级地方政府更多的是习惯性扮演管理者的角色，争作“掌舵者”，而不是“服务者”，政府提供的公共产品和服务远远难以满足社会及企业的需要，政府服务效率和水平也难以适应发展需要，使制造业的转型升级难以从政府的层面获得相应的帮助与指导，政府经济职能发挥不足。当前，制造业转型升级中面临的矛盾问题，与一段时间以来没有正确处理好政府和市场的关系有直接关联，政府过多参与微观经济活动，做了一些本该由市场决定和推动的事情。因此，要围绕使市场在资源配置中起决定性作用和更好发挥政府作用，减少政府对资源的直接配置和对微观经济活动的直接影响，发挥市场经济中的政府职能作用，把市场能有效调节的经济活动交给市场，把政府不该管的事情交给市场，努力做到制造业发展更多依靠市场引导，功能设施建设更多依靠市场力量，实现资源配置效益最大化和效率最优化。

（三）缺少对企业需求的深入调研

1. 对企业真实需求缺乏深入了解

对制造业企业生产经营的关注不到位。企业是制造业高质量发展及转型

升级的主体，因此，地方政府在推动制造业转型升级过程中应该围绕企业具体的生产经营活动来开展各项工作，这就要求其深入了解企业发展中的突出问题、真实需求等。虽然各级政府部门经常到各企业、各科研院所、各专业园区及产业集聚区开展多种方面调研工作，但多数时间往往是调研规模以上企业或在行业内已取得了成绩的代表企业，对于小微企业、初创型企业的生产经营情况、面临的实际困难以及真实的政策需求等缺乏较为深入的了解。因此，在制定支持政策及指导与促进企业高质量发展工作中，存在缺乏科学性、有效性等问题。从以往政策支持的情况来看，规模以上企业尤其是龙头企业经常得到更多的资金奖补，而中小企业往往够不到政策申报的“门槛”，对制造业的相关政策不能很好地聚焦到企业发展的痛点与难点。

2. 企业参与涉企政策制定机制不完善

政策制定的目的是帮助企业解决发展中存在的问题，引导产业朝着正确的方向健康发展，因此，充分听取和了解企业客观真实的发展诉求尤为重要。目前，在涉企政策制定中，企业参与度不够，涉企政策制定没有建立完善的需求采集论证机制、评估调整机制、常态化沟通机制等，这就导致部分政策看似内容与支持力度很好，但在执行实施过程中并不能很好地达到政策对企业发展支持的预期效果。

（四）推动制造业融合发展路径不清晰

1. 缺乏科学有效的顶层设计

近年来，虽然各地非常重视制造业与服务业、制造业与新一代信息技术等产业的融合发展，在制造业企业中大力推动“三大改造”，制定出台了一系列政策措施，但随着技术进步和业态创新的不断发展，互联网、大数据、人工智能与制造业深度融合的层次不断加深，由初期的浅层次结合逐渐发展为深层次融合，这就对政府部门工作提出了更高的要求。目前，在推动制造业与各产业深度融合方面，地方政府在推动路径上并不清晰，缺乏前瞻性、科学性、有效性的制造业融合发展顶层设计与规划。例如，新一代信息技术与制造业的融合发展并不仅仅是单一的技术、管理以及运营模式的问题，更重要的是重新定义和构建新一代信息技术与制造业的内在价值体系和产业结构之间的逻辑关系。由于制造业各产业所处的产业链位置、生产特征、行业结构、发展需求均不同，制造业与相关产业的融合发展起点、终点、路径都或多或少地存在着差异，科学有效的顶层设计对制造业融合发展至关重要。

2. 缺少有力持续的政策引导

制造业与相关产业融合发展中很多领域属于新兴产业，如5G及新一代信息技术在制造业中的应用等。目前新一代信息技术与电子商务、娱乐等第三产业融合比较紧密，应用场景较为广泛，但与制造业的融合不够深入，仍处于融合发展的初期阶段，如制造业企业普遍反映的柔性制造、个性化定制等新模式应用较少，数字技术的“软装备”作用尚未引起足够重视等。由此可见，目前制造业融合快速发展所需要的外部环境并不完善，如果仅靠市场机制和企业自身的力量，较难推动与制造业融合的快速发展。因此，推动制造业与各产业融合发展需要借助政府政策的引导和支持。虽然各地都纷纷出台了相关政策措施，但从制造业转型升级阶段的需求来看，其支持力度仍要加大，政策的引导作用仍要加强，应根据制造业融合发展现状及趋势科学合理地制定更为有效的支持引导政策，同时应根据制造业融合发展不同阶段所体现的不同特征，以及政策执行中企业的反馈效果适时调整政策的内容。

（五）制造业创新能力不足

1. 人才培养缺乏针对性

目前，尽管政府比较重视职业技术教育，但受限于职业教育发展水平、校企合作、就业收入和社会认同等主客观条件，职业教育对产业人才的供给与制造业对产业人才的需求不相匹配，育人与用人“两张皮”现象突出，政府在引导校企订单式人才培养方面缺乏有效的引导政策，企业急需的高技能人才和产业工程师缺口很大，这成为制约企业和制造业加快发展的突出瓶颈。另外，很多企业与员工签订的劳动协议多为短期合同，员工缺乏稳定预期，企业“有需要就招人、有负担就裁员”现象较多，难以形成稳定的工作关系，在帮助企业招到人、培养人、留住人方面的政策举措缺乏针对性，这在一定程度上影响了企业的长期稳定发展。

2. 制造业专业技术人才培训体系不健全

目前普遍存在招工难，尤其是招专业技术人才难的现象，技术工人尤其是具备高水平技能的“大工匠”仍然是供不应求，“技工荒”问题逐渐成为制造业转型升级的一个瓶颈。一方面，学校在专业设置上没有根据当前产业发展及企业需求的变化做出适时调整，尤其是在制造业融合发展中对复合型人才的培养模式，多数高等职业院校还处于探索阶段，同时，学校与企业在人才培养合作的广度和深度不够，不能满足目前企业发展的人力资源需求。另一方面，政府与职业院校、企业之间没有形成专业技术人才培训的有效合力，人才培训体系不健全。虽然各级政府积极鼓励企业加快高技能人才队伍建设，但工匠辐射带动效应目前没有很好地彰显，龙头企业的“大工匠”并没有充分形成对中小企业技术工人的积极示范带动。此外，对职业院校的应用型师资队伍建设、招生改革、财政补助、就业扶持等方面的政策支持力度需要进一步加大。

3. 创新发展体制机制不健全

许多企业创新动力不足且创新机构与市场需求脱节，导致新技术及新产品难以及时面世，政府也还没有建立起以企业为主导、以市场需求为前提，集研发、技术孵化、新产品问世于一体的制造业创新发展运行机制。随着经济的发展与政策的引导，各地以企业为主体的技术创新逐步加快，但受限于政府“桥梁”等服务作用发挥不足，创新机构与企业之间相互分离现象明显，企业虽为技术创新和技术需求的主体，但自主或联合研发驱动力不强，高校、科研院所的技术集中在实验室、研发中心，而技术孵化、产业化主要通过自身设立的科技公司来实现，广大企业的技术需求没有得到及时响应与满足，导致创新资源难以有效整合利用，技术研发效率难以有效提升，新技术的市场化周期被拉长，产品的技术附加值不高。另外，相对于技术创新，政府和企业对模式创新的重视和发展更加不够，难以适应互联网浪潮，在转型升级上存在路径不清、迷茫等问题，许多制造业企业面临被淘汰的危机。

第四章
影响制造业转型升级的因素

第一节 政策支持

一、产业政策

（一）中国产业政策演进过程

按照严格定义，产业政策是指政府在市场经济条件下对产业经济活动的干预。从中华人民共和国成立到改革开放，我国一直实行的是计划经济而非市场经济，政府通过直接指令计划安排经济发展，也就不存在严格意义上的产业政策。从改革开放开始，我国产业政策的发展大致可以分为五个阶段，分别是对产业政策的早期研究（1978—1988 年），产业政策地位的确立（1989—1993 年），产业政策体系的建立（1994—2001 年），产业政策目标的细化（2002—2012 年），产业政策日趋完善（2013 年至今）。

1. 对产业政策的早期研究（1978—1988 年）

我国对产业政策的研究最初是向日本模式学习而展开的。改革开放后，我国积极探索经济体制改革的具体路径，考虑借鉴日本发展经济使用“政府主导的市场经济”的模式。

1987 年，国务院发展研究中心产业政策研究组发布了《我国产业政策的初步研究》。这篇报告发表后，学术界关于我国如何实行产业政策的相关文献开始逐渐增多。刘伟等认为“有计划的商品经济”的“计划性”应该具体落实在产业政策上[1]，杨建民等认为产业政策是为了解决计划指导作用弱化的

[1] 刘伟，杨云龙，路林书，等．我国推行产业政策面临的矛盾及目标导向——关于目前我国产业政策研究的基本思路 [J]. 经济理论与经济管理，1987（3）：1-7.

前提下，国家如何指导经济的问题[1]；刘鹤提出“产业政策可以作为连接宏观与微观、衔接中央与地方、沟通计划和市场的支点”[2]。这些早期文献普遍认为，在当时我国经济转轨中市场机制还不够健全的条件下，产业政策作为计划经济体制下行政指令的一种软性替代，能够催育市场，填补计划的真空，较为稳健地实现向“有计划的商品经济”体制过渡。

2. 产业政策地位的确立（1989—1993 年）

1989 年 3 月，中国第一份以产业政策命名的官方文件《国务院关于当前产业政策要点的决定》发布，这份文件主要针对产业结构和产业组织两方面提出相关意见。在产业结构方面，文件提出“产业发展序列”的概念，将各种商品的生产与经营活动分列为重点支持、严格限制和直接停止三类，并详细列出了这三类对应的数百种细分产品。在产业组织方面，文件要求根据各产业的技术特性、市场格局及产业相关性，调整企业生产的组织形态，计算出重点产品的供给规模标准，通过事先规划来充分利用规模经济。

该文件把产业政策作为全局性的国家政策，规定国务院是唯一拥有产业政策的制定权的机构，要求各部门形成统一目标，协调行动，合力参与产业政策的实施和保障，政策手段包括但不限于制定外资序列表、按优先级发放投资贷款、调整商品相对价格、制定差别税率、提高重点产业折旧率等。这份文件确立了产业政策在我国经济政策体系中的重要地位，也反映出我国产业政策能调动各部门跨领域合作的特点。

3. 产业政策体系的建立（1994—2001 年）

1994 年，我国第一份基于社会主义市场经济体制的产业政策文件《90 年代国家产业政策纲要》（以下简称“纲要”）发布。“纲要”重点强调对各种

---

[1] 杨建民，刘鹤，蔡泉．我国产业政策研究的回顾和深化 [J]. 计划经济研究，1988（2）：15-20.

[2] 刘鹤，杨焕昌，梁均平．我国产业政策实施的总体思路 [J]. 经济理论与经济管理，1989（2）：14-19.

产业进行不同倾斜支持力度的发展上，分别介绍了农业、基础设施和基础工业、支柱产业、对外经贸四个领域的发展目标及将要采取的政策手段。“纲要”打造了我国产业政策体系的框架，主要围绕着产业结构政策、产业组织政策、产业技术政策和产业布局政策这四个方面展开。尽管“纲要”对产业组织、产业技术和产业布局这三方面的政策都有所提及，但产业结构政策占据了其主要篇幅。

整体而言，这段时间的产业政策以采用行政手段为主进行直接调控，以财税手段进行的间接调控为辅，属于典型的选择性产业政策。政府通过资源配置赋予部分行业和企业优先权，对企业生产经营的微观决策进行直接干预。这一时期内的主要产业政策工具包括行政审批、政府直接投资、资金倾斜、融资担保、土地供给、贸易保护、税率调整等。

4. 产业政策目标的细化（2002—2012 年）

中国加入 WTO 后，来自世界市场的旺盛需求推动了中国制造业体系飞速发展，也让中国经济出现了过热的趋势，2008 年国际金融危机又对中国的产业造成了不小的冲击。在不稳定的国内外经济环境中，政府试图加强对产业的宏观调控，而企业作为市场主体在一次次风浪中得到了充分锻炼，发展越来越成熟，政府与企业之间的不断博弈造就了产业政策的进一步发展和演进。在国际贸易规则的要求与国内市场化取向改革的内生动力双重影响下，政府取消了投资审批这一政策工具，企业的投资主体地位得到了保障，产业政策体系向更加尊重市场规律的方向进行改革。

这一时期我国的产业政策特点是全面细化，以财税金融手段的间接调控为主，行政审批的直接干预为辅，同时在新兴产业培育过程中出现功能性产业政策的萌芽。这段时间的产业政策主要关注四个领域，分别是产业结构调整、重点行业振兴、落后产能淘汰和新兴产业培育。尽管这一时期的产业政策对项目投资进行了改革，但各类产业结构调整政策仍然保留了对企业微观决策的干预，例如，投资项目的核准、落后产能的强制性淘汰、工业用地的选择性出让等，而各类重点产业调整振兴规划全面介入了企业投资、生产、运营和销售的全流程，因此，这一时期的产业政策体系依然属于选择性产业政策。

5. 产业政策日趋完善（2013 年至今）

伴随着新一轮技术革命和产业变革的兴起，中国经济迈入了一个新的发展阶段，经济增长方式从要素驱动的粗放型高速增长转向创新驱动的集约型高质量增长。同时，随着市场化改革的稳步推进、经济水平的逐步提高和市场主体的逐渐成熟，我国产业政策的思路也不断发生变化，企业作为市场主体得到更多的尊重。

这一时期，我国许多文件中都明确指出市场要在资源配置中起“决定性作用”，对产业政策提出了新的要求。政府出台了越来越多以促进创新和技术进步、完善市场机制为目的的功能性产业政策，产业政策逐步从对要素配置的行政干预转向市场规则的建立和营商环境的优化。与此同时，为解决过去产业发展的遗留问题，以 2005 年我国发改委提出的《产业结构调整目录》和各行业强制性去产能政策为代表的选择性产业政策并没有退出历史舞台，我国这一阶段的产业政策呈现出选择性与功能性并存的局面。

（二）中国产业政策的特点

1. 以制造业作为核心领域

制造业是国民经济发展的基石，制造业集聚资本、创造就业、承载创新，是国家竞争力的核心组成部分。当前，新一代信息技术在生产领域的运用为制造业带来了新的增长点，智能制造引领制造业的产业形态和生产方式发生深刻变革，新的制造业领域不断涌现。各国在制造业领域的竞争越发激烈，纷纷推出产业政策助力制造业发展，在发达国家推行“再工业化”战略，发展中国家积极参与制造业全球产业链重组。在这样的国际背景下，我国对制造业重要性的认识也达到了一个新的高度，中国的产业政策树立了以制造业为核心的发展方向，2015 年 5 月，国务院颁发了《中国制造 2025》，这是一份具有里程碑意义的新时代制造业产业政策，标志着我国制造强国战略的全面实施。

2. 强调创新体系建设

当前的产业政策以创新驱动作为指导思想，提出打造一个以企业为主体、市场发挥导向作用的制造业创新体系，所采取的措施以功能性支撑和财税间接调控为主，充分尊重企业的自主经营权。随着观念的不断转变，政府提出国家创新驱动发展战略，积极建设创新型国家，不断加大 R&D 经费投入，国务院相继发布了多条推进“大众创业万众创新”的政策意见，积极推进“互联网 + 先进制造业”“5G+ 工业互联网”等项目。这些产业政策多以“意见”的形式发布，以塑造市场规则、完善产业创新及生产链条为目的，着力点多落在体制改革、创新氛围营造等方面。在政策手段上，大多采取建设产业技术创新体系、增强原始创新能力、优化区域创新布局、支持企校科研院所联合创新等方式，力图建立和完善国家创新体系。

3. 多部门进行联合战略支撑

产业政策作为国家战略中顶层设计的一部分，在推行过程中能够得到跨部门跨区域协调与支持。以《中国制造 2025》为例，围绕着人才、技术等方面，政府打造了一套“1+X”的规划体系，其中的“1”指《中国制造 2025》，“X”指 11 个配套行动方案，包括国家制造业创新中心建设、高端装备创新、智能制造、工业强基、绿色制造等 5 个工程实施指南，装备制造业质量品牌和发展服务型制造 2 个专项行动指南，以及制造业人才、医药工业、信息产业和新材料 4 个发展规划指南。通过 11 个配套行动方案的实施，集中力量突破制造业重点领域的前沿技术和关键共性技术。又如，在促进人工智能领域发展的产业政策中，各部委积极响应国务院印发的《新一代人工智能发展规划》，教育部出台《高等学校人工智能创新行动计划》，工信部出台《促进新一代人工智能产业发展三年行动计划（2018—2020 年）》，共同引导高等院校、研究机构、企业等各方面主体协同发力。

（三）产业政策调整对制造业转型升级的影响

1. 产业政策调整影响制造业结构合理化

（1）政府提供的低息贷款影响制造业结构。改革开放以来，我国制造业实现了建立在巨量的资源消耗和低廉的劳动力成本基础上的快速扩张，并通过资本积累打造了强大的制造业产业基础，形成了独特的竞争优势。但与此同时，要素投入型的产业政策可能通过路径依赖对我国制造业未来的发展埋下隐患。路径依赖是指一个国家过去的经济发展模式可能影响甚至决定未来的经济发展方向。路径依赖现象形成的原因是，特定的经济发展模式会形成相关利益群体和塑造特定制度，初期通常会助力经济体在该轨道上快速发展，但是一旦经济水平提高到该发展模式不再适用，那么长期形成的相关利益群体和制度反而会阻碍发展模式的变革，导致该经济体被锁定在特定的发展模式中。随着我国制造业能源资源约束的加强和整体需求增长的放缓，如果制造业的资源依赖过强，继续坚持这种以增加资本和劳动力要素投入的方式，可能会陷入“路径依赖”陷阱，这种模式下的经济增长不具有可持续性。

通常而言，生产要素通过在各产业之间的不断流动，不断地从低效率产业部门转移到高效率产业部门，从而促进产业结构趋向合理。低息贷款作为产业政策的一种常用手段，是政府对资金要素价格进行干预，从而影响生产要素的投入结构。资本市场中的价格发现过程决定了资金价格，资金价格反映了社会平均投资收益率，投资收益率低于贷款利率的项目将得不到资金支持。如果政府针对特定行业制定了相对整体水平而言较低的贷款利率，则该行业中可能会出现不符合经济效益的盲目投资。低息贷款通过对特定产业贷款利率的调节扭曲了资本要素市场上的价格信号，对制造业结构合理性可能存在负面影响。

（2）市场化水平的调节效应。企业是市场经济的主体，而中国企业具有明确的“国有—民营”二元结构特征，这一特征影响了我国的技术进步路径和投资效率。相对于民营企业而言，国有企业更多集中在资本密集型产业中，对资本具有大量需求，民营企业则更多集中在劳动密集型产业中，双方在要素的投入结构与资源禀赋水平方面存在较大差异。国有企业具有更加密切的政企关系，根据委托代理模型，国有企业在产权制度上是有天然缺陷的，因此往往具有较大的规模、较低的生产效率和创新效率。在有限的政府预算下，政府向国有企业注入的资金越多，意味着在产业基础设施和共性技术开发等领域向民营企业投入的资源越少。更为严重的是，与国有企业相伴而生的信贷所有制的不对等增加了民营企业的融资约束，导致生产要素的错配。一般而言，在经济主体中非国有经济成本占比越多，市场竞争程度越激烈。在优胜劣汰的市场机制倒逼下，企业的要素投入结构会更加合理，而政府通过低息贷款对要素投入与产出结构耦合程度的扰乱效应会逐步降低，市场化水平的提高能够改善低息贷款对制造业结构合理化水平的影响效果。

（3）金融发展水平的调节效应。金融市场作为联系国民储蓄和投资的纽带，主要作用是完成资金在盈余部门和短缺部门之间的跨部门配置。金融市场对制造业转型升级起着重要作用。首先，高水平的金融体系能够高效识别产业发展机会，促进资金流向高收益率的部门，而高收益率的部门往往具有高附加值率和高技术水平，从而使产业结构得到调整。其次，金融发展能够促进企业成长，在企业整体生命周期中提供全方位支持，包括为新生企业提供风险投资，缓解发展期企业扩展市场的外源融资约束，促进成熟期企业并购重组。最后，金融水平的提高能够分摊产业发展风险，为高新技术产业的创新行为提供支持，为提高产业整体技术水平提供一定的条件。在高度成熟的金融系统中，投融资更多依赖于市场性金融下的分散决策，银行根据不同企业不同项目的风险水平和收益，自主决定是否放贷和贷款数量，而贷款利率则由项目的投资收益以及风险补偿共同决定，资本的逐利机制决定了不具备经济效益的项目得不到资金支持，从而优化产业的要素投入结构。

根据金融抑制和金融深化理论，低息贷款可以理解为政府为特定产业制定的一个低于要素市场均衡价格的资金价格，从而促使资金要素向特定产业流动，本质上是对资金要素市场机制的一种替代。而发达的金融市场能够促进资金在各产业间的合理转移，提高资源配置效率。由此可知，地区的金融发展水平越高，资本市场越成熟，金融资本向产业资本的转化能力就越强，政府对要素市场的干预能力效果就会越弱。因此，金融发展水平的提高能够改善低息贷款对制造业结构合理性的影响效果。

2. 产业政策调整对制造业结构高级化的影响

（1）政府研发支持影响制造业结构高级化。制造业结构高级化的核心动力来自产业技术的不断升级。企业创新需要进行大量前期投入用以购买科研设备和聘用研发人员，同时面临着研发失败的风险和市场风险，而产业政策可以对企业研发项目提供资金支持，分担前期投入的市场风险，缓解企业研发投资行为的资金约束。产业政策也可以通过促进产学研合作、建立创新平台、提高创新公共品供给水平来优化创新环境，减少创新行为的制度阻碍。产业政策还可以降低市场不确定性，政府通过对特定领域研发项目的支持，传递政府对相关技术领域前景的判断信息，提高研发主体预期水平，提高创新积极性。

首先，政府研发支持作为企业整体资金来源的一部分，缓解了企业的内源融资约束，在一定程度上增强了企业进行创新的动机。但是政府研发支持往往要求企业对特定领域内的产品和技术进行开发，约束了企业自主选择研发方向的范围，而创新活动的实质是对未知领域的探索，受到多种内在条件的制约和外界因素的影响，具有较强的不可预测性。如果产业政策代替市场对未来技术发展的方向做出判断，并通过研发补助等形式支持该领域特定产品甚至特定技术的研发项目，则有可能诱发企业的策略性创新和骗补行为。其次，产业政策提供的研发支持可能会对私人创新投入产生挤出效果，造成需求推动型的 R&D 资源价格上升，扭曲了创新市场的价格机制，使创新资源得不到最佳的配置。最后，如果企业为了寻求研发支持而进行寻租，会产生相应的非生产性支出——寻租成本，导致社会整体经济效益降低。

根据上述分析，产业政策调整对企业创新行为同时具有正面效果和负面效果，正面和负面效果孰大孰小决定了产业政策对制造业转型升级的影响效果是正面还是负面。相较于创新平台建设、产业共性技术研发等方式而言，政府针对企业特定R&D项目的研发支持对企业创新行为的干预性较强，限制了企业的自主创新路径选择，对创新行为的负面效应可能大于正面效应。

（2）企业创新氛围的调节效应。企业创新氛围指研发创新行为在产业中的普及程度，可以用具有研发行为的企业数占整体企业数的比重来衡量。随着市场中参与研发活动的企业比例提高，新技术、新产品和新市场将以高度分散的形式不断涌现，优胜劣汰的竞争机制会淘汰创新水平不强、故步自封的企业，倒逼未参与研发创新的企业也参与到研发创新活动中。在高强度的创新竞争中，企业会更加注重创新要素的配置，拉动创新要素的需求水平，提高创新要素市场化水平。创新环境的优化会促进企业间协同创新，形成区域性创新网络，发挥创新的协同效应，完善和延长创新链条，最大化地发挥每一次创新带来的成效。企业创新氛围的提高能够激发企业家精神，形成积极进取、勇于探索的创业文化。多维度、多层次的企业创新将导致局部、多发的创造性毁灭过程，不断冲击旧有的产业结构，生产要素重新组合，整体效率在不断地破坏和重建中上升。

根据以上分析，当产业政策通过研发支持的形式直接对某些企业的创新研发行为投入资金时，企业创新氛围将通过协同创新、技术外溢和创新竞争等机制调节研发支持影响制造业转型升级的过程。

（3）信息化水平的调节效应。信息化过程对制造业转型升级具有直接和间接影响。首先，信息化是高端技术制造业的内在基础，也能够升级改造传统制造业，信息化过程减少了要素流动的中间环节，降低了要素配置成本，制造业资源配置效率提高进一步提高了附加值，促进中国制造业的整体转型升级。其次，信息化提供了区域内产业信息共享网络，建立了企业主体间联动和协同机制，深化了生产性服务业与制造业之间的合作。随着产业信息化的不断发展，产业间知识流动效率也会提高，技术溢出效应加强了各产业之间的技术关联程度，加速了创新成果的运用与扩散。

信息化水平作为产业创新基础设施，必然在政府通过产业政策促进企业创新行为的过程中起着重要作用。政府在对企业的研发行为进行直接补贴时，补贴效果受到信息化水平的影响，信息化水平越高，研发支持对制造业转型升级的影响效果越好。

二、税收政策

（一）我国税收政策概述

1. 我国税收政策的梳理

（1）增值税政策。增值税几乎涵盖了各种企业类型，除了国家给予企业的免税政策以外，在生产经营的任何一个流转环节，只要有增值额，企业就要缴纳增值税，增加了下游企业和消费者的税收负担，不利于企业的发展。近些年，国家不断降低增值税税率，实行减税政策，为企业减负，增加企业资金流，增加科研技术方面的投入，提高国际竞争力，企业从中真正获得了收益，为企业的长久发展提供了支持。

2012 年营业税改征增值税首先在上海进行试点改革，并在 2016 年 5 月 1 日开始，在全国范围内实行。2013 年，针对小规模纳税人，其销售额在一定范围内可以享受免征增值税的优惠税收政策。2017 年，增值税税率由原先的 4 档缩减为 3 档，由此拉开了简便税率的序幕。2018 年，国家为了减轻企业的税收负担，下调增值税税率，将原来 17% 和 11% 两档税率分别下调 1 个百分点。2019 年 4 月 1 日，国家再次下调增值税税率，将 16% 税率的修改为 13%，10% 的税率修改为 9%。

（2）企业所得税政策。进入 21 世纪，我国为了加大减税力度，接连出台了一系列与企业所得税相关的税收优惠政策。一是降低企业所得税税率，二是为了鼓励企业高水平发展，在研发创新上予以优惠减税政策。政策规定高新技术企业使用15%所得税税率，并延续对于研发费用进行扣除的优惠政策。2003年开始，为进一步促进经济的发展，扩大了可以享受优惠税收政策的企业范围，对于研发费用扣除额的比例由50%增加到75%，增加了25个百分点。一方面，减轻了企业的税收负担；另一方面，对鼓励企业加大职工培训，提高员工整体素质起到了一定的积极作用，为企业提高创新能力及生产率提供了支持。政策实施有利于鼓励企业进行研发创新，激励企业从传统制造业向高新技术产业转移，增加了企业在研发创新方面的资金投入，有利于增强国内企业的实力，不断提高制造业企业在国际上的竞争力。

（3）其他税种及附加政策。在企业缴纳的所有税种中，对于占缴税比例较小的一些小税种，国家也出台了相应的减税优惠政策，主要是2019年的减税政策。国家针对小税种制定了一些税收优惠政策，特别是对增值税小规模纳税人而言，允许小税种税额在50%的幅度内减征。此项政策的实施每年可以给小微企业减税2000亿元。企业的发展都是由小规模逐渐向大规模扩展，只有企业经济效益越来越好，才能拉动投资者投资，不断增加研发创新的资金投入，提高企业技术水平，增强企业内生动力，推动劳动密集产业向高新技术产业转型。小微企业初始投资少，国家通过制定优惠税收政策，可以减轻企业税负，减少企业生产经营成本。

2. 鼓励企业自主创新的税收政策

（1）研发费用税收政策。2016年1月1日，国家推行了一系列新政策的实施，主要目的是鼓励企业加大对研发创新的投入，通过研发创新为企业转型升级创造优良条件，主要体现在以下两点。第一，国家新的减税政策中规定，扩大研发费用加计扣除的适用范围。第二，逐渐扩大研发活动的范围，不再具体规定研发项目，一般与研发创新活动相关都可以采用加计扣除政策，但是不能超过费用总额的10%。该政策的实施有利于激励企业在一定能力范围内增加研发投入，购买先进设备，招纳人才，为企业的转型升级奠定了良好的物质基础。

2021 年，政府工作报告中明确指出，研发费用仍适用 75% 的扣除比例，但是针对制造业企业出台了新的优惠税收政策，提高了其研发费用加计扣除比例，由原来普遍适用 75% 的加计扣除比例提高到现在 100% 加计扣除，提高了 25 个百分点，此项政策的实施进一步促进了制造业企业的发展。

（2）技术转让优惠政策。关于技术转让所得的优惠税收政策主要体现在企业所得税和增值税两大税收政策上。在企业所得税政策方面，自 2015 年 10 月 1 日起，对于年度技术转让所得额度规定了限制，不超过 500 万元的部分，免征企业所得税；超过 500 万元的部分，减半征收。在增值税政策方面，纳税人关于技术及其相关的转让所得都可以享受免征增值税的优惠税收政策。技术转让的优惠政策不仅促进了各企业的技术流动，对需要新技术的企业来说，也降低了购买成本，有利于各企业进行技术交流，促进技术创新，推动企业转型升级，同时也鼓励企业转让更多的新技术，获得经济收入，为企业进一步研发带来资金流，增强企业研发创新能力。

3. 固定资产加速折旧政策

近年来，我国经济一直保持稳定发展，经济增长保持中高速，一个重要原因就是国家的大力支持。为了促进经济发展，国家不仅逐渐调低增值税和所得税的税率，还继续出台一些减税政策。制造业是经济发展的重要产业，其投资成本大，盈利周期比较慢，相较于其他行业，制造业企业的投资意愿和投资强度都稍低，主要是因为制造业承担的税负压力较大，行业的生产成本较高，投资风险也较大，即行业内企业面临发展难、税负负担重的问题。因此，为了提高制造业的生产积极性，推动我国制造业的转型升级，对单位价值小于 5000 元的固定资产，在计算应纳税所得额时可以一次性全部扣除，对专门用于企业研发活动中购买单位价值大于 100 万元的仪器和设备，可以选择采取双倍余额递减法进行加速折旧。

4. 其他税收政策

为鼓励企业使用绿色智能制造技术，推动制造业企业向高新技术制造业企业迈进，财税部门出台了相关的减税政策，例如，在综合利用节能环保等方面给予了税收优惠。在购买节能、环保专用设备等方面也出台了一系列减税政策，鼓励企业进口国外先进设备。政策并不是一成不变的，通过分析政策实施后企业的发展效果，要不断地对原有政策进行变更与完善，加快制造业企业转型升级的步伐。

（二）增值税减税政策的影响

1. 增值税减税政策对企业税负的影响

增值税税负的降低与否主要取决于企业的进项是否能够及时足额地进行抵扣，抵扣制度是增值税制度的核心。增值税抵扣制度是指增值税纳税人可以在应纳增值税税额中扣除其外购原材料、商品、接受劳务等过程中形成的可抵扣进项税额的制度。该制度通过对各环节的增值额征税来实现，即符合条件的纳税人在销售环节均需要缴纳增值税，但其在采购环节形成的增值税可按规定进行抵扣，如此环环相扣，直至最后消费者承担了税负。这一机制在很大程度上减少了对企业重复征税的现象。增值税税率的降低直接影响到增值税的抵扣额度，在此次深化增值税改革中，降低增值税税率将直接作用于进项税额和销项税额，从而降低企业缴纳的税款。

增值税减税政策实施以后，企业销售形成销项税额，采购原材料形成进项税额，采购的服务、租赁的不动产等均属于增值税纳税范围，企业从这些经营活动中取得的增值税进项税额只要符合一定条件就可以抵扣，因此将不再形成企业的成本。在产业链前段，企业从上游的农业、采矿业、制造业企业购买原材料或者机器设备等，原本就符合增值税的征税范围，这部分进项税额由于减税政策的实施而降低。同时，企业从上游服务业企业购进资源、金融、通信等，这些项目会使企业的进项税额增多，相应的可抵扣进项税额比例也可能上升。特别是一些固定资产投入较大的企业，购买专业咨询服务或者现代生活，服务业比例较大的企业，由于整个产业链目前已经形成比较完整的增值税抵扣链条，因此，处在增值税抵扣链条中的企业税费负担会明显下降。

对于制造业上市企业来说，增值税减税政策的实施使以增值税为缴纳基础的城市维护建设税和教育费附加也相应减少，这也在一定程度上减轻了企业税负。

2. 增值税减税政策对企业营业收入的影响

企业的营业收入是指企业的主营业务收入。主营业务收入是一个企业经常性的、主要业务产生的收入，如制造业的销售产品、半成品和提供工业性劳务作业的收入。营业收入在企业收入中所占的比重较大，对企业的经济效益有着举足轻重的影响。

企业日常经营业务主要由采购企业所需原料、技术、服务、加工，以及销售商品、提供劳务等组成。增值税减税政策实施以后，企业经营过程中的营业收入纳入了增值税的征收范围，企业购进的符合条件的固定资产、材料，采购的技术和服务、租赁的不动产等也在增值税征税范围，对方企业可以开出专用发票，符合条件时可以形成企业的可抵扣进项税额。从理论上讲，增值税减税政策实施后，企业向上游企业购进材料、半成品、机器等所产生的进项税将会降低，而企业购进各类服务、不动产等也可根据对方企业开具的增值税专用发票进行抵扣，由于供货企业的规模和行业的不同，导致对应的适用增值税税率不同，可抵扣的进项税额也不同。以制造业为例，在三次增值税税率调整后，制造业企业购进原材料的进项税率由 10% 降低至 9%，而产成品销项税率由 17% 降至 13%，购进等价原材料的进项税率降低使得原材料的实际成本降低，而销售等量产品的增值税销项税额减少将使制造业企业的实际销售收入增加。

同时，增值税减税政策的实施降低了企业本期的应缴纳税额，进一步减少了经营现金流出，这部分现金可用于再生产或者短期投资。在一般情况下，企业经营多种类型产品，产品间的收入结构和对应的成本结构将受到企业纳税额的影响。而增值税减税政策的实施使产业分工与协作的税收成本有所降低，这将激励企业调整、优化业务结构，将中间投入产品分离出去，推动企业集中精力发展核心主营业务，改善产业分工并增加企业主营业务收入，实现主辅分离共同推动企业转型。

3. 增值税减税政策对企业净利润的影响

企业最重要的经济行为在于做出经营决策，决定企业的战略方针、生产产品等，其中对企业的盈利影响较大的就是合理的收入结构和成本结构。

在收入方面，制造业企业提供服务、销售产品等收到的款项须扣除增值税，才可计入收入。因此，理论上增值税减税政策实施后制造业企业需扣缴的增值税减少，从而使企业收入增加。

在成本费用方面，假设其他条件都不变，在企业销售额一定的情况下，由于进项税额的减少，企业购买原材料时垫付的资金也有所减少，从而释放出一部分运作资金，间接减少了企业的融资成本。同时，企业以相同价格出售相同数量的产品时，由于销项税额的减少，在企业议价能力较强的情况下，企业可以通过议价获取一部分减免的销项税额，这一部分税收红利将使企业销售成本降低。此外，企业的应纳增值税额为商品增值额的增加值乘以增值税税率，由于增值税税率降低，应纳增值税税额减少，使企业直接获得一部分税收优惠，也会使企业的成本降低。但企业的经营活动存在异质性，使各企业对改革的响应能力及速度各不相同，企业的议价能力及税负转嫁能力也有所差别，都会加剧增值税改革影响的差异性。因此，增值税改革对企业净利润的实际效应需要根据具体项目进行分析。

增值税作为一种流转税，其最终的税负会转嫁给下游购买者承担，对于制造业企业来说，如果企业将这部分减税红利据为己有，则会降低企业的生产成本，在产成品价格不变的情况下，企业的利润空间则会增大。如果企业将这一部分减税红利通过降低产品售价等方式分享与消费者分享，消费者购买商品实际支付的价格减少，也就等同于降低了消费者的增值税税负，增加消费者相对收入，起到刺激消费的作用，这将会促进制造业企业提升产品销量，增加生产经营所产生的收益，使企业利润增加。

虽然增值税作为一种价外税，不会直接影响利润，但由于城市维护建设税和教育费附加是按照实际缴纳增值税的一定比例缴纳，而城建税和教育附加又计入税金及附加科目核算，因此，增值税间接地影响着企业利润。

4. 增值税减税政策对企业研发投入的影响

企业加大研发投入、进行研发创新的主要动机有以下两方面：一方面，从企业盈利本质来看，企业进行生产决策和研发投入决策是基于成本收益的考虑，即利润最大化原则，当投入研发的预期收益大于投入时，企业便会参与科技创新。因此，从激励原理的角度来说，提升企业参与创新的收益，降低企业吸纳上游知识、形成产业技术的成本，可以有效促进企业研发创新、技术进步。另一方面，从企业所处的市场背景来看，技术的不断发展决定了企业必须及时更新自身技术参与市场竞争。然而，存在技术壁垒的产业必然会形成垄断和寡头，拥有技术优势、规模优势和先发优势的企业会获得超额利润。因此，维护一定的市场秩序，适当地鼓励竞争并减少其对市场价格、要素分配的扭曲，在一定程度上会促使更多企业参与科技创新、更新自身技术。

对于依赖大量生产资料和技术设备的制造业企业而言，增值税减税政策的实施带来了重大利好。我国现行增值税政策为消费型增值税，在计算增值税额时，允许扣除外购的物质生产资料价值，对于外购的固定资产，根据所购项目的不同也有着不同比例和不同折旧方法的扣除额度规定。这也是增值税制度本身具有的优势，即鼓励更多企业进行生产资料投入和设备的更新升级，以促进企业的不断发展。增值税减税政策实施以后，制造业企业在购入固定资产时就可以依据增值税的相关政策减少进项税额，同时结合销项税额的抵扣，降低企业整体成本，促使企业对生产资料、设备进行优化，增强自身的竞争力，实现长期发展。

综上所述，现行的增值税减税政策将从三个方面促进制造业企业创新：①增值税减税政策由于其可抵扣的特点，间接降低了企业研发活动投入要素的价格，也就是降低了企业研发活动的投入成本，提高了企业对技术创新收益的预期，促使企业增加研发资金投入，通过技术创新获得创新成果，进而扩大企业的生产能力。同时，增值税减税政策的最终目标是提高产业整体科技水平，因此是一种长期的激励机制。②增值税减税政策减少了市场价格的扭曲，为制造业企业创造了更加具有确定性预期的营商环境。③增值税减税政策中一些专项的激励创新的税收抵免政策可以直接创造一个鼓励创新的外部环境，补偿技术创新的外部性。例如，提高企业研发费用的加计扣除标准等可以从制度的角度激励制造业企业进行科技创新。

制造业要获得长远的发展，提高核心竞争力是根本，而提高核心竞争力离不开企业的研发投入，尤其是企业对基础研究的长期投入。目前，制造业企业面临的一大问题是从要素驱动向创新驱动转型升级困难且技术学习难度不断加大，这就要求制造业企业加大研发投入。增值税减税政策的实施提高了企业加大研发投入的积极性，有助于企业实现专业化分工基础上的一体化进程，目前很多制造业企业开始加大研发投入，这对企业改变目前在国际竞争格局中的不利地位、实现产业结构转型升级有非常重要的作用。

（三）税收政策对制造业实力提升的作用

1. 税收政策对制造业转型升级的作用机理

税收政策对制造业转型升级的作用机理主要有以下三种：

第一，税收政策通过刺激消费为制造业创造更大的市场需求。影响消费品需求量的因素有商品的价格、消费者的收入水平、相关商品的价格水平、消费者的偏好、消费者对该商品的预期以及消费者的人数等。在这些因素中，当消费者对于商品的价格足够敏感时，市场实际需求就成为最重要的影响因素。税收能够直接影响商品的价格，无论税收是增加还是减少，都会引起商品价格的相应变动。在制造业中进行税收调节，需要通过调整产品价格来影响市场的需求，从而更好地对制造业进行调控，推动其良好发展。

第二，税收政策通过技术进步激发制造业转型升级。技术进步是经济增长的源泉，在制造业领域中也是提升制造业实力的关键环节。一方面，技术进步能够提高资源的利用效率，深入推动高新技术制造业与新兴战略制造业的扩张发展，进而促进我国产业结构的优化升级与制造业实力的提升。另一方面，技术进步在不同行业中的发展程度是不同的，这种不同会使生产要素中的劳动力和资本在行业内的布局发生变化，资本与劳动力会自发地向报酬率较高的产业流动，从而推动我国制造业实力的整体提升。而影响技术进步的主要因素是科研从业人员的教育水平与科研经费的投入水平。税收政策能够对这两个构成因素直接产生重要影响。其影响技术进步的主要方式具体包括两种：一种是通过税收优惠政策，如税负减免，推动我国制造业的发展；另一种是对税种的方式进行变更，如对制造业行业的税收政策进行放宽处理，对提升制造业实力也有重要帮助。

第三，税收政策通过就业实现制造业转型升级。解决就业是宏观经济重要目标之一，也是税收政策提升制造业实力、推动制造业转型升级的作用机理。税收作为宏观调控的经济杠杆和收入分配手段，对就业水平的高低和就业结构的优化具有重要作用。税收影响劳动力就业主要从两个方面发挥作用，分别是影响劳动的供给和需求。就劳动供给而言，在众多税种中，以个人所得税的影响为主。个人所得税是针对人们的劳动所得，对制造业企业员工的收入直接征税，征税后员工得到可支配收入。个人所得税的税率直接影响人们劳动与闲暇的时间分配。当个人所得税税率低，员工可支配收入较多时，生活水平较高，人们则倾向于闲暇；当个人所得税税率高，员工可支配收入较少时，生活水平较低，人们则会倾向于劳动。因此，征税对劳动供给具有刺激作用。对消费品开征消费税，当消费税税率高时，制造业产品价格也会变高，人们在工资相对的标准下，实际货币购买力大幅度降低。同理，消费税的税率也直接影响着人们在劳动与闲暇的时间分配。就劳动需求而言，主要有两种影响方式，一是通过税收政策调控刺激投资，不断增加新的制造业企业与工厂的数量，从而增加就业岗位，创造劳动需求，进而提高就业率。二是实施诸多税收优惠政策，配合国家制造业发展政策。对于提供就业岗位较多的产业和企业给予相应的税收优惠，在实现资源进一步优化配置的同时可以增加就业岗位，提升制造业实力，从而为制造业提供人才与技术，推动制造业转型升级。

2. 税收政策支持制造业转型升级的优势

对比税收政策与财政补贴对制造业转型升级的影响，二者的共同之处都是国家自愿地把自身经济利益让渡给微观主体，即制造业企业或者消费者个人。从长期角度看，无论是税收优惠政策还是财政补贴政策，都可以对企业的生产经营活动以及创新研发的行为与决策产生一定的影响。二者的不同之处是财政补贴目的性较强，要求企业在事前将补贴收入投入相应的项目，能够充实企业的现金流。税收优惠则用于事后，在企业的收入与利润中直接减少企业的纳税金额，通过节约税款的方式增强企业现金流，企业可根据实际情况自主选择是否享受相应的税收优惠政策。

与财政补贴相比，税收政策支持制造业转型升级的优势有以下两点。其一是更为有效。财政补贴是政府财政职能部门根据相关政策来制定补贴的内容与细则，并适时根据国内外经济、政治形势的变化调整补贴政策，受国家相关部门与外部经济政治环境的限制。税收优惠政策是国家对应该征税的项目实行减免税或先征后退等政策，直接给纳税人提供税款方面的优惠，关联的职能部门较少，且受外部经济政治环境影响较少。其二是更为及时。考虑时间滞后性，财政补贴有可能在实施过程中产生不利影响。假如将财政补贴政策的有效时间延长，短期政策则也会长期化，这会导致产品的实际价格水平无法体现，企业的经营情况受到影响，难以考核其真实的盈利水平。如果财政补贴的适用范围过宽、补贴金额过大，则更容易加剧政府的财政收支矛盾，增加财政赤字。而税收优惠政策相对规范，其往往能够在相对长的时间内维持稳定。制造业企业在做出投资研发的决策时，不仅基于目前企业的生产经营情况，还要考虑未来的预期。因此，税收优惠政策的实施能够为企业消除预期的不稳定因素，有利于制造业企业做出长期经营决策。

对比货币政策与税收政策对制造业转型升级的影响，二者也有所不同。我国货币政策的实施主要包括公开市场业务、存款准备金与中央银行贷款等，这些工具的使用都会对货币供给量产生一定影响。一般情况下，市场货币供给主要分为 M0、M1 和 M2 三个层次，在货币供给量的变化上，能够对制造业造成直接影响。货币政策传导途径如下：先是中央银行通过货币政策工具影响金融机构的准备金、融资成本和信用能力以及金融市场上货币的供给和需求状况，接着再传递到非金融类的各个经济行为主体，促使它们改变经营的方针和策略，通过加总表现在总产出、物价、就业等方面。我国虽然进行了多年的经济体制改革，但市场机制尚未完善，货币市场与金融市场不发达，没有真正地使资金商品化。微观经济主体的反应不够灵敏、企业行为与规范市场经济不一致，这都会导致货币政策传导受阻。货币政策的实施对制造业企业的影响程度较小，且实施效果需要经过较长时间才能呈现出来。相比之下，选择税收政策推动制造业转型升级更加直接。

三、环境政策

（一）环境规制影响制造业转型升级

1. 环境规制导致企业运行成本增加

环境规制主要包括命令控制型规制和激励型规制，该政策的实施就是为了产权明晰，将企业的生产活动成本内部化，实现利益与成本共存，这也直接导致企业成本的增加。成本增加的两种情况具体如下。

（1）生产要素成本增加。对企业来说，当政府加强环境规制强度时，首先受到影响的是原材料的价格，环境规制加强必然导致对自然资源的开采及使用进行限制，为了获得自然资源而进行竞争，从而导致自然资源价格上涨，这也促使上游企业的要素成本上升，进一步提升下游企业和整个行业的生产要素成本。其次，面对环境规制强度的升级，企业也要对生产过程的源头与尾端进行双重处理。在源头上，企业需要购买新的环保型原材处理设备，学习新的生产方式以及对原有的生产过程进行更新升级；在尾端上，企业要将污染物进行处理之后再排放，这不仅要增加人力资源的投入，也要购买相应的机器设备。与没有环境规制或者环境规制强度较弱时相比较，环境强度的上升将增加被规制企业的生产成本。

（2）交易和决策成本增加。企业为了达到政府规定的环境规制程度，必须时刻对自身排放的污染物的清洁程度进行检测，达不到标准的还需要进行二次甚至多次安全检测，且需要定期做成安全检测报告上报，尤其是在交易排污许可证的环境规制政策下，企业的交易成本会进一步增加。由于国家环境规制强度并不是一成不变的，当企业对国家未来的环境规制政策理解不到位或者国家最新环境规制政策尚未颁布时，他们对新产品或者新技术的研发、购买等决策可能会随着政策的变动而随之发生变化，这无疑增加了企业的决策成本。

生产要素成本和交易决策成本的增加加大了企业的运行成本，挤占了企业用于技术创新的资金，不利于企业进行技术创新和提高运行效率，也不利于企业及制造业进行转型升级。

2. 环境规制对企业的需求产生双重影响

从企业需求角度出发，环境规制对企业有两种相反的影响。一方面，随着环境规制强度的增强，国家不允许一些不达标或者高污染产品的生产和销售，这也直接导致某些行业的需求量大大减少甚至某些行业的衰落，从而不利于这些行业的转型升级。另一方面，随着环境规制强度的增强，也刺激了一些新的需求产生。首先是受到规制的企业，为了达到国家规定的环境规制强度，都将不得不加大对污染检测设备和污染处理设备的购买，从而增加了新的需求；其次，企业为了达到国家制定标准，会进行生产流程及生产工艺升级，增加环保型原材料或者半成品的需求，从而促进环保型企业的快速发展，进而促进制造业整体转型升级。

（二）环境政策支持制造业转型升级的作用机理

环境政策是政府调控企业经济活动的手段之一，它会对企业生产的各个环节产生直接的影响力，同时促进商品、资源、要素等在各企业之间的流动，从而直接或间接地对整个产业的结构产生影响。

1. 环境政策通过设置进入壁垒促进制造业结构升级

按照早期产业组织理论中的“市场结构—市场行为—市场绩效”（即SCP）范式可知，新企业的进入会影响到市场结构，从而引起市场行为等发生一系列的变动，进而引起整个行业的结构变动。而环境政策就会通过设置进入壁垒，对想要进入市场的新企业进行筛选，从而对产业结构的优化进行推动。进入壁垒是指阻止新竞争者进入市场的障碍或不利因素，环境政策主要通过以下两种方式设置进入壁垒：一种方式是要求新进企业安装环保设备以备污染治理，而环保设备的安装必然会增加一大笔企业的前期投资，这样在一定程度上就会形成阻碍企业进入市场的资本壁垒，从而淘汰一些资本力量弱、发展前景差的小企业，优化市场结构；另一种方式是行业普遍对新企业的环境污染治理标准更为严苛，这样就要求新企业在生产流程和生产技术上要达到更高的污染物排放标准，从而形成阻碍企业进入市场的技术壁垒，阻止一些可能会造成大量环境污染的企业进入市场，进一步优化市场清洁能力，促进该产业的结构升级。

2. 环境政策通过吸引FDI（国际直接投资）促进制造业结构升级

根据大卫·李嘉图（David Ricardo）的比较优势理论，国家与国家、地区与地区之间之所以会产生贸易行为，是因为各自产品的比较优势不同。在环境政策实施较为严格的国家或地区，具备环保技术的产业在发展中更有优势，而生产过程污染程度高的产品其成本会更高；而在环境政策实施较为宽松的国家或地区，成本低的制造业发展更具优势，因为环保会导致成本的提升。因此，环境政策严格的国家或地区为了规避环境成本，往往会选择从环境政策宽松的国家或地区进口污染型产品，而不是自己生产。

生产过程污染性较强的制造业在环境政策严格的地区生产产品的环境成本更高，因此，为了躲避高额的环境成本，这些企业会倾向于往环境政策实施更为宽松的地区转移，留下来的大都是以服务业为代表的环保型产业，这样本地区的制造业结构就会往更好的方向调整。同时，为了吸引外商投资，环境政策宽松的地区会以牺牲环境为代价，逐步降低环境政策的实施标准来吸引 FDI，这样就承接了来自发达地区的污染产业的转移。环境政策就这样使地区之间的制造业进行转移，不断调整制造业的结构。

3. 环境政策通过促进技术创新促进制造业结构升级

环境政策的实施可能会对企业的技术创新产生两种不同方向的影响。一是负面的“资源挤占效应”。环境政策的实施对企业排污的要求较高，企业原有的生产设备和环保设备已经不能满足新的环境需求，因此，企业需要通过技术创新来升级设备或者提高环保技术，而技术创新需要投入相当一部分的人力和资金，这部分资源会挤占企业原本用于生产技术创新的资源，当企业的资源有限时，环境政策的实施就会限制企业的产品技术创新。二是正向的“创新补偿效应”。随着环境政策实施强度的增加，企业会选择通过技术创新来提高生产效率和优化管理方式，这样从长期来看，就能有效地降低边际环境成本，从而形成“创新补偿效应”。因而“创新补偿效应”能够有效降低企业对环境政策的“遵循成本”，带来企业生产效率的提高。

环境政策对企业技术创新的影响是由“资源挤占效应”和“创新补偿效应”两个方面的影响共同决定的。当环境政策对企业的“资源挤占效应”大于“创新补偿效应”时，就会不利于企业推动技术创新；当环境政策对企业的“创新补偿效应”大于它的“资源挤占效应”时，就会促进企业的技术创新，从而推动产业结构的升级。

4. 环境政策通过影响其他内部产业促进制造业结构升级

假设某地区只有两个经济部门，部门 A 和部门 B，部门 A 为污染密集度较高的产业，部门 B 为污染密集度较低的产业。如图 4–1 所示，图中横坐标 Q 表示产量，纵坐标 U 表示环境水平。当产量为 0 时，环境水平处于位置 U_0，随着生产要素的投入，产量不断增加，导致环境水平不断下降，并且随着产量越来越多，环境水平下降的速度也越来越快，所以图中曲线 A、曲线 B 的斜率越来越大。

在未实施环境政策的情况下，随着产量的增加，污染密集度较高的部门 A 环境水平最终会下降到 U_A，污染密集度较低的部门 B 环境水平最终会下降到 U_B，并且 $U_B>U_A$。

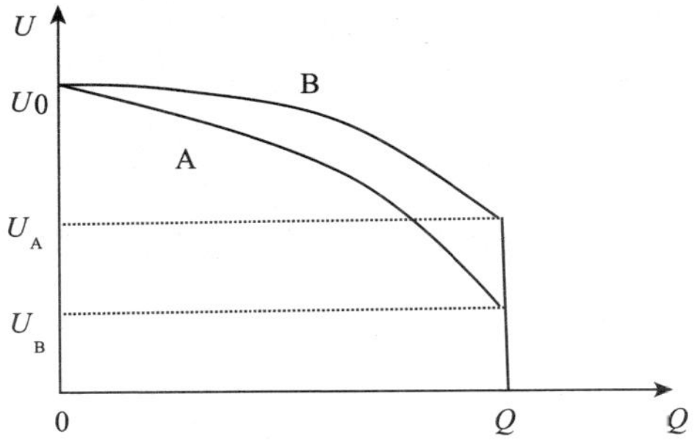

图 4–1　企业产量对环境水平的影响

在实施环境政策的情况下，当环境政策的实施标准越来越严格时，会对污染密集程度不同的产业产生不同的影响。从微观角度看，如图 4–2 所示，横坐标表示排污量 E，纵坐标表示企业的边际治污成本 C，随着环境政策的实施标准越来越严格，排污量越来越少，企业的边际治污成本越来越高。企业 A 曲线斜率大于污染密集度较低的企业 B。当环境政策实施较为宽松时，排污量为 E_0，这时企业 A 和企业 B 的边际治污成本都很低，分别为 C_A 和 C_B，且 $C_A>C_B$；当环境政策实施较为严格时，排污量减少为 E_1，企业 A 的边

际治污成本由 C_A 上升到 C_A'，企业 B 的边际治污成本由 C_B 上升到 C_B'，且 $C_A' > C_B'$。由此可见，环境政策要求的提升对污染密集度较高的企业的影响更为明显。

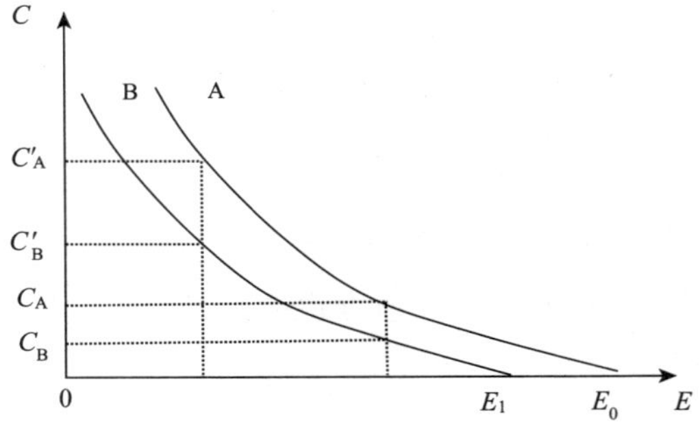

图 4–2　环境政策对企业边际治污成本的影响

从宏观角度看，如图 4–3 所示，随着环境政策实施标准的提升，污染密集度高的企业 A 会比污染密集度低的企业 B 投入更多的污染治理成本，在环境水平提升时产量就会相应地有所下降，原曲线 A 就会向左移动；污染密集度低的企业 B 相对于企业 A 来说，边际治污成本低，当环境水平提高时，资本和人力也会移至污染密集度低的企业，从而获得“绿色”发展的比较优势，原曲线 B 右移。环境政策的实施由此将污染密集度高的产业逐渐逼向污染密集度低的产业，从而实现制造业的“绿色”升级。

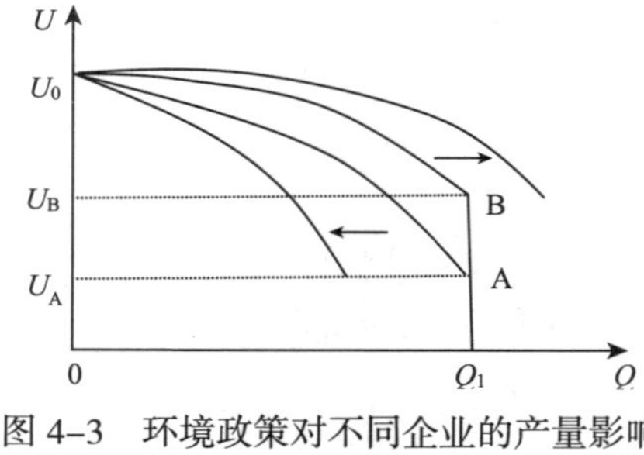

图 4–3　环境政策对不同企业的产量影响

综上所述，环境政策可以通过四种路径间接影响制造业的结构升级：设置进入壁垒、吸引 FDI、促进技术创新、影响其他内部产业促进制造业结构升级，路径如图 4–4 所示。

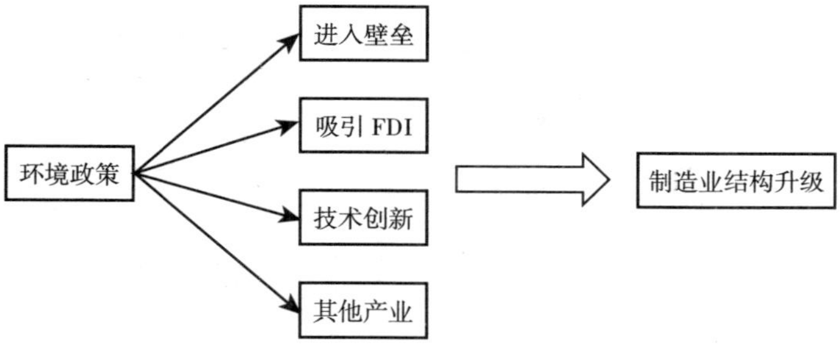

图 4–4　环境政策影响制造业转型升级的路径

第二节　金融支持

一、金融发展对制造业转型升级的作用机制分析

产业革命的发生最重要的条件并不是技术，而是使这些技术能够在较大的范围内广泛应用的投资，而这种投资必须依靠合理的金融安排才能实现，因为新技术的采用往往需要大规模的、连续的、长期的资金注入，因此产业革命发生之前必然会发生金融变革。由此可见，金融业的发展直接关系到制造业转型升级能否成功。金融发展对制造业转型升级的作用机制可从直接影响机制和间接影响机制两方面进行分析：一方面，金融机构通过金融规模效应、金融效率效应和金融结构效应，以直接作用的方式对制造业转型升级所需融资资金的供给和需求产生影响，包括为制造业企业提供充足的资金，缓解外部融资约束；降低市场信息不对称的问题，优化资源配置，合理分配资金，进而不断地有效调整制造业结构，实现制造业结构转型升级；另一方面，金融业通过金融规模、效率、结构作用于人力资本、促进技术进步、政策引导等制造业升级的影响因素，间接地对制造业转型升级产生影响。具体的影响机制如图 4–5 所示。

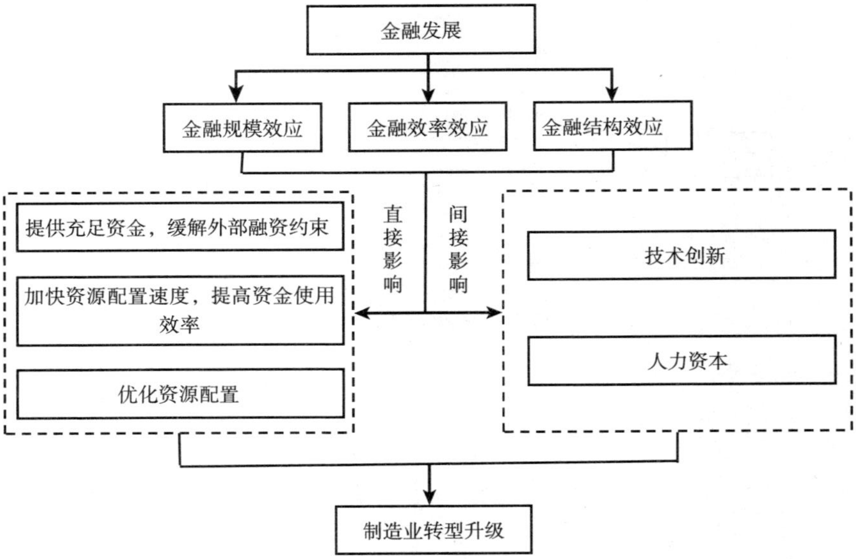

图 4–5　金融发展对制造业转型升级的影响机制

（一）直接影响机制

1. 金融规模效应：提供充足资金，缓解外部融资约束

资本的持续积累是金融体系影响制造业转型升级的基本路径之一。资本持续积累的过程表现为金融资源在制造业发展的全过程（包括存量结构调整和增量结构调整），资本是企业生产的一项基本要素。当前各制造业面对的竞争愈发激烈，无论是扩大生产规模，还是适应市场不断研发新产品、新技术等，进行一系列创新活动都需要资金的持续供给，特别是那些技术相对落后的企业，因此，充足的资金是制造业转型升级的重要保障。一般在企业资金需求量不大的情况下，制造业企业通过留存利润再投资的方式获得企业发展资金支持，这种资金支持方式是制造业企业发展中比较稳妥、安全的金融支持方式。但以提高生产过程科技含量或发展高技术产业为目标的制造业，其内部资金往往十分有限，仅依靠自身资本无法持续增加高附加值环节的投入、扩大生产规模。尤其是在产品研发试验阶段，对资金需求量较大，这种融资方式难以满足企业的资金需要，此时企业就需要从外部获得资金支持。但由于社会生产中存在信息不对称，外部投资者对融资企业的运营能力、资

产状况等不能完全了解，无法对投资资本进行准确的投资回报分析，也很难知道融资企业后续如何使用资金，无法对融资企业的行为进行控制，存在逆向选择与道德风险。同时，贷款监督成本和分散风险成本等各类问题的存在使得获取资金时需付出大量的交易成本。金融业的发展能够有效降低内源融资和外部融资的成本。

金融市场的扩张有利于缓解制造业企业的融资约束，提高了外部融资可得性，促进企业技术创新推动制造业价值链向高附加值环节延伸。金融机构将闲散资金聚集起来使储蓄转变为投资，使得社会现有资源转化为资本存量，调节市场金融供给。通过提高信息披露透明度，改善资本配置效率，降低交易成本和市场风险，从而为制造业的转型升级提供资本支持。同时，具备信用催化功能的金融体系催生出了众多的金融衍生品，企业或产业通过这些金融衍生品加快了其资本的流动性，拓宽了融资渠道，进一步增加了资本积累规模，使流入高效益的优势行业或企业中的资本利用率得到提升，调整了产业结构的现有存量，进而推动制造业升级。为此在良好的金融体系中，随着金融规模的扩大使得资本大量积累可以促进制造业转型升级。

2. 金融效率效应：加快资源配置速度，提高资金使用效率

金融效率一般是指资金的形成速度和储蓄投资的转化能力，通过加快资金形成及配置的速度，提高资金的使用效率。金融中介机构将社会资源有效地聚集起来，在市场机制的作用下使资金加速流向所需的不同行业中，有利于促进有发展前景的制造业行业或者企业加快实现技术进步和规模扩张，从而使其制造业结构不断优化。在高效率的金融体系中，金融体系的市场化程度较高，具有更强的投资和运营能力。

制造业的升级发展离不开大量资金作为支撑，银行作为资金短缺者和资金盈余者的中介桥梁，在消除资本供给者和使用者与金融机构之间信息不对称的同时，追逐高额收益的天性也使其能更合理、客观地评估投资项目，而

往往那些利润上升空间大的行业或企业会受到青睐，有利于实现金融资源效率最大化。银行中介运行效率即存款转化为贷款能力的提高，能够加快资金的再配置效率、提高资金使用率。随着我国金融市场迈入成熟期的步伐加快，金融机制不断跟进，为金融衍生品的诞生提供了更好的生存空间，投资主体更具多样性。同时，投资组合的多元化有效降低了金融风险，进而能实现资金投入转换的良性循环，金融资金的流转效率在互联网金融和电子支付方式的叠加效应下得以进一步提高。

综上，正因为金融中介的存在，一方面提高了资金供给者的资金利用率，另一方面为资金需求者降低了寻求成本，大大加快了投资资金的流通速度和储蓄投资转换率，使现有资金能以更快的速度进入下一轮投资，为制造业产业升级提供了良好的外部环境和条件。

3. 金融结构效应：优化资源配置

实现制造业升级的一个基本要素是实现资本的有效配置。合理的金融结构不仅有利于促进金融部门效率的提升，还能不断优化资源配置，将资本引导流向资金需求量大且回报率较高、能产生较高附加值的企业或行业中，削减或撤出低效率企业或行业的资本供给，具有较高的投资弹性。如果资本配置效率较低，将大量的资本投入产能过剩、效率较低的行业或项目，就会造成资本的浪费，使一方承受高额的融资成本却没有足够的生产获利能力，另一方缺乏足够的资金投资高附加值环节，从而阻碍制造业升级。金融发展是影响资本配置效率的一个重要因素，只有当金融结构与产业结构的融资需求、风险特性以及技术结构相匹配时，才能有效促进其结构优化升级。当前，我国金融体系主要分为间接融资和直接融资两种，大多数企业以银行贷款的方式间接获取资金，少部分企业通过资本市场来融资。

银行作为货币信贷的主力军，通过信用形成机制和风险管理机制，把控资金流向符合安全要求的行业，并对企业资金运用情况进行跟踪，对制造业企业起到经营管理和监督作用，避免了资金浪费风险。同时，刺激储蓄资金流入高生产率的产业，实现金融资源的有效转化，促使制造业企业在技术、管理等方面实现创新，进而推动产业的整体发展和结构优化。而间接融资的金融结构在现实中更适合传统型且具有稳定盈利性的制造业，对于具有高风险的技术创新型企业却不够友好。多样化的市场环境导致投资者的需求各有不同，资本市场所提供的金融工具种类越多，迎合投资者的概率越大，不仅为新兴产业的发展扩宽了筹资渠道，也为中小企业融资提供了解决方案，尤其为部分规模较小的高新技术企业解决了融资难题。因此，一个良好的金融结构体系能够通过改善制造业企业融资方式，进而促进制造业转型升级。

（二）间接影响机制

1. 通过推动技术创新促进制造业升级

我国是制造业大国，若想实现从制造业大国到制造业强国的成功转换，改变我国制造业驱动模式是关键。以往我国以技术模仿为主、技术创新为辅来推动制造业快速发展，如今技术创新在工业化演进中的地位举足轻重已成为共识，可供借鉴、模仿的空间逐渐狭窄，要突破制造业转型升级的瓶颈，只能依靠自主研发与创新。技术创新是创新主体在研发投入及市场需求的引导下，对生产要素和技术进行革新的过程，也是推动粗放型驱动模式转向集约型创新驱动模式，是制造业转型升级能否获得持续动力的关键。尤其是在经历了利用后发优势进行技术引进和产品模仿的阶段之后，产业进一步升级所需的技术水平已经接近世界前沿，要实现经济的可持续发展，必须依靠技术创新来建立新的产业优势。

在生产关系函数中，技术创新能够有效将生产要素价值扩大化，转化成生产力。传统制造业企业一般按照传统的技术工艺进行生产，倘若想进一步提高生产效率，突破现存的技术瓶颈是必经之路。技术创新不仅能打破原有的技术障碍，帮助企业实现设备、工艺升级，还能减少产品对资源的过度依赖和消耗，节约企业生产成本，使资源利用率达到最大化。同时，对推动整个行业技术进步也具有较大的贡献，能够刺激更多企业在技术更新上投入更多时间与精力，从而创造更多高技术含量、高附加值的新产品。从长远来看，技术创新是制造业结构不断优化的动力来源。

现实中，技术创新的发展方向、质量和效果受制于技术创新的资本供给能力、供给结构和供给成本。在现代经济发展条件下，技术创新体系的建立需要良好的金融体系为支撑。金融市场可通过发挥资金支持、风险分散、机会共享等一系列功能为技术创新提供长期稳定的保障，进而促进制造业转型升级。金融资本不仅决定着研发投入的力度，更对技术进步的方向产生重大影响，其能够加快技术和知识的溢出，有效促进企业技术创新和生产效率的提高。此外，金融发展能分散研发创新风险，还能通过多样化的金融工具实现创新的债权性和股权性的资本投入，形成技术创新投资项目合理的治理机制。

2. 通过提升人力资本推动制造业升级

当前，制造商将人才列为全球制造业竞争力的最重要驱动因素。要实现以技术创新为核心的制造业产业升级目标，必须合理构建适应制造业企业技术特征的人力资本结构，为制造业的持续创新提供动力。人力资本的提升可以通过人力资本积累和人力资本流动两方面作用于制造业升级。人力资本积累主要通过“干中学”机制推动技术进步，学习和吸收先进知识和技术的能力取决于人力资本积累，人力资本是新知识消化、吸收和利用的媒介，人力资本积累越多，对于新知识和先进技术吸收得越多，知识溢出效应越强，技术扩散速度越快，从而能够推动技术进步。人力资本流动则可以在加速新知识和先进技术扩散上起到助推作用，进一步增强知识溢出效应，提高制造业企业的人力资本层次。由此可见，人力资本在制造业的转型升级过程中发挥的作用不可小觑。

在人力资本积累方面，现实社会中，物质条件是影响教育的因素之一。个人或家庭之间所拥有的物质财富不同，在一定程度上也会影响个人接受教育的程度，而信贷市场可以为受经济限制而无法接受良好教育的人提供教育贷款，提高其受教育水平。信贷市场的存在使人力资本投资不再完全依赖家庭内部资金，扩大了受教育人群，增加了人力资本存量，也提高了人力积累速度。信贷市场的不断完善可以减少信息不对称，降低贷款者筛选的成本及教育融资成本，增加资金获取渠道，促进人力资本积累。另外，金融市场的发展不仅有助于拓宽人们的理财渠道，还有利于提高一国金融知识的普及度，而这两方面带来的个人收入的增加，有助于提高教育与再教育概率，进而提升人力资本水平。

在人力资本流动方面，完善的金融市场能够降低新企业的进入门槛，较高的资本可获得性和较低的融资成本会激发企业家创业的积极性，催生更多新企业，从而促进人力资本的交流和进步，提高整个产业的劳动生产效率，形成产业集聚效应，促进知识内部溢出，推动整个产业集群的技术进步和扩散。此外，金融发展水平的提高，提升了对技能劳动的相对需求和技能溢价，加快了高技能人才的跨区域流动，提升了人力资本水平，进而有利于提高企业的生产效率，促进制造业转型升级。

二、金融数字化与制造业转型升级的关系

当前中国的城镇化和现代化还没有完成，现代化的产业体系建设离不开制造业的支持，要以创新驱动推动实体经济向更强更优方向发展，实现经济的高质量发展。2020 年 8 月 21 日，习近平总书记在安徽考察时提出要努力做实做优做强实体经济，其中的重点是传统产业转型升级和战略性新兴产业发展，具体为发展数字化、智能化的制造业。中国的传统产业一直是维护经济平稳健康运行的重要力量，战略性新兴产业则是中国未来产业结构优化的重要发展方向，逐步壮大传统产业和发展战略性新兴产业并加强其协同融合，是未来经济高质量发展必须要走的方向和道路，金融数字化正逐渐成为提升传统产业、壮大新兴产业的重要推动力。

（一）金融数字化与传统制造业转型升级的关系

制造业转型升级通常是指随着科技的逐步更新和分工的不断深化，制造

业产业持续进行调整，实现制造业内部企业之间的协调发展，而制造业结构从低技术水平、低附加值形态调整成为高技术水平、高附加值形态。通常来讲，制造业转型升级可以从制造业结构合理化和高级化两方面进行分析。制造业结构合理化即指在社会再生产过程中，制造业应按比例性的规定，保持适中产业规模，并将因结构不均衡带来的损失降到最小。制造业结构高级化意味着随着知识及技术的不断发展，制造业结构从低水平向高水平演化并使发展后所产生的效应得到质的提高。

随着大数据、人工智能等数字技术的发展与成熟，金融数字化成为促进传统行业升级进而推动实体经济发展的新动力。金融数字化出现的前期，电子商务的崛起首先对传统行业包括制造业等产生了一定的冲击。与传统商务模式相比，电子商务结合了互联网技术，可以使交易的发生不受时空的限制，大大地降低了其经营成本，减少了交易的中间环节，有利于经营者的管理，并极大地拓宽了其推广销售的渠道，但电子商务的这些特点使线下实体经济的发展进一步受到了影响。

随着金融数字化的发展，众筹、各类网贷等新兴金融模式的出现，使传统行业纷纷开始拥抱“互联网 +”。制造业也开始利用信息通信技术等与互联网进行深度耦合。随着实际需求的进一步倒逼，金融数字化快速发展，进一步推动了制造业等传统行业的迅速转型，加快了制造业等行业线上网络平台的搭建。金融数字化助力制造业拉近与消费者、投资者的距离，使制造业内各企业进一步挖掘潜在客户，并成功与它们连接。中国众多制造业企业已经开始试水产融结合之路，产融结合提供了产业大数据，并形成了用户标签库，很大程度上减少了企业发展的成本。此外，金融数字化使预付货款理财、供应链金融、创业金融以及个人金融等各个方面拥有了全新的形式。例如，小微企业可以通过金融平台，通过众筹等方式引入社会资金实现进一步发展，金融数字化拓宽了小微企业的借贷渠道；同时，金融数字化利用大数据的优势，对互联网存储的海量行为数据进行分析，弥补了小微企业信息不足的劣势，帮助制造业小微企业跨越创业门槛；金融数字化使制造业小微企业可以进行线上交易，改变了商业模式中的价值交付环节，引领制造业高级化发展；金融数字化打破了金融服务的空间限制，即使是缺乏金融基础服务设施的、落后地区的企业及个人，仍然可以使用手机、电脑等终端获得所需金融服务。金融数字化具有摆脱地理局限性的独特优势，可以形成更广泛的金融服务普及度，对落后地区制造业的发展有着重要意义。

（二）金融数字化与战略性新兴产业发展的关系

面对转变发展方式、调整经济结构的任务和愈发严重的资源环境约束，只有加快体制革新和科技进步，才能从源头抵御全球性金融风险带来的严重危害。国家也针对战略性新兴产业做出了许多部署，发布了更详细的实施文件全力支持其稳健发展。2012 年，国务院发布有关国家战略性新兴产业发展规划的文件，明确提出了发展战略性新兴产业的主要工作及其布局。《国务院关于加快培育和发展战略性新兴产业的决定》中精准地定义了战略性新兴产业，即以重大技术突破和重大发展需求为基础，对经济社会全局和长远发展具有重大引领带动作用、知识技术密集、物质资源消耗少、成长潜力大、综合效益好的产业。战略性新兴产业建立在重大的前沿技术基础上，展示科技和产业未来新的发展前景，发展潜力十分可观。

在经济发展过程中，不管什么产业都会经历产生、生长、成熟和衰退四个阶段，因此，旧产业向新产业的平稳过渡十分重要，要根据发展需要及时对产业结构进行调整和优化，以避免经济问题产生。战略性新兴产业未来发展固然潜力巨大，综合成效好，能对经济社会可持续发展带来强大的动力，但目前看战略性新兴产业仍处于发展初期，还不具备强大的市场竞争力，技术方面也尚未成熟，在获取资金方面存在很大难度。新产业要想兴起壮大，必然离不开大量资金的支持，金融数字化通过助力战略性新兴产业融资问题促进其发展。战略性新兴产业以重要技术的持续创新为基础，但新技术出现以后还未经过长时间的检验，存在着很大的适用风险和市场风险，尤其是那些刚刚起步的战略性新兴产业企业，在发展壮大、立足市场的过程中道路艰难。资金链出问题、管理方面有失误等都会对其产生致命一击，其发展的不确定性较大。此外，战略性新兴产业的整个产业环境还不够成熟，上下游配套服务很不到位，若企业想要盈利，需要大规模地对市场进行开发，这个过程时间长、投入高，普通的融资方式难以满足，金融数字化的出现可以从完善战略性新兴产业融资的基础设施来促进其发展。金融数字化在整合社会资金方面具有强大的优势，有利于企业整合资本、及时跟进市场需求、发现潜在的合作伙伴和优质客户，同时进一步提升技术水平，降低战略性新兴产业发展过程中的不确定性。

战略性新兴产业从业企业虽然数量尚可，但绝大部分缺乏健全的管理制度和信用意识，信誉度偏低，主要靠银行贷款，无形资产抵押困难重重，此时，金融数字化的数据优势进一步体现。金融系统内的大数据分析将企业所连接的产业链进行整体评估考虑，当战略性新兴产业企业本身融资难度较大时，凭借其所在产业链的整体信用可以降低融资难度。同样，金融数字化突破时间、空间的普惠性可以为金融服务不够健全的战略性新兴产业企业提供投资机会。战略性新兴产业企业的发展也能在很大程度上盘活当地资金，促进当地经济发展，增强当地居民创新创业意识，提高互联网的应用能力与范围，同时也为金融数字化的快速发展提供了积极的反作用力。金融数字化和战略性新兴产业同样依赖于数字技术的发展，当一方增进时，对另一方的增进也大有裨益，两者协同产生的积极作用将强力推动经济可持续发展。

三、金融数字化服务制造业转型升级的内在机理

（一）金融数字化服务制造业转型升级的影响机制

1. 金融数字化对传统制造业转型升级的影响机制

金融数字化对传统制造业转型升级有着直接影响和间接影响。

首先，金融数字化有利于提高制造业发展的金融服务可触性，增加制造

业企业获得贷款的途径，即使是欠发达地区制造业企业也能获得多渠道的贷款。金融数字化发展是为了更好地进行资源配置，为实体经济服务。而制造业转型升级就需要资本发挥资源配置功能来更好地为制造业提供金融服务。金融数字化通过更高效和更低成本的数字化金融服务对传统制造业转型升级带来了直接影响。比起传统金融，金融数字化能通过数字技术更合理地将社会资金配置给技术水平更高、附加值更高的制造业部门，也就是高端技术制造业，实现更合理的社会资源配置。在一定程度上，金融数字化能够刺激中低端技术制造业做出改变，使中低端技术制造业调整自身的发展模式以适应数字技术发展带来的新变化以获取资本的流向，在不断地改进与创新中促进制造业从低中端向高端演变。而数字普惠金融使得企业对固定资产的需求降低，传统经营所需的劳动力成本减少，金融服务的融资成本也较低，高端技术制造业通常所需资本要求更高，风险和收益都较高，信息成本等的降低，使信贷资金更多地投向这些高附加值制造业企业，高端技术制造业的融资需求更易被满足，其在获得资本流入后更容易进行产品的创新和市场的开拓，使自身达到规模效应，更加快速发展。竞争力低，附加值低的制造业企业会在这种机制中逐渐被淘汰，低中端技术制造业不断强化自身，高端技术制造业持续蓬勃发展，使整个制造业结构转型升级。

其次，金融数字化通过推动技术创新间接影响制造业转型升级。制造业转型升级过程中，技术创新对其研发新产品，提升效率，提高竞争力的重要性不言而喻。技术创新能够整合现有资源，创造新产品价值，释放生产力。技术创新的不同阶段需要不同数量和性质的资金投入，并且投入的资金量会随着时间进展逐渐增大，资金的投入中断就会使创新失败，资金的充足供应对制造业产品创新至关重要，金融数字化提供了技术创新的资本来源，丰富了制造业金融模式。金融数字化以其聚集金融资源得强大能力为技术创新提供了后援保障，使技术创新更易成功，间接推进制造业产品创新速度和生产效率的提高，进而促进传统制造业转型升级。

2. 金融数字化对战略性新兴产业发展的影响机制

金融数字化促进数字技术和金融深度融合，使技术创新和金融创新的积极效应进行叠加后更具有影响力和渗透力。首先，金融数字化对战略性新兴产业最直接的影响在于资金供给的支持。任何产业的发展都要经历形成期、成长期、成熟期和衰退期。相比传统的制造业企业，成长潜力大、知识密集型的战略性新兴产业处于形成期时更需要大量的资金支持，但大多数战略性新兴产业没有足够的固定资产获得充足贷款，金融数字化给了它以软资产获取融资的途径，即拓宽了其融资渠道。当小微企业不具备足够的信用向银行申请贷款时，可以凭借供应链上其他具备足够信用的企业获得资本的供给。这些都得益于金融数字化的大数据等高效低成本的数字技术。进入成长期后，战略性新兴产业开始扩展市场，扩大规模，仍需要多渠道资金供给支持，并且金融数字化也有利于企业对产品的推广，提高其竞争力。

金融数字化在当前是社会各界重点关注的话题，政府也大力鼓励金融数字化的发展，包括相应政策的出台，有关机构的建设等，出发的税收优惠等政策能间接对战略性新兴产业发展产生影响。战略性新兴企业在发展中通过金融数字化途径更易获得政策的支持和倾向，也会获得一定的优惠，降低部分成本。此外，金融数字化的发展提供了对战略性新兴产业更有利的服务平台，综合平台的搭建使信息的流转和传播更加容易。在平台进行交易的双方，大大降低了信息不对称的风险，对交易对象的了解更全面，更能把合适的资金投入适合的企业，某种程度上减少了后期合作产生的问题。金融数字化与战略性新兴产业同样重视数字技术的发展和创新，数字技术通过两者的相互作用会迅速发展，数字技术的迅速发展又会进一步为两者的相互融合产生积极影响。总的来说，金融数字化在发展过程中形成的专业化网络平台对战略性新兴产业的发展提供了便利，信息流、知识流的交互降低了战略性新兴产业的信息成本和技术更新成本，同样也降低了部分风险，间接影响了战略性新兴产业的发展。

（二）金融数字化服务制造业转型升级的实现路径

1. 金融数字化服务传统制造业转型升级的实现路径

目前，制造业尤其是高端制造业的中小企业，所使用的设备等很多都是租赁等途径获得的，自身所拥有的固定资产很少，导致其可用的担保抵押品较少，在信用方面也没有详细的评估，种种情况导致这类企业融资困难，多数都是通过内部筹集资金或者选择高利率的贷款向一些金融机构获得融资，在获得融资时就要付出大量的成本，这对本身经营需要大笔资金的企业来说是非常不友好的。一旦资金链出现问题，制造业中小企业所面对的局面就很难解决，企业生存下来的难度极高。除此之外，在产业链中其他竞争力强的企业很容易为了获取更多的利润，凭借自己的强势地位进一步逼迫和压榨中小企业，给中小企业的发展造成了巨大的压力。制造业中的小企业想要生存下来就需要应对各方面的压力。但是，无论是什么企业，它必定是处于一条完整的产业链上，尤其是制造业中小企业，它们一定有上游企业或者下游企业，传统的金融模式也许使它们在融资道路上前行艰难，但金融数字化模式为其实现优化发展降低了门槛。

金融数字化助力传统制造业企业发展主要是通过两条实现路径。第一条路径是改变传统抵押方式，由不动产抵押转向动产抵押。这些制造业中小企业处于产业链之中，它们与其他上下游企业所进行的交易都是真实的，而交易的另一方是可以背书的核心企业，那么这些交易中产生的存货、应收账款等在金融数字化模式下都可以被当作担保或者是抵押品。这种担保或抵押就可以解决制造业中小企业因为缺乏抵押担保而引起的发展难题，助力有成长空间的中小企业跨过门槛，并且将中小企业与其上下游核心企业绑定，在进行融资时所耗费的成本就会减少，成本减少更有助于收益的增加和资本的积累。资本一点点的积累使企业实力逐步提升，面对接下来的融资等问题也具备更有利的地位。金融数字化以这种有别于传统金融的优势使传统制造业的转型升级得以实现。第二条路径则是通过解决信息方面的问题来解决制造业中小企业的发展问题。这些中小企业虽然有着更创新的技术，但因其刚刚起步，企业信息缺乏，传统银行无法利用其现有的匮乏信息对其做出判断，无法得知其在未来是否有能力获取足够的经济效益，也不能对其采用差别化信贷利率。信息不对称带来的风险是传统金融很难解决的，金融数字化以其数字技术方面的优势使中小企业的信息和上下游的核心企业与第三方物流绑定在一起，由它们对中小企业进行监管大大降低了信用风险，它们所掌握的贸易有关信息比个体的资信信息更加全面，更能评判一个企业的发展前景与履行承诺的能力。通过这些信息的获取，也使中小企业的信用风险和道德风险有了更准确的定位，更容易获得其他主体的投资。第二条路径主要是解决了传统制造业中小企业发展中信息匮乏的问题，使其资信评估有了更精准的呈现，为其获得发展扩展了更广阔的空间。这两条实现路径都是依靠金融数字化所提供的巨大的信息网和独特的金融服务所实现的，无论那条路都是传统金融很难做到的。金融数字化为传统制造业的转型升级注入了强大的力量。

2. 金融数字化服务战略性新兴产业发展的实现路径

战略性新兴产业的发展往往伴随着高风险，而其未来效益也远高于其他企业。传统金融模式下的银行贷款主要根据放贷后资金的流动性、安全性和效益性。幼稚期的战略性新兴产业企业往往成立时间短，规模小，很难通过传统金融模式获取贷款。但金融数字化模式下的贷款依据有别于传统金融，为战略性新兴产业的壮大提供了更多契机。金融数字化下的模式更倾向于风险投资，有着更好的风险管理架构，衡量的是整个产业链的风险，高风险在这里更受欢迎。战略性新兴产业企业往往伴随高风险和高收益，恰恰就是金融数字化中最能获益的企业类型。

金融数字化助力战略性新兴产业发展的实现路径之一就是其能提供与战略性新兴产业发展阶段相适应的商业模式创新的金融服务。金融数字化能够利用其本身的经营网络和信誉对社会资金进行聚集，使得战略性新兴产业发展所需资金来源不局限于门槛高、成本大的传统银行借贷，金融数字化拥有最先进的技术手段和创新的金融模式，改变传统金融思维中的信贷评估机制，为战略性新兴产业在成长的不同阶段从不同渠道筹集到资金，为每个阶段的战略性新兴产业企业提供了不同程度的支撑。实现路径之二则是金融数字化具有的独特的筛选功能。金融数字化掌握着大数据，云计算等先进的数字技术，传统的数据冗杂运算所需消耗的高成本和漫长时间都得到了解决，金融数字化在快速高效甄别战略性新兴产业项目上具有独特的优势，更能快速地识别出哪些项目是具有未来成长潜力和可观收益率的，也能对其成功率做出等级划分，为其找到更适合的资源配置。此外，这种模式能够有效激励企业提高效率来维持企业自身的“评级”以获得下一个阶段所需融资。这种机制使得整个社会上的支持战略性新兴产业发展的氛围会更加浓厚，对整个产业的发展提供更好的环境。全社会的科技创新成果将会进一步攀升，进一步展示金融数字化这种金融模式的优势和战略性新兴产业的巨大潜力，吸引更大范围资源的注入，逐步完善整个战略性新兴产业的链条发展。利用金融数字化助力中国战略性新兴产业发展，是推动中国制造业向更优更强方向发展的重要力量，为中国经济高质量发展探索一条新的成功之路。

四、科技金融对制造业转型升级的影响机理

（一）科技金融对制造业结构合理化的影响机理

产业结构合理化的主要特征是产业各个部门达到协调均衡的状态，资源配置和利用的效率高。制造业结构合理化是指实现制造业内部产业之间投入与产出的耦合质量水平，既包含制造业各个产业协调发展水平，又包含资源在各个产业被合理利用的水平。制造行业间的要素利用效率或要素密集度趋于一致时，制造业结构趋于合理化；反之，制造业结构与合理化背离。下面从政府科技支出、企业科技经费投入、金融机构科技贷款三个层面来分析科技金融对制造业结构合理化的影响。

第一，政府科技支出层面。政府拥有经验丰富、专业知识精通的专家，

对新兴科技型制造业企业进行有效的价值估计，因为专家具备敏锐的判断力，可以发挥点石成金的伯乐作用，促进金融成为科技活动的资本支持。政府制定科技发展规划，增加科技项目支出，建立科技产业园以促进产业集群，恰好满足了制造业企业孕育新技术和孵化新产品的要求。同时，政府提供的科技导向性扶持资金往往最稳定可靠，弥补了市场失灵以及市场秩序混乱的缺点，可极大地满足制造业企业资金需求，加快推动制造业企业的创新成果转化，提高要素的投入产出效率。此外，政府科技支出在资源配置中注重制造业产业的协调发展，从而提高了制造业的经济效益。因此，政府科技支出满足了制造业结构合理化转型的要求。

第二，企业科技经费投入层面。企业是科技型投融资的主要对象，上市企业按期对自身财务和盈利水平进行披露，改善了信息不对称的问题，科技金融投资环境规范透明，从而使企业的科技型项目的价值与风险能被精准地甄别判断，源源不断的金融资源流入科创型企业。制造业企业研发机构数量增加，充分的科技经费投入提升了企业自身科技创新能力，增加了科技产出效益，提高了全要素的生产效率。这种生产效率提高与生产规模扩大的现象先从制造业企业个体开始，然后扩散到细分制造业行业，进而是制造业行业整体，企业科技经费投入活动不再是某几家企业一枝独秀。此外，无论是高端技术制造业，还是中低端技术制造业，企业的科技经费投入都能使生产要素资源得到合理利用，各个技术层次的制造业协调发展，进而实现制造业结构的合理化。

第三，金融机构科技贷款层面。以银行为代表的金融机构是我国金融体系中最核心的部分，在科技金融体系下，金融机构同样发挥着核心作用。银行具备信息搜集处理方面的技术与规模优势，可以精准识别高效益的制造业企业和最具创新价值的项目，降低了信用风险，充分盘活了科技存量，使大体量的金融资本得到合理配置。科技支行为科技创新型制造业企业提供优惠便利的信用贷款，满足了创新发展的需要，促进了制造业企业全要素生产率的提高和制造业各个产业的协调平衡发展，最终使制造业结构向合理化转型。

（二）科技金融对制造业结构高级化的影响机理

产业结构高级化是指高端产业规模扩大，逐渐占主导地位，而低端产业也不断升级为高端产业。制造业结构高级化描述的是制造业结构的升级状态，反映出制造业由低端化向知识技术集约化演进，不断提高经济整体生产效率的过程。具体表现如下：在不同要素密集型的制造业中，资本和技术密集型制造业逐渐占优势地位，而劳动密集型制造业劣势地位逐渐凸显，并会逐渐向资本和技术密集型制造业转型；在不同产品附加值的制造业中，低附加值制造业向高附加值制造业演进；在不同加工度的制造业中，低加工度制造业向高加工度制造业转变。下面从政府科技支出、企业科技经费投入、金融机构科技贷款三个层面来分析科技金融对制造业结构高级化的影响。

第一，政府科技支出层面。在当前经济结构转型环境下，为实现“中国制造”向“中国智造”转型升级，政府会不断出台激励科技创新的宏观政策，提高政府科技支出在财政总支出中的占比。资本和技术密集型制造业的要素利用效率高，更有利于提高经济发展的质量和效益，政府财政科技支出会更多地投入资本和技术密集型制造业中。这样一来，资本和技术密集型制造业的创新能力提升到一定高度；劳动密集型制造业为获得持续良好发展，也逐渐转变和优化要素投入结构，向高端制造业演进，从而使制造业的比例结构逐渐与当前经济和技术发展要求相适应，制造业结构向高级化转型。

第二，企业科技经费投入层面。新时期下，企业作为自主研发主体，在促进科技创新发展上发挥着不可替代的作用。科技导向型的制造业企业在发展周期的各个阶段中金融资金需求特点不同，但都是为使科技成果顺利转化，在激烈市场竞争中提升创新能力。企业自身科技经费投入扩充了资金来源，降低了创新融资成本。一方面，在制造业生产端，企业加强科技经费投入可以创造更多高质量的供给，科技经费投入意味着企业能把更多的技术用于产品的研发、更新和替换，有利于促进高端技术制造业规模化发展，促进中低端技术制造业调整发展模式，使之更加适应经济发展水平，从而推动制造业结构向高级化迈进。另一方面，企业加强科技经费投入也可以相应地带动需求水平的提升，低端制造业产品已经难以满足消费者的需求，只有面向消费者数字化、智能化需求的“中国智造”产品才更加具有吸引力。在庞大的高端技术制造业产品需求的推动下，制造业整体从低附加值向高附加值演进，从低加工度向高加工度转变，高端技术制造业逐渐占据优势地位，制造业结构逐渐高级化。

第三，金融机构科技贷款层面。金融机构作为配置金融资源的中介机构，通过专项贷款业务进行资源配置。科技支行会倾斜于资源利用转化效率高、发展潜力大的高端技术制造业，为其研发活动给予资金支持。高端技术制造业的技术创新能力大幅提升，规模迅速扩大，并拥有了核心竞争力。高端技术制造业在制造业中逐渐占据主导地位，从而加快了制造业结构高级化转型。

第三节　技术支持

技术创新是企业应用新技术来开发新产品或提高产品质量，并实现市场化的过程。技术创新能帮助企业形成核心竞争力，是制造业转型升级的基石和关键。新一代信息技术的渗透性、数据要素的流动性和互联网平台的开放性带动了制造业技术创新生态系统的完善，为技术创新模式的演化提供了更多可能。技术创新的效率、收益和周期都有了一定程度的优化。数字经济通过对制造业技术创新的优化和改善，推动制造业朝着智能化方向转型，提升制造产品的附加价值，促进产业结构的高级化。

一、制造业技术创新的模式及特征

在数字经济范式中，技术创新不再是企业依靠内部资源进行的单独行为，而是多元经济主体利用网络空间共享知识和资源的结果，技术创新呈现出开放、协作的新模式特征。

（一）技术创新模式

技术创新模式涉及创新资源的主要来源、利用方式，以及企业实施技术创新的具体途径。一种技术创新模式的出现与当前范式内的技术难度、研发能力和创新习惯相适应。数字经济范式下，技术创新具有网络化、生态化、开放化、协同化的特征，为制造业提供了两种新的技术创新模式：开放式创新和分布式创新。

1. 开放式创新

开放式创新是企业整合内部研发能力、吸收外部创新资源、打破传统封闭状态、进行技术创新的一种模式，知识流动对开放式创新过程起到了串联和加速的作用。企业可以将从外部获取的知识用于内部研发，也可以将冗余的知识和技术输出给其它企业和科研机构。这样，企业就能和消费者、供应商、研究机构深度合作，组成一个良性互动的创新生态系统，在创意、研发、试验、验收、生产、市场化等各个环节开展动态合作。制造业开展开放式创新的实现途径可以是基于单项合作的技术转让和委托开发，也可以是基于双向合作的联合开发、共建研发机构和经营实体等。开放式创新的组织形式可以是政府主导的制造业创新中心，也可以是企业主导的工业互联网平台。与前述的产学研联盟、研究联盟等社会研究机构不同，开放式创新组织更关注在关键性、共性和前沿领域的深度合作，激励机制、信用机制以利益驱动，也更加完备。

数字经济将信息网络、信息通信技术和数据要素融入制造业，使制造业在技术创新、基础研究、人才输送等领域更具开放思维。制造企业、研究机构、供应商和消费者自由联结成一个创新生态系统，通过跨时空的交互、传输和协作，最大化地整合系统内外部知识，提升产业创新能力，提升制造业附加价值，是开放式创新模式的主要内容。在创新生态系统中，高技术制造企业担任领导者的角色，吸收系统外的知识和系统内各创新主体的资源，在市场需求的驱动下，与研究机构展开合作，通过突破式创新和增量创新，开发制造业的技术、设备和产品，将系统内的中低技术企业作为应用对象输出成果，并在其应用过程中取得创新回报；中低技术企业担任参与者的角色，是高技术企业创新的协同力量，通过配套创新和应用升级，促进整个创新系统的良性循环，同时作为网络外部性的受益方，利用创新系统中的模块、组件和服务，缓解自身在传统技术创新模式中的人员和资金匮乏问题，节约研发成本；高校和科研院所等研究机构担任推动者的角色，是高技术企业创新的辅助力量，为创新生态系统提供前沿理论、技术支持和人才输送，把握科研方向，是进行突破式创新的前沿阵地，同时提升了自身的学术地位，获取了一手的市场动态和数据。由此，数字经济范式下制造业开放式创新的运作机理是：构成创新生态系统的各主体，发挥自身优势协同创新，在不同的激励机制、信用机制等环境辅助下，开展从知识构建到产品商业化的一系列创新活动，谋求突破制造业的关键性、共性或前沿技术问题，以实现价值增值，达到合作共赢的目的。

目前我国制造业主要有政府主导型和企业主导型两种开放式创新生态系统。政府主导型创新生态系统是一个政府主导、多方参与，主攻行业共性与前沿技术的开放式创新平台。政府主导指平台所需的软硬件基础设施和数据资源主要由政府提供；多方参与指跨领域的产学研各方力量共同参与核心研发，形成优势互补的协同创新，缓解科研与市场脱节的问题；主攻共性和前沿技术指该种系统的定位不是企业主导也可突破的关键技术，而是整个行业关注的共性技术和未来竞争所需的前沿技术。一个政府主导型的开放式创新平台要兼顾数字设施、创新平台、企业应用和市场需求四个方面，集中力量和各方投入，打通“创意—研发—扩散—市场化”一体的创新链，攻克共性技术难题，同时探索出适合我国制造业的新型创新模式，充分体现了我国社会主义制度的效率优势。2016年成立的“国家动力电池创新中心”是我国第一个国家级制造业开放式创新平台。该平台由电动汽车企业等需求方、研究机构和高校等科研方、电池制造企业等制造方，以及产业基金等资本方自由加盟建成，利用“大智移云网”等新一代信息技术，促进技术、人才、政策和资源的交互融通，解决我国动力电池行业中研发主体力弱、量多且分散的问题。该平台一要提高现有锂电池的性能，并降低研发成本；二要开展新一代动力电池研究，以应对新能源汽车行业的快速发展，为实现新能源汽车的成本性能优于传统汽车打好基础。

企业主导型创新生态系统是一个由大型企业主导，研究机构、高校、自由开发者、中小企业和消费者共同参与研发，利用互联网等信息通信技术整合全球创新资源，培养创新主体的互联网思维，前瞻预测、协同开发、优势互补，提高整体创新能力的开放式创新平台。该模式在我国制造业中更为常见，多为制造业巨头企业构建的工业互联网平台，可以同时推进大企业的探索式创新和中小企业的利用式创新，有利于实现关键技术的突破。数字经济范式下的企业主导型创新生态系统具备六大核心功能和三大辅助功能。核心功能包括以下几点：其一，对新范式下系统创新模式重新设计的战略定位功能；其二，促进各创新主体自愿结合、各创新要素自由流动、系统架构更加扁平化、协同化的创新网络功能；其三，与市场需求无缝对接，各创新主体广泛互动，增加创新价值的价值创造功能；其四，针对创新主体的动机，设计奖惩机制，鼓励其参与到高层次互动中去的创新激励功能；其五，从社会层面增加税收、就业和产出，从企业层面提升利润、份额和品牌形象，从个人层面提高收入、前途和自我价值的价值实现功能；其六，对系统不断进行改进和升级的控制反馈功能等。辅助功能包括以下几点：一是洞察技术发展和环境变化的环境研判功能，二是保障创新主体权益的政策支持功能，三是与时俱进地应用“大智移云网”等新一代信息技术的技术支撑功能。

开放式创新平台，将全球的创新者、科研团队和创业公司汇集到一起，研发出众多创意性家电产品，并为其他企业和机构提供创新服务。例如，2015 年由阿里巴巴和富士康共同发起，众多基金、设计和互联网公司加盟的“淘富成真”开放式创新平台，汇聚了阿里巴巴的互联网平台优势、富士康的生产制造优势和其他加盟企业的设计、应用和资金优势，为智能硬件制造行业提供创新服务；又如，美的、三一重工、徐工等国产制造企业也相继成立了“美创”“树根互联”“汉云”等开放式创新平台，与国内院校和中小企业积极开展合作，分享创新研发能力，是企业主导型创新生态系统的典型代表。

可见，开放式创新改变了我国制造业原有的“引进—吸收—模仿”的路径依赖，从基础知识出发，转变思维、整合资源、协同互助，引导我国制造业在关键技术、前沿技术和共性技术层面实现自主突破，为制造业的创新发展奠定了良好基础。

2. 分布式创新

分布式创新是将地理位置分散的创新主体自由组合，利用相同的网络平台和共享的知识资源，开展协同创新的一种新模式。分布式创新的主要特征是创新主体分布松散、地位平等且自发结合，只要遵循相同的创新原则，掌握必备的设计工具，就可以各自承担不同的开发模块，通过网络交互实现平行创新。分布式创新产生的原因是分工的细化和研发的独立化，可将研发任务分解成不同的模块并行开发。每个创新主体依据自身的能力和优势，接手特定的任务，参与创新分工，提高了整体的创新效率。分布式创新是企业应对复杂的新产品研发的一种有效方法，是各主体出于各自利益考量合作博弈的结果，因此，在创新合作的过程中，可以通过正式和非正式的奖惩机制来影响各创新主体的行为和动机，以实现合作整体的利益最大化。

数字经济极大推动了制造业分布式创新的发展，主要体现在八个方面：其一，使高度分散的创新主体之间可以进行实时交流和知识共享。其二，在将复杂庞大的任务分解成细小简单的模块分给不同个体开发时，减少了搜寻对象和谈判履约的交易成本。其三，使功能简单或有缺陷的创新资源也能作为子模块发挥作用，各模块通过标准化接口以较低成本组合成一个复杂完备的功能，充分利用了分散个体的创新盈余和群体智慧。其四，将日常使用的计算机方便地转化做生产研发用途，增加了自由开发者成为分散式创新主体的可能。其五，提供网络社区、开源软件、众包平台等信息渠道，供创新主体免费获取知识，提高创新技能。其六，使消费者的报告（报告产品中发现的问题）、评论（点评消费体验，正面评价可为产品做免费宣传，负面评价使厂商及时改进）和分享（上传自己的创意内容）等行为强化了分布式创新的反馈功能，贡献了价值。其七，知识、技术和开发工具等生产资料更多地掌握在作为创新主体的劳动者手中，劳动者可以自由选择参与创新的项目、时间和地点，劳资对立关系进一步减弱，生产方式向更高的社会化水平发展。其八，充分吸收社会闲散的创新资源，更加契合我国现阶段万众创新的发展战略，使分布式创新在建设创新型国家和制造业转型升级中发挥重要作用。例如国内最大的儿童用品制造商“好孩子集团”拥有遍布全球的分布式创新体系，在中国、美国、德国、荷兰、奥地利和法国等多国相继成立了研发中心，产品极具前瞻性，能最大限度地贴合当地市场需求，在儿童耐用品行业拥有的专利数长期处于世界第一，该分布式创新系统的研发设计每年为“好孩子集团”贡献逾 65% 的产品销量。

总体而言，两种创新模式相辅相成，既各有侧重，又互相包含。从侧重点来说，开放式创新注重多主体合作的知识流动机制，分布式创新强调跨地域的任务并行开发。从互相包含来说，开放式创新可以是分布式的，也可以是集群式的；分布式创新可以是封闭式的，也可以是开放式的。数字经济范式下的开放式创新和分布式创新呈现出互相融合的趋势，即都是利用信息通信技术，跨越时空界限，整合多方资源，开展协同创新的过程，改变了传统的封闭式线性创新模式。这两种创新模式正在形成从服装、电子、家具制造等轻工业领域向冶金、钢铁、机械制造等重工业领域蔓延的趋势，未来将在制造业中发挥出越来越重要的作用。

（二）技术创新特征

数字经济范式下，两种技术创新模式具有集成、放大和倍增的效应，使制造业的创新效率提升，创新利润增加，研发周期缩短。

1. 创新效率提升

创新效率包括创新速度和创新质量，是企业技术创新的重要考量，又好又快地推出新产品，能使制造企业在瞬息万变的市场下占据一席之地。开放式创新和分布式创新模式通过网络平台和信息通信技术聚合、优化创新资源，极大地提升了制造业的创新效率。

从创新速度看，网络平台打破了物理距离的限制，吸引了全球的创新资源，制造企业可以将复杂的任务分发给合作伙伴并行处理，提高了技术创新的速度。工业互联网、工业云平台等数字基础设施提供了可复用性方案和高性能计算能力，使企业能迅速完成增量创新和动态建模。新一代信息技术在制造业创新领域的应用产生了巨大的示范效应，其他制造企业为了获得同样丰厚的超额利润，会掀起一股模仿热潮，从购买硬件向租用数字基础设施上的服务转变，力求以更低成本参与到开放式创新和分布式创新中来，提高创新速度。

从创新质量看，新的创新模式为制造企业提供了创新资源的筛选机制。利用全球分布的盈余资源和创新平台中领导企业的多重论证，企业打破了内部创新的“隧道视野效应”，从更宽泛的创新资源中动态选择最优项。此外，不同创新主体的加入激发了制造业的创新活力。科研机构从基础理论和学术研究的角度为突破式创新奠定了基础，企业实践为增量创新创造了条件，技术公司的加盟为创新注入了互联网基因，消费者的参与使新产品更贴合市场需求。更加开放和柔性的创新氛围加强了制造产品的供需对接，在更高的水平上实现了市场出清，提高了创新质量。

2. 创新利润增加

一方面，数字经济使创新成本下降。首先是边际成本降低。当生产一种产品时，由于信息复制手段和网络空间的存在，对物质载体的投入和交通运输、有形磨损等价值损耗大大减少。一旦产品被研发出来，后续生产只需进行简单的批量复制，边际成本可忽略不计，而单位成本随着生产规模和经验积累的扩大而减少。当生产多种产品时，智能化的生产设备可将产品按模块进行拆分和组装，提高了生产要素的复用率，从而降低了每种产品分摊的单位成本。其次是固定成本降低。在一个企业中，研发支出在一段时间内都是固定的，包括硬件设施、软件系统、人力资本等。工业互联网等开放式创新平台为企业提供了可复用的研发方案和可共享的专业知识，企业可以通过购买服务享受平台的应用、环境和设施，极大减少了研发的固定支出。分布式创新使企业围绕创新而进行的学习与合作增多，打破了传统的组织边界，企业间知识互补，降低了学习成本。最后是交易成本降低。市场上每发生一笔交易产生的摩擦费用就是交易成本，技术创新的交易成本包括搜寻合作对象的成本，创新主体沟通的信息成本、谈判成本、合同成本、监督成本等。网络的透明化和信息的公开化极大减少了创新主体互相寻找与沟通的成本，企业间围绕创新的自由合作更加频繁，久而久之便形成了一种默契，产生了外部交易内部化的亚市场效应，减轻了企业技术创新的成本负担。

另一方面，数字经济使创新收益增加。一是网络外部性增强。网络收益随用户数量的增加呈几何级增长，即 n 个消费者带来的网络总价值同 n 的平方成正比，消费者数量越多，产品的附加价值也就越大，而现有消费者可以无偿享受产品的新增价值。开放式创新和分布式创新模式都具有网络外部性，每增加一个创新主体，将扩大既有主体从创新生态系统中获得的知识和创意，使既有主体以零边际成本享受新增主体的知识溢出，激发更多的增量创新甚至突破式创新，提高创新收益。二是消费者黏性增大。开放式创新和分布式创新将消费者需求纳入产品设计，通过生产一系列具有替代效应的产品来强化消费者体验，增大用户黏性，提高顾客忠诚度。例如，小米和海尔都推出了各自品牌的“家电全家桶”，作为生态链全系列产品，在给消费者带来生活便利的同时，也加固了对消费者的锁定。当消费者试图从一家企业的产品转换到另一家企业时，往往面临着非常高的转换成本，包括与已有产品的兼容成本、使用新品牌的学习成本、失去会员折扣的机会成本和对新品牌不确定的心理成本等。因此，消费者对企业的黏性更大，使企业能巩固并扩大现有的市场份额，获得稳定的创新回报。

3. 研发周期缩短

传统创新模式下，每个制造企业单独开展技术创新，在经过申请专利、树立品牌的漫长过程后，才能实现研发成果的产业化应用，获得创新收益。由于研发周期较长，难以跟上市场需求的变化，会因失去竞争力而被淘汰。数字经济范式下，新产品从技术创造到产业化应用的时间得到极大节约，有效缩短了研发周期，主要原因有四点。一是快速响应市场需求。网络平台和大数据分析等手段促进了信息的公开和匹配，厂商可以实时得到公平透明的市场信息；消费者也作为创新主体参与到产品研发中，通过报告、评论和分享等行为，帮助企业更好把握市场的个性化需求；在分布式创新模式下，创新主体更加“轻微化”，可以灵活快速地响应市场需求变化，进行柔性化创新。二是解决方案的高可复用。在开放式创新模式下，制造企业可以在平台上吸收外部知识，并将自身的共性经验转换成标准化开发方案，分享给其他平台企业。这些企业利用既有方案，对异质需求进行增量创新，形成迭代开发，避免了大量的重复劳动，大大减少了研发时间。三是模块化的并行创新。分布式创新模式能将复杂任务分解成独立模块，分发给闲散的创新资源，各模块独立并行开发，再被统一的接口调用集成，改变了传统的按工序展开的线性开发流程，降低了技术创新的门槛和风险，提高了整个创新系统的稳定性。同时，各创新主体通过市场激励、企业激励代替传统的产权激励，激发多元创意，相互约束，降低了单位任务量和总体创新难度，缩短了研发周期。四是研发过程智能化。智能化在研发环节主要体现在建模、仿真和数字孪生技术，通过试错，能够大幅度提高企业创新的效率和成功率，减少在创新过程中不必要的时间耗费。

两种模式对缩短自主创新的周期尤为有效，能解决其周期长、耗资大、风险高的难题。自主创新是独立开发一项创新中的关键技术，打通最难环节，是一国制造业由大变强的必由之路。自主创新能使企业在国际上具备竞争力，收获巨额利润，使国家在先进技术领域具有独立性。但自主创新也意味着高投入和高风险。在传统的技术创新模式下，企业不仅要斥巨资，储备大量科研人员，还要在可达几十年的研发周期中，承受产出的不确定性。据资料显示，一国开展自主创新的总体成功率在50%左右[1]。因此，财力和技术基础雄厚的发达国家开展自主创新较多，拥有制造业的大多数关键技术和领先品牌，发展中国家则以技术引进和模仿创新为主，容易受到发达国家的技术封锁。近年来，随着世界经济格局深刻调整，中美博弈日趋白热化，中国制造业推行自主创新的势在必行。从微观角度自主创新能使国产企业成为全球行业领袖，制定行业标准，引领行业发展；从宏观角度自主创新能使国家在关乎国计民生的重要领域摆脱受制于人的危险，实现独立自主发展。开放式创新和分布式创新为此提供了重要机遇。前者帮助领导企业吸收多方资源，后者汇集分布在世界各地的分支机构和自由开发者，由此对企业自主创新所需的大量资金、人才和技术产生了聚合和倍增的效果，加快了创新步伐，缩短了研发周期。

二、技术创新推动制造业转型升级的作用机制

数字时代，全球掀起了一股工业技术创新浪潮。我国利用这一重要窗口

---

[1] 傅家骥．技术创新学 [M]. 北京：清华大学出版社，1998：104.

期，加大了对智能制造技术的研发投入，对信息技术和复合型人才的培养，以及对工业互联网等开放式创新平台设施的建设，以期缩小和发达国家的差距，向制造强国迈进。在此影响下，我国制造业的劳动生产率、产业增值率，以及高技术产业比重都有所上升，制造业向数智化、高附加值和产业结构高级化转型升级。

（一）制造业数智化转型

数字经济范式下，技术创新对中国制造业的智能化转型具有加速和渗透作用。大数据分析、云计算等信息通信技术与模塑、铸造、切割等制造技术融合，被运用到制造业的创新过程，可以对现实制造活动进行仿真模拟，及时发现在产品设计和生产中的问题，推动了制造业的研发智能化、生产智能化、服务智能化和运营智能化，加速了制造业的智能化转型，其作用机制如图 4–6 所示。

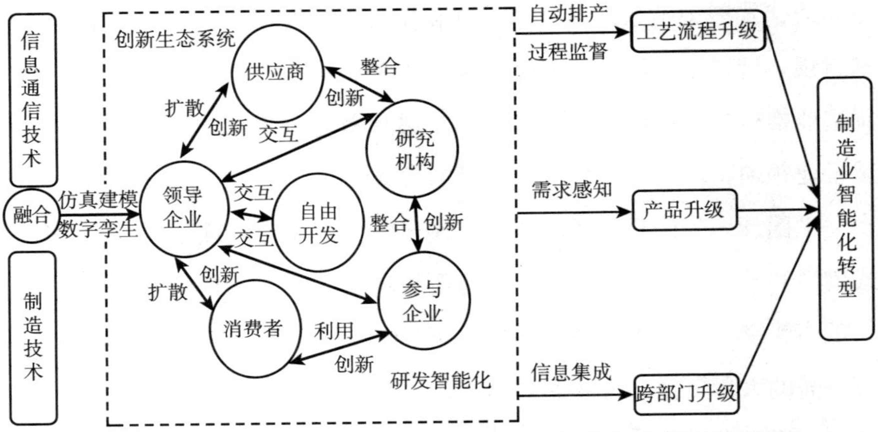

图 4–6　数字经济背景下技术创新推动制造业智能化转型的作用机制

首先是研发智能化。信息通信技术与先进制造技术融合后，形成了自学习、自决策、虚拟化的智能制造技术，被创新生态系统中更有创新实力和动力的领导企业吸收，通过与其他创新主体合作，并追加创造性劳动，应用于新产品的开发。这些智能制造技术既可以在自主研发中，实现建模、仿真和数字孪生，先模拟设计出新产品的功能外观，再进行实际生产，能节省研发时间和材料耗费，减少错误率；也可以在技术引进中，对国外一些先进产品和设备进行解剖、测绘和分析，先研究其结构、参数和原理，再进行增量改进，更快实现关键技术突破。研发智能化带动了生产智能化、服务智能化和营销智能化，这些在新产品商业化过程中必不可少的环节，也同样作为技术创新的内容，推动了制造业的智能化转型。

其次是生产智能化。这里分离散型制造和流程型制造两种情况。对于离散型制造行业来说，开放式创新、分布式创新和网络化协同能够整合国内外先进智能制造资源，对生产过程进行自主设计和自动排产，减少了劳动力的投入，促进了生产设备的共享，降低了生产复杂度，提高了劳动生产率，以更低成本实现智能化转型。对于流程型制造行业来说，工艺流程是核心能力，企业的运营和部门人员规划都需围绕工艺流程进行，因此，工艺流程的智能化尤为重要。工业互联网等开放式创新平台能够提供流程复用、生产优化、自动监控等功能，实现了全工艺流程的精密控制，提高了能源生产效率和生产质量，提高了关键工序数控化率，促进了制造业智能化转型。

再次是服务智能化。数字经济催生了服务型制造。通过将传感、定位等智能制造技术运用到技术创新中，厂商能提高产品在使用过程中的运行状态和感知能力，扩大消费者剩余；通过网络平台得到产品售出后的消费者反馈，厂商能够及时有针对性地提供在线服务，延伸产品链条。服务智能化为企业扩展了利润空间，增加了消费者黏性，推动了制造业智能化转型。

最后是运营智能化。制造业比其他经济部门更易产生数据，善于利用这些数据将发挥出更大的经济价值。信息管理系统能够将企业生产、供应链、财务、人力等运营数据实时抽取并汇总，形成不同维度不同功能的报表，展示给企业不同职能的工作人员，便于及时决策及时管理，极大地提高了企业运营效率，推动了制造业智能化转型。

（二）制造业价值链升级

数字经济范式下的两种技术创新模式产生了知识溢出和技术扩散效应，

促进了制造业价值链升级。网络创新平台整合多方资源、打破组织边界，进行拥有自主知识产权的关键技术、共性技术和前沿技术创新。领导企业对外部知识源进行吸收与转换，研究机构进行知识的整合与创新，参与企业和自由开发者进行知识的实践与应用，消费者和供应商进行知识的链条扩展。各主体在不断交互与博弈的过程中，加深了智能制造技术在研发、生产、运营、营销、服务等价值链各环节的运用，从工艺流程升级、产品升级、职能性升级和跨部门升级四个角度，推动联盟整体的价值链升级，提高了制造业的产业增值率，其作用机制如图 4–7 所示。

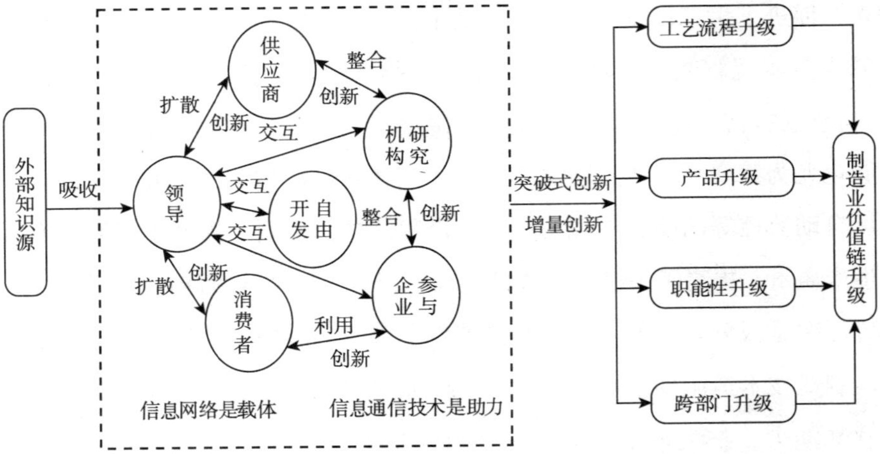

图 4–7　数字经济背景下技术创新推动制造业价值链升级的作用机制

工艺流程升级有赖于智能制造技术在生产环节的应用创新。智能生产线替代了传统生产线，生产设备效率更高更灵活，增进了柔性生产、精益制造和大规模个性化定制的实现。通过统一的标准和通用的接口，生产工序可以进行模块化重组，优化了工艺流程，提高了生产精度和生产效率。消费者作为创新生态系统中的一员参与生产过程，使传统的大规模生产更能满足终端需求，提高了市场匹配度，进而提升了资本周转速度和企业利润率。在此基础上，企业利润率的提升使企业有更多资本投入新一轮的产品研发，形成良性循环，最终促进制造业沿价值链不断攀升。

产品升级依赖于在产品研发中引入新技术，可以是引进新产品的突破式创新，也可以是提高现有产品质量的增量创新。利用云计算和大数据分析技术可以捕获消费者行为数据和产品生命周期数据，从而有针对性地开发功能更多、价值更高的新产品，改造现有产品，实现产品升级。此外，信息通信技术与新材料技术、制造技术结合成智能制造技术，可以设计出材质更环保、更耐用、生产过程更迅捷的智能产品。如 3D 打印技术由计算机辅助设计、新材料、数字建模等技术融合而成，其原理是将材料逐层沉积，形成三维实体，是增材制造的一种。3D 打印技术具有灵活、高密度、模具成本低、节省材料等优良特性，在飞机、汽车等离散型制造行业运用的较为广泛。一方面，通过快速成型，3D 打印技术能将投入有效地转化为产出，大大缩短了产品设计和生产的时间，降低了设备和模具成本；另一方面，通过使用新材料，3D 打印技术延长了产品的生命周期，实现了产品升级。

职能性升级依赖于技术创新中的网络化协同。职能性升级是在价值链中取得新的、高层次的职能，如设计或销售。创新生态系统将不同创新主体的智能设备和产品相连，进行网络化协同，实时获取产业链上的采购、生产、销售、物流、市场、运营等动态信息，形成一整套先进的行业解决方案，帮助制造企业打通上下游的研发和销售环节，更易获取新的职能，实现以市场需求为导向，以价值增值为目标的职能性升级。

跨部门升级有赖于技术创新中的服务化延伸。跨部门升级是运用在某一特定职能中获得的能力，进入一个新部门。创新生态系统的载体多为领导企业发起的工业互联网、工业云等网络创新平台，能够通过大量实践案例，将产品从设计到商业化的全过程汇总升华为行业解决方案，提供给系统中的其它参与企业。在这一过程中，领导企业完成了从生产到服务的链条延伸和从制造企业到平台企业的战略转型，实现了跨部门升级。

无论是哪种升级路径，企业价值链升级都表现为成本下降和附加价值（用利润近似）上升，制造业的产业增值率（即制造业增加值占总产值的比重）得到提高。

（三）制造业产业结构升级

技术创新是制造业结构升级的动力，其作用机制主要表现为三个方面，如图 4–8 所示。

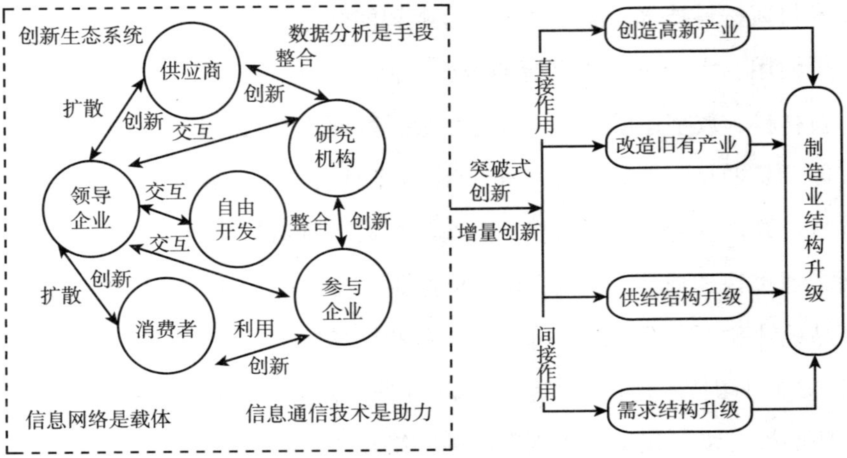

图 4–8　数字经济背景下技术创新推动制造业结构升级的作用机制

第一，涌现了一批高新技术产业。信息技术革命推动了数字经济的形成，制造业涌现出一批高新技术产业，如云存储设备制造等生产数据要素和提供信息通信技术的电子信息制造业，以及中高档数控系统生产、智能物流与仓储装备制造、工业机器人与增材设备制造等最密集使用数据要素和信息通信技术的机械装备制造业。这些产业作为数字经济范式的动力部门和传导部门，是经济增长的主力，扩大了高技术产业的产值比重。

第二，提高了既有产业的技术含量。信息通信技术与制造技术融合，被应用于新产品的开发（对既有产品的增量创新和对新产品的突破式创新）、生产和市场化，取代了原有的工艺流程，使制造业发生数字化、网络化和智能化转型，从劳动密集型产业进化为技术密集型产业。

第三，带动了制造业的要素结构和市场结构升级。产业结构升级是由技术结构、要素结构和市场结构共同作用的，其中技术结构是主要因素。技术结构和要素结构能够协同优化：开放式创新和分布式创新加深了对生产要素的利用程度，促进了人力、资本和设备等生产要素向智能制造领域聚集，推动了生产要素的智能化和高级化；生产要素的智能化又提升了制造业的创新效率和创新利润，缩短了研发周期。技术结构和市场结构也能够共同升级：一方面技术创新有利于制造业供给数量、质量和技术含量的增加，进一步刺激市场对智能设备和智能产品的需求；另一方面，需求的多样性又倒逼供给结构变革和技术创新，技术结构和供需结构共同实现了合理化。

第五章
制造业服务化转型升级

第一节 制造业服务化转型升级的内在机理

一、传统制造逻辑到先进制造逻辑的战略定位升级

想要改变传统制造企业自身对于风险的厌恶倾向，关键是自身从“思维”上完成制造逻辑的转变，从传统制造到先进制造的逻辑转变构成了服务化转型最核心的内在动力。制造逻辑从最深层次、最根本上决定了制造产业的转型决策、行为导向和战略升级。主导逻辑的影响有以下三个方面：其一，信息过滤，组织管理层以过滤后的相关信息为基础，制定组织发展变革的战略决策、体制建设、优势转变及行为选择；其二，指导作用，将企业组织视为生命个体，主导逻辑可视为组织最根本的“基因序列”，是设立企业愿景、拟定战略框架乃至战略执行最基本的思想源泉；其三，稳定作用。主导逻辑会“惯性”地影响组织变革和发展，从而保证决策延续和战略稳定。对此，我们可以推论，制造企业要向服务化转型，就必须进行新的战略定位和学习，进行新的战略学习前，需将旧有的主导逻辑记忆删除，只有这样才能重新进行价值创造模式和价值链分工地位转变。

先进制造逻辑意味着产业组织新的战略学习和行为模式转变，没有先进制造逻辑就无法对应传统制造逻辑，也就没有逻辑转变的重新战略定位。讨论中国制造的逻辑演变，就不得不论及全球制造业的发展逻辑。只有正确把握全球制造业的发展大势和产业环境的复杂变化，才能深刻认识中国制造的发展历程和前进方向，才能更准确地为中国制造的服务化转型提供理论指导。

（一）传统制造逻辑下的大稳定繁荣

历经工业革命到第三次信息技术革命的高速发展，全球制造业生产率增

速呈现明显的下滑趋势，开始进入“大稳定时期”，这一时期也被视为经济全球化下制造业发展的产业成熟期，其主要表现是保持持续增长的同时，产业波动也逐渐变低。

“大稳定”既是产业发展的必然阶段，又是一系列因素综合影响的结果。①全球化进程和技术创新进步为大稳定提供了双核原动力，是推动产业成熟的主要因素。在此之前，尽管工业革命和制造业的发展使生产效率和制造模式发生了翻天覆地的改变，然而，就全球工业化进程来看，也仅有少数几个发达国家快速实现了制造基础的建设和工业化程度的提高。之后，伴随第三次产业革命的到来，不仅日本、韩国等第二梯队的发达国家实现了新兴产业的迅猛增长和制造赶超，以中国、印度等为代表的发展中国家，借助发达国家制造业转移的国际机遇，快速打下制造基础，也完成了从农业国到现代工业国的转变。②全球金融的大发展和体制的不断改革为“大稳定”保驾护航。信息技术的发展推动了金融业快速持续的进步，政府管制的放松和体制变革更为金融创新营造了良好的发展环境。英、美等发达国家逐渐从凯恩斯主义中走出，东欧、非洲、拉美等发展中国家开始摒弃僵化的计划生产模式，中国则逐步完成全方位、多角度、深层次的改革布局，不断深化社会主义市场经济体制变革，积极参与经济全球化进程和工业信息化建设，为金融发展提供了前所未有的机遇。③新生力军的加入使传统比较优势得以延续，成就了大稳定时期的繁荣。发展中国家尤其是中国、印度、巴西等国在全球市场的积极参与，为全球制造业的发展提供了源源不断的新生劳动力，低廉的劳动力价格极大地拉低了原有的制造成本，并成为导致全球制造业大繁荣的重要因素。

综上所述，大稳定下的大繁荣可视为传统制造最重要也是最成熟的结果。既为传统制造业的服务化转型提供了工业基础，同时又对其当前“求变求新”产生阻碍。

（二）大稳定到大危机下的制造逻辑范式转变

制造逻辑的转变是传统制造到先进制造优势变化、选择和保留的过程，主要分为主导模式、优势获取、获取方式、制造标志路径的转变，如表 5–1 所示。

表 5–1　制造逻辑演变阶段及特点

制造逻辑	主导模式	优势获取	获取方式	制造标志
传统制造	产品主导	规模优势	增强生产	流水线
	技术主导	质量优势	质量增优	技术设备
先进制造	广告主导	渠道优势	广告促销	广告包装
	服务主导	服务优势	服务增值	产品服务系统

1. 传统制造逻辑

早在斯密时代，西方工业发展就对商品有着近乎偏执的热爱。资本主义生产方式占统治地位的社会的财富，表现为庞大的商品堆积。基于此，传统制造逻辑最初被表述为商品主导逻辑，认为只要不断地加大生产规模和产品数量，就可持续不断地增加制造利润。

伴随商品的极大丰富和制造业的规模扩张，原有市场的逐渐饱和，企业竞争越发激烈，技术创新受到普遍重视，只有优质产品才能避免被其他产品替代的命运。传统制造逻辑逐渐从一般商品主导逻辑演变为优质商品主导逻辑。只是，技术进步的速度远远超乎企业预期，产业变革接踵而来，市场的不断融合和贸易壁垒的打破以及制造企业数量的迅速增加，使企业逐渐意识到消费者的重要性，广告促销应运而生。这一时期，层出不穷的促销手段和铺天盖地的广告宣传逐渐培养了顾客的消费意识，大众消费潜力被不断释放，传统制造逻辑从优质商品主导逻辑逐渐转变为广告主导逻辑。至此，制造企业从生产到销售的传统价值链基本形成。

2. 服务化转型为代表的先进制造逻辑

随着消费者教育水平的提高和需求的不断增加，制造价值链增值环节开始进一步演化和增加，顾客参与成为传统制造逻辑开始转变的重要标志。从制造到服务，从顾客参与到顾客主导，制造逻辑进入从传统制造到先进制造的过渡期。

之前制造企业一直以生产为中心任务，产品和服务的界限十分明显，顾客和服务处于次要地位。企业通过开发新产品或增加产品新属性来满足顾客新的需求，顾客价值由企业创造并通过销售购买环节传递给消费者，消费者只是产品和价值的最终接受者和使用者，只有企业才能进行资源的配置整合，将劳动价值转化为顾客的效用，因此，企业是唯一的价值创造者。而顾客参与则意味着企业价值创造的唯一性被打破，制造企业逐渐意识到，顾客的消费经验及体验能够带来更高的生产绩效，让顾客参与设计研发等环节，有助于企业增强制造优势，提高市场控制力。

由此，企业开始和顾客共同合作、一同创造价值，而且在价值共创过程中，顾客的重要性不断提高，价值载体从产品逐渐扩展到产品 + 服务的产品服务系统，顾客价值形式从交换价值扩展到使用价值。

从价值载体演变角度，传统制造逻辑逐渐转变为服务主导逻辑，若从企业顾客关系演变角度考虑，服务主导逻辑又可称为顾客主导逻辑。面临服务经济的到来、制造和服务的融合及消费者自我意识的增加，以顾客为中心，以服务逻辑为导向的传统制造业转型趋势已不可逆。

（三）服务化转型的核心特征

每一次制造逻辑的演变都伴随着外在环境挑战带来的发展危机，先进制造逻辑的诞生不仅是制造产业不断成熟的必然，也是全球制造大稳定繁荣背后的矛盾问题产生、积累、深化、蔓延和爆发的结果。向先进制造逻辑转变意味着制造业由内而外、从点到面，从静态、单一的制造流程向多样化、动态的制造系统转变。

最核心的转变特征是工业精神的回归和重塑，从以单一的个体、小部分消费群体为中心逐渐转变为以社会群体为中心，从以“小写的人”为中心到以“大写的人”为中心。制造业企业不再仅仅是冰冷僵硬的生产机器，更不是只会赚取利润的商人，而是经济发展和社会进步的支柱，制造精神的建立才是塑造中国制造竞争新优势的根本，制造企业的服务化转型应立足于此。

以此为核心，制造物质的一切模式和投入产出开始迅速转变。如表 5–2 所示，首先是生产资源配置和制造要素驱动模式的改变，以传统的资本、劳动驱动逐渐转变为信息、知识等新要素驱动为主的驱动模式，由传统的自然资源、货币等被操纵性的资源投入为主转变为知识、技能等操纵性的资源投入为主。所谓操纵和被操纵，是以资源是否具有主导价值创造的能力为标准划分。顾客之所以可以成为和企业共同创造价值的伙伴，正是因为顾客能够帮助企业完成操纵性资源为主的新的资源配置。其次，以价值创造模式具化的价值链逐渐演变为价值网络，并进一步演变为先进制造逻辑下的价值创造系统。

表 5–2 传统制造逻辑向先进制造逻辑转变的路径

制造范式	传统制造逻辑	先进制造逻辑
要素配置资源投入	被操作性资源	操作性资源
价值创造主体	制造企业	制造企业及利益相关者
产品延伸	单一产品	产品服务系统
企业顾客关系	企业单方主导	共同合作
核心竞争优势	成本优势、规模优势	信息优势、创新优势
市场表现	规模扩张完成市场占有	增值创新完成市场控制
全球价值链地位	较低地位	较高地位
制造功能定位	财富积累、规模优化	能力提升、社会责任

具体到服务化转型上，以客户为中心、服务为主导、产品服务系统为产出表现是服务化转型的核心特征。制造、服务以及平台环境组成服务化转型的三驾马车，共同带动了增值环节的演变和平台联盟的建设，最终完成核心竞争能力转变和创新优势塑造。

二、传统制造业的服务化转型过程

中国传统制造业的服务化转型是一个长期的产业发展过程，从产业发展角度来看，处在不同发展阶段，其特征表现和产业涉及、服务融合也都有所不同。

（一）制造业服务化的起源及实施主体

制造业与服务业的融合是制造业服务化诞生的摇篮，伴随不同的融合进程，制造业服务化的发展状态亦有所不同。

市场环境的变化和全球服务经济的发展促使跨国公司开始改变自身以生产和产品为中心的经营理念，以此为研究起点，可将制造与服务的融合分为初步融合、高速融合和深度融合三个阶段。如表 5–3 所示，制造与服务的初步融合阶段，传统的产品制造和销售逐步向单一产品服务化转变，生产要素开始部分流向服务环节。高速融合阶段，相当于产业发展的成长期，要素向服务聚集，由单一产品服务化向产品组合服务化转变。进入深度融合阶段，生产性服务业的发展渐趋成熟，要素向生产环节回流，制造业服务化正兴起于此阶段。

表 5–3　制造业与服务业的融合演变路径

时间	1930 年前后	1930—1970 年	1970—2008 年	2008 年以后
融合状态	融合前	初步融合	高速融合	深度融合
生命周期	萌芽	产生	成长	成熟
产品结构	基础产品	边缘期望产品	附加产品	潜在产品
组织结构	生产附属单位	生产性服务部门	生产性服务企业	生产性服务业
要素流向	向生产聚集	部分流向服务	向服务聚集	向生产回流

制造与服务的不断融合造就了服务化转型实施主体的多种来源，彼此之间各有优劣。如表 5–4 所示，新生的服务化转型制造企业拥有先进的制造理念和模式，可避免传统矛盾积累和转型阵痛；以制造基础来看，传统制造业转型潜力最大。值得一提的是，生产性服务业也完全可以融合制造功能成为服务型制造。

表 5–4　制造业服务化主体的来源及优劣对比

主体来源	传统制造企业转型	生产性服务企业转型	新生的服务化转型企业
竞争优势	设备优势、规模优势	增值优势、平台优势	理念优势、政策优势
缺陷不足	传统结构矛盾积累	制造能力的缺陷	制造基础积累不足
路径基于	新市场的开拓	产业链的延伸	新制造理念的实践
环境挑战	市场控制力不足	市场占有规模不足	新市场的开拓

（二）制造业服务化涉及的产业及服务融合

本轮全球经济下行后制造业服务化才开始被关注和重视，因此，当前对其所涉及行业的研究略显不足，缺乏整体性的概括和进一步地深入，为弥补这一缺陷，有必要从服务归因和企业演绎两个维度对其加以考量。

所谓企业演绎，即从单一企业扩展到整体制造系统的服务型转变。通常是行业的领先企业最先开展服务化转型，其次是中端核心企业，最后才是低端制造企业，由此可将传统制造业的服务化转型分为单一企业、中小类产业和大类产业三个转型层次。

所谓服务归因，即对传统制造企业的服务化转型融合的生产性服务进行归纳，针对培育制造业核心动力的技术、资本、劳动、信息、知识等基本的生产要素，结合制造和服务本身的融合特性，可将融合服务分为品牌设计服务、信息技术服务、物流服务、环保维修服务等几大类，如表 5–5 所示。

表 5–5　传统制造与服务融合的路径

服务路径分类		统计分类		
融合服务	行业大类	行业大类代码（2011）	主要行业	代表企业
品牌设计服务	纺织服装、服饰业	18	纺织服装、服饰业	青岛红领服饰
	皮革、皮毛、羽毛制品及其制品和制鞋业	19	制鞋业	李宁公司
物流服务	化学原料和化学制品制造业	26	日用化学产品制造	宝洁公司
	医药制造业	27	医药制造业	德国拜耳医药
	装备制造业	34	通用设备制造业	海尔集团、富士施乐公司、潍柴动力
		35	专用设备制造业	卡特比勒公司
		36	汽车制造	通用汽车、长安汽车

续表

服务路径分类		统计分类		
信息技术服务	装备制造业	37	铁路、船舶、航空航天和其他运输设备制造业	罗尔斯罗伊斯公司、波音公司
		38	电气机械和器材制造业	福田雷沃重工、陕西鼓风机集团
		39	计算机、通信和其他电子设备制造业	IBM、苹果公司、戴尔公司、华为公司
		40	仪器仪表制造业	精工控股公司
环保维修服务	环保服务	42	废弃资源综合利用业	瑞典 Boliden 企业
	维修制造	43	金属制品、机械和设备维修业	澳大利亚索尼克林公司

三、制造业服务化的转型阶段

自组织系统研究的主要是在一定条件下，系统在所处内外环境的影响下，由无序向有序、由低级向高级形成和发展的问题。制造企业希望通过向有形产品中嵌入服务，从而提高其产品市场竞争力，而在这个过程中，服务逐渐变为了其价值创造的主要环节。虽然制造业服务化在演进过程中如其他系统一般，具有复杂性，各个构成部分在发展过程中互相影响，但是也存在一定规律可循。各个部分在演进过程中，是按照由低阶向高阶的方向演进的，主要表现在知识储备不断丰富，员工服务水平、团队协作能力、信息处理能力、服务管理能力等不断提升，价值主张持续调整等。通过不停地按照周围环境调整适应，服务化系统向更优化和更高级的方向演进。制造业服务化的演进过程是一个复杂的、持续演进的自组织系统，可分为三个主要阶段，分别为服务化探索阶段、服务化提升阶段以及服务化支配阶段。

（一）服务化探索阶段

在服务化初期即自组织开始的阶段，制造企业的活动集中于产品生产及销售，服务仅被作为产品的简单附加提供给客户。服务化初期，企业对自身服务化转型的主要影响因素并不明确，对服务化的发展过程也没有清晰的认知，因而处于探索阶段。在服务化探索阶段，制造企业主要进行以下尝试。

1. 量的增加

服务化转型之初，企业的主要经营活动集中于产品的工艺设计、生产及营销等环节，其关注重点在于产品的销售量和质量，而不在于服务，只是向客户提供一定的咨询、安装等简单的低级的附加服务。提供此类服务也是为了企业的产品销售服务，以期使客户更好地信任企业，以提高销售量。

2. 区别化人力资源管理

服务化探索阶段，企业的沟通交流活动基本在内部进行，与企业外部环境如客户和供应商的交互较少；人力资源构成相对简单，人才培养和创新激励投入较低。企业的人才培养投入主要体现在对技术、设计、研发等部门的较多资金及精力的投入上，而在制造、销售等部门为节约成本人才投资较少，企业因而形成了初级的区别化人力资源管理战略。

3. 知识学习

服务化探索阶段，企业开始意识到提高知识资源储备的重要性，鼓励和帮助员工学习知识，为提高自主创新能力从而提升竞争力而努力。然而，就这个阶段而言，企业获取的知识大多为外部引进的显性知识，通过这种拿来主义，再进行一定程度的“改革创新”，转化为企业自身的知识储备。

4. 信息获取

服务化探索阶段，企业已经认识到信息资源的重要性，开始通过多种方式获得信息，例如，通过客户和市场获得需求信息；通过企业间合作获得技术、管理、知识等信息；通过产品交易获得产品成本信息。同时，企业也开始利用信息媒体进行一定程度的宣传，以期提高企业以及产品的知名度。

5. 各自为战

服务化探索阶段，企业各个职能部门各自为政，部门化管理；不同职能部门之间相对独立，人事关系相对简单，互动关系较弱，知识、信息交流沟通和分享较少；企业组织、管理、协调各种资源的能力较差，特别是对于企业外部的潜在资源挖掘能力有待提升。

（二）服务化提升阶段

随着实体产品市场上的争夺愈演愈烈，客户逐渐占据了主动，价值链的重心也随之转移。企业逐渐开始意识到需通过满足客户需求使自身利益得到满足。因此，其服务化战略进一步提升。在这个过程中，企业已逐渐明确影响服务化发展的关键因素，通过各种手段提高服务化水平，使服务化由无序向有序发展，由简单向复杂转变。服务化提升阶段，制造企业主要发生了以下变化。

1. 竞争力提高

随着外部环境的不断变化，如竞争对手逐渐增多、政策环境不断变化、资源消耗不断加剧，企业意识到需将企业的发展战略进一步向客户转移，改善客户关系、深入挖掘客户的需求，以增强企业的核心竞争能力，求得生存。

2. 人力资源的战略性综合管理

在服务化提升阶段，客户导向性不断加强，企业的发展战略也随之发生了转变，加强了与客户之间的沟通，努力了解客户需求，从而更好地满足客户多样化的需求；与此同时，企业也加强了与合作伙伴间的物资、信息、技术等方面的交流，与之相伴随的是企业的人力资源管理模式从简单的人事活动转变为战略性综合管理。

3. 实践中学习

在服务化提升阶段，企业进一步认识到知识资源的重要性。这一阶段的知识积累不再是局限于拿来主义，企业开始利用各个外部对象学习创新，如竞争对手、供应商、合作企业、客户等，在实践中学，鼓励员工创新，迅速提升知识储备，建立资源库，并将知识运用于实践环节。

4. 信息交流

随着客户成为企业发展战略的中心，企业需获得更广泛、更确切的客户信息，作为研发与生产的基础。因此，企业加强学习、探索和先进信息技术管理，开发沟通与共享网络，通过网络检索、收集、处理客户信息，为战略决策提供信息支持。

5. 资源共享

在服务化提升阶段中，资源“独享”已不能适应变幻莫测的市场及环境，企业开始意识到“共享”的重要性。一方面，不断扩大开放，对外提供内部资源信息；另一方面，不断引进外部资源，如学习其他企业知识、文化以完善本企业，挖掘外部资源优化整合内部资源等，最终达到优势互补、互利共赢的目的。

（三）服务化支配阶段

当企业战略从围绕提供物到围绕客户彻底转化时，企业就进入服务化支配阶段。这一阶段是制造业服务化的最高阶段，能进入这一阶段的企业已在其行业领域内拥有较强的技术和管理能力，能够提供专业化服务满足客户多样的个性化需求。此阶段也表明制造业服务化进程已成为有序、高级的自组织系统。进入服务化支配阶段，制造企业的主要表现有以下几个方面。

1. 个性化解决方案

当企业的服务化达到一定水平，在行业内具有企业独特的竞争地位时，便开始将目光聚焦于其他方面的延伸；通过与外部环境争取大量合作机会，获得相互交错、多层次、更全面的服务能力；通过针对性地配置，实现不同客户个性化需求方案的良好解决。

2. 专业化人力资源管理

进入这一阶段的企业，其人力资源管理日益成熟，服务团队逐渐专业化，通过整合各方面资源，能够及时有效地为客户提供可实施的解决方案。除此之外，企业所具有的大数据分析团队甚至可以预估客户需求，从而提前推出各种项目满足潜在需求，提高服务质量。

3. 知识联盟

随着知识储备量的日益扩大，企业为能够快速有效的存储、管理和运用，对大量繁复的知识实施一定的先进管理手段，如通过注明一定的重点词汇及相应路径，绘制知识地图；运用一定的搜索和接入标准，实现其高效管理。企业不断根据所处环境变化升级信息库，持续形成新的知识资源。

4. 信息挖掘

企业基于云服务、大数据等应用强大的信息应对手段实现信息挖掘服务，依靠企业大大提升的信息处理能力，对信息进行科学分析，进而实现对市场变化的快速反应。企业之间也通过不断地信息交流互通共享，使之应用更为广泛和高效。

5. 资源“创造”

企业在这一阶段，不再局限于现有资源的有效经营，而是进一步加强对外部资源的充分挖掘。企业与客户、合作伙伴、政府等的合作交流，使其对无形资源，如品牌、知识和关系等实施更深入的挖掘，从而使组织资源出现质的改变，创造出了更多的创新成果。

四、中国传统制造业的服务化转型机制

（一）技术创新的溢出机制

制造业进行服务化转型不仅影响其自身组织结构，对传统制造网络也会产生间接的外部作用即溢出带动效应，主要表现为技术要素的集聚和溢出。技术知识的非竞争性和部分排他性特征是知识溢出的根本原因，科研机构、企业作为知识技术的传送方会对接受方产生明显的溢出效应。脱离传统产品范畴的知识技术正是生产性服务的核心部分，生产性服务所蕴含的创新知识和先进技术会对传统制造业产生积极正向的带动影响，通过技术创新服务融合可以加速传统制造业的服务化转型进程，在不同阶段都存在意义，如表 5–6 所示。

表 5-6　制造企业服务化转型的技术溢出效应分析

制造业服务化转型阶段	产业分工	价值链延伸	技术溢出效应
服务化探索阶段	服务化转型组织开始独立、分工开始深化	服务化组织价值链缩短	传统制造对服务化组织的溢出效应（为主）
服务化提升阶段	服务化组织内部分工进一步深化、传统制造分工深化	传统制造融入服务化转型价值链	服务化组织对传统制造的溢出效应（逐渐增强） 传统制造对服务化组织的溢出效应（逐渐减弱）
服务化支配阶段	彼此间共同深化、重新分工	价值链重新调整	服务化组织对传统制造的溢出效应（为主）

如表 5-6 所示，在服务化探索阶段，产业专业化分工开始深化且分工收益明显大于分工成本，基于制度经济学的分析框架，在这种情境下，先进分工模式和地位将逐渐稳固和提升，制造企业将更多地把握核心竞争能力而非市场扩张，促使整体制造业增值环节进入更高层次，获得更强的价值创造能力。在这一阶段，与传统制造相比，进行服务化转型的制造业规模较小、影响不大，技术溢出效应主要表现在产业组织微观层面。技术创新平台的构建、技术联盟的创立和价值网络的不断延伸都将促进服务化探索到服务化提升的阶段转变，溢出效应也将逐步转变为产业间溢出。

服务化提升阶段，产业分工进一步向高端迈进，服务化转型价值链进一步延伸、独立和完整。核心企业将逐步完成增值环节从低端技术全面把握到高端技术核心掌控的转变，生产成本进一步降低，技术创新的规模溢出和模仿学习效应逐步凸显，带动越来越多的制造企业完成转变。在此阶段，服务化转型的规模独立迅速带动系统制造效率的提高和装备技术的进步，形成动态良好的滚雪球式的技术溢出循环效应。

进入服务化支配转型阶段，完成服务化转型的制造企业占据主导地位，高端增值环节和产业分工将进一步深化、调整和提升。新的技术研发模式和技术联盟组织越发稳定，制造企业高度服务化，产业间的技术创新融合互动更为密切。产品形态将完成从单一产品到系统产品服务解决方案的转变，企业与顾客等相关利益者的交流关系更趋和谐。

从价值链延伸角度看，此阶段已基本完成传统制造的价值链重塑，主要表现在三个方面：一是增值环节地位的变化，从最初简单的物流仓储等服务环节融合逐渐转变为技术研发等核心增值环节为主；二是制造目标的变化，不再是以提供单一产品为目标，而是将产品和服务结合起来，为解决社会和顾客需求提供更具针对性的系统解决方案；三是竞争优势获取方式的转变，高端价值创造环节成为企业核心竞争力的源泉，技术联盟中的相互溢出效应和影响成为企业协同创新水平提升的核心基础。协同创新将取代单一的技术创新成为企业主要的创新模式，为企业开拓新的市场空间，增强企业持续盈利能力。

（二）劳动投入和市场经济转型机制

伴随制造业的服务化转型发展逐步独立和完整，可将完成服务化转型部分和未进行服务化转型的传统制造部分视为系统内的两个产业，关联效应如表 5–7 所示，在不同转型阶段，彼此间的关联影响存在强弱变化，具体表现在劳动投入和市场经济机制方面的关联影响。

表 5–7 制造业服务化与传统制造的关联带动效应

制造业的服务化转型阶段	相互依赖程度	带动融合领域	
		纵向分类	横向分类
服务化探索阶段	服务化转型对传统制造依赖程度大而影响小	低端制造	物流、销售服务融合
服务化提升阶段	服务化转型与传统制造深度融合，彼此深刻影响	中高端制造	资本服务融合
服务化支配阶段	服务化转型占据主导地位，传统制造对服务化转型依赖度大	高端制造	知识信息技术服务融合

服务化转型代表着制造业发展的先进方向，与传统制造相比，服务化制造业对创新人才有着更大的吸引力。因此，传统制造企业的服务化转型过程中，传统制造会成为巨大的人才输送来源。与此同时，转型完成的企业系统也

会派遣自身先进人才辅助传统制造企业完成升级转变，增进彼此间的交流合作。

未来制造不再是狭窄区域内的制造，而是全球性的市场竞争。基于区域空间的接近和过往的合作基础，国内传统制造和服务化转型企业更容易结成制造联盟，在国际竞争中共同进退。在与国外制造企业的市场竞争中，伴随合作的深入，国内制造企业市场目标将更加一致，市场战略也将更容易实施和反馈。市场竞争和优势获取则是所有产业关联效应的最终目标和归宿。劳动投入方面的带动关联效应主要表现为不同阶段下彼此间融合和促进程度的差异，市场竞争方面的带动关联效应则更多地表现为带动强弱的变化。

（三）区域经济带动机制

制造业是国民经济的重要基石，传统制造业转型会对地区经济发展产生重要的促进效应，传统制造的区域性转移、向服务化的转型和升级会降低区域间经济发展的差异，从而促进总体经济的长期稳定发展。

与此同时，产业内部结构调整和区域经济升级又会反作用于制造系统，有助于经济发展新动力的培育和完善，主要表现为两方面。一方面，为制造业增长率增速，促进以服务化转型的先进制造业的基础完善和规模增长，营造良好的制造业增长内环境。区域创新环境的塑造会使制造系统内生产资料交互、知识信息共享更加便利，技术研发得到更适足的创新激励。不同生产活动间的联系程度越来越密切，制造效率将大幅提升和提高。另一方面，提高制造系统运行稳定程度。传统制造短期快速的粗放型增长所积累、异化的结构矛盾和问题不断得到解决，生产性服务的融入为制造业的发展提供了良好的稳定剂，使传统制造逐步平稳转变和升级，制造业平稳转变和升级最终保证了经济增长经济长期稳定的发展，塑造了中国制造全球竞争的新优势。此交互过程中，创新知识和技术信息的扩散及辐射将逐步发挥主导作用。

以京津冀和长三角产业圈为例，作为核心城市，北京和上海首先完成服务化导向的先进制造转变和转移，继而辐射带动周边城市区域协同发展。从“知识加服务”到“加工与服务”再到“资源加工与服务”，北京、天津、河北产业功能呈现明显阶段性、区域性布局的演变趋势，在上海生产性服务业的辐射带动下，长三角区域制造与服务融合水平也明显高于国内其他城市。

五、制造业服务化的动力机制

制造业服务化是当前时代潮流和发展趋势，推动制造业服务化的主体既来源于制造业企业本身，也来源于制造业企业所处行业环境和经济社会发展。所谓制造业服务化的动力是指直接促使制造业企业在资本、劳动、能源、知识、服务等生产要素中不断增加服务要素投入以提高生产效率、增加产品附加值、增强企业竞争力的因素。

（一）收益驱动

制造业企业在生产过程中选择增加服务要素的投入，其最直接的原因在于服务要素带来的收益增加。服务要素可以通过提高生产效率和管理效率、增加产品附加值来吸引制造业服务化转型，但是同时因为市场风险和知识储备等限制，盲目的服务化转型可能会使制造企业陷入“服务化困境”，使得制造企业推行服务化战略难度增加。

1. 服务化促进了生产和管理效率的提高

服务要素的投入，可以提高企业管理效率和企业生产效率。在价值链上游，比如人力培训可以提高工作人员的管理水平，使企业组织结构更为合理，物流服务的投入可以提高物流和供应链管理效率，与专业研发机构合作可以提高设计和研发效率。在价值链中游，产品服务系统表现出成本弱增性（成本弱增性是指销售、安装、维护产品所需的专业知识较为复杂时，制造企业提供一套产品＋服务组合的成本，小于不同企业提供这些产品＋服务的成本之和），因此，制造企业拓展业务领域、实行纵向一体化，有助于实现范围经济，且当制造企业的知识资产价值越大时，产品服务系统的成本弱增性越明显，企业核心竞争力也越强。随着互联网的大规模普及，信息技术对制造企业的研发、生产、营销、运输、维修都产生了深刻影响，客户对产品的服务化需求急剧增加，制造业服务化能获得更多的范围经济。除了可以提高生产效率，服务要素投入还能获取财务收益，保证现金流的稳定性，提高股东价值。在价值链下游，服务要素投入可以形成更新的销售模式、更完善的销售网络和客户资源网络，使销售管理效率大大提升。

2. 服务化实现了产品附加值的上升

从价值链的角度看，加工组装在价值链微笑曲线中处于中间位置，附加值最低，而设计研发、营销等位于价值链两端，附加值较高，制造业服务化可以通过价值链延伸和价值链重构来提升产品附加值。客户消费需求不断升级，需求的多样性和个性化要求企业从提供单纯的产品向提供产品 + 服务转变，比如，针对制造业企业的一体化安装、远程诊断、实时维修和供应链管理，针对消费者动态化个性体验、电子商务平台、高效的物流运输等都可以优化客户体验，更好地满足消费者需求，促使企业向价值链下游延伸，通过新的商业模式实现产品的增值。

3. “服务化困境”的产生

在服务化探索阶段，服务投入较低，制造业服务化的风险较小，但随着制造业的服务化程度加深，服务要素收益对制造业转型产生吸引力的同时，也可能使制造业陷入“服务化困境”。服务要素的投入可能给企业带来许多挑战，比如，服务化升级可能会大幅度提高企业的经营成本，同时企业内部人员和部门会发生重大变革，企业文化冲突、管理知识不足等问题会使企业潜在风险增大。只有当企业的技术能力、知识储备、资源分配、企业文化都和服务要素匹配时才能发挥协同作用，提高制造业企业效率，达到增加产品附加值的目的。因此，服务要素的最终投入不止受服务要素附加值的推动，也取决于制造业企业的组织管理和知识储备。

（二）成本驱动

制造业服务化向价值链两端延伸和渗透的成本包括服务要素成本和交易成本，制造业服务化的成本驱动来自生产过程中实际产生的服务成本下降和服务要素的市场交易成本的下降。

1. 服务业发展促使服务要素成本下降

当前服务业的发展大大降低了服务要素的成本。在经济发展初期，不同区域服务业发展差异较大，经济发达的地区其工业体系较为完善，对服务种类和水平要求较高，因此，这些区域服务业发展也更为完善，而经济落后地区的服务业发展也较为落后，服务要素的获取也非常难。随着技术的进步、经济与服务贸易的发展，以及政府政策放松，制造企业所需的服务供给增加，尤其是互联网、大数据、工业云等技术的应用，使服务要素的获取成本极大下降，成本降低成为制造服务化的驱动力量。

2. 服务的市场交易成本与服务要素获取方式的选择

服务化处于不同阶段，服务的获取方式会有所不同，服务要素的获取方式取决于服务需求和服务获取成本。在服务化探索阶段，生产性服务业相对落后时期，传统制造业企业自身进行全部环节的生产以降低成本，且为降低外部不确定性，采购、研发、招聘等服务环节也都由企业自身组织。不过，随着服务需求的上升、服务贸易的发展、市场制度的放松，企业更容易获取优质服务，服务化战略的成本和风险随之降低，服务化程度逐渐加深。比如，制造企业与更加专业的猎头公司合作可以降低人力成本、提升效率；物流业的发展使制造企业采购和外销的交通成本和送达时间大幅降低。但是到了服务化支配阶段，企业继续采用服务外包的形式获取服务要素，交易成本会随着交易次数和资产专用性的上升而上升，当企业自身提供服务的交易成本小于外包获得服务的交易成本时，企业会自己提供服务要素，这时候企业在价值链和产业链中的位置会向两端延伸，产品服务化程度高，当产品差异化进一步增强，形成企业独有的销售渠道资源和品牌效应时，企业销售过程中的交易成本也会进一步下降。

（三）技术驱动

制造业服务化的实质是服务要素与制造业原有生产要素以不同方式组

合，提高要素组合效率，促进技术进步的过程，因此，技术进步是制造业服务化转型的根本原因。

1. 技术进步引发了服务需求上升

工艺和产品相关的技术进步会增加制造企业和消费者对服务的需求，促使产业链向两端延伸。科学技术的日新月异，促使新工艺和新技术被用于生产，产品科技含量和智能水平不断提高，产品结构越加复杂、零配件精细程度加深、产品安装精密度提高，这些都使产品生命周期的各个环节对服务的需求大幅度上升，促使制造业企业不仅要提供产品，还要提供与之配套的服务。

2. 技术进步为服务化提供了实现途径

互联网、云计算、大数据等信息技术的创新使服务化手段和途径多种多样，有助于实现制造业服务化。第一，在产业链上游，能源管理智能化和供应链管理智能化可以提高企业采购效率，提高要素组合效率，节省管理费用；信息技术的应用，如计算机辅助设计、计算机辅助工艺规划和产品数据库管理等，有助于大规模定制的实现，可以提高企业研发效率；大型企业使用网络教育可以节省人力资本培训费用等。第二，在产业链中间环节，传感技术、计算机技术、软件技术、通信技术不断融入制造业的生产，逐步实现生产智能化、设备智能化、产品生命周期管理、远程故障诊断等，并形成管理流程的再造，形成更优的产品设计、原料采购、加工控制、质量管理等各个环节的系统集成，极大地提高了生产效率。第三，在产业链下游，充分利用信息技术可以创新商业模式，如电子商务和大规模定制，构建信息化的客户关系管理，价值管理等，充分发掘客户潜在消费需求，根据大数据和云计算服务创新生产方式，如产品数字化、个性化定制等。

3. 技术进步加速了知识溢出

制造业服务化转型不仅需要显性知识，如专利、管理制度、管理手册等，还需要技术诀窍、经验、思维模式等隐性知识的储备，工业互联网、大数据、工业云和行业共性技术平台降低了企业之间的沟通成本，促进了隐性知识在服务业企业与制造业企业以及制造业企业之间的传播和储备，使制造企业和生产性服务企业之间的合作更加高效、密切。

4. 服务信息反馈对技术的促进作用

服务信息反馈可以促进产业链上各个环节的创新活动。创新活动来源于生产环节，也来源于价值链上的其他环节，其中供应和消费是创新活动的重要来源。服务是生产者和消费者信息传递的载体，通过服务的信息反馈，根据消费者偏好改进产品工艺，改善设计研发，可以极大地增加创新的实用性。在大数据的应用下，消费环节提供的数据提供了诸多市场信息，对供应链管理和制订生产计划有非常好的借鉴意义。

5. 技术对服务的替代效应

服务化转型的早期，技术进步可能会对服务要素产生替代作用。在服务化早期，服务业发展不完善，金融和法律环境也不完善，制造业企业和服务业企业的交易成本较高等情况使外部获取服务要素的成本和市场风险较高，对制造企业的资本运作能力、管理者能力等要求非常高，服务化转型的机会成本过高导致企业更多地依赖劳动力投入和设备更新等方式来提高生产效率，而放弃服务化战略。

（四）市场驱动

随着市场经济的发展，市场化改革逐步推进，市场化程度加深，行业竞争也随之加剧，制造业企业的战略定位和发展方向改革成为制造业企业可持续发展的重中之重。“福特车”的标准化生产极大地提高了劳动生产率，这使得通过自主研发或者抄袭模仿工艺技术来提高产品质量、压缩成本、提高利润的竞争手段成为行业竞争的主要手段。同质化生产已经不能满足当前的时代需求，市场竞争也应该寻求差异化的方式，服务化为制造业可持续发展和产业升级提供了可能。

1. 服务化带来的产品差异化优势

标准化生产方式和快速的技术进步带来的生产效率提高和生产规模扩张

导致的直接后果是同质产品的供给过剩。而我国市场化改革的推进使许多低效率国有企业被民营企业和外资企业淘汰，市场竞争加剧。服务本身具有高度异质性，时间、地点、服务人员、服务对象都可能影响服务的质量，单纯的产品和技术容易被复制和模仿，但是附加服务的产品和产品服务系统是难以被复制和模仿的，因此，服务化战略可以提高产品差异化。产品差异化减少了同类产品之间的替代性，使企业可以更好地满足顾客多样化和个性化的需求，提高市场占有率。同时，产品差异化提升了客户体验，并逐步增强了客户忠诚度，最终形成品牌效应，相对单纯产品来说，这是更稳定和长期的利润来源，在此基础上形成的竞争优势能使企业逐步形成品牌效应，成为企业重要的无形资产。因此，市场竞争是推动制造业服务化的重要动力。

2. 服务化在产业链竞争中的优势

服务化转型增强了企业与产业链上下游企业的讨价还价能力。产品差异化程度和资产专用性程度越高，产品替代能力越小，企业的讨价还价能力也就越强。同时，如果制造企业实行了部分后向一体化或者前向一体化，可以对生产性服务业企业会造成一定的威胁，在讨价还价中处于有利地位。因此，服务化不仅可以增强企业相对产业链上同一环节其他企业的竞争力，还可以增强相对产业链上下游企业的讨价还价能力，使企业竞争力大幅度上升。

（五）制度驱动

制度可以分为两类，一类是正式约束，如政府文件或规定，另一类是非正式约束，如社会规范、道德约束等，制度对服务化的作用是不可忽视的。

1. 政府对制造业服务化转型的作用

制造业服务化是实现制造强国的重要途径，因此，政府部门会积极出台优惠政策，推动制造企业实施服务化战略，宽松的政府政策和适时引导在很大程度上会影响产业转型。在政府的倡导下，服务业的发展可以降低交易成本，为制造业服务化打造基础和平台。政府对制造业服务化产生影响的政府作用包括税收、补贴、研发投入和各类服务平台构建。比如，支持互联网企业的发展可以为其他制造业企业提供更好的信息交流和公开平台，降低了信息成本；鼓励性的财政补贴和税收政策，促使企业增加研发投入，提高关键技术的研发能力。总之，政府政策与制度越完善，越有利于制造业的服务化。

2. 其他制度对制造业服务化转型的作用

市场机制的完善程度对服务化转型具有重要作用，在制造业行业内，完善的市场机制和公平的竞争环境可以防止企业恶性竞争，而服务业的完善，尤其是金融环境、法律环境的逐步规范可以保障企业权利，降低服务化转型的市场风险。此外，人力资本积累和社会意识的转变也会影响制造业服务化的进程。制造企业实施服务化战略可能会影响企业利益集团之间的冲突，企业文化、组织结构等也可能会与服务化冲突。随着服务化转型成功的企业数量增加，形成了品牌效应和示范效应，这时候其他制造企业可能会认识到服务投入的重要性，制造业服务化战略可能得到更多人的认可和推崇，实行服务战略的阻力就会减小。因此，制造业服务化的进程受企业组织内部、行业环境、社会意识和政府等多重主体的影响。

第二节　制造业服务化对制造业升级的影响机制分析

制造业服务化主要包括两方面的内容，即制造业投入服务化和制造业产出服务化。制造业投入服务化是指企业将服务作为中间投入品加入产品生产过程，不用于直接满足消费者需求，而是作为投入要素用来生产其他直接面向消费者的产品或服务，制造业投入服务化提高了制造企业的生产效率。制造业产出服务化是指企业在提供实体产品的基础上，向客户提供基于产品的一系列服务包或者满足客户个性化和多样化需求的定制生产服务，制造服务产出作为一种服务产品可直接触达客户，满足客户需求。

一、投入服务化对制造业升级的影响机制

投入服务化位于价值链的上游，是指服务要素在制造业全部中间投入中所占的比重不断增大的现象。制造业的服务投入可以分成两大类，即关系性嵌入服务和结构性嵌入服务。关系性嵌入服务是指服务并未直接嵌入制造生产过程当中，但与最终产品形成并达到客户手中实现最终价值的全过程具有一定的外部相关性，如金融服务、物流运输服务、商务服务等外部服务，这些服务通过利用专业性服务的规模经济从而创造出更大的产品价值。结构性嵌入服务是指服务嵌入制造生产过程，通过向制造业输入更多的智力支持和技术支持，使制造业能够获得技术进步并形成柔性制造系统，如研发服务、信息技术服务等，通过自身专业化的知识技能，帮助企业获得技术创新优势，优化企业的资源配置效率，最终实现产出的增加。

（一）关系性嵌入服务的影响机制——规模经济效应

在企业的生产过程中，企业能够提供的资源和能力有限，难以使所有的环节都产生最佳经济效益的生产规模，容易造成企业资源的浪费和成本的增加，而且兼顾所有生产环节和流程会分散企业的精力，难以保证所有环节的生产和服务质量，不利于提高企业在激烈市场中的竞争力。因此，越来越多的制造企业会将一些基本活动外包给提供专业化服务的企业，例如物流运输服务、金融服务、批发零售服务和商务服务等，通过将制造企业的基本活动外包来获得制造企业的规模经济效应，外包企业所提供的这些服务则称为关系性嵌入服务。

制造企业通过关系性嵌入服务获得的规模经济效应主要包括两个方面的内容，分别是企业外部规模经济效应和企业内部规模经济效应。对于企业外部，由于制造企业将不具有竞争优势的环节外包给具有丰富经验和专业化团队的服务企业，制造企业可以以更低的花费获得效率更高、质量更优的制造服务要素，通过外包企业的规模经济直接降低制造企业的生产成本，并且在

一定程度上保证制造企业最终生产产品的质量。在企业内部，由于基本活动外包，制造企业可以将全部资源和精力都投入具有竞争优势的核心环节，优化了企业的资源配置，使得制造企业可以专注于核心技术做大做精做强，有利于企业充分挖掘并实现核心技术环节的价值。通过不断积累专业知识和经验，企业可以在资源要素投入花费更少的情况下生产出品质更好、质量更优、更满足消费者需求的产品，这个过程提高了投入要素的使用效率，实现了企业内部的规模经济效应，获得了最佳的经济效益，进一步构建了制造企业的竞争优势。

（二）结构性嵌入服务的影响机制——推动技术创新

某些技术水平和专业知识能力有限的制造企业，为了满足企业自身生产的需要，会将一些技术水平高、知识含量高的生产制造环节，例如研发服务、信息技术服务、商业咨询服务等外包出去，外包企业所提供的这些服务则称为结构性嵌入服务。结构性嵌入服务具有知识密集和技术密集的特点，这类服务依靠自身的专业化资源和技术人才，向制造企业输入了更为先进且专业的智力支持和技术支持，从而促进制造企业进行更加高效的价值创造和价值实现。

结构性嵌入服务除了使制造企业获得规模经济效应之外，还可以通过企业之间的专业化分工和外部的技术支持推动企业的技术创新。服务企业通过将自身专业化的知识资本、技术资本和人力资本融入制造企业的生产过程中，在制造企业的生产过程中扮演着优质“转换器”的角色，使得制造企业利用同样数量的资源投入可以创造出更多的价值产出，促进了制造业企业生产效率和组织效率的提高。借助先进的技术支持和专业的智力支持，将外包企业提供的专业化服务融入企业自身的生产制造过程中，使得制造业企业可以在前期进行更为精确的客户定位和市场预测，从而开发生产出更符合市场需求的产品，并且在生产过程当中可以有效管控制造企业各个环节的经营运作，提高企业的生产效率和组织效率，在优化企业资源配置的同时推动了企业的技术创新，从而有利于制造业企业形成更符合市场需求的差异化竞争优势。

二、产出服务化对制造业升级的影响机制

产出服务化位于价值链的下游，是指服务产品在制造业产出中所占的比重不断增大的现象。根据服务与制造的融合程度，制造业的服务产出可以分为基础性服务和提升性服务。基础性服务是制造企业依托现有的实体产品，向客户提供产品使用全程管理的功能性服务，其服务的类型大都是围绕已完成生产标准化的产品展开，用于满足大多数客户的通用化需求，例如产品配送服务、售后维修服务、定期检查服务等；提升性服务是指制造企业利用自身优势资源与组织能力，通过在企业与客户之间构建信息交换渠道，实现企业与客户的实时交互，从而为客户提供以产品为载体的定制化服务，形成客户需求与产品更高层次的匹配，主要用于满足客户的个性化需求，例如定制设计、在线监测、产品选型及校准等。

（一）基础性服务的影响机制——满足通用化需求

在激烈的市场竞争中，企业如果想要获得更多消费者的青睐，摆脱同质化竞争的泥潭，一方面可以向消费者提供能够满足其使用需求的产品，另一方面还可以提供能够极大方便消费者的产品购买和产品使用全过程的服务。因此，越来越多的制造业企业开始向消费者提供依托现有实体产品的基础性增值服务。企业通过以往的历史经营数据以及当前的市场调查数据，挖掘出大多数消费者的通用化需求，并根据需求生产出能够满足大多数消费者的产品。除了产品生产之外，企业还积极拓展能够直接对接消费者的价值链下游环节业务，通过向客户提供产品使用全程管理的配送、安装和维修等售后服务，使得客户可以更便捷地购得产品和使用产品，提升了产品的使用体验，提高了产品的使用效率，保障了产品的使用价值。但是由于基础性服务是根据数据库信息挖掘所捕捉到了大多数客户的通用化需求，因此，也只能解决客户的部分问题。制造企业在挖掘消费者需求的过程中，势必会去除某些离散的数值，忽略部分消费者的个性化需求。同时由于消费者对产品没有足够的认识，并且对自身问题的认识可能也不够明晰，因此，无法准确地向制造

企业传递需求信息，必然使得产品的预先设计和制造会存在部分“缺陷”，因此，制造企业可以通过提供基础性服务进行部分弥补。基础性服务仍然是以产品为中心，服务的价值都体现在产品中，服务所带来的价值增值在产品的整体价值中所占的比重相对较小，制造企业通过提供广泛的、与产品相关的基础性服务形成区别于其他企业的差异化优势，在一定程度上提高了制造企业的市场竞争力。

（二）提升性服务的影响机制——满足个性化需求

对于某些具有个性化需求的离散消费者，制造企业生产的通用化产品无法满足这类消费者的需求。因此，针对这些具有个性化需求的消费者，制造企业通过构建信息交换渠道，实现与消费者的实时交互，使得消费者可以在产前、产中、产后全流程阶段对产品的制造进行实时监督，消费者逐渐介入到产品物化的全过程，消费者的需求得到了充分的满足。这种定制化的提升性服务实现了产品物化与服务提供的同步，在这个过程中，产品本身的价值被弱化，价值更多来源于制造企业提供的定制化提升服务，服务所带来的价值增值在产品整体的价值中占据主要部分。提升性服务不仅有效满足了消费者的各种个性化需求，而且为消费者创造了全新的消费体验，使得消费者从最基本的产品功能的满足提升到对消费体验情感的满足，从而实现了消费者对所提供产品更深层次的绑定。由于这种提升性的定制化服务难以被其他竞争者模仿，因此为制造企业构建了很高的模仿壁垒，能够为产品注入极高的附加值增值，使企业可以在强手如林的竞争市场中脱颖而出，在激烈的市场竞争中形成自身强大的核心竞争力。

三、投入服务化与产出服务化的协同互动机制

（一）投入服务化与产出服务化的互动关系

作为价值链上游的投入服务化和价值链下游的产出服务化，彼此之间必然也存在着一定的互动关系，都会对各自产生一定的影响。首先，投入服务

化对产出服务化的影响主要表现在以下两个方面：一是企业能够更好地把握消费者需求。制造业进行产出服务化，最重要的是要精准地把握消费者多样化和个性化的需求，而把握消费者需求是一件极需技巧和经验的工作，实现与客户的实时交互更是需要成熟的信息交互技术，很多制造企业只是精通产品的制造生产，并不具备精准把握消费者需求和构建交互系统的能力。因此，制造企业可以通过将这部分工作外包给专业化第三方服务供应商，相比于企业自身进行产出服务化，第三方服务供应商对所提供的服务业务拥有丰富的经验和大量专业的技术人才，因而可以使制造企业以更低的成本获得更好的服务，从而更精准地把握消费者的需求。二是使企业能够提供更好的基础性增值服务。制造企业面向消费者产品购买和产品使用全过程的基础性增值服务，如物流配送、售后维修等，企业可以将这部分服务工作外包给专业的服务供应商，形成长期的交流合作。这些专业化的公司由于经验的积累和规模经济效应的存在，相比于缺乏经验的企业自身去提供相关的基础性服务，反而可以在帮助企业节省成本的同时，给予消费者更好的服务体验。产出服务化对投入服务化的影响主要在于，通过产出服务化，企业能够合理投入生产所需的服务要素。产出服务化最重要的就是精准把握消费者需求，在得知需求之后，企业就可以根据消费者需求调整生产计划，规划产品生产所需的各种资源要素，避免不必要的浪费。因此，通过产出服务化，企业可以基于需求调整生产，更加有效地配置生产资源要素，合理购入所需的外部服务要素进行投入，避免浪费导致的成本增加。

（二）投入服务化和产出服务化协同对制造业升级的影响

制造业除了可以单独从价值链上游和价值链下游分别进行服务化之外，还可以从这两个方向共同发力，协同推动制造业的发展和升级。上游的投入服务化是专业化分工所产生的必然结果，通过提供专业化服务要素投入产品的生产制造过程当中，投入服务在优化企业资源配置效率的同时也提高了制造企业的生产效率，降低了企业的生产成本，最终使整个制造业的供给结构得到优化和提升。下游的产出服务化是市场经济发展的结果，是企业面向终端消费者多样化需求而开展的。随着收入水平的提高，消费者产生了各种多样化、个性化的需求，企业所提供的通用化产品无法让所有消费者得到满足。制造企业通过加强与消费者的互动联系，让消费者参与到产品生产全流程中，实现制造企业与消费者的良性互动。制造企业在向消费者提供产品的同时，更重要的提供基于产品的服务，服务所带来的价值增值远超过产品本身的价值。

当制造业企业通过上游和下游双向并行服务化时，产出服务化的价值增值当中也包含了投入服务化所创造的价值，并且两者协同创造的价值增值比单纯的投入服务化和单纯的产出服务化所能创造的价值更高。因为此时企业的投入服务化不仅是为了实体产品的生产，企业也可以借助更加专业的第三方服务投入进行产出服务化。制造企业将服务作为要素资源投入生产当中，并且将投入要素转化为“产品 + 服务”的产出提供给消费者。在这个过程中的服务投入一方面可以应用于企业进行服务产出，例如企业将产品配送服务、产品维修服务外包给专业化第三方服务供应商，用于满足消费者所需的基础性增值服务，或者企业通过购入拥有先进技术的专业化公司提供的实时交互系统，与消费者形成良好互动并满足其个性化的定制要求，投入专业化技术服务用于满足消费者所需的提升性增值服务，使制造企业可以低成本、高效率地实现消费者与企业的良性互动，实现需求与产品更高层次的匹配；另一方面，企业通过产出服务化精准把握了消费者的需求之后，可以基于消费者的需求合理购入专业化的服务资源要素，投入产品的生产制造过程当中，实现资源要素更高效的配置，避免因为不合理的外部资源购入造成浪费，提高了企业的资源配置效率，在形成企业内部和外部规模经济效应的同时，也有利于促进产品的技术创新和功能升级。通过投入服务化和产出服务化双向并行推进，制造企业不仅能够在投入端获取优质的服务资源投入，而且可以在产出端更好地提供面向消费者的增值服务，同时两者的协同互动使得各自的影响效应进一步放大，产品的附加值水平也得到了更大的提升，因而投入服务化和产出服务化协同进行更有利于促进制造业的发展和升级。

第三节　制造服务化路径分析

一、制造业技术创新驱动服务化协同

（一）技术创新驱动外在服务化的机理

1. 制造业技术创新与外在服务子系统组织结构

技术创新驱动制造业服务化的机理与结构分析如图 5-1 所示。

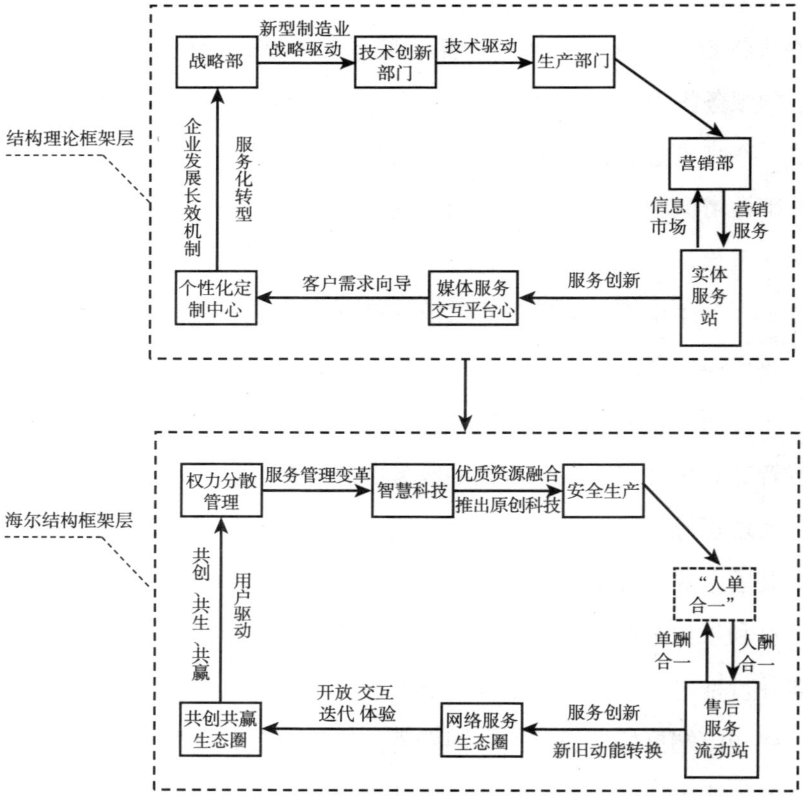

图 5-1　技术创新驱动制造业外在服务化的机理

从组织结构来看，战略部首先制定出企业制造发展模式变革和战略驱动，为服务化转型提供理论基础。相应的技术创新部门以技术为核心驱动力，运用互联网、大数据等技术手段，结合生成部门进行产品技术创新，为企业转型增加主要竞争力和实体产品，间接推动服务化。营销部门与实体服务站实现市场信息的交换和服务营销信息的交换，促进外在服务化具体转型。企业以媒体（例如 APP 的使用）为服务交互平台，在售后保持与客户的沟通交互，为客户提供安装、营销、物流、维修、保养等服务的同时获取客户需求并延长产品生命周期，以实现外在服务化转型和长效发展机制。实际上，在媒体交互、移动信息互联等 IT 技术应用不断加深，在整个服务化转型过程中企业的部门界定逐渐笼统化，从有边界划分到无边界形式，每一个员工都可以成为外在服务的主体。而这种组织结构的笼统化正是制造业在服务市场发展的不断自适下做出的结构调整，从简单无序变为复杂有序的过程，即往协同的方向发展，进而达到技术创新与服务化的相互推动效果。

海尔公司重点打造服务化升级，从战略层面进行权力分散，即每一位员工都是创业者和服务者，实现组织结构向服务化方向演变；企业以“小微主、创客、平台主”三种形式存在，共同的目标是以用户需求为导向创造利益。原有的层级结构运作费时费力，不适应服务化的多变性与多元化。海尔在全球建立了十大研发中心作为技术支撑平台，研发网络社区交互平台，实现资源信息的共享，打破用户壁垒，构建线上线下结合的开放式创新生态系统，推动原创科技的产出。海尔“人单合一”运营模式由传统的企业为员工付薪转变为员工为用户服务订单，用户为员工付薪的模式，激发员工服务的内生动力，从结构上属于引导外在服务从无序变为有序的协同演进。海尔建立相应的售后服务流动站和网络服务互动生态圈，实现产品售后系列服务及用户需求了解，最终实现员工、用户、企业共创共赢以及员工、企业的共生。

2. 制造业技术创新对外在服务化的推进作用

技术创新子系统的产出分为新产品创新和新技术创新，新产品创新是物质上的改进，新技术创新是在原有产品的基础上加以新技术以获取更强有力的市场竞争力。新产品创新分为实体产品创新和线上 APP 的创新，将原有的产品改进为具有增加服务功能的新实体产品；开发 APP 便于与客户进行信息交互和售后管理，增设服务途径。通过技术改进改善原有产品，增加其服务功能，以获取更高的客户满意度。新产品的开发和原有产品服务功能的增加作为技术创新产出，将知识要素导入服务投入中，以推动服务化子系统更有序、更完善地运行。目前大部分服务制造业一方面线下建立管家式服务流动站，对产品维修、保养、以旧换新、上门安装等一站式管理到位，提升品牌形象和产品质量；另一方面通过互联网等线上形式与客户交互，了解用户满意度、改进意向、市场需求以及产品寿命周期的保管等，给用户提供良好的售后服务。企业通过这两个渠道获取市场信息、技术资源、客户需求等信息，以信息要素为导向传递给技术创新子系统，推动其向更强有力的方向发展。

3. 制造业技术创新驱动外在服务化的机理模型

目前制造业技术创新子系统以新产品的创新和原产品技术改进为依托推动服务化子系统的过程实际上是以知识要素为导向。将服务知识蕴含在产品中，增加产品的服务功能，直接推动服务化的进程；将知识要素通过互联网等网络技术（如 APP 等）转化为与客户的信息交互，以获取客户需求等信息，间接推进服务化进程。知识要素作为服务化投入的重要部分，推进服务化子系统自身的有序运行。同时，服务化子系统将获取的市场信息、技术资源和客户需求等信息要素反馈给技术创新子系统，对技术创新子系统的演进具有直接的推动作用。制造业技术创新驱动服务化进程的机理模型如图 5-2 所示。

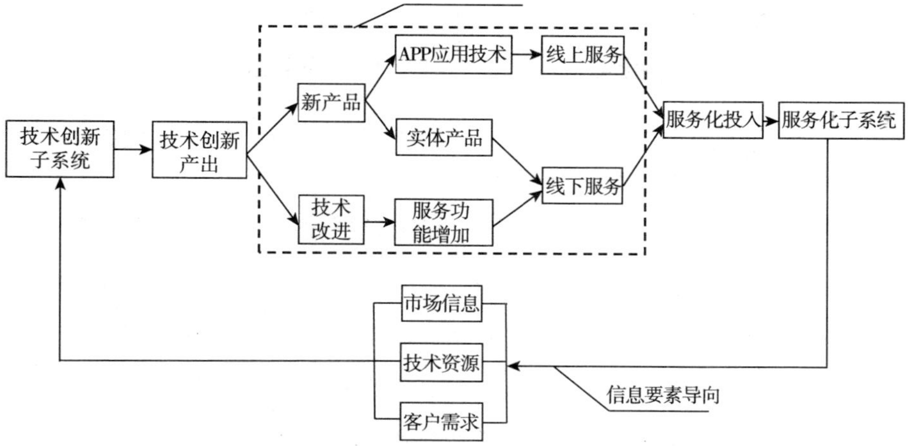

图 5-2　制造业技术创新驱动服务化进程的机理模型

（二）产业链视角下的制造业技术创新与外在服务协同演化

制造业企业实际上是一个复合系统，产品技术创新与外在服务分属于产业链上生产和销售两个环节，二者若发生协同演化，必然出现产业链延伸的宏观有序结构，从产业链角度研究二者关系具有必要性和可行性。从广义上讲，产业链向上游延伸使产业链进入技术研发环节，即产品技术创新；向下游拓展进入市场环节，即外在服务。从狭义上讲，产品技术创新是产品生产环节，外在服务作为销售环节，构成一条企业内部产业链，并且服务化作为产业链延伸，给公司带来更可观的收入，二者在公司内部产业链上互相推进。在该产业链上，技术创新子系统和外在服务子系统作为企业内外部两个独立的子系统，既各自独立又相互影响。

1. 基于产业链视角的制造业产品技术创新与外在服务协同演化模型

技术创新子系统对外在服务化子系统的促进以及服务化进程对产品技术创新的反作用，导致一定的有序平衡状态，这时可称为协同效应。归纳总结技术创新与外在服务化出现协同发展的条件如下：

（1）剥离后的技术创新与外在服务化两个子系统相对独立、相互制约和干扰。

（2）两个子系统各自与外界有物质和能量交换：技术创新子系统接受制

造企业负责系统的经济投入、人力投入、技术投资等能量，其向外界输出创新型技术等；外在服务化通过信息等渠道与外界实现信息交互。

（3）自身内部可自发协调：技术创新子系统与外在服务化子系统可根据自身发展和需求不断完善自我，发展自我。

（4）技术创新子系统与外在服务化子系统受制造业负责系统中其他子系统的影响，各个子系统在相互影响下互相协作发展，完成制造业的转型升级。

（5）技术创新子系统与外在服务化子系统目前远离平衡状态。

（6）技术创新子系统与外在服务化子系统相干性逐渐变强：由于技术创新与外在服务之间不断输出和反馈用户需求等信息，相互作用逐渐大于该子系统本身的不规则运动。

制造业复合大系统中技术创新与外在服务化子系统之间的相互作用受技术研发投入、研发人员数量、销售人员数量等增长快慢不同的控制参量影响，当系统相干性逐渐接近于期望效用值时，变化较慢的控制变量会逐渐减少，这些少量的慢变量确定了制造业系统的有序度。若控制参量到达“阈值”，相干性起着主导作用，制造业系统中出现由技术创新与外在服务化子系统之间相干性起关键作用的协同运动，此时呈现了有序宏观结构。在制造业中，技术创新和外在服务是转型升级最关键的两个途径，二者之间存在着强互扰性，必然导致制造业系统在技术创新与外在服务化子系统相干性的作用下协调发展，出现内部产业链的延伸和外部产业链的拓展的宏观结构。该作用是服务化在技术创新驱动下产生的产业链延伸的结果，用协调度来研究二者的作用程度是可行的。制造企业产业链内外部延伸分析模型如图 5-3 所示。

2. 产业链视角下技术创新与外在服务化的协同效应模型

基于产业链视角，制造业从生产产品到营销产品为整个经营过程。生产阶段技术创新作为技术支撑为生产提供核心技术来提升产品市场竞争力，起到产业链的纵向延伸作用。外在服务化中服务投入与产出横向延伸原有产业链。技术创新子系统通过加大投入与产出提高产品的服务质量和技术水平，间接提高服务能力。外在服务化子系统以产品营销子系统为平台，以服务投入和产出为手段获取服务要素（市场竞争和客户需求），以市场反馈渠道为信息流通途径反馈给技术子系统，为其生产契合市场和用户的产品提供信息依据。该环节为闭环反馈，外在服务化子系统在和产品技术创新子系统既各自独立运行，又通过反馈渠道相互作用，相互影响的进程中信息作为纽带和传递作用十分明显。当前新时代外在服务以大数据、互联网等为平台，既在线上提供服务，同时也提供线下实体服务。由此两子系统之间的相干性在信息流通加快下必将大于自身不规则运动，当相干性起决定作用时必定自发地出现时间、空间和功能上的有序结构，即制造业复合大系统中出现了基于产业链横向和纵向延长的宏观有序结构，两个子系统达到了协同效应。但目前二者的协同效应不高，用协调度来衡量较为合理。制造业技术创新与外在服务化的协同效应模型如图 5-4 所示。

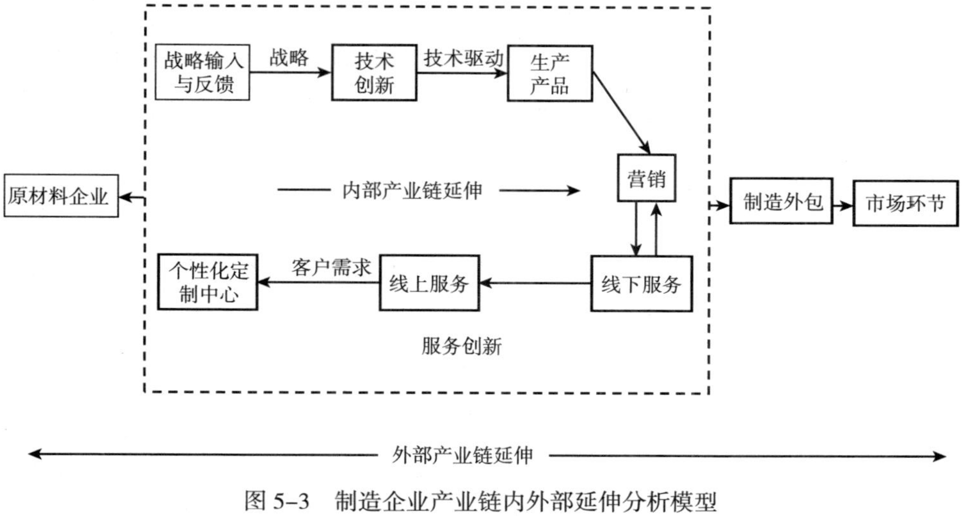

图 5-3　制造企业产业链内外部延伸分析模型

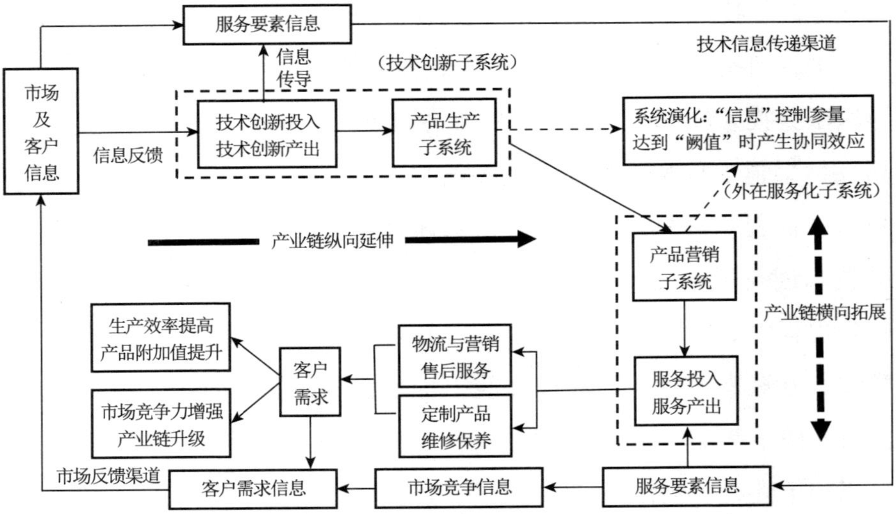

图 5-4　制造业技术创新与外在服务化协同效应模型

二、制造服务外部化的路径分析

制造企业在进行服务化转型时，不仅需要在投入服务化、产出服务化或投入和产出服务化同时进行中做出决定，还要在不同服务功能的内部化或外部化之间做出选择。制造服务的外部化和内部化是制造业服务化过程中的两大并行趋势。就具体的价值链活动在外部化与内部化之间做出选择，将直接关系到企业的生存与发展。

（一）制造服务外部化路径的正向影响机制

下面从成本节约效应、柔性生产效应以及其他竞争优势效应等多个方面讨论制造服务外部化路径对制造业的正向影响机制。这些不同方面之间相互联系、相互交织，仅根据其理论基础和侧重点对其进行分类。

1. 成本节约效应

成本节约是实施制造服务外部化路径最为明显的正向效应。其影响机制主要是，由于外部供应商通常具有一定的比较优势、规模化优势和专业化优势，使其可以为制造企业带来价格更低廉的生产性服务，进而使制造企业的成本降低。

比较优势的产生主要是由于不同国家、地区的资源禀赋各不相同，因而导致了即使是同种产品或是相同的生产环节，其成本和生产效率也不尽相同，各国家、地区根据自身优势从事低成本、高效率的生产活动，从而获得比较优势。制造企业执行制造服务外部化路径，在全球范围内选择能够以较低成本提供高效服务的外部供应商，将不同生产性服务分散外包给他们，利用其比较优势实现成本降低。

规模化优势是指由于组织经营规模和产量的增长，使得其单位生产成本大大降低的经济效应。外部供应商通过将经营活动集中于某些特定的生产性服务，并将其提供给多家制造企业，从而具有了规模化优势。规模化经营能够提升服务的标准化程度，同时也由于人才招募和物资采购的集中化和规模化而使得相应的招聘成本和单位采购成本大幅降低。

专业化优势是在规模化经营的基础上实现的。制造服务外部供应商通过生产性服务的规模化集中供给，得以分摊消化专业化服务技术研发和人才培养等相关成本，从而以更低成本提供更先进、更高效、更优质、更专业的生产性服务业。与此同时，在为众多不同客户提供专业定制化服务的过程中，学习效应的发挥使外部供应商积累了丰富的实践经验，有效识别了各种不同类型的服务需求，从而有针对性地提供恰当的服务，大大降低了制造企业的服务探索成本。

通过选择制造服务外部化路径，使得制造企业内部提供某些服务时的成本得以大幅降低甚至被消除，一部分固定成本被转化为了可变成本。与此同时，在将某些服务外部化给外部供应商时，时常伴随相关资产的转移，这也在一定程度上降低了企业的资金占用率，并有效降低了企业的设备维护等成本。

2. 柔性生产效应

制造服务外部化路径为企业的生产范式由“福特主义”转化为“柔性生产”提供了有效支持。柔性生产具有更强的环境适应性，使得企业能够快速应对内外环境的变化，及时做出相应调整。这种“柔性”突出体现于生产过程柔性和人力资源柔性等方面。其中，生产过程的柔性主要通过垂直分解实现。所谓垂直分解，是与垂直一体化相对应的概念，是指企业自身掌握关键技术和主要产品，同时对生产过程中的非关键环节以及零部件生产等环节外部化。这就必然会形成一个由多个企业组成的网络状交易组织，网络中核心企业的活动由处于各个节点位置的专业化中小企业提供外部支持。人力资源的柔性又包含了数量柔性和职能柔性两个方面。一方面，数量柔性的实现依赖于企业二元人力资源结构的建立，通过由稳定的高水平、高技能核心人才完成企业的核心业务，而由灵活招募的边缘性劳动力完成企业的一般性业务以及应对需求激增的状况，实现企业长期负责的核心人才的最小化和潜在灵活的一般性劳动力的最大化。另一方面，职能柔性的实现则依赖于具有弹性工作时间、多项技能以及较少受职业限制的人力资源的获得。

制造服务外部化路径的执行表现为垂直分解过程。将非战略性的服务活动外部化，本企业仅保留核心服务活动，从而减少长期雇佣的劳动力数量，在保证核心人才资源供给的同时，提高了一般性劳动力的利用效率，同时实现了数量柔性和职能柔性，促进了二元人力资源结构的建立。制造服务外部化路径扩大了企业的劳动分工，由外部服务网络的建立而获取的外部规模经济取代了传统制造企业所依赖的内部规模经济以及范围经济。因此，企业得以根据内外环境的变化及时做出调整，实现生产过程的柔性。大量基础性生产性服务活动的开展进一步加强了网络成员间的沟通与交流，增强了彼此间的信任，促进了制造服务外部化的实施以及相应成本和风险的降低，同时也保证了实施企业在网络中的主导地位。

对于制造企业而言，制造服务外部化路径的实施大大降低了服务内部提供的风险，企业得以降低或避免为建立相关服务部门以及培养和引进专业服务人才而须支付的高昂成本，将这些固定成本转变为可变成本，拓宽了企业的现金流。与此同时，制造服务外部化路径的选择也能帮助企业应对服务需求所特有的不确定性，如某些特定服务所需的投入或企业对某些特定服务的需求高度不稳定且难以预测时，通过外部供应商获取所需服务就成为更佳选择。而对于外部供应商而言，规模经济效应的发挥也使风险得以分散和降低。

3. 其他竞争优势效应

除以上两种效应外，制造服务外部化路径帮助企业获取竞争优势的机制还包括以下三个方面：

第一，制造服务外部化路径是企业“归核化”战略的构成成分。企业将非战略性服务外部化，集中精力于战略性服务活动，培养内部保留的专业高技术核心人才，提高核心竞争力。由此，企业得以优化资源配置，防止非核心业务占据管理者才能，在强化现有核心业务竞争力的同时，发掘新的核心竞争力来源。然而伴随这一过程，企业往往需要为核心生产性服务投入大量且多样化的知识和人力等资本，但企业自身却很可能并不具备相关资源和能力条件基础。此时，制造服务外部化就为企业的核心竞争力培养提供了一条切实可行的路径。如果企业由于内部知识、人力、技术等资源的匮乏或能力的缺失而导致其无法维持或建立核心竞争优势，制造服务外部化路径就成为其所需资源和能力的主要来源。

制造服务外部化路径实施后，企业从外部供应商处获取核心生产性服务提供所需的知识、技术等资源，大大降低了其复制成本，同时也有利于外部供应商专业化技能优势的最大限度发挥。与此同时，为了提高对外部知识、技术等资源的吸收和转化能力，企业也会加大相关投入力度，有助于自身核心技术和人才的养成，为长期培养和提升核心竞争力奠定了基础。

第二，制造服务外部化路径有利于提高企业经营效率。企业将非战略性服务外部化，一方面精简了内部业务构成，另一方面由于外部供应商更高的服务效率而提升了整体经营效率。外部供应商由于面临着巨大的市场竞争压力，不得不长期大量投资于相关知识的获得和人才、技能的培养，总结和积累各种定制化服务的提供经验，努力提高服务的提供效率和质量，从而吸引和留住客户，求得生存和发展。特别是当制造企业外部化部分非战略性业务流程的运营和管理等活动时，往往会向外部供应商提出一些严格的绩效标准以保证其服务的质量和效率，从而便于其更高效地经营战略核心业务，最终从整体上提高经营效率。

第三，制造服务外部化路径有利于企业实施差异化竞争战略。差异化竞争战略就是指制造企业能够为客户提供区别于市场上普遍产品的个性化的特色产品，进而创造出独特优势的战略。随着信息技术的发展和经济全球化发展，市场上实体产品的同质化趋势不断凸显，将外部供应商提供的服务有机融合于企业自身的有形产品，为客户带来更具特色、更符合客户需求、更具价值的产品，成为竞争优势的主要来源之一。制造服务外部化路径的成功运用，能够使企业获得更多、更好、更高效、更优质的生产性服务，大大提高其“物品—服务包”的整体质量，进而提高客户的感知价值和品牌认可度。同时，随着信息、物流、咨询等生产性服务的发展和应用，企业大幅度提高了对外部供应商的管理效率，使网络成员间的合作关系越加紧密，有效缩短了新产品的研发和上市周期，成为差异化竞争优势的另一个主要来源。此外，企业将非关键战略性或一般性的服务活动外包于外部供应商，为自身腾出了更多的可支配资源，用于先进生产性服务的创新研发，进而将研发成果与已有的核心产品和服务相融合，提供给客户领先于竞争对手的差异化产品，从而得以获得竞争优势。

（二）制造服务外部化路径的负向影响机制

制造企业实施服务外部化路径主要是希望通过这种战略路径选择降低企业成本、避免不必要开支、提高生产柔性、将更多资源用于核心业务的发展上，从而获得效率提升以及差异化优势。然而，在其实际执行过程中，伴随企业间复杂合作供求关系的形成，也不可避免地存在着多方面的潜在风险，从而可能导致路径选择的结果并非完全按照制造企业所预期的那样。特别是服务的无形性特征，使得制造企业在执行服务外部化路径的过程中存在许多不可控因素，进一步加剧了其可能的负向影响机制。本节将从超预期成本、供应商控制弱化、核心资源与能力丧失以及社会文化风险承担四个方面对制造服务外部化路径的负向影响机制进行分析。

1. 超预期成本

制造企业执行服务外部化路径的其中一个主要目的就是节约成本，那么如果服务外部化并没有能够使成本有效降低，也就很可能意味着服务外部化路径选择的失败。制造企业在执行服务外部化路径之前，必然会面临识别和评估拟外部化的服务活动和供应商、相关法律咨询、与合作方之间的商务沟通和谈判以及协议和合同的订立和起草、相关人员的商旅活动、建立有效的服务效率评估机制等诸多方面的大量成本支出。而生产性服务所固有的无形性特征带来了更多的不确定性和不可控因素，极易造成相关成本的上升。这些成本的上升可能来自以下几个方面：首先，由于制造企业的定制化服务需求及其复杂性，使其往往难以完全精确地向外部供应商表明其真实服务需求。因此，要想获得满意的服务，制造企业必须就服务的具体内容、要求和标准等与外部供应商进行频繁的沟通交流，从而导致信息交流成本的上升。其次，由于服务的无形性，无论在事前还是事后，制造企业都难以对外部供应商的所提供服务的质量进行有效评估，从而使其在选择供应商时只能依据市场声誉；而当所选择的外部供应商没有足够经验或能力提供完全符合制造企业需求的某些特定服务时，制造企业还不得不对外部供应商的相关人员进行培训，帮助其了解企业的具体业务以及所期望达到的目标，从而也导致了额外的培训成本。最后，由于生产性服务的价值难以评估，加大了供需双方就其价格达成一致的难度，容易导致缺乏制造服务外部化经验的企业付出过高成本。同时，双方就合同内容进行谈判、协商和最终签约时，经常需要双方的相关人员进行面对面沟通，特别是在离岸外包时，由于空间上的距离而产生的商旅费用也在一定程度上导致了谈判成本的提高。

制造企业与外部供应商之间的合作关系正式确立之后，制造企业仍面临着为监控和管理外部供应商而须支付的成本。对于缺乏经验的制造企业，在执行服务外部化路径的过程中，往往会在安置相关人员、处理机器设备以及转移无形资产等方面面临高额的管理成本。同时，这些企业在面对经验丰富的外部供应商时，处于明显的信息劣势地位，极有可能被隐瞒部分重要信息，而这些隐藏信息背后的隐藏成本将会在服务供应的过程中逐渐显现，从而使企业的真实成本超出预期。此外，由于制造企业服务需求的特殊性和复杂性以及信息的不对称性，其与外部供应商之间的合约很难在签订之初完备，而由于内外部环境随时处于变化之中，企业的目标也可能随之发生改变或调整，因此，在长期的供求关系中，就需要合作双方不断地交流、沟通，调整服务的内容与效率，从而导致了信息交流成本、谈判成本和商旅费用的提高。

企业运营各环节所需的生产性服务活动绝非彼此之间隔绝而存在，其具有紧密关联、频繁交互，某种服务活动的实施效果受到其他服务活动实施效果的影响。因此，若各环节服务活动之间的联系非常紧密，就易造成牵一发而动全身的情况，使得协调与管理的成本大大提高。这种服务活动间的关联性主要包含两个方面，即外部化的某种服务活动与内部的某种服务活动相关联以及外部化的某种服务活动与外部化的另一种服务活动相关联。为保证各种服务活动协调有序进行，企业须花费一定的人力、物力对其进行管理和协调，从而使管理成本上升。企业为确保外部化服务能够有效满足自身需求，仍须对外部供应商实施管理和监督，由此也会产生额外的监督成本。除此之外，当企业由境外获取某些生产性服务时，还常常由于服务贸易壁垒而须支付高额的成本。

2. 供应商控制弱化

外部供应商可能存在机会主义行为并受到有限理性的影响。生产性服务供需双方之间信息的不对称性及其无形性，使得企业对外部供应商的控制难度以及对其服务质量的评估难度上升。由于双方之间签订的合作协议往往是不完善的，其中的服务内容和标准等难以明确界定，从而容易导致外部供应商产生机会主义行为，主要表现为外部供应商为了提高自身利益而违背制造企业服务外部化的目标，如提供内容不符或质量未达标的服务，从而妨碍了制造企业的经营效率。尤其是当从外部供应商处获取的服务是直接嵌入制造企业最终产品的产出服务时，那么这些服务的质量会直接影响到客户的消费感受，使得品牌形象与客户忠诚度降低。在离岸服务外部化的情况下，地域、语言、文化、市场等各方面的差异进一步加大了外部供应商产生机会主义行为的可能性。

与外部供应商之间长期稳定的合作极易使制造企业对其产生依赖，当这种依赖达到一定程度时，就会为企业带来巨大的风险。这种风险主要表现在以下几个方面：一是当内外部环境如企业业务范围、产品类型、竞争环境、技术条件、政策法规等发生巨大变化时，若企业无法及时更改协议内容，或者供应商无法及时提供协议更改后的相应服务，就会大大降低企业的环境适应能力，也即柔性。二是当企业过度依赖外部供应商，而其停止提供相关服务或者无法再提供能够满足企业要求的服务时，企业难以控制或适应这种变化，那时企业将由于缺乏必要的知识、资源、设备和人力，难以在短时间内将外部化的服务再向内部转移，从而严重影响企业生产和服务活动的正常运营。三是外部供应商在与企业的长期合作中，通过直接参与其内部运营活动并与其客户频繁接触，学习了大量知识、获取了大量信息、积累了大量经验，并且很可能与其客户建立起密切关系，从而容易成为制造企业有力的竞争对手，对其产生重大打击。四是若市场上某种生产性服务供不应求，外部化路径就会使制造企业在供求关系中处于不利地位，难以主导外部化服务关系网络。如果市场上能提供满足企业要求的服务的供应商数量很少，或者在服务的提供过程中包含有大量的特定供应商的专有资本，那么就会大大提高制造企业的供应商转换成本，并且有可能造成被其锁定的风险。

3. 核心资源与能力丧失

执行制造服务外部化路径可能会造成与企业核心竞争优势和创新能力密切相关的重要资源与能力的丧失。

首先，这些重要资源与能力中很可能包含企业一定的特殊技能、专业知识和人才，从而造成企业创新能力的下降。一方面，企业创新能力的获得与保持依赖于高质量、专业化的人力资源，企业通过持续关注、柔性化管理以及完善的奖励机制，激发他们的创造性，从而产生创新效应。此时，若将信息、技术、软件开发等重要服务活动外部化，势必会造成某些高级人才的流失，降低企业的创新能力。而且，当企业期望通过外部化实现成本降低和柔性管理时，易造成员工间交流与合作的减少，影响企业文化、企业使命和企业愿景的构建，从而对企业创新性战略的生成产生负面影响。另一方面，首先，企业若想在市场上占据一定的差异化竞争优势，就期望能够持有区别于其竞争对手的独特的技术或服务；而对于外部供应商而言，则期望将成本分摊于尽可能多的制造企业，其实现途径就是技术和服务的标准化。这也就使两者之间产生了目标上的冲突，不利于提升创新能力。其次，企业将某些服务活动外包于外部供应商，就意味着剥夺了内部员工从这些服务中学习知识和经验的机会，而外部供应商在这些服务活动的实践中获取的知识和技能，企业又难以直接复制和吸收。最后，企业在向供应商学习和获取自身所不具备的知识、技能和服务的同时，也可能造成本企业内某些核心技术与知识的外泄。由于服务的无形性、信息的不对称性以及双方协议的不完备，双方势必会频繁交流，这也就增大了企业关键技术与资源泄露的风险。企业可能由于关键技术和知识的泄露而失去某些竞争优势，若供应商利用这些资源为自己谋取利益，无论是将其卖与企业的竞争对手还是自身成为企业的竞争对手，都会对企业造成巨大损失。

4. 社会文化风险承担

社会文化风险主要是指制造服务外部化对企业的管理者和相关人员的心

理和情感产生负面影响，从而不利于企业文化和凝聚力等建设。企业出于某种原因，如内部供应的低效率，而将某种服务活动外部化，对于其原管理者而言，其名誉和职业生涯势必会受到负面影响。除此之外，实施服务外部化也会影响员工的心理契约。这是员工与企业之间达成的一种共识、形成的一种默契和信任，是两者之间的隐性契约：企业在一定程度上满足员工的物质、精神以及发展需求，员工为企业的发展贡献自己的力量。制造服务外部化很可能破坏这种契约，从而导致员工工作积极性和效率的大幅下降。企业员工可能因此而失去安全感，陷入害怕本部门因为边缘化导致自己失业的消极情绪中，难以安心工作；同时也可能失去方向感，对于未来工作方向和目标感到迷茫，导致工作效率大大降低。对于在制造服务外部化路径执行过程中，工作被由本企业转移到外部供应商的专业人员，可能由于认为自己被当作资产出售而产生怨恨心理，进而对企业产生负面影响。员工满意度的降低造成了一系列消极的连锁反应，首先是员工工作的主动性和积极性下降；其次是员工忠诚度下降，员工将自身发展与企业发展相脱离，将精力转移到为自己寻找新的出路上。最终，企业原有积极融洽的文化和环境氛围也会由于员工和企业以及员工之间信任度的下降而遭到严重破坏。

三、制造服务内部化路径分析

（一）制造服务内部化路径的正向影响机制

制造服务内部化路径为企业带来了新的收入来源，拓展了利润空间，同时在一定程度有助于克服实物产品销售收入的波动性和不稳定性。与此同时，制造服务内部化路径以客户为主导，鼓励客户参与企业内部经营活动，在努力满足客户需求的过程中实现自身的经营目标，符合市场环境的要求。此外，生产性服务的环保性能还有利于改善实施制造服务内部化路径企业的环境绩效，实现其集约式发展。作为一种路径选择，制造服务内部化有助于建立和保持企业竞争优势。

1. 竞争优势效应

第一，企业实施制造服务内部化路径有利于差异化竞争优势的养成。各种市场因素如产品标准化、客户对市场上产品熟悉程度的提高、竞争者对典型成功案例的复刻等，都使得实物产品趋于同质化、商品化。企业已难以维持以产品的性能差异为基础的差异化竞争。客户收集信息和议价的能力大幅度提升以及市场上同类产品的激烈竞争，使得企业易陷入价格战之中，难以实现差异化竞争和获得差异化所带来的效率提升和利润空间扩大。

利用内部化路径将服务融入自身产品中，并通过服务的差异实现“物品—服务”组合的差异化，服务的附加价值可以使产品价值有效提升，融合服务后的产品易给客户带来定制化的感受，企业得以在一定程度上消除产品同质化带来的负面影响。企业通过为客户提供具有特殊价值的、区别于市场上一般产品的、包含个性化服务的综合供给物来实现差异化竞争。这种“差异”可能来自外观设计、技术含量、营销方式、售后服务、品牌形象等各个方面所具有的独特性。首先，制造服务内部化路径有利于实现企业物品和服务的异质性。一方面，企业可以通过将内部研发的先进技术或知识应用于物品和服务之中，从而实现其性能的提升和创新；另一方面，企业可以通过将多种不同物品和服务进行有机结合，形成具有不同性能的“物品—服务包”来实现综合供给物的异质性。其次，企业还可以通过将设计理念和企业文化融入提供物，通过对员工进行培训以及营销方式创新，在销售的过程中有效传达给客户，使客户对企业的提供物产生与市场上同类提供物不同的感知。最后，制造服务内部化路径以客户为主导，企业在生产经营的各个环节中都会将客户的需求与感受放在首位，鼓励客户参与到提供物设计、生产及售后等各个环节之中，从而更好地感知和把握客户的不同需求，提供定制化的综合供给物，实现自身的差异性。

第二，制造服务内部化路径有利于企业创造并持续保持竞争优势，维护其独特的市场竞争地位。企业所形成的内部提供服务的能力对于企业而言是极具价值的，对于外界而言是独特的，因而是企业竞争优势的重要来源，这种能力同时也是不易被模仿和替代的，因而更具持久性。因果模糊性是这种能力不易被模仿和替代的主要原因之一，其他企业在试图进行模仿时无法确定相同的服务投入是否能有预期的相同产出。这种原因与结果之间的不确定性即为因果模糊性，其产生包含多方面的因素，如服务的无形性、企业服务内部化能力的差异、企业核心能力的差异、服务内部化能力与核心能力结合的方式与效果的差异等。“因果模糊性”不同于“模仿的不确定性”，前者的不确定只是对于企业的竞争对手而言的，而后者的不确定既是对于竞争对手而言的也是对于企业自身而言的，分辨两者之间的差异对于实施制造服务内部化的企业而言非常重要。

制造业企业向其客户企业提供的“物品—服务包”往往是根据客户企业的实际状况量身定制的，这也就使双方在交流沟通时产生了一系列的潜在信息和知识，这些信息与知识是隐性的，竞争企业难以模仿或复制。客户企业在“物品—服务”供给物的实际使用过程中判断其质量以及自身需求是否得到良好满足，如果感到满意，客户企业一般不愿更换供应商。这是因为，服务的无形性以及由此带来的信息不对称性使客户企业很难预先评估新供应商的供给物质量，而当客户所需的供给物具有较高复杂程度时，更是大大提高了其满意的新供应商的搜寻成本。而即便是在找到了新供应商之后，双方仍需要一段时间的磨合和适应，客户企业需要投入大量的时间、精力来帮助新供应商了解自身业务需求和现有情况，还可能要对新供应商的相关人员进行培训，这些都是难以避免的转换成本。因此，客户企业更加倾向于与制造业企业建立和保持长期稳定的合作关系。在长期合作过程中，制造业企业已对客户企业的实际需求和真实情况有了深入和全面的了解，能够及时为其提供满意的供给物，满足其个性化需要。对于实施制造服务内部化路径的企业而言，与客户企业之间长期合作关系的建立，必然会带来一些基于情感联系的无形资源，如信任、忠诚、依赖和声誉等，而这些基于长期合作的无形资源是竞争对手模仿不来的，从而有效降低了来自替代品和新进入者的威胁，在一定程度上锁定了客户企业，为其带来了更持久的竞争优势。

实施制造服务内部化路径的企业在其实物产品销售过程中积累的客户资源，为其生产性服务以及“物品—服务”的综合提供打下了较为稳定的客户基础，而在此过程中树立的良好信誉和品牌形象，又使其具有了先于生产性服务企业的客户信赖和支持。对于新进入者而言，要想跨越障碍、进入市场并占有一席之地，就要花费大量的人力物力以及财力等各种资本，创造出更具优势的“物品—服务”提供物，同时也要投入大量精力和资源用于新的提供物的宣传和推广，将其特色和优势充分传达给客户，以求消除客户疑虑、获得客户认可。这就要求新进入者必须具有雄厚的实力和丰富的资源，使得现有实施制造服务内部化路径的企业处于优势地位。另外，实施制造服务内部化路径的企业在与客户企业长期的合作中，将自身的知识与客户企业的知识融合，扩充了知识库，获取了丰富的经验和创新能力，从而提升了经营效率。这对于客户企业而言，也增加了其实施相同路径的难度和对供应商的依赖性。总体而言，制造服务内部化路径的实施帮助企业构建起持久性的市场准入壁垒，从而可能导致市场的无效率。若企业利用这种无效率，就可能在一定程度上实现垄断经营。

第三，制造服务内部化路径能够帮助企业获得新的竞争优势。制造服务内部化路径的实施有利于企业开展能够创造更高附加价值的服务活动，向效率日益低下的传统加工制造环节以外的价值链环节拓展和延伸，通过服务的提供在价值链中占据新的位置，从而获得更多发展机会和空间。还可以通过拓展业务来满足更多的客户企业需求，这种拓展越接近企业—客户价值共创的临界点，越能为企业带来更多价值。在现实中，企业在实施制造服务内部化的同时往往还会对部分制造活动实施外部化，这样也使企业得以将更多精力投入于服务创新和发展，不断开拓新的利润增长点，形成新的竞争优势。

第四，制造服务内部化路径的实施有利于范围经济的实现。范围经济的含义是：由单个企业生产相互之间具有关联的多种不同产品的单位成本会小于分别由不同企业各自生产这些产品的单位成本。制造企业通过服务内部化扩展了经营范围，服务的嵌入使得企业提供给客户的提供物种类大大增加。这些嵌入的服务以及以往提供实物产品的过程中树立的品牌形象和声誉，都有助于其新的提供物的高品质信号传递，更容易取得客户的信赖。特别是对于这种质量和价值难以准确衡量的服务类提供物而言，品牌和声誉等无形资产就成为客户企业选择供应商时的主要参考内容。制造服务内部化不仅可以共享企业品牌形象和声誉等无形资产，还可以提高人力和知识等资本的利用效率，分摊相应成本。范围经济有助于企业进一步获得差异化优势。企业通过将各种实物产品与生产性服务有效结合，通过不同方式组合推出具有特定功能的个性化“物品—服务”综合提供物，以满足客户的多样化需求，在实现范围经济的同时获得差异化优势。实施制造服务内部化的企业通过鼓励和引导客户参与企业生产经营，从而准确抓住客户需求与偏好，针对性地进行生产活动，借助企业原有的客户资源，实现新的提供物的市场营销优势。综上所述，范围经济能够为企业带来多方面的优势，这些优势提高了企业的风险抵御能力和盈利能力的稳定性。

2. 环境绩效改善

企业环境绩效的改善是制造服务内部化路径的另一大正向影响机制。制造企业经营模式和内容的变化以及客户产品所有权思想观念的转变，都能够在一定程度上减少对环境的负面影响。例如，过去生产打印机的企业只负责打印机的生产和销售并提供有限的技术服务，客户企业则不仅需要选择打印机种类和款式、购买打印机及其相关耗材，还需要对打印机的运作进行管理，在打印机报废后还要承担后期处理责任；而如今的很多打印机生产商开始提供文档管理服务，之前由客户企业负责和承担的各种活动和责任全部转移给了打印机生产商，客户企业只要根据自身需要支付文档管理服务费用即可。新的交易模式使得交易双方的动机发生改变，制造企业尽量延长打印机的使用寿命，降低其维护、维修等成本；客户企业则尽量减少打印机的使用频率和次数，降低服务成本。由此，形成了一个环境绩效的良性循环，打印机的使用寿命和效率都得到了有效提高，不当使用和闲置造成的资源浪费则大大减少。制造服务内部化路径的实施使得企业对物品的责任范围由其生产和销售延伸至其整个生命周期。因此，为了延长物品的使用年限和效率，制造企业有动机从物品的设计、生产直到回收、再利用的整个生命周期中，提高各种资源的利用效率，减少浪费、降低成本，如努力采用改良的耐用环保型原材料、减少不必要资源的投入与消耗、降低维修和保养费用等，从而大大减少了对于环境的污染和资源的浪费。

（二）制造服务内部化路径的负向影响机制

制造服务内部化路径对于实施的企业而言具有多方面的潜在竞争优势，对于资源环境的改善也具有明显的正向作用，然而，这种经营模式的深刻变革对于企业而言也是一种巨大的挑战，随着来自多方的风险。在现实中，并非所有实施者都能真正获得制造服务内部化的潜在利益，很多企业由于未能克服服务内部化过程中的种种障碍而陷入“内部化困境”，对企业的发展产生了负向影响。本节将从外部和内部两个方面对制造服务内部化路径的负向影响机制进行分析。

1. 来自制造企业外部的负向影响机制

采取制造服务内部化路径的企业通过向客户提供生产性服务或创新“物品—服务”综合供给物而进入新的市场，即服务提供市场。新市场的进入壁垒来自同类制造企业、分销商、生产性服务企业以及客户企业等多方面的激烈竞争。制造企业若想在新市场中占有一席之地并高效运作以求得进一步发展，就必须投入大量成本以打造独特的竞争优势，这种为进入新市场并参与竞争而产生的成本也称为“竞争成本”。市场内现有的专业生产性服务企业和分销商等相比于制造企业而言不仅具有先行者优势，而且往往由于学习效应和规模经济效应的发挥而具有明显的成本优势。其先行者优势在于领先制造企业进入生产性服务市场，从而率先占据了一定的客户资源，树立起了品牌形象和声望，建立起了独特的服务文化；其学习效应在于专注于某些特定服务业务，相比之下，制造企业则需要同时参与产品市场和服务市场两方面的竞争；其规模经济效应在于服务整体市场，相比之下，制造企业则往往只针对与自身产品相关的细分服务市场。为了应对这些挑战，执行制造服务内部化路径的企业一方面可以基于自身产品和服务之间的关联，充分利用其人力和知识以及品牌和声誉等资本，分摊各方面成本；另一方面可以拓宽业务对象范围，在更大的市场空间内提供更多种类的服务，以求获取规模经济。然而以上两种措施在具体执行过程中还会产生许多新的问题和额外的成本。

执行制造服务内部化路径的最大障碍，来自客户企业对新的“物品—服务”综合供给物的抵制。客户企业对实物产品所有权的观念影响着其对内部化提供服务的制造企业的提供物的抵制程度。许多客户企业仍然保留着传统的物品所有权观念，认为拥有物品的所有权有利于保持其需求的稳定性和企业形象，因而不仅关心产品的功能，更倾向于持有其所有权。对于这些客户企业而言，仍难以意识到某些实物产品的后期运维成本其实远远高于其购买成本，以及购买相关服务为其带来的积极影响。例如，对于化学品管理服务的购买上，只有当客户企业意识到管理和处置化学品与购买化学品之间的巨大成本差异时，才会有意购买。除此之外，若客户企业认为制造服务外部化对其自身的负向影响发生的可能性超过其愿意承受的范围时，也会抵制新的“物品—服务”综合供给物。

价值度量的差异是与客户企业相关的另一种风险和挑战。客户企业使用制造企业提供物的方式可能并不像制造企业所预期的那样，他们可能并不认可制造企业所设计的价值创造形式，无法获得制造企业所认为其供给物应该具有的价值。客户企业的主要关注点在于供给物的使用价值，而使用价值又只有在供给物被使用时才会被感知，事先难以测度。这些都进一步增加了制造企业设计服务产品的难度，以及将提供物的真正价值传递给客户企业的难度。在确定新的提供物的价格和协商签订合作协议的过程中，都需要双方进行频繁的互动沟通，以求增进相互之间的了解，制造企业还很可能需要向客户企业的相关人员传授，以使其明确提供物的功能发挥途径及其效果，与之相伴随的，是信息交流成本的大幅提高。此外，在新的交易模式（制造企业负责实物产品的整个生命周期，只销售其服务功能而不转移所有权）下，制造企业获取了更高收益，但也承担起原本由客户承担的额外风险。

2. 来自企业内部的负向影响机制

除了上述来自企业外部的负向影响机制外，内部的抵制行为也会对企业制造服务内部化路径的执行造成威胁。执行制造服务内部化路径要求对企业的传统经营模式进行深刻和全面的变革，包括管理者的思维方式、员工的行为模式、组织结构、运作流程、能力培养方向、产品交付方式和企业文化等在内的各个方面都会发生相应转变。面对这种变革，一部分部门和员工相信其能够为企业创造更高利润，并且有利于企业的可持续发展，进而促进他们自身的发展和价值的实现，因而赞成变革。而与此同时，变革还可能由于会侵犯企业内部一部分部门和员工的利益而招致抵制行为。他们认为变革会对其权利、地位、现有的资源等造成威胁，从而构成变革的抵制派。制造服务内部化路径的执行过程伴随两派之间相互作用的“政治过程”，从而也带来了相应的“政治成本”。企业执行制造服务内部化路径，提供新的“物品—服务”综合供给物，进入新的市场，面对新的威胁，对于企业自身发展而言具有较大的不确定性，因而往往伴随较高的“政治成本”。

转型过程中企业内部的文化冲突是制造服务内部化路径执行过程中的又一障碍。按照传统的产品导向型文化，企业管理者及员工的注意力主要在于实物产品的相关内容，如外观、样式、特征、性能等。而制造服务内部化路径的执行要求企业管理者及员工以服务为导向重新构建行为模式及价值理念，将注意力转移到服务创新、技术支持、客户培训、关系管理以及相关咨询等方面。两种不同文化之间的巨大差异可能会使企业管理者及员工感到不适，难以在短期内适应和执行新的服务导向型文化，从而影响企业的经营效率。原本可以被作为重要可持续竞争优势来源的企业文化，也可能由于冲突而无法发挥战略资源的作用，从而使企业错失发展良机。服务导向型文化的建立过程是企业价值观体系的整体转变过程，因而可能遭到强烈的抵制，进而产生超出预期的“政治成本”。

此外，对于执行制造服务内部化路径的企业而言，其专业知识、特殊技能以及服务经验等最为重要的无形资源，实际上是掌握在员工手里，员工才是这些无形资本的承载者，是服务活动的微观传递单元。制造企业在交易中与客户企业建立的密切关系，实际上是本企业从事相关业务的员工与对方员工之间建立的社会关系。这些员工所掌握的无形资本和社会资本就成为其要求升职、加薪的有力筹码。企业为避免这些重要资产的流失，往往会尽力满足这些员工的要求，从而导致企业的用人成本大大提高。

第六章
提升制造业转型升级水平的对策

第一节　政府推动制造业转型升级

一、完善政府对制造业转型升级的战略规划

（一）突出创新驱动战略

在我国制造业曾经是资源环境性产业和劳动密集型产业，主要是发挥资源优势和劳动力优势。然而，进入新发展阶段后，低成本优势逐渐消失，创新驱动发展战略成为制造业转型升级的根本途径。政府要不断发挥主体地位，发挥主导作用，引导各要素向企业聚集，协助企业成为创新型企业，提升自主创新能力。

第一，建立创新业态系统，发挥政府的引导作用，推动政府角色转变，将创新服务作为重点，激活创新元素，加强流动，优化配置，并通过财税政策等工具，实现风险共担。

第二，积极鼓励大胆创新，引导企业自主研发，加强研发投入，开展创新项目，加快科研成果的转化，维护企业创新主体地位。

第三，制定规划，并全面推进重点产业创新，以特色制造业为支点，通过培育新兴制造业，提高创新技术的应用。

第四，组织技术创新，结合企业扩张程度、产品结构升级情况、创新能力、安全生产等，共同提升技术水平。

第五，政府部门通过基础设施建设、公共产品、公共服务的倾斜，有效促进重点领域、关键领域的创新突破。

（二）实施智能制造战略

近年来，随着经济运行的稳步增长，多项产业快速发展，智能制造产业

以及相关产业的不断推进，作为国家制造业综合实力的体现，制定智能制造战略对实现可持续发展具有重要意义。政府部门应当以推进智能设备使用，加速实现制造过程的智能化、自动化等为主要发展途径，来协助传统制造业转型。要规划智能制造的技术革新，全力推行“机器换工”，并以“机器换工”为中心对新技术不断进行改造，全面鼓励企业提高技术能力，鼓励创新，鼓励对设备改造的投资。在机械化程度较高的产品上要争取提高智能化的效率、传统产业设备上要提高智能化比例，在原材料储备、切割、喷涂等工艺环节要全面实现“机器换工”。

实施智能制造战略的具体操作如下。

第一，打造示范基地。要以高端发展为智能制造业的发展方向，通过选择较为集中的产业集聚园为试点，全力打造智能制造示范基地，并结合产业集聚园区智能设备、系统集成及管件不见的研发、应用等较为集中的特点，大力支持示范基地的建设。

第二，促进产业转型升级，实现传统产业的加速发展和两化融合。

第三，做好产业规划，进行分类实施、示范引领，政府部门要对示范基地和示范企业给予大力支持。

（三）协调各类企业共同发展

在制造业转型升级的过程中，可以引导龙头企业，实现以点带面，加速制造业转型升级，并制定长期发展战略，不断优化管理，提高企业的质量。政府要积极鼓励龙头企业扩展，开展跨境投资和并购，实现产业链延伸。龙头企业发展并积极发挥龙头企业的示范作用，整合行业资源，发挥资源优势，提供良好的市场竞争环境，发挥规模经济的优势，不断提升企业核心竞争力。积极鼓励建设以龙头企业为核心的战略联盟，引导领先企业发挥自身优势，并利用自身资本优势、品牌力量、营销网络等资源优势，带动行业内中小企业发展。对于龙头企业的收购并购、资产重组、品牌联盟等方式的资源整合要给予支持，并加强龙头企业间的联合行动，实现产业链上下端的延伸，对有关资产进行重组等，从而增强市场竞争力，完善自主创新。多渠道实现龙头企业之间的“强强联合”，提高规模经济效益、加强产业集聚度，鼓励龙头企业在横向上积极展开合作，形成共同发展的局面，在纵向上要提高设备智能化，配套设施要完善，实现以点带面、以大带小的行业发展形势，要以“龙头带动，配套设施跟进”的模式加速龙头企业发展，加快规模生产，提高产业积聚力量。

政府不仅要重视本地的龙头企业发展，还要重视小微企业的培育和扶持。特色小微企业往往是创新力的集聚地，是创新型技术的研发地。打造制造业的小明星，带动小微企业向专、精、特、新、优的方向快速迈进；重点扶持智能装备、清洁能源、生物医药产业等战略性新兴产业的具有高成长性的小微企业；搭建、打造中小微企业融资的综合平台，帮助和扶持中小微企业与优质龙头企业建立稳定的协作伙伴关系，保证原材料供应、技术共享等。

二、构建以政府为主导的公共平台建设

（一）搭建双创平台

第一，加强产学研合作。政府部门要面向企业搭建提供中介服务的制造业协同创新服务平台。平台由政府部门、社会服务机构、高校以及科研单位共同组成，为企业提供技术专利评价、会计审计、法律咨询及科技成果交流的服务，为制造业转型升级提供强有力的保障。

第二，积极培育大众共创的空间。要提高创业企业的质量，为创业企业给予支持，优质小微企业要大力扶持。政府部门则要做好服务，以政府投资为引导，吸引企业投资，引入社会资源，包括科研院所、高校、金融机构、行业组织等，使用闲置工厂等基地，为创业提供载体。着力开发精细生产型特色项目，将生产服务型小微制造业企业作为扶持重点，积极探索企业孵化器模式，并进行不断创新，形成企业生命周期的全方位支持，打造价值产业

链，整合资源，从创意对接到产品生产、市场推广等各个环节加以协助，从而形成全产业链闭环业务支撑。

第三，完善产业链条，引入创新技术。要注重创新，加强推进创新发展，形成创新链、产业链、价值链的螺旋上升。

第四，支持中介服务发展，提升科技咨询服务，加强评估、成果鉴定机构的培育工作，坚持高新技术产品推广、技术咨询、专利代理等机构的发展，为创新发展提供有序的市场环境，加快科技服务业发展，实施激励机制，保护创新生态环境。

（二）构建互联网 + 制造业模式

随着互联网技术的加速发展，互联网 + 研发设计能够实现产学研相互结合，实现生产、技术的互通互联。

第一，政府部门要鼓励企业建立信息互通机制，积极迎接大数据技术，运用互联网、云计算等技术手段采集客户信息，从而进行数据挖掘，以满足客户的定制性需求，实现资源的开放共享。通过搭建开放式平台，创新研发模式，实现协同共享，以互联网为基础，加强制造业创新发展，提升产业竞争力，追求物联网 + 产业的发展模式为主导，启动智能制造相关规划，并通过树立企业典型，不断推广智能化的产品，积极推动智能化设备，优化生产资源配置，降低成本，缩短周期，推进工业产品价值链向高端发展。

第二，通过推广“互联网 + 营销”的方式创新营销模式，精准营销，并支持智能制造业利用互联网平台，与企业对接、与市场对接，实现精准营销。

第三，在重点制造业方面积极发展电子商务平台，鼓励新兴纺织等大宗工业类产品进行垂直采购，从而有效降低企业成本。

第四，搭建现货交易平台，实现一体化服务，构建电商交易体系，实现在线交流、商品展示、市场监管等全方位综合发展。

（三）发挥市场主导作用，形成创新生态环境

随着全球产业格局变化，制造业产品不仅追求规模化生产，个性化、差

异化服务需求也逐渐显现，虚拟化、智能化的制造业组织逐渐活跃，以用户需求为导向的产品制造者逐渐实现企业价值。新技术能够有效推动制造业发展，新产业也是制造业升级的主导力量。要实现制造业转型升级需要解决技术创新和专业人才不足的瓶颈。在此背景下，政府部门要构建制造业价值网，吸引更多资源进入制造业，包括物质资源、人力资源、资金支持等，要集聚国内外的战略资源，为制造业发展提供良好的运营环境，有效促进制造业转型升级。

第一，加速推进创新机制，企业之间打造创新联盟、产业链上的企业打造创新基地、针对有需求的企业建立实训基地，引入金融机构，发展创投基金，实现四位一体保障创新发展。

第二，加强研发平台建设，营造创新的环境，不断激发市场热情，鼓励创新，并增强成果转化，提升转化速度，提高研发效率，保证研发产品质量，实现服务价值网的有效运行。

第三，注重基层组织的创新，营造创新氛围浓厚的市场环境，注重各市场主体的创新成果，要鼓励微创新，重视低层次创新，辅助企业将其创新技术或产品从量变转向质变。

第四，积极举办创新设计大赛，以活动的形式鼓励企业、高校、个人等不同主体积极创新，开动社会大众的指挥，并对优秀的项目和创意给予资金支持，全面推动制造业转型升级背景下形成的创新热潮、创业盛会。

（四）发展行业协会

制造业转型升级一方面要发挥政府的引导作用，另一方面还要厘清政府和市场、政府和企业之间的关系，通过减少政府相关部门的直接性干预行为，大力发挥行业协会的作用，进而有效弥补“市场失灵”以及“政府失灵”，最终有效推动行业的自我调节以及自我服务。在制造业转型升级过程中，行业协会要不断强化对企业的管理以及调控作用，行业协会往往由企业家组成，他们对市场的需求以及未来的发展方向更为敏感。因此，政府相关部门要为行业协会的发展提供较为宽松的平台环境，有效实现对企业技术研发、生产管理以及营销管理的指导作用。对于行业协会来说，在制造业转型升级背景下，要充分发挥其沟通桥梁的作用。对于企业和政府来说，行业协会要充分与政府相关部门进行沟通和对话，在税收以及产业升级等政策的制定方面，为政府相关部门提供合理的建议和对策，同时也为企业争取更多的利益和发展空间。对于企业和企业之间，行业协会要充分发挥相互沟通联络作用，当企业和企业之间存在利益冲突时，通过提供沟通协调的平台，基于行业的整体发展角度出发，调节冲突，缓和矛盾，实现企业之间的良性竞争。对于行业与行业之间，行业协会可以通过外联实现跨行业、跨区域的交流与合作，有效催生新的业务以及发展模式。通过有效发挥行业协会的作用，实现政府、企业与行业协会三者之间有效联动，相互配合与协作，进而有效推动制造业转型升级的有序开展。

三、打造政府部门高效运行机制

（一）明确政府相关部门的责任与任务分配

第一，政府应当明确各部门职责，以区域特色为基础，协同产业发展，并将传统优势产业进行深入引导和提升，不断加强优势制造业的人文底蕴，开拓视野，对传统制造业进行创新升级。一是完善相关产业规划设计，实施整体调度并形成有效管理机制，加快完善制造业空间布局规划，着重拟定制造业集群规划，积极落实循环经济发展规划。二是注重政策实施步骤，关注落实项目等，注重监督管理机制，对存在重大问题隐患的项目进行监督。三是根据总目标进行分解，结合各部门相关工作内容给部门指定需要落实的工作，并在政府部门中实现各部门的共识。四是搭建信息反馈平台，实现信息的有效反馈，加强项目的跟踪服务与事后分析，及时调整规划内容，解决矛盾，确保转型升级工作有序开展。

第二，加强扁平化组织管理，工业园区要实现有效的组织保障，管委会由政府的派出机构担任，具有经济管理作用，保证审批、规划等工作的有序开展，工业园区专设部门主要负责招商引资和相关配套服务，有效实行企业与行政部门的职责划分。政府部门要发挥管委会在整个规划和管理服务的突出优势，扩大管辖范围，负责对产业园区的布局和功能整合等。积极推进园区整合资源，实现空间布局。着力解决园区内的分布零散等问题，深入落实城市规划要求，对各区域进行整改，并通过园区整合促进产业专业化分工，实现产业集聚，对基础设施进行完善，整体规划，实现产业聚集效应。

（二）增强政府内部组织协调与沟通

第一，实现产业规划与区域经济整体规划的有效衔接。按照各地计划，要结合各地实际情况落实发展计划，并给予资金支持、政策支持等，以确保规划制定的目标实现。

第二，加强部门之间的协同合作，积极探索，在政策制定前要不断研究，政策制定过程中要反复讨论资讯，并集中审议，坚持联系通报制度，实现上下联动，协调合作的机制，明确政府主要责任，合理分配工作，部门之间形成合力，密切配合，不断增强制造业转型升级的执行力。

第三，关注行业发展，关注龙头企业，使每个重点产业有分管部门，有分管领导，有落实政策，有协调机制，对应政府部门要积极筹备产业发展规划，做好指导服务，加强产业投资。

第四，探索政府顾问制度，要在专家帮助下实现产学研深度合作，在制定政策和规划时，要邀请行业内专家，对规划、政策给予决策的科学性分析。

（三）构建完善的监督和考评机制

首先，加强对政府行为的监督。涉及范围较广、涉及资金数额较大的政策在出台之前，要广泛征求社会意见，并对任务进程、政策落地后的效果、目标落实情况等进行评价，最终予以公开。政策出台后要及时公布，并接受社会的监督，畅通监督渠道，建立政策动态评估机制，实行全程监督，注重政策落实等。在落实过程中要注重节点计划，将市重点任务纳入考核范围，针对政策落实工作，要加强透明机制，定期公布完成情况，并实时监测预期性指标，实现政策执行过程中的动态监管，发挥政策导向作用。

其次，注重营造政商关系。一是坚持政、企分开，构建“亲”“清”的新型政商关系。二是管理部门资金使用流程，防止出现资金不到位、政策无法落地等问题。三是不断完善政府在制造业转型升级中的评价体系，形成奖惩机制。四是鼓励各级部门支持制造业抓转型升级，坚持政策落实好、企业服务好、要素保障好等，为制造业企业提供良好的运营环境；及时奖励在国内外获得重大成果的企业或个人，形成良好的争先争优的氛围。

第二节　政策保障推动制造业转型升级

随着中国经济进入新常态，经济增速出现下滑，新时期中国需要的经济增长不再是粗放式的增长，中国需要发展的质量，经济的转型升级。在经济新常态、“中国制造 2035”倡议下，对地方制造业发展进行推动与引导，并为制造业转型升级提供相应的政策与公共服务，是地方政府应当担负的责任。

一、促进制造业转型升级的产业政策建议

现阶段下，我国选择性产业政策对制造业转型升级存在一定负面作用，而市场化建设、金融深化改革、营造企业创新氛围等功能性产业政策能够改善选择性产业政策造成的负面影响。为实施更加精准有效的产业政策，促进中国制造业转型升级，我国产业政策取向转变的主要路线应从以选择性产业政策为主转向以功能性产业政策为主。

（一）审慎发放低息贷款，建立动态考核机制

低息贷款降低了制造业结构合理化水平。政府在制定产业政策时，应当尽力规避低息贷款带来的低效益投资和生产要素错配。具体来说，可以考虑采取以下三个方面的措施：①严格限制低息贷款的发放，提前制定信贷支持的总量指标，确保信贷增长率处于合理区间，防止低息贷款导致信贷规模迅速扩张进而引发集中投资和盲目投资；②制定低息贷款政策前，政府应该对不同成长阶段的制造业资金需求进行详细分析，区分成熟阶段的资本密集型产业、受信贷约束较强的成长性产业、处于创新实验阶段的新兴产业，切忌一刀切；③对接受到低息贷款优惠的企业进行定期考核，评估其资金利用效率，根据评估结果建立动态名单，对企业滥用低息贷款的行为进行处罚，保证资金投入能够有相应的经济效益或社会效益。

（二）推动政策性金融体系市场化改革

金融发展水平的提高能够改善低息贷款对制造业结构合理化产生的负面影响。①政府应让自由金融市场在产业间资金配置中起决定性作用。鼓励商业金融机构在把控风险的前提下，适度进行金融创新，更好地发挥金融系统的资本形成和资本配置功能，提高制造业资金投入的合理化水平。②政府应促进政策性金融体系进行市场化改革。政策性金融体系是政府为了解决资本市场失灵问题设立的信贷体系，其中的政策性金融机构以贯彻产业政策和区域发展政策为基本出发点，以优惠的利息、较长的贷款期限和宽松的融资条件对产业政策支持的产业提供资金支持，缓解其融资约束问题。为防止政策性金融系统产生非效率问题与寻租现象，政府应在不同的政策性金融机构之间引入市场化竞争机制，定期实行绩效考核，提高政策资金的利用效率，防止政府资金投入浪费。政府应注重发挥政策性金融的信息诱导功能，引导商业性金融机构发现投资机会，向产业政策支持的企业注入资金。

（三）加大民营企业扶持力度，营造良好市场环境

市场化水平越高，即投资中非政府资金所占比重越高，低息贷款对生产

要素合理配置的干扰程度越低。一般而言，产业中民营企业占比越高，市场竞争越激烈，生产要素的投入结构越合理。但是，民营企业相较于国有企业而言，在政策信息获取和政商关系方面存在天然劣势，往往得不到产业政策的有力扶持。银行等金融中介为规避风险，也偏向于发放低息贷款给具有政府背景的企业，导致民营企业在市场竞争中处于弱势地位。如果按照过去产业政策的实施思路，政府将大量的低息贷款投入国有企业，只对民营企业进行少量补贴，将导致资源浪费，降低各产业间资金配置的合理化水平。有鉴于此，产业政策应进一步落实竞争中性原则，打破所有制歧视和行业垄断，保障市场公平有序竞争，为大中小企业、各所有制企业营造良好的市场环境。具体来说，①产业政策在制定时，就要在市场准入、融资和政策扶持等方面对各种所有制企业一视同仁；②政府出台产业政策后应在相应的产业内进行宣传和公布，确保民营企业能够接收到与国有企业同样的信息。

二、促进制造业转型升级的税收政策建议

（一）巩固减税政策，优化税制结构

1. 巩固减税政策

不同类型的税负对劳动生产率的影响程度不同。从上述实证分析结果中可知，无论是流转税税负还是所得税税负对劳动生产率都是抑制作用。在企业生产经营中，对其影响最大的税种一般是增值税和所得税。减税政策的实施能够为企业减轻税负，增强投资者研发投入的热情和信心，增强创新活力，提高企业技术水平，增强企业内生力。实施税收优惠政策可以采取以下方式：①通过税收政策影响技术来调节制造业结构，制造业大多数分布在产业链中端和低端，可以加大研发费用加计扣除的力度和加速固定资产折旧等优惠方式促进企业发展，为企业减轻税收负担。②在企业生产经营的全过程中都应该有相关的税收优惠政策予以支持，尤其是在研发创新阶段，企业需

要大量的资金投入，若没有足够的资金流，会导致研发中断，之前的投入全部白费，当政府给予一定的减税政策，企业可以将结余的资金用来继续研发，为企业成功研发提高可能性。③增强企业对科技研发人员的税收激励作用，政府在鼓励公司给予员工培训方面出台相关的优惠政策。从前文的分析来看，一般情况下，减税政策的实施对企业转型升级具有促进作用，因此，减轻企业的各种税费在一定程度上有利于缓解企业的负担，企业可以把税收优惠所得投入企业研发创新生产中，从而促进劳动生产率的提高。因此，政府进一步巩固落实好已出台的减税政策格外重要，通过减税能够有效刺激供给，鼓励创新，特别是技术的创新，推动企业的发展。

2. 优化税制结构

在实施减税政策的同时，国家相关部门应不断对税制结构进行优化，一直以来，我国间接税与直接税的比重都是不均的，间接税占比较大，直接税占比较小。随着我国经济的发展，出现了各种各样的问题，如人口红利消失、创新能力不足等。因此，不能一味强调效率，要更加注重公平，优化税制结构，应该兼顾效率与公平。推动增值税立法，逐步减少多档税率，坚持增值税的中性原则。企业税负不断减小，才有更多的资金投入，企业可以将资金投入在自身产品科技研发上，优化生产工艺，从而促进企业转型升级。

（二）降低税收负担

总税负、流转税税负和所得税税负显著抑制了劳动生产率的提高，从而抑制了制造业企业的转型升级，通过减轻税收负担促进制造业企业的转型升级势在必行。增值税和所得税作为税收体系的主体税种对企业劳动生产率有抑制作用，以增值税和所得税作为减税政策主要税种，下面给出一些具体建议。

1. 继续调低增值税税率

任何企业在生产经营过程中，增值税的缴纳是必不可少的，每个企业都必须缴税，这在一定程度上会加大企业的税收负担。较高的税负会抑制企业创新，通过调低税率来减少企业所需要缴纳的增值税，可以减轻企业税负，增加研发创新资本。因此，应该进一步降低增值税税率，累退性是增值税的典型特征，增值税的减少有利于降低消费税负、进一步扩大内需，改善收入分配。制造业在地区经济发展中发挥着中流砥柱的作用，在经济中所占比重逐年增加，但是制造业集中在中低端，适用的增值税税率一般较高，增加了企业的税收负担。因此，企业可以通过转型升级，充分利用减税政策，适用低税率，来减轻企业税负，盘活企业的现金流，为企业研发创新和技术升级提供更多的资金。

2. 扩大“四技服务”免征增值税的优惠范围，并将免征改成即征即退

不仅应对企业技术予以免税优惠，与技术相关的方方面面都应给予一定程度的减税优惠。地方政府可以出台针对本省内部的优惠政策，当企业将先进技术转让给本省的制造业时，对企业之前的研发成本再次给予一定程度的加计扣除，这样可以促进本省内部企业先进技术的共享，降低企业购买相关技术和服务的成本，还可以减少企业研发创新成本。同时，可以对技术服务采取即征即退的优惠政策，鼓励企业进行研发创新，有利于提高劳动生产率，促进制造业发展。

3. 扩大增值税留抵退税政策适用范围

适用该政策需要一定的申请条件，①对于增量留抵税额必须满足连续 6 个月均大于零，对第六个月的增量留抵税额有具体的规定即不得低于 50 万元；②对纳税信用等级也有特别的规定，必须是 A 级或者 B 级，只有同时满足上述两项申请条件的企业才可以享受该项政策带来的优惠。这一规定使得很多企业不能享受该项优惠减税政策，与大型企业相比，大部分中小企业原本可以享受的税收优惠政策就相对较少，即使出台相关减税政策，也不能惠及所有企业。政策的实施效果显不显著，只有政策涉及的范围不断扩大，在对企业进行整体评估后才会决定是否要继续实行该项政策。地方政府可以扩大政策在本省的适用范围，尤其是对中端制造业企业，全面降低其增值税税

负，减少政府征税对企业资金的占用，增加企业内部的现金流，企业便有更多的资金投入研发部门，提高企业创新能力，促进制造业的发展，推动企业转型升级。

4. 放宽现行增值税对进口免税和出口退税设备政策的适用范围

现阶段这一政策只是用于装备制造业，不能惠及制造业全行业。对进口自用的设备技术以及出口的新产品实行免征增值税的政策，一方面会降低企业的研发成本和生产成本，节约企业的资金，将其结余资金用来扩大生产规模或是用于技术创新上，增强企业内生动能力。另一方面，出口符合全额退还增值税的产品，从而降低产品在国际市场上的价格，有利于提高该种产品在国际上的竞争力。

（三）实施激励企业研发的税收政策

1. 允许提取研发准备金，并可按比例抵扣税额

相关部门可以出台相关政策，特别是在企业研发经费投入层面，对企业转型升级予以支持。企业研发创新需要投入大量的资金，企业可以根据自身的财务账户，按照一定的比例提取研发准备金，为企业投资者做研发规划提供参考，以保证企业在研发过程中有足够的经费，增加研发团队的信心，提高创新积极性；通过提取研发准备金的方式，增加企业研发资金的投入，补齐研发经费投入暴露出的短板；通过制定研发经费专项优惠政策，大力发展本省制造业企业，推动企业转型升级，由中低端产业向中高端产业迈进，不断提高企业的竞争力。

2. 加大对固定资产的减税力度

企业的生产经营活动需要购买固定资产，需要大笔资金投入，占用了企业大量的资金流，固定资产增值税由两次抵扣变成一次全部抵扣，为企业缩短了资金占用周期，提高了资金的使用率。对于企业自行研发的专用设备，各地政府可以根据该项减税政策对固定资产进行重新定义，结合不同制造业企业类型，对固定资产的划分区别对待，将减税政策惠及所有制造业企业

中。企业应该不断更新旧的设备，引进先进设备的同时增加对研发费用的投入，加快完成设备的更新升级，提高企业的生产能力，增强企业生产的内生能力，推动企业转型升级。

3. 增加研发费用的扣除比例

科学技术水平的高低对企业的发展发挥着至关重要的作用，若要企业能够一直保持稳定发展，必须重视内部的研发创新，增加研发经费的投入。2021 年，国家为促进制造业的发展，将其研发经费加计扣除比例提高到 100%，这一政策的实施有利于增强企业研发创新的积极性，增加对研发投入的力度。

三、促进制造业转型升级的环境政策建议

从环境政策的角度出发，为促使我国制造业快速且均衡地实现结构升级，下面提出几点政策建议。

（一）完善环境治理体系

命令控制型环境政策和公众参与型环境政策对促进制造业转型升级起积极作用，经济激励型环境政策若是能够加强监督，本也应促进制造业产业结构的转型升级。因此，为了提高环境政策对制造业转型升级的推动作用，对环境治理体系的完善有以下几点建议。首先，政府要加大环境污染治理投资力度，坚持源头防治、综合施策，强化多污染物协同控制和区域协同治理，完善环境保护、节能减排约束性指标管理；其次，要构建集废水、废气、固体废物等污染物的处理设施和监测监管能力于一体的环境基础设施体系，实施有利于环境保护和节约资源的税收政策，大力发展绿色金融，建立并健全自然资源的有偿使用制度，创新完善自然资源、污水垃圾处理、用水用能等领域的价格形成机制；最后，要加大环保信息公开力度，加强企业环境治理责任制度建设，完善公众监督和举报反馈机制，确保垃圾分类政策能够有条不紊地执行，引导社会组织和公众共同参与环境治理。

（二）引导各地区制造业均衡发展

地区之间由于工业化进程的差异化，对各类环境政策的敏感性也存在差异，我国在制定环境政策时需要结合地区间的差异“因地制宜”。东部地区的经济发展领先于其它地区，三种环境政策都能够对制造业升级起到良好的推动作用，当地政府应当以命令控制型环境政策为主，以公众参与型环境政策为辅，并加大经济激励型环境政策的实施强度，发挥不同环境政策对制造业转型升级的促进作用。对中部地区来说，命令控制型环境政策和公众参与型环境政策都能够有效地促进制造业结构升级，而经济激励型环境政策阻碍制造业的结构升级。因此，需要根据地区发展的侧重点选择合适的环境政策组合，同时适当降低经济激励型环境政策的实施强度，转换为对政策监管力度的加强，引导环境政策对制造业转型升级的推动，要在谋求经济发展的同时更加注重环境保护问题。对西部地区来说，首先，公众参与型环境政策起积极作用，需要加大对环境的宣教等自愿性的环境政策来促进制造业转型升级；其次，由于西部地区的经济发展水平相对落后，经济激励型环境政策无显著作用，因此，要在提升自身实力大力发展经济的同时，加大命令控制型环境政策的实施力度，利用其强制性的特点发挥它对制造业升级的促进作用。

（三）实施差异化的环境规制政策

我国东、中部地区部分省份位于倒“U”型曲线的右侧，而西部地区部分省份处于“U”型曲线的左侧。因此，对于东部和中部地区，位于曲线左侧的省份应该继续加强环境规制强度，位于曲线右侧的省份应该适当放松环境规制，使环境规制强度处于最优区间，来使环境规制的促进作用达到最大；西部地区位于曲线左侧的省份应该加大环境规制强度至拐点所对应的环境规制强度，使得环境规制对制造业转型升级起促进作用；各区域同时加强环境规制强度，通过空间溢出效应进一步推动相邻省份的环境规制强度的提高，相互促进，实现我国环境规制的整体提高，促进我国制造业的转型升级；高新技术制造业行业应该继续加强环境规制强度，有利于制造业产业内转型升级，低技术制造业应该适度降低环境规制强度，使之处于最优环境规制强度区间，从而使环境规制促进低技术制造业产业转型升级。

第三节　金融发展推动制造业转型升级

一、深化金融改革

（一）建立精准化的金融服务体系

当前，我国现金融体系中面临的最主要问题就是发展不平衡、不充分的问题，原有的金融供给已无法与制造业企业的发展需求相匹配。为了让金融业更好地服务实体经济，促进制造业转型升级，需进一步深化金融供给侧改革，从制造业企业实际需求出发，开发更多有创新性、针对性的金融产品，满足众多制造业企业形式多样的资金需求。尤其是降低以小微企业、高新技术企业和“三农”为代表的制造业企业的融资成本和融资难度。以打造高质量制造业产业体系为目标，建立健全多层次、精准化的金融支持服务体系。

由于我国制造业企业的主要融资方式依然是银行信贷，在我国尚未改变以间接融资为主的现状下，银行业在制造业转型升级过程中仍充当着无可替代的角色。作为国有银行、大型股份商业银行在支持实体经济发展中理应做出表率，积极调整信贷存量，实施差异化信贷政策，引导资金向制造业领域倾斜，增加制造业的中长期贷款。加大以互联网、大数据为代表的信息科学技术在金融领域的应用，保证信息在金融市场中的时效性及准确性。

（二）进一步拓宽制造业企业融资渠道

制造业的高质量发展及转型升级对金融服务的需求将更加精准化、多元化、综合化。尤其是高新技术制造业产业的发展仅依靠银行信贷是行不通的，需要进一步扩宽制造业的融资渠道。通过建立多层次、全流程的金融服务，来满足制造业企业的规模扩大、技术创新、人才引进等对资金的需求。一方面，政府应继续支持制造业股权融资，支持优质的民营企业不断扩大债券融资规模，推动建立多层次资本市场，提高制造业企业的外源融资能力。对于我国制造业企业市场负债率普遍偏高的问题，还需进一步加强金融科技手段的应用，构建大规模的信息共享平台，通过大数据分析，判断企业信用资质，为制造企业融资提供帮助和便利。另一方面，政府还应积极鼓励证券机构积极培育、投资高端制造业企业并促进传统制造业技术改造的金融工具。鼓励第三方担保机构对高端制造研发项目提供增信服务，并相应地鼓励和推动股权市场融资政策出台，以便制造业企业拓宽融资渠道，解决制造业企业融资难、融资贵的问题。

（三）探索符合中国国情的政府引导型金融发展模式

中小型企业作为制造业企业群体的中坚力量，其发展状况对我国制造业转型升级起到直接影响，但往往大多数企业偏弱势群体，不能得到有效的金融扶持，而仅依靠自身实力却难以实现质的转变。此时，有效的政府引导型金融发展模式对支持新兴、高技术类的中小型创新企业至关重要。一方面，市场失灵问题得以解决；另一方面，金融市场效率优势得以最大限度发挥。地方政府和监管部门应坚持以市场主导为基础，有效引导金融业回归本源、聚焦主业，避免过度干预，将重心放在为制造业提供更好的创新环境上，从创新市场政策、制度规范、基础设施的建设与法制的完善等多角度人手，为相关制造业技术创新铺平道路。

同时，为促进制造业转型升级的均衡发展和各地区金融市场化的顺利改革，实现经济金融协调发展、效率提升。针对东、中、西不同地区，要结合当地的经济发展水平和地域产业优势，出台相应的金融支持政策。例如东部地区应注重金融结构上的进一步优化，提升直接融资比例；中部地区需加强技术产业的研发投入力度；西部地区则应进一步扩大金融发展的规模，提升整体的金融发展水平，为日后制造业企业的转型升级打牢基础。

二、完善金融数字化体系

（一）加强金融数字化监管体系建设

金融数字化能积极推动制造业结构优化，但金融数字化仍处于成长阶段，要重视其可能带来的风险。为了更好地促使金融数字化发挥其作用，服务制造业转型升级，应加强监管和风险教育，建立健全的金融数字化监管体系，完善相应法律法规来助力金融数字化健康发展。2020年末，上海证券交易所发布暂缓蚂蚁集团在科创板上市决定，并且阿里巴巴集团控股有限公司还因实施涉嫌垄断行为被市场监管总局立案调查。作为世界金融科技独角兽企业之一的蚂蚁集团将自身定位为创新型科技企业，但财报显示蚂蚁集团大部分收入来源于旗下花呗、借呗等产品，从事金融业务就应当按照业务属性纳入金融监管范畴，特别是其金融业务快速增长背后可能存在着巨大隐患。蚂蚁集团暂缓上市的直接原因是当前金融监管环境的改变，由此看出监管机构防止金融垄断的决心，也可以清楚地认识到完善金融数字化监管的必要性和紧迫性。首先，中国传统金融监管模式在面对金融数字化时已表现出诸多不适，健全金融数字化监管模式刻不容缓。金融数字化监管应该整体性和针对性兼而有之，制定更加细致的监管准则以避免出现监管不到的灰色地带，尤其在面对消费者权益和信息安全问题上应给予足够的重视，如针对变相放大的杠杆倍数等制定具有针对性的法律法规，蚂蚁上市事件就体现了对消费者的保护。其次，金融数字化领域的征信体系存在相互割裂的状况，应为金融数字化市场的准入和退出制定可行的具体措施，增强金融数字化市场的透明度，建立有效的信息披露制度，扩展多维度征信途径，并实现信息共享，构建功能完善的信息监管体系，对信用风险做到及时识别，加重对毁约失信行为的惩罚力度，助力金融数字化平稳发展。最后，各个相关部门应明确认识到金融数字化在制造业发展和经济平稳运行中发挥的重要地位，持续完善支持中小制造业企业发展的政策性金融数字化体系，为其提供更多的资金来支持其运行并监督资金的合理运用。尤其是针对金融数字化服务战略性新兴产业这一方面，应在以税收优惠等政策进行辅助的同时对那些获得财政资金支持的企业加大监管力度。对于得到政府支持却效率不高的企业也应取消支持，以保证企业研发的自主积极性。

（二）根据区域经济发展差异采用适合的金融数字化模式

在不同区域，金融数字化对制造业结构优化的影响存在一定的差异。这是因为：我国东部地区经济比中西部地区发达，我国东部地区拥有资本、信息等多种要素优势，金融数字化所带来的资源能够被其制造业在转型过程中充分利用；金融数字化发展处于初期，中西部地区相关设施和普及率较东部地区相差悬殊，短期内稍逊一筹，但随着金融数字化的推进，中西部地区将会从中获得更大的收益。因此，一味地在全国实施相同的发展战略会造成资源上的浪费，应该有选择性地发展金融数字化，针对不同地区制造业的发展情况采用适合的金融数字化模式，以发挥金融数字化的最大作用。首先，中国的金融体系是以银行为主导的，推动商业银行改革对制造业转型升级有重要的推动作用。而当银行对制造业中小企业放贷时，不能按照单一额度和固定利率，应重视企业的发展潜力和未来收益，实行差异化信贷标准，在落后地区要加大需求的满足，使资金向落后地区流入，促进落后地区创新发展，促进区域间协调发展，在已经饱和的地区，可以适当采取限制信贷的手段。其次，建立金融数字化信息共享平台，加强区域之间的联系和协作，引导资本在区域间有效配置。充分利用东部地区金融数字化的优势，引导东部地区过剩资本向中西部地区流动，带动其他地区发展。鼓励相关人才加入中西部地区建设，对中西部地区金融数字化基础设施加以完善，创造发展金融数字化的有利条件，充分发挥金融数字化在促进企业资金融通和技术创新方面的作用。

（三）加强金融数字化自主可控发展研究

金融数字化与制造业融合发展，可以为传统制造业提供良好发展条件和前沿技术手段，进一步提高企业的竞争力。对于传统制造业企业来说，要进一步促进数字技术的创新，充分加强金融数字化在产业链、供应链内部的渗透和应用。现在中国的金融数字化虽然发展水平位居前列，但其平台使用的技术在一定程度上还依赖于国外的模板和风控技术，也很少有专门服务于制造业的窗口和平台，信息技术自主可控程度仍处于较低水平，存在着大量安全隐患。若中国的金融数字化基础设备长期使用未经安全认证的外国背景的设备，将无法保证金融数字化业务系统数据的安全性，甚至会对信息安全造成巨大的威胁。中国金融数字化发展应更加重视技术研发问题，构建更加符合中国发展国情的有中国特色的自主可控的技术路线。与此同时，还要不断加强对技术隐患的识别与解决能力，完善金融数字化产品设计，构建完备的风险评估体系，真正形成自主核心技术优势。此外，还要重视金融数字化高水平人才的储备与培养，充实金融数字化自主可控平台建设队伍，保障知识更新以提高其自主创新能力，随时适应新形势的需要。

三、创新科技金融

（一）加强科技金融系统化建设

发展科技金融能够促进制造业转升级，因此，各省应重视科技金融系统化建设，利用好科技金融发展的拉动作用。①政府应重视科技金融产业发展，从政府层面加大对高新技术企业的政策支持，尤其在新兴产业初期，由于资金缺乏，融资困难，往往造成新兴产业难以存续，这时候政府可以投入初期资金，以鼓励后期创新风险投资的进入。②完善科技金融生态，加大对科研机构建设的资金支持，对科研人才的重视程度，从源头上布局，为后期发展奠定良好的基础设施基础。③各地区政府应鼓励科技金融发展围绕制造业发展提质增效开展，将资金和研发的支持重点由虚拟经济转型到实体经济上来，支持制造业运用科技金融发展的趋势实现转型升级。在现代信息化时代，各制造业应争先追赶科技金融发展浪潮，尝试将人工智能、云计算等先进技术运用于制造业的研发、生产、销售以及服务中，例如云物流、个性化定制、网络协同化、多领域融合等。

（二）建设科技金融信息服务综合体系

目前，科技金融信息服务综合体系在北京、上海、深圳、南京等地区已经逐渐形成，在全国范围具有良好的示范效果，在一定程度上也带动了其他地区科技金融信息服务综合体系的构建。科技金融信息服务综合体系是科技金融的重要窗口平台，其可以将金融机构与科技型企业进行信息整合，使得金融机构可以了解科技型企业的相关信息，为其投资选择做初步的筛选，而科技型企业通过科技金融信息服务综合体系可以更好地获得金融机构的资金。对于我国科技金融发展程度较为缓慢的地区，科技金融信息服务综合体系的建立，不仅可以为其提供信息咨询、融资渠道等便捷服务，还可以加强与科技金融发展高水平地区的信息、资源、技术以及人才等方面的合作，有利于平衡我国科技金融发展水平。对于科技金融发展程度相对较低的地区，应当将科技金融资源聚集，围绕着区域中心城市构建科技金融信息综合服务体系，将分散化的资源进行有效的整合，发挥局部地区的中心效应，对该局部地区的资源进行合理的资源配置，达到最大化提升科技金融与科技型企业创新发展水平的目标。

（三）促进科技与金融的高度融合

相比于传统金融而言，科技金融可以大幅度提高资源配置效率，因此，促进科技与金融的高度融合，才能将科技金融的功效发挥到最大化。科技与金融的高度融合需要足够的科技金融人才、良好的科技金融环境、适宜的科技金融政策、完善的科技金融体制以及有效的科技金融市场。在科技金融人才的培养上，高校和研究机构应针对科技金融的特征培养与之匹配的人才，在培养方案与实践活动中也应当将科技与金融有机的结合。政府部门应当通过制定适宜的科技金融政策来引导其发展方向，并且政府监管机构应及时对科技金融机构进行有效的管控，维护科技金融良好的发展环境。建设较为完善的科技金融体制对科技金融的发展至关重要，要通过多部门的联合机制协同促进科技金融的综合发展。有效的科技金融市场可以充分发挥科技金融的功能效应，而市场的规范化可以促进科技金融良好、有序地发展。

科技金融主要解决科技和金融两方面资源有效整合和高效配置的问题，政府需要结合人才培养目标、科技政策、产业政策、监督管理机制、产业链的形成等诸多方面共同制订较为合理的科技金融发展方案。在国家政策的指导下，结合区域发展实际，推动创新发展和产业化，制定合适的措施并积极落实政策。在科技金融的投融资体系中，通过加强中央与地方的互动效应，构建以国家政策为指导方向、财政科技投入为引导、企业自身资金为主体、金融市场中的股权、债券融资等多种融资方式有机结合的投融资体系。地区政府要针对实际发展情况与目标推动科技与金融的深度融合，推动以中央政策为指导，市场为主体，产学研协同创新相结合的综合体系，积极充当区域宏观调控、风险监管等角色，使用优惠补贴、税收减免、贷款补贴以及孵化创新支持等社会资本引流到技术创新发展当中。此外，地方区政府应将地区的产业链进行有效整合，大力加强技术产业间的合作应用，促进科研成果的转化，推动地区经济的高质量发展。

（四）加强区域间信息交流

我国的科技金融与制造业创新发展、科技金融与制造业间的互动关系区域间差异性明显，因此，在未来的工作重点是在发展较为落后的地区，通过加强高水平地区带动低水平地区共同发展，来实现整体实力的全面提升。北京、上海地区科技金融、先进制造业创新发展以及两者的互动关系在全国范围内都处于领先地位，但同时受生态环境保护、人口交通压力、房价成本高等问题的制约而限制了其进一步的发展。因此，对于北京地区，要结合自身的功能定位，将部分成果的转化与产业化输送到天津与河北地区，形成以北京为中心辐射效应，带动天津以及河北地区科技金融与先进制造业创新发展，增加科技金融资源与复合型科技人才在京津冀地区的流动性，促进区域经济的整体发展。上海地区也要根据自己的发展特征以及功能定位，将部分的生产要素转移到苏州、宁波等长三角地区，形成以上海为中心的辐射效应，带动整个长三角地区科技金融与先进制造业创新发展，使得技术创新成为该区域经济高质量发展的主要驱动力。

对于中西部发展较为缓慢的地区，可以通过东部发达地区的资源外溢效应进行快速发展，借助东部发达地区的再帮扶实现共同进步。中西部地区的资源相对较为分散，可以通过设立中心地区聚集资源，再以中心地区向周边范围辐射，带动周边地区的发展，实现区域经济的高质量发展。同时，可以通过人才引进战略积极吸引高技术和优秀人才，加强对当地高等院校和研发机构的投入力度，增加人才储备建设。当地政府还能通过优惠补贴、减免税收等方式吸引金融资源和企业。此外，中西部发展较为缓慢的地区可以借鉴发达地区的发展经验并结合自身的发展特点，形成符合自身的产业供应链。

实现科技金融与先进制造业创新发展以及两者间良好的互动需要三大基础：一是人才基础。科技金融与先进制造业创新发展需要大量的复合型人才以及优秀团队，对于中西部发展较为缓慢的地区，引进人才是关键，而对于东部发达地区应当将人才进行适当引流到中西部地区，避免人才的过度集中而造成资源的浪费。二是政府政策。政府合理的鼓励补贴措施有利于企业的驻扎，不仅可以为当地政府带来税收，增加 GDP，还可以提供更多的就业岗位，提高人们的生活收入。三是配套基础设施的完善。基础设施的完善会降低企业研发成本、时间成本以及生产经营成本等，提高企业的利润总额，而企业的利润增加又可以继续研发和再生产，促进当地经济的持续高质量发展。

第四节　技术创新推动制造业转型升级

一、培育制造业创新型高技能人才

制造业领域中以技能大师为代表的创新型高技能人才群体的成功经验表明，我国制造业创新型高技能人才的培育需要个体、学校、企业、政府共同努力。在个体发挥主观能动性的前提下，形成以学校、企业、政府相互联系的制造业创新型高技能人才培育体系。通过科学制定我国制造业创新型高技能人才培育规划，充分调动职业院校制造类专业学生、制造类企业技术工人成长成才和创新创造的积极性，切实提高制造业创新型高技能人才培养质量和水平，最大限度地满足我国制造业转型升级对高素质创新型高技能人才的现实需求。

（一）个体发挥主观能动性，加强综合素质养成

制造业创新型高技能人才的培育离不开职业院校制造类专业学生和制造类企业技术工人积极主观能动的努力。因此，职业院校制造类专业学生和制造类企业技术工人应树立正确的职业观与价值观，加强对制造业技能岗位的兴趣培养，增强面对困难的意志，提升思考能力。

1. 树立正确的职业观与价值观

正确的职业观和价值观有利于个体健康长远发展。因此，在制造业创新型高技能人才培育中，无论是职业院校制造类专业学生还是制造类企业技术工人，都应摒弃不良的职业心态与价值观念，做好职业生涯定位与规划，循序渐进，不断成长。自觉培养联系实际分析问题的能力，防止盲目自大；增强面对困难挫折的能力；提高自身职业综合素质；培养高度责任感、精益

求精，不断创新。发扬立足一线、脚踏实地、不怕困难、自强自立、稳扎稳打、勤于学习、勇于担当、积极创新等优良的职业精神，使制造业创新型高技能人才的培育成为可能。

2. 增强自身职业兴趣

兴趣是实现发展的关键，职业兴趣一经形成就会具有稳定性。因此，对于职业院校制造类专业学生和制造类企业技术工人来说，应当自觉地通过自身的努力有意识地发展和培养职业的兴趣，特别是发挥间接兴趣的作用。相较于由事物外部特征所引起的直接兴趣，由事物未来可能的结果及其重要意义所引起的间接兴趣更具有稳定性。间接兴趣的产生并非来源于事物本身，因此，更具有持久性。当个体在刚接触某种职业时，由于工作烦琐、枯燥无味，可能会对职业本身缺乏兴趣。在这种情形下，个体应当尽可能地通过了解该职业在社会发展中的价值和对人类的意义，或者该职业未来发展的前景等来引起间接兴趣。同时，个体也可以积极参加生产实践或者各种技能比赛，于生产实践和技能比赛中感受职业的挑战性和技能提升的成就感，从而加深自身对将要从事或者已经从事的职业的认识与了解，最终发现其乐趣、体验其乐趣，增强自身对职业的兴趣，进而引导自身在制造工作领域不断取得职业成功。

3. 磨炼自身工作意志

第一，明确奋斗目标。奋斗目标是个体行动的指南，一个合理的目标有利于自身的发展成长，反之，就容易丧失前进的勇气与意志，使自己止步不前。因此，只有在工作中把责任扛在肩上，将使命记在心里，才能为成长为制造业创新型高技能人才。犯其至难而图其至远，个体必须明确创新创造的奋斗目标，确立理想，在实现目标的过程中勇于挑战自我，顽强拼搏，做到不抛弃、不放弃，才能在所属的制造业技术技能领域保持锲而不舍、昂扬向上的精神状态，将工作做到极致。

第二，脚踏实地，深入一线。明确奋斗目标，只是个体培养自身意志的开始，深入一线，脚踏实地的工作才是将磨炼自身意志落到实处的关键。党中央指导我们说，越是要培养有前途的干部，就越需要从一线培养，让他们在艰苦的环境中磨炼意志。同样，制造业创新型高技能人才的培育也是如此。对于职业院校的学生或企业技术工人来说，要想磨炼自身意志，没有比深入一线更适合的地方了。因此，无论是职业院校学生还是企业技术工人，都需要有脚踏实地的精神，甘愿从一线做起，深入实践，唯有如此才能为自身成长为创新型高技能人才奠定良好的基础。

4. 提升自身思考能力

思考能力对个体成长为制造业创新型高技能人才至关重要。因此，从一名普通的职业院校制造类专业学生，再到成为一名制造类企业技术工人，其最终能否成长为制造业创新型高技能人才，起关键性作用的因素往往正是始于正确的就业观与价值观、兴趣、意志，而终于思考能力。这就需要个体掌握提升自身思考能力的有效方法，具体可以从以下两方面入手：第一，丰富自身知识。所谓隔行如隔山，缺乏某一领域的职业技能知识就无法对该领域进行有价值的思考。因此，要想成长为制造业领域的创新型高技能人才，首先是要先拥有制造类工作领域的知识，了解制造类工作相关技能，其次还要加强对相关领域和未知领域的学习，只有知识面越宽广，思考才能越有深度和广度。第二，学会归纳总结整理。只学习和实践，而不总结归纳已有经验，就难以形成系统的思维框架。制造业创新型高技能人才最经常做的一件事就是把自己大脑中的东西整理成文字，这样有利于使大脑中零碎的知识经验更加系统成体系，当出现问题的时候，能够迅速提取已有经验，并加以分析思考，最终提出有效的解决问题的方法。

（二）学校加强理念转变，完善教育教学体系

在人才培育过程中，教育发挥着基础性作用。因此，职业院校作为制造业创新型高技能人才培育的摇篮，应当从校园文化建设、专业知识传授、培养模式改革、课程体系优化、实训条件改善等方面入手，全面培养理论与实践相结合的学生，为其成长为具有创新精神的制造业创新型高技能人才奠定扎实基础。

1. 加强校园文化建设

学校在进行制造业创新型高技能人才培育时，需要注重良好校园文化的营造，积极进行制造业创新型高技能人才职业信念和工匠精神的弘扬，使学生于潜移默化中习得养成良好的职业精神和工匠精神。具体可以从以下几方面着手：第一，注重发挥学生主人翁意识，引导学生主动参与职业信念和工匠精神的校园文化建设中。可以鼓励学生以学生社团活动等形式参与实践，支持学生开展体现职业信念和工匠气质的社团活动；第二，注重发挥教师在教学工作中率先垂范的作用，使教师于一言一行、一举一动中践行职业信念和示范工匠精神，让学生懂得职业信念和工匠精神的弘扬不只是口号，而应该切实落到实处。

2. 加大专业知识传授

制造业创新型高技能人才的培育，离不开个体对成长为制造业创新型高技能人才所需知识的掌握。因此，职业院校应加大对学生职业兴趣的培养和专业知识的传授。

第一，关注学生职业兴趣的养成。在相关基础知识传授前，先需要使学生了解自己所学的专业，使学生对未来的发展充满信心，提升对所学专业以及将要从事工作的兴趣，使之愿意静下心来努力钻研。例如，学校可以通过优秀案例进行宣传教育，宣传本校优秀学生职业成功事例来激发学生的学习兴趣，使学生从“要我学”转变为“我要学”。同时，要重视平等和谐的关系的营造，在工作学习与生活中尊重并且呵护每一位学生，发掘学生身上的闪光点，综合客观评价学生，使学生获得自信，明确目标，热爱学习。

第二，加强对学生专业知识的传授。兴趣的建立只是为制造业创新型高技能人才的培育提供了可能，专业知识的传授才是制造业创新型高技能人才培育的第一步。

因此，职业学校在进行专业知识的传授时，应积极改进教学方式，在注重传统教学方式的同时，更要积极将现代教育技术融入教学，提升教学的生动性和有效性，使学生乐于学习。同时，应加强与职业实践的联系，加强课堂实践和校内校外实践，尽最大可能帮助学生领会吸收相关专业知识。

3. 改革人才培养模式

制造业创新型高技能人才的培育不仅需要具备系统丰富的专业知识，还需要拥有高超的实操能力和较强的创新能力。因此，职业学校应加强校企合作培养，促进资源的优势互补，助力产学研培养模式深入有效实施，提高学生的知识储备和技能水平。职业学校作为培养制造业创新型高技能人才的摇篮，许多人才培养环节必须基于生产实践才能有效完成。校企合作有利于强化实践，同时也有利于使学生有效协调理论与实践的关系，更好地夯实制造业创新型高技能人才培养成效。在施行校企合作人才培养中，首先需要由学校和企业双方协同制订创新型高技能人才培育计划，形成完善的教学培育体系和实践培育体系；其次应共享人才培育优质资源，为制造业创新型高技能人才培育提供强有力的软硬件资源支撑，确保制造业创新型高技能人才培育工作的成效。

4. 优化课程结构体系

学校的课程设置影响着制造业创新型高技能人才培育的质量，因此，需要加强课程体系的优化，在课程设置上面向市场、面向企业、面向岗位。首先，在课程设置上关注社会、市场、行业、企业的需求与用人标准，分析职业特征，并结合学生的认知发展阶段来设置课程。同时，密切关注用人需求变化，及时更新课程内容，使课程的设置总体上具有指向性、适用性，与社会的发展紧密联系、与时俱进。其次，注重理论与实践相结合。职业学校除了开设必要的公共课、专业课、通识课以外，课程的设置更要突出技能实操训练，使实践课时数占有较大比重，这样有利于使学生夯实相应的专业技能，促进学生专业知识的应用，进而促进制造业创新型高技能人才的成功培育。

5. 完善实习实训条件

实训条件的完善是学校培育制造业创新型高技能人才的关键环节、必要环节，是制造业创新型高技能人才培育的基本保障。因此，职业学校在培育制造业创新型高技能人才过程中应注重相关岗位技能训练设施设备的投入，重视实训条件的完善。在具体的完善过程中，应尽可能最大化地还原真实的制造工作环境，并及时更新换代实训设施设备，保障学生可以接触到前沿的生产技术，使学生做到与时俱进，及时重构技术、技能知识结构，防止理论与实践脱节。同时，职业学校应创造条件聘请制造业创新型高技能人才来校兼职授课，指导实训教学。更重要的是，职业学校要多方位推进校企合作，完善企业实训体系，推进企业实训实践，切实提高实训质量，为培育创新型高技能人才夯实基础。

二、提高制造企业创新转型

（一）提升技术团队整体水平

1. 加快推进技术创新体系建设

转型后技术资源投入能力和研发投入能力均对制造业企业转型各项能力产生正向影响。制造企业转型由原来的业务转变为新业务，面对新业务的产生必然要具备完整的技术创新体系，才能保证企业转型在新的业务领域具有独特的竞争优势。在企业转型的要求下，企业所做出的技术创新行为才能满足长期发展的需要。

技术创新是第一驱动力，是制造业企业转型实现跨越式发展的助推手。必须建立以企业为主体、以市场为导向、以培育企业独特竞争优势为目标、以技术创新能力为载体、以产学研为纽带深度融合的技术创新体系。企业应成立独立的研发平台，鼓励科技型人才进行技术创新成果的产出与交流。此外，应定期对市场调研，以发放调查问卷等方式，对其他企业的技术创新水平进行交流和借鉴，探究消费者的心理需求，减少在转型时对新业务进行开发走不必要的弯路。处于成长期的企业应加强与高校或科研院等的合作，形成产学研的交互机制并成立相应的技术创新中心，借助高校和科研院所的科研与教学优势，为企业开展新业务、开发新产品、工艺创新、技术创新等提供平台，企业为高校和科研院所提供资金和科研课题方向，通过与高层次科研机构的合作，提升自身的技术创新能力，并完备技术创新的体系建设。完备的技术创新体系建设可以增强技术资源投入的效率，并加大技术研发产出的水平，从而在企业转型时实现技术资源的有效整合并减少资金的投入，缩短新业务的开发周期，以便顺利转型。

2. 提高研发人员的专业水平

企业是各种资源的集合体，企业的资源分为有形资源和无形资源，技术资源作为企业内部资源的重要组成部分，发挥着不可代替的作用。技术资源以有形或无形的方式附着在企业组织结构中，这些资源构成异质性特征，在企业间不可流动和复制，形成独特的竞争优势，是企业技术创新的动力来源。

制造企业的转型离不开技术资源的投入，而在技术资源各要素中人才是第一位要素。高层次的技术团队离不开人员的培养，研发技术人员是技术创新扩散和消化吸收的主体。创新驱动实质上是人才驱动，研发技术人员是企业创新环节的供给侧，只有保证研发技术人员的高层次水平，才能保证企业创新的活力和可持续性发展。应提高技术人员在企业人员中所占比率，拥有稳定、专业技术团队的企业往往持续创新能力越强。研发技术人员的高水平层次固然重要，应加大本科及以上学历技术人员在企业中的人数，高学历技术人才往往头脑灵活，思维决策更加果断，技术创新的创造性更强。一些企业在成长过程中可能会存在“官本位”的问题，即研发技术人员晋升到一定层级后，为了提升薪酬或地位，只能向管理层发展，从而忽略了技术研发的本位工作。因此，在设计薪酬时应设计管理和技术双发展通道，允许高技术人员比自己的上级薪酬高。此外应定期进行技术研发人员的专业培训，可聘请外部相关专家对相关技术知识进行培训，内部同事之间定期演讲、相互交流经验，也可建立导师制度帮助新人成长，加强传帮带意识。研发人员的工作氛围也固然重要，除了精神激励之外企业应建立良好的激励制度，对具有技术创新成果的技术人员给予奖励资金，对于特别重要的技术人员可给予股权激励。

3. 加强研发技术人员的外部学习交流

制造企业转型必然要进入新的业务领域，涉及新的知识、新的技术、新的工艺等。无论显性还是隐性的技术资源投入，都需要进行新知识的学习消化吸收过程。新知识必然要经历与企业相互适应的过程，这个过程中来自不同专业领域和不同知识素质水平的人员共同参与，才能将新知识转化为自身技术资源并有效利用，减少资源流失的失误，从而准确定位新知识的价值方向，并利用新知识新技术为企业带来更宽广的发展空间。

研发技术人员应定期组织与外部环境的交流学习。仅靠自身力量是微弱的，企业应定期开展委派内部研发技术人员向其他高层次科研企业、研究院等进行技术交流，举办科技成果洽谈会或各类产学研交流会，鼓励技术研发人员相互交流经验和借鉴，实现企业之间相互信息同步，提高团队整体技术创新水平。

（二）提高技术研发水平

1. 加大研发资金的投入

技术资源是技术创新能力的基本构成要素，而技术资源主要包括人力、财力、物力的投入，一切技术创新活动的展开，都离不开研发资金的投入，研发资金的投入是企业成长发展的有效保证和驱动力。

当前科技发展日新月异，企业若没有研发经费的投入，那么一切技术创新活动也只能是纸上谈兵。首先，企业应确定核心竞争力的方向，根据核心竞争力确定技术创新的方向，进而确定研发投入规模的大小。其次，企业应加大研发投入经费，拥有核心产品、技术或专利，才能在市场竞争中占据优势，实现超额利润。再次，对于那些不再处于领先水平的产品或收益有限的产品，企业应及时做出资金的调整，减少不必要的资金浪费。最后，制造企业应扩宽融资渠道，鼓励政府或其他企业进行投资，建立研发经费支持系统，加大研发经费投入力度。

2. 制订研发人员培养计划

技术创新能力的提升主体是人才，人才是经济发展的第一要素，是科技创新的重要力量，制造企业转型需要“多面手”式人才，企业转型技术创新能力的提升需要的是人才的素质和专业技能的提升。转型企业在对人员的招募时，综合考察应聘者多方面的能力，适当提高研发技术人员的门槛要求。

全能型人才的培养更有利于企业获得更高端的科技成果。转型企业应实行轮岗制度，鼓励企业全能型人才的培养和发展，以便于技术创新活动的顺利进行和开展。企业应培养“多面手”式人才，鼓励研发技术能力强的企业定期培训掌握多方面的技术资源，开展“传帮带”方式，鼓励技术研发员工之间的信息交流与沟通。对于企业特殊研发岗位，应给予研发人员额外的奖励资金以及精神抚慰，并给予其特殊岗位的带薪培训等。

3. 完善技术研发创新的绩效考核制度

技术研发能力对企业转型各项能力均产生正向的促进作用，在进行生产研发时，完备的绩效考核制度更有利于提高技术创新的效率。企业应注重对技术研发创新绩效考核制度的建立，减少人员的流失并对技术研发人员高效利用。

企业应采用多元化的薪酬考核制度，完善技术创新激励机制。以人为本应成为企业人力资源管理的第一原则，不同水平和不同层次的技术创新人才在不同的阶段有不同的需求，应建立多元化的薪酬发放制度，多元化的薪酬体系包括最基本的固定工资、参与创新项目的提成、利润分享、职位的晋升、发展上升空间等，除此之外可以尝试采用股权、期权等激励方式鼓励创新型人才在企业长期发展。从物质和精神层面来满足各级人才的需求，企业应定期组织员工对各部门创新绩效考核制度的改进，建立科学的考核评价体系，不断鼓励创造创新的企业文化，让员工永葆热情为企业奋斗，减少技术人才的流失，为企业的长远发展贡献力量。

（三）提升技术消化吸收与合作能力

1. 提升技术引进的效率

制造业企业转型进行技术创新时，不仅要注重企业内部的技术创新，更要聚焦于技术引进的水平和能力。非研发投入强度也会对技术创新产生一定程度的影响，即技术引进和技术改造的强度。企业应适当提升技术引进的效率，并非机械化的引进。对于国内外高新技术企业投入转变效果好、投资收益高的技术，制造企业应投资大量资金积极引进，高效安排技术经验丰富的技术人员进行学习并在消化吸收后能进行技术改造创新，对技术资源进行有效整合。从企业长久经营的经验来看，我们只有不断在引进外来新技术的基础上进行自主创新，才能长久保持企业技术创新能力不断突破与提升，进而提高企业的经营绩效。

如果仅仅单纯引进外来新技术，短期时间来看能够解决创新不足的现状，但不利于企业长期的发展，解决企业创新的本质还是要依靠企业自主创新的能力。基于此，根据制造企业的特征，更要重视对新技术的学习及改造能力，提高技术引进的效率。

2. 提高新技术消化吸收能力

制造企业在进行技术创新时，无论从国外还是国内引进新技术，都必须进行消化吸收为自己所用。技术引进只是技术进行消化吸收的途径，引进新技术只是为了提高创新的效率，而企业的技术消化吸收能力才能最终把技术变成产品并流入市场变成商品，从而转化为企业的经济效益，在转型过程中起着重要的作用。只有消化吸收能力强才能保证企业业务转化能力强，才能增加参与国内外市场的竞争力，在转型发展进行技术创新时立于不败之地。

企业应组织关键技术研发部门对引进的新技术进行相关的培训学习工作，同时应加强各部门之间的合作与交流，在技术研发部门进行消化吸收掌握新技术的基础上，与企业生产部门协作沟通，对于一些技术烦琐性强且难以掌握的，应委派技术经验能力强或者学习能力强的技术员工进行学习，通过"传帮带"原则，保证全体生产人员逐步掌握核心技术保证生产的高效进行，从而生产出制造企业所需的新产品。企业如果存在消化吸收不力的状况，则需要政府的干预和鼓励，制定相应的金融政策，支持和引导各类金融机构为制造企业技术引进及消化吸收再创新提供金融服务，或提供税收优惠以及进出口补贴等方式减缓企业消化吸收的压力。

3. 加大创新合作的力度

制造企业的转型发展是全方位、多领域的，涉及组织结构、战略、技术工艺等深层次的变革，进入新行业发展新业务对企业各方面的要求更加复杂化，与外部合作的需要也是必不可少的。技术创新合作能力是企业与外部技术创新机构，共同进行工艺创新或进行新产品研发的能力。一方面，应当加大创新合作的力度，鼓励企业与高等院校、科研院所、其他科技型企业合作更大程度推进技术创新进程，有效分配技术资源或知识产权权益甚至共享科技成果。另一方面，加大创新合作企业的数量，拓宽创新合作单位的范围，进行制造业转型的企业可以与多个企业合作并不必局限于国内企业，如若国外相关企业技术更加先进，必要时可以与国外企业进行合作和技术交流，拓宽合作单位的性质，有利于技术创新的效率。技术合作的成果应当用专利或新产品等绩效来表示，突出合作成功的效率，只有将技术合作的效果转化为实际价值，才能准确衡量技术合作的价值。

三、大力发展数字技术实现产业数字化

（一）大力发展数字基础设施

数字技术赋能制造业发展的作用较为明显，但基础软件和信息技术的

水平还有待提升。因此，可以通过各种手段来支持软件和信息技术服务业的发展，比如与其他省份开展战略合作交流进行资源互换互助等方式来提升软件和信息技术服务业的水平。智能制造是未来我国制造业取得全球竞争优势、实现价值链升级的关键，但是目前缺少关键零部件无法满足数字硬件和软件基础设施的建设。因此，应大力加快数字新基建，满足数字基础设施关键零部件的量产，为装备制造产业数字化提供更加完备的创新基础设施。首先，针对 IPv6 标准的制定加快高速度宽带网络的铺设，为 5G 的大规模应用打下坚实的设施基础。其次，对于新一代数字技术与制造业的深度融合，研究针对不同规模、不同性质企业的数据应用平台的特点，开发新型 IT 数据框架模式，加快数字工业互联网平台的建设，借鉴德国工业 4.0 的经验架构自主研发的数字应用平台，为业务数字化创新提供高效数据及一体化服务支撑。

（二）依托互联网平台实现企业上云

大数据、物联网、人工智能等新一代数字技术与制造业的融合成为未来我国制造业转型升级的趋势，但是目前私营性质主导的一般技术装备制造企业是制造业的支柱，因此，要想实现产业结构升级面临很大的经济压力，大部分私营性质的企业无法研发自己的工业互联网，需要通过租用信息技术公司的云平台而实现轻装信息化。一般来说，通信、计算机及其他电子设备制造业和软件、信息技术服务业作为构建云平台的基础行业，对该地区数字综合发展有着极其重要的作用，而大部分地区的数字云平台建设不发达，制造企业要想实现企业上云智能通过租用互联网公司研发的云服务来实现。而经济实力雄厚的企业可以根据企业自身特点开发具有企业特色的互联网云平台实现云上活动。以三一重工的“根云”平台为例，孵化的互联网平台树根互联，目前覆盖了包括纺织机械等轻工业和建材装备等重工业等 30 多个细分行业，通过“根云”平台实现了工厂的高效、协同运转。

（三）实施差异化“数字”工厂改造

金属制品业属于劳动密集型制造业，附加价值较低，对于该类行业来说主要通过精简生产流程、提高生产效率为主。因此，可以通过精益生产模式对工厂进行数字改造实现流程升级，通过生产工序的改进或者管理模式的创新精简生产流程，消除重复的错误，最大限度地降低返修率，最大限度地减少库存，最终达到及时制造、消除浪费、消灭故障、追求零缺陷、零库存、快速反应市场变化。对于通用装备制造业、交通运输设备制造业来说，这两个制造业属于资金密集型，可以通过网络协同制造平台实现数字改造，实现功能升级、环节间升级。尤其是对于重型复杂设备来说，由于这种设备具有体量大、零部件多等特点，因此，通过“互联网＋定制”的网络协同制造模式能够实现异地模块化生产，然后通过协同设计解决装备并行设计问题。此外，通过协同设计平台将大数据和信息高效传递给研发协同的相关角色，实现数据实时共享以满足用户需求，消除生产、流通、分配、消费环节壁垒，畅通物流、人流、信息流、资金流等要素的循环。对于装备制造业中其他子行业来说，数字赋能对技术密集型制造业的升级效果最为明显，因此，通过构建工业互联网、建立智能工厂可以实现这几个装备制造子行业产业升级。以海尔的 COSMOPiat 工业互联网平台为例，具体而言，是将家电产品的 200 多个零部件整合成为 20 多个模块实现模块化生产，拼接后进行产品定制和大规模生产，实现流程升级。同时，基于大数据和云计算，通过智能产品来实现与用户之间的交互以起到“电器—网器—网站”持续交互的理念，进而实现产品和功能升级。进而通过际链升级实现由以产品为中心的管理模式向服务为中心管理模式的转变，进入服务方案市场。

参考文献

[1] 陈如洁 . 中国制造业服务化对制造业升级的影响研究 [D]. 广州：华南理工大学，2020.

[2] 陈茜 . 我国制造业服务化的动力机制研究 [D]. 长沙：湖南大学，2019.

[3] 曹悦 . 环境规制对制造业转型升级的影响研究 [D]. 南宁：广西大学，2019.

[4] 蔡延泽，龚新蜀，靳媚 . 数字经济、创新环境与制造业转型升级 [J]. 统计与决策，2021，37（17）：20 – 24.

[5] 杜新建 . 制造业服务化对全球价值链升级的影响 [J]. 中国科技论坛，2019（12）：75 – 82，90.

[6] 樊召玲 . 河北省制造业转型升级研究 [D]. 呼和浩特：内蒙古师范大学，2021.

[7] 郭珮茹，张贵 . 税收政策、制造业转型升级与创新 [J]. 内蒙古财经大学学报，2021，19（4）：88 – 90.

[8] 郭克莎，田潇潇 . 加快构建新发展格局与制造业转型升级路径 [J]. 中国工业经济，2021（11）：44 – 58.

[9] 葛建春，唐捷，姜良清 . 金融推动制造业转型升级问题的研究 [J]. 商讯，2020（26）：62 – 63.

[10] 胡悦 . 金融发展对中国制造业转型升级的影响研究 [D]. 长沙：长沙理工大学，2020.

[11] 胡志明，马辉民，张金隆，等 . 中国制造业转型升级政策的纵向协同性分析 [J]. 科学学研究，2022，40（2）：237 – 246.

[12] 李安 . 技术创新模式与中国制造业转型升级研究 [D]. 长春：吉林大学，

2020.
[13] 李胜 . 金融发展与制造业转型升级互动关系研究 [D]. 四川：中共四川省委党校，2018.
[14] 罗军 . 制造业服务化转型与就业技能结构变动 [J]. 中国人口科学，2019（3）：53 – 66，127.
[15] 刘康宁 . 我国市场竞争对制造业服务化的影响 [D]. 上海：上海外国语大学，2021.
[16] 刘际童 . 服务业数字化对制造业转型升级的影响研究 [D]. 济南：山东财经大学，2021.
[17] 刘冰 . 营改增、制造业服务化与制造业转型升级 [D]. 合肥：安徽财经大学，2020.
[18] 卢现祥，滕宇汯 . 中国制造业转型升级中的路径依赖问题研究 [J]. 福建论坛（人文社会科学版），2021（7）：31 – 46.
[19] 那丹丹，李英 . 制造业转型升级影响因素研究 [J]. 学习与探索，2020（12）：130–135.
[20] 钱喆琳 . 传统制造业转型升级的驱动因素及其作用机制研究 [D]. 合肥：合肥工业大学，2020.
[21] 任同莲 . 数字贸易、制造业服务化与制造业国际竞争力提升 [D]. 天津：天津财经大学，2020.
[22] 石征蓉 . 我国制造业转型升级的影响因素研究 [D]. 杭州：浙江财经大学，2020.
[23] 尚可文，梁思沂，郭柳君，等 . 支持制造业转型升级的税收政策研究 [J]. 合作经济与科技，2021（7）：168 – 172.
[24] 汪生贵 . 上海制造业转型升级过程中的政府作用研究 [D]. 昆明：云南财经大学，2021.
[25] 吴丁成 . 盐城市制造业转型升级中的政府行为研究 [D]. 西安：长安大学，

2019.
[26] 王银 . 技术创新对中国制造业转型升级的影响研究 [D]. 长沙：湖南大学，2019.
[27] 王少悦 . 税收政策助力制造业转型升级 [J]. 中国中小企业，2021（10）：174–175.
[28] 王涛 . 支持制造业转型升级的增值税政策 [J]. 产业创新研究，2020（14）：101–102.
[29] 王佳 .AD 公司制造业服务化转型策略研究 [D]. 长春：吉林大学，2021.
[30] 王迪雨 . 金融创新支持制造业转型升级的路径研究 [D]. 北京：北京交通大学，2018.
[31] 王向进 . 全球价值链背景下制造业服务化的环境效应研究 [D]. 上海：华东师范大学，2019.
[32] 杨倩 . 互联网融合驱动制造业转型升级的路径研究 [D]. 武汉：武汉理工大学，2018.
[33] 杨蕙馨，孙孟子，杨振一 . 中国制造业服务化转型升级路径研究与展望 [J]. 经济与管理评论，2020，36（1）：58 – 68.
[34] 赵冲 . 制造业服务化对中国制造业技术创新的影响 [D]. 南京：南京大学，2020.
[35] 张昆 . 要素市场分割影响制造业转型升级的机制分析 [D]. 济南：山东大学，2021.
[36] 张陆颖 . 信息技术对我国制造业转型升级的影响研究 [D]. 长春：吉林大学，2020.
[37] 张泽 . 山东省制造业转型升级的金融支持研究 [D]. 济南：齐鲁工业大学，2019.